吉林大学理论法学研究中心学术文库

法经济学热点问题论集

宋冬林/主编
李光宇 黄文艺/副主编

法律出版社
www.lawpress.com.cn
法律门 Access To Law www.falvm.com.cn

总 序

张文显

时代的伟大实践需要与之相适应的理论,而真正适合时代需求的理论又的的确确将会引导时代的社会实践。可以说,自1978年党的第十一届三中全会以来,拥有较为悠久历史的吉林大学法学理论学科,始终是在跟随着中国改革开放和社会主义现代化建设的伟大实践而不断发展成熟的;可以说,在改革开放的三十年间,吉林大学的法学理论学科积极地发起、推动和参与了一系列对于我国整个法学的基础理论发展和社会主义法治建设实践都具有非常重大指导意义和实践价值的法学的观念变革、方法更新和理论进步的重大活动;可以说,吉林大学法学理论学科的发展本身就是我国改革开放和社会主义现代化建设理论需求和理论发展的一个缩影,也是理论关注实践、参与实践、推动实践、指导实践的一个例证。

在历史进入21世纪初始的2000年,以吉林大学法学理论学科为核心所组建的吉林大学理论法学研究中心经过严格的评审被教育部批准为教育部人文社会科学重点研究基地。随后,吉林大学法学理论学科于2001年经教育部批准成为国家重点学科,被纳入"211工程"重点学科建设计划。在2004年,以法学理论学科为依托,吉林大学理论法学研究中心在整合了政治学、国际政治学、国际经济学等学科的基础上组成的吉林大学法律与经济全球化研究所被批准为国家985哲学社会科学创新基地。2007年,在这样的三大平台基础上以吉林大学法学理论学科的教师为主体的教学团队被教育部确定为首批国家级教学团队。所有这一切都是我们的党和国家以及我国法学理论界和法学教育界对于吉林大学法学理论学科在我国新时期的理论创新和对于我国社会主义法治建设所做出的重大贡献的高度认可的体现。

经过进入新世纪以来的近10年建设，吉林大学法学理论学科在科学研究、学科队伍建设、人才培养、国际和国内学术交流、信息与咨询服务、学科发展等方面，均取得了长足进展。在这期间和在这之前，吉林大学法学理论学科专著型学术研究成果展示的基本渠道都是各个老师和研究人员自行联系出版。此种方式当然也可以反映吉林大学法学理论学科科学研究的状况，但无疑只是片段性或片面性的，无法全面而整体性地展示吉林大学法学理论学科科学研究的全貌。随着吉林大学法学理论学科作为国家重点学科、教育部重点研究基地、国家创新基地、国家级教学团队的研究成果的积累，吉林大学法学理论学科的学科建设及其学术研究，都需要一个具有持续能力的成果展示平台，以不断总结和展示本学科在博士研究生培养方面的成就，激励理论法学研究中心年轻教师积极从事科学研究并使其成果得到有学术影响力地集中展示。为此，吉林大学理论法学研究中心决定把多年来一直在设想之中的出版中心学术文库的工作付诸实施。

吉林大学理论法学研究中心学术文库为连续性的系列出版物。首先以吉林大学法学理论专业通过答辩的优秀博士学位论文为主要选题来源，其次是吉林大学理论法学研究中心各位教师和研究人员的专著及学术文集，此外就是在条件成熟的时候逐步吸收全国法学理论领域年轻学者的学术专著或者各个高校法学理论专业的博士研究生的优秀博士学位论文。

法律出版社给予了我们吉林大学理论法学研究中心法学文库的出版以极大的支持。吉林大学理论法学研究中心将与法律出版社建立长期的合作关系共同推进中心学术文库的出版工作。这套学术文库的出版会以每年5～10本学术著作的规模推进。

借此，我们衷心地感谢我国各个高校和科研机构的法学理论学科对于吉林大学法学理论学科工作的大力支持！我们也希望吉林大学理论法学研究中心学术文库的出版，将为推进我国法学理论学科的学科建设、科学研究、人才培养、学术交流等做出重大贡献！

序

2009年7月长春税务学院有幸承办2009年度第七届中国法经济学论坛,来自全国各地以及海外百余名专家学者会聚美丽春城长春,就法经济学相关问题展开热烈讨论。会议时间虽然不长,但前期准备充分,讨论问题集中,研讨深入,成果丰硕,反映了近年来我国法经济学研究的重要进展。

本书收集了此次论坛的部分成果,其中不乏真知灼见,尤其是来自于国内著名大学和研究机构的经济学和法律学者基于各自的研究领域和心得展开跨学科研讨在吉林省社科界尚不多见,十分难得。我相信,此次论坛的召开和论文集的出版一定会对吉林省和国内法经济学的发展起到重要推动作用,必定会对法经济学教学和知识传播产生深远影响。

法经济学是一门经济学和法学交叉的学科,是将经济学原理和分析工具运用于法律问题研究的新兴学科领域,研究法律的制定、法律的结构和法律制度对社会经济行为的影响以及社会经济行为和文化习俗对法律制定、法律结构和法律执行效率的影响。浙江大学史晋川教授在其主编的法经济学教材中指出,国外现代法经济学研究发端于20世纪60年代,其研究范式的标志是波斯纳于1973年出版的《法律的经济分析》。法律经济分析的思想可以追溯到中世纪的马基雅维利,而有关对法律与经济关系的研究则可上溯到古典经济学、德国历史学派、美国制度学派,等等。20世纪上半叶芝加哥学派对反垄断法的研究,是这场学术活动最为直接的思想来源。① 其实,不仅西方经济学关注法律与经济的关

① 史晋川主编:《法经济学》,北京大学出版社2007年版,第1页。

系,马克思主义政治经济学也同样关注。在马克思主义经典作家看来,包括法律关系在内的上层建筑决定于经济基础,又反作用于经济基础。马克思在《资本论》中深刻地剖析了资本主义所有制关系的演进过程。其中,在《资本论》一卷中,他科学地分析了工厂法的制定对剩余价值生产由绝对剩余价值转化为相对剩余价值生产的影响,欧洲15世纪相关立法对雇佣劳动关系的影响,即法律关系对生产方式的影响。同时,他也深刻地分析了大工业生产方式对工厂法的影响,即生产方式对法律关系的影响。与西方经济学不同,马克思主义政治经济学对法律与经济关系的研究不是停留在法律的制定、法律的结构和执行效率的现象解释上,而是深入剖析法律与经济关系的本质属性,并将其纳入社会经济发展进程中予以界定和把握,带有明显的政治经济学的科学属性。

国内法经济学研究起步于改革开放初期,其间,我国著名法学家、吉林大学人文社会科学资深教授张文显博士对法经济学在中国的传播起了十分重要的作用。文显博士不仅在国内率先翻译了科斯的论文,并较早开设了法经济学的专题课程。吉林大学合校后,身为吉大领导的他又积极推动吉林大学的跨学科研究,推动经济学与法学的学科间的交叉合作,主导吉林大学法经济学科的建设,在国内最早建立法经济学科建设平台——法经济学硕士点和博士点。近年来,在山东大学黄少安教授、浙江大学史晋川教授、哈尔滨商业大学曲振涛教授等国内著名中青年学者的积极推动下,国内法经济学研究渐成气候,且形成一定的规模并以论坛方式使之逐步常态化,学术声誉不断提高,社会影响日益广泛。

应当看到,我国法经济学科研与教学的发展固然离不开学者的推动,但更重要的是源于我国改革开放的实践需要,尤其是中国改革开放进程中出现的大量现实问题引出的现实需要。中国改革开放过程伴随着制度变迁过程。在制度变迁过程中,利益关系的调整离不开法制建设和法律关系的调整。大量的有关市场经济运行和发展问题,如产权问题、公司法与公司治理问题、专利权问题、劳动合同法问题、物权法问题、税法问题、环境法与经济可持续发展问题、跨流域河流污染治理问题、农地流转的相关法经济学问题、产业规制问题、法律执行效率问题等亟待回答和解决。正是由于我国法经济学研究源于改革开放的实践需要和理论诉求,也正是由于从事法经济学研究的学者们能够针对实际问题、有的放矢地进行研究和解决,因此其成果自然受到社会和学术界的关注和认可,产生了重大的社会影响,进而有力地带动了该学科的建设和发展。

从此次论坛和本书收集的论文看,参加者主要由经济学和法学学者构成。论文大体可以分为三大类:一类是以经济学视角研究法律问题,一类是以法律视角研究经济问题,一类是从法经济学的哲学层面追索法经济学的基本问题。但无论从什么角度探讨问题,大家都试图从法律与经济的关系中寻找二者的交集并从中回答具有普遍性和规律性的问题。然而,由于学科本身特定的语境和叙述文本的差异,经济学和法学学者交流起来还存在一定的障碍和困难,这在一定程度上反映了法经济学学科理论体系尚不成熟的现状,即尚未形成自己的概念体系和特定的理论框架,法学与经济学的互动还停留在单向驱动层面,法学与经济学交集部分的研究还处在各说各理、油水分离的状态。但是,既然有中国改革开放现实需要的有力驱动,学科间壁垒已被打破,学科间互动机制业已形成,我相信,在经济学和法学学者的共同努力下,法经济学的概念范畴和理论体系的构建一定会有更大的突破,学科建设一定会有更大发展。

本书的顺利出版得益于中国法经济学论坛的主办单位山东大学、浙江大学、吉林大学等的积极配合,也得到了黄少安教授和史晋川教授的关心和支持,得到了教育部人文社会科学重点研究基地吉林大学理论法学中心的大力支持,同时也得到了法律出版社编辑人员的悉心指导和支持,在本书即将付梓出版之前,允许我代表本书编撰人员一并向上述单位和个人表示衷心的感谢。由于本书编撰时间紧,编撰人员能力有限,不免存在这样或那样的问题和不足,真诚希望广大读者批评指正。

吉林财经大学　宋冬林

2010 年 3 月 31 日

目 录

【基础理论研究】

【财产权】

【公司与企业】

【税收与政府管制】

【金融】

【劳动与社会保障】

【“三农”问题】

基础理论研究

信息不充分条件下的立法策略
——从信息约束角度对全国人大常委会立法政策的解读

黄文艺*

要为人类制订法律，简直是需要神明。①

——卢梭

【摘要】 信息约束是立法者选择立法政策和开展立法活动的重要约束条件。由于改革开放事业本身面临着严重的知识、经验和信息匮乏的问题，急剧的社会变革和转型又导致可靠而有效的知识、经验和信息的短缺，再加上国家幅员辽阔所带来的地方信息的高度分散性和信息搜集成本高昂等原因，立法信息不充分(匮乏)成为制约全国人大常委会立法工作的最大约束条件。从这一约束条件出发，本文重新解释了为法学界所广泛批评的全国人大常委会诸多立法政策的实践合理性，并认为这些立法政策是中国立法者在各种现实的约束条件下所做出的理性的或近乎理性的选择。

【关键词】 立法政策　信息不充分　信息成本

改革开放30年来，全国人大常委会在立法实践中逐渐确立了一系

* 吉林大学理论法学研究中心教授，博士生导师，法学博士。

① [法]卢梭：《社会契约论》，何兆武译，商务印书馆2003年修订第3版，第50页。

列立法政策，如“成熟一个制定一个”、“法律不宜太细”、①“先立单项法，后立综合法”、“先行政或地方立法，后制定法律”等。然而，学术界对这些立法政策的态度几乎都是批评性的、否定性的，②很少有人能从实际出发思考中国的立法者为什么会选择这些立法政策，因而难以真正理解这些立法政策的现实必然性，更难体会这些立法政策所包含的实践智慧和理性。本文的一个基本判断是，尽管这些立法政策有着学者们从理论——往往是从某些理想化的法治理论所揭示出来的种种毛病，但这并不意味着它们必定就是很糟糕的政策。相反，正如本文所竭力论证的那样，在中国的现实条件下，特别是在过去30年的历史条件下，这些立法政策可能是中国的立法者所做出的理性的或近乎理性的选择。

我们必须看到，学者的理论研究和立法者的实践选择之间有着很大的差异。一个不能忽视的差异是，学者可以超脱一切现实社会的条条框框自由地描绘理想的立法图景，而立法者必须在政治、经济、技术等种种现实的约束条件下谨慎地选择切实可行的立法政策。对于立法者来说，只有满足这些现实约束条件的立法政策，才是利益最大化和风险最小化的选择，因而才是理性的选择。某些立法政策虽然在理论上很具有合理性、吸引力，但如果和各种约束条件不相容，就难以被立法者所选择。

一、立法具有高度的信息依赖性

理性的决策与巫师的占卜活动的重要区别在于，前者要以决策事项

---

① 学者们一般称之为“宜粗不宜细”。但是，官方的正式文件和讲话中并没有这种提法，而仅仅是提到“法律不宜太细”。

② 例如，张子胜认为，“成熟一个，制定一个”形成了头痛医头、脚痛医脚，立法缺乏通盘考虑的局面，导致我国立法缺乏整体规划，法律出台的先后顺序无章可循。张子胜：“略论立法规划——从‘成熟一个，制定一个’的立法状态谈起”，载《法学》1995年第7期。陈端洪认为，先行政或地方立法，条件成熟时再修改上升为法律的实验主义立法观，导致立法权分散，地方保护主义、部门保护主义盛行，法律的冲突越来越突出。陈端洪：“立法的民主合法性与立法至上——中国立法批评”，载《中外法学》1998年第6期。封丽霞认为，立法的实验主义导致法律的“短视”或“近视”，立法成为“头痛医头、脚痛医脚”的“膏药”，难以做到瞻前顾后。封丽霞：“转型中的中国社会与中国立法的转型”，载周旺生主编：《立法研究》（第6卷），北京大学出版社2007年版，第124页。

的有关信息为依据,[①]而后者则几乎不需要占卜对象的任何信息。理性的决策对信息的依赖性,在公共决策活动中表现得更为突出。例如,在司法过程中,只有通过举证、证据交换、质证等程序获得有关案件的较为充分和真实的信息,司法机关才能对案件做出具有说服力和公信力的司法判断。同样,在立法过程中,只有通过各种方式和渠道获得有关领域的较为充分和可靠的信息,立法机关才能在该领域内制定出具有权威性和可行性的法律。

不过,同样是作为公共决策,立法决策和司法决策在信息依赖性上存在诸多差异。一个差别是,信息搜集责任和信息缺失风险的承担者不同。对司法决策而言,搜集信息的责任(即举证责任)、信息缺失(如证据灭失)的风险主要由当事人承担,而不是由法院承担。由于有这样一种制度激励,当事人有很强的动力和积极性去搜集和提供有利于自己利益的信息。对立法决策而言,搜集信息的责任及信息缺失的风险主要由立法机关承担,而不是由受立法影响的社会成员承担。不过,从理论上说,受到立法影响的社会成员也应当有积极性向立法机关提供有利于自己利益的信息。然而,这种理论上的可能性并不容易转化为现实性。这是因为,法律通常是规制某一类社会成员的行为。对于单个的社会成员来说,如果他或她个人承担了很高的信息搜集成本,但其行为的收益却不是由他或她个人所独占,而是由他或她所属的群体成员集体享有,即出现公共经济学上通常所说的“搭便车”的问题。这样,除非是出于一种利他主义或集体主义的动机,否则个别社会成员并没有太大的积极性去向立法机关提供信息。再加上,单个社会成员靠个人的力量事实上也很难影响立法机关的立法活动,即所谓“孤掌难鸣”,因而就更降低了他或她对搜集和提供信息的利益预期。在美国等西方国家,利益集团的兴起解决了单个社会成员参与立法的激励不足的问题。各种受立法影响的利益集团通过直接游说、间接游说等方式影响立法[②]的过程,客观上

① 关于决策和信息的关系,参见[美]詹姆斯·马奇:《决策是如何产生的》,王元歌、章爱民译,机械工业出版社 2007 年版,第 174 ~ 187 页。

② 朱丽君:“院外活动对美国立法的作用分析”,载周旺生主编:《立法研究》(第 6 卷),北京大学出版社 2007 年版,第 128 页。

也是一个向立法机关提供各种信息的过程。从这种意义上说,利益集团参与立法具有立法信息传递和搜集的功能。另一个差别是,立法决策和司法决策所需要的信息量显著地不对等。司法决策一般只需要与个案相关的有限信息,而立法决策则需要受立法影响的各个地方、各类群体(如各个民族、职业、宗教、阶层等群体)的复杂信息。如果立法者不全面地搜集、分析和处理各个地方、各类群体的多样化信息,立法就有可能与某些地方或群体的情况不相符合,从而遭到这些地方或群体的反对。在很多情况下,制定一部法律所需要的信息量可能成百上千倍于审判一个案件所需要的信息量。① 从这方面说,立法决策具有更强烈的信息依赖性。较为充分的信息是做出正确的立法决策的基本前提条件。

从信息类型来说,立法者的立法活动主要依赖两类信息。第一类信息是规则信息,即可供立法者选择的规则的信息。无论是逻辑上,还是实际上,存在每一个问题都有不止一种解决办法的规则。只有尽可能多地搜寻到各种可能的规则,立法者才能从中找出最合乎需要的规则。规则信息的搜寻不外乎两种基本路径:一是从国外特别是发达国家的成文法、判例法、法律学说以及国际条约、国际惯例中寻找同类问题的规则。这是法律移植论者所偏好的一种信息搜寻路径,也是一种比较简便易行的信息搜寻方式。一般来说,只要搜集到国外的有关文献资料,就可以对国外的成文法、判例法或学说进行比较分析,搜寻出多种可能的制度性解决方案。二是从本国历史上和实践中形成的各种正式或非正式的制度中搜寻可能的规则。这些正式或非正式的制度来源于传统的法律制度、现行的法律法规、官方的法律解释、执政党和国家的政策、司法判例、民间的风俗习惯、社会组织的规章制度等。这是本土资源论者所偏好的一种信息搜寻路径。② 第二类信息是事实信息,即规则所生存的社

① 原国务院法制办主任、十届全国人大法律委员会主任委员杨景宇指出,一个法律草案、法规草案涉及一个领域,如果不懂得这个领域的特殊规律、基本知识、具体方针政策、具体实践经验,那就根本不可能把它起草好或审查修改好。因此,承办一个立法项目,就是学一门课。杨景宇:《法治实践的理性探求》,中国法制出版社 2002 年版,第 333 ~ 334、384 页。

② 苏力:"变法,法治及其本土资源",载《中外法学》1995 年第 5 期,第 3 页。

会环境的信息,包括自然条件、经济、政治、文化等方面的信息。这类信息的搜寻更为重要,也更为困难。说其重要,是因为立法者正是根据这类信息来判断哪一个备选规则最适合社会环境,因而是最优的规则。脱离具体的社会环境,我们不可能判断出规则的优劣。塞德曼曾指出,行为人对法律规则做出何种反应行为,不仅取决于法律规则及其约束力,更取决于行为人所处的物质和制度环境。在不同的物质和制度环境下,相同的规则并不一定会激励出相同的行为。[①] 这也就是比较法中经常所讲的"南橘北枳"现象。因此,立法者只有在获得比较充分的社会信息后,才能对各个备选规则做出正确的比较和选择。不过,由于事实信息具有地方性、多样性、分散性等特征,信息的搜寻、分析和处理可能比规则信息更为复杂和困难。一个国家的地域范围越广,地方性差异越大,事实信息的搜寻、分析和处理的难度就越大,成本就越高。

中国的立法者充分认识到事实信息的搜寻在立法中的重要性。用全国人大常委会领导人经常讲的一句话来说就是,立法要从中国实际出发,深入开展调查研究。六届全国人大常委会委员长彭真明确提出,中国的实际情况是立法的根据。[②] 从信息理论的角度来说,实际情况不过是分散于生产和生活实践中的各种信息,调查研究的过程实际上就是立法者搜寻、梳理、分析、处理这些信息的过程。立法要从实际出发,意味着立法者要充分地搜寻和研究各种事实信息,并以这些事实信息为基础做出立法决策。中国的立法者特别强调,对各种规则的选择,特别是对外国法律规则的借鉴,要以中国的事实信息为基础。全国人大常委会的历届领导人都反复强调,要从中国的实际情况出发,吸收借鉴外国的法律制度。在制定刑法时,彭真曾说,一边有懂西方刑法的专家,一边有懂苏联、东欧国家刑法的专家,进行讨论、比较、分析,最后根据中国的实际来定。[③] 在这里,我们也可以发现,立法者实际上已把事实信息和规则

---

① Robert B. Seidman, *The State*, *Law and Development*, Croom Helm Ltd., 1978, p. 36.

② 《彭真文选(一九四一——一九九〇年)》,人民出版社 1991 年版,第 421 页。

③ 顾昂然:《立法札记——关于我国部分法律制定情况的介绍(1982 ~ 2004 年)》,法律出版社 2006 年版,第 10 页。

信息区分开来。

中国的立法者不仅认识到了立法对信息的高度依赖性，而且意识到了信息不充分对立法的深层制约。彭真用非常朴实的话语表达了这一观点："有的法一时还定不出来，不是工作不积极，而是因为经验不成熟，或意见还没有系统地集中起来。随着我们经验的蓄积和调查研究的深入，条件成熟了，法律也会日益完备起来的。"①彭真的这段话实际上概括出了信息不充分的两种基本类型：一种是源于信息源的信息不充分，即"经验不成熟"的情形；二是源于信息传递机制的信息不充分，即"意见还没有系统地集中起来"的情形。前者表现为，由于某项实践刚处于起步或萌芽阶段，还未产生出成熟的、可靠的经验和信息，因而向决策者发出的信息很少，从而导致决策者对它知之甚少。后者表现为，由于信息输送或搜寻机制不通畅，信息源所发出的信息难以充分地传递到决策者那里，导致决策者的信息不充分。这两种信息不充分的类型在中国的立法实践中普遍存在。中国的立法者经常用"经验不成熟"、"经验不足"、"调查研究不充分"、"论证不充分"等描述信息不充分的情况。因此，本文在许多场合并列或交替使用知识、②经验、信息等术语。

当然，不论在什么样的社会中，立法机关都会面临信息不充分的问题，任何立法都不可能在信息完全充分的条件下制定出来。不过，正如下文所分析的几个方面所表明的那样，在过去的30年里，对于中国的全国人大常委会来说，信息不充分的问题表现得更为突出和严峻，以至于可以用"信息匮乏"来表述这种情况。面对这样一种立法信息不充分的状态，全国人大常委会并没有消极无为，而是适应改革开放实践对立法的强劲需求，探索出了一套应对信息不充分状况的行之有效的立法策略。这些策略大体上可以分为两类：一类是信息不充分的顺应策略，即如何在信息不充分的条件下尽可能地制定出切实可行的法律的策略。例如，成熟一个制定一个；先立单项法，后立综合法；法律不宜太细。另一类是信息不充分的克服策略，即如何开发利用其他社会主体所掌握的

① 《彭真文选(一九四一——一九九〇年)》，人民出版社1991年版，第496页。

② 在信息理论和信息经济学中，知识和信息是两个交替使用的概念。英文中的"knowledge"在翻译为汉语时，也有"知识"、"信息"两种译法。

信息,从而克服自身信息不足的策略,这类策略也可称做信息开发利用策略。例如,立法工作的群众路线,授权立法,依靠职能部门立法,发挥专家的作用,等等。

二、改革开放事业所面临的知识、经验、信息的匮乏对立法政策的影响

中国的改革开放是一项前所未有的新事业,面临着严重的知识、经验和信息匮乏,这是中国的政治家、立法者思考和处理一切问题的基本约束条件。以邓小平为代表的中国政治家在改革开放之初就清醒地意识到了这一点。用邓小平的话来说就是:"我们现在所干的事业是一项全新的事业,马克思没有讲过,我们的前人没有做过,其他社会主义国家也没有干过,所以没有现成的经验可学。"①在这种信息约束条件下,中国的改革开放是不可能建构理性主义或规划主义的,即按照事先一揽子地设计出的一整套构想缜密的理性规划从容不迫地推进,而只能是进化理性主义或实践理性主义的,或者用最流行的说法是"摸着石头过河"。在这一过程中,政府和其他社会主体通过各种形式的有代价的摸索、试验、试错、检验活动,才能逐渐地积累出一套行之有效的知识、经验和理论。邓小平反复强调改革的试验性和试错性:"我们现在做的事都是一个试验。对我们来说,都是新事物,所以要摸索前进。既然是新事物,难免要犯错误。我们的办法是不断总结经验,有错误就赶快改,小错误不要变成大错误。"②过去30年的历史表明,这种试验式和试错式的改革道路确实是在知识、经验和信息匮乏的条件下最大限度地减少或规避改革过程中的不确定性和风险性的最佳选择。③

就本文的主题而言,我们只考察这种知识、经验和信息整体上的匮乏对改革开放新时期中国立法政策和实践所产生的各种不易为局外人感知的约束。

---

① 《邓小平文选》第3卷,人民出版社1993年版,第258~259页。

② 《邓小平文选》第3卷,人民出版社1993年版,第174页。

③ 关于这方面的分析,可参见段先盛:"1978年以来中国改革成功的原因探究——有限理性政府试错式改革与满意实现",载《浙江社会科学》2008年第2期,第23页。

首先,在立法选择上,立法者不可能采取很多法学家所憧憬的那种整体式或体系化的立法模式,即按照一个事先设计好的法律体系框架有条理、有步骤地成批成套地生产出各类法律,而只能采取一种因时因事的立法模式,即根据现实需要的轻重缓急和立法条件的成熟程度决定先立什么法,后立什么法。按照前一种立法模式,法律体系之下各个法律部门的立法可以齐头并进,各个法律部门又可以按照下属法律的主次轻重依次立法,先立基本法,后立非基本法;先立主法,后立辅法。然而,在改革开放初期,当全社会都对未来改革发展的具体图景并不十分明了时,立法者也不可能先知先觉地拟订出一个作为立法指南的详细的法律体系框架。即使是20年后九届全国人大常委会提出的法律体系框架,①也主要是基于过去的立法经验和立法成果,而且在内容上较为粗略,很难充当上述的体系化立法模式的指南。另外,正如下一节所分析的那样,中国社会的急剧变革也使得立法者无法从容自如地按照某种长远的立法规划立法。

其次,在立法形式上,立法者不可能像社会所期待的那样开展大规模的法典编纂运动,而只能根据现实的需要和可能从零散的单行法开始。从信息依赖性上说,一部法律的调整范围越广,法律条文数量越多,立法所需要的经验、资料和信息就越多。这意味着,调整范围广、条文数量多的综合法比调整范围窄、条文数量少的单行法所需的立法信息量多。特别是大法典的编纂,往往需要相当充分的立法经验、理论准备、实践信息,因而比一般立法具有更强的信息依赖性。无论是查士丁尼《民法大全》的编纂,还是《德国民法典》的编纂,都是以长期积累起来的相当充分的立法资料、理论成果、实践经验为基础的。② 因此,在过去积累的立法资料和实践经验本来就不够丰富,而且又对法律所要调整的社会

① 王维澄:“关于有中国特色社会主义法律体系的几个问题”,载《在中南海和大会堂讲法制》,商务印书馆1999年版,第360~387页;李鹏:“全国人民代表大会常务委员会工作报告”,载《中华人民共和国第九届全国人民代表大会第四次会议文件汇编》,人民出版社2001年版,162~163页。

② 封丽霞:《法典编纂论—— 一个比较法的视角》,清华大学出版社2002年版,第272~276页。

领域知之不多的情况下，立法者除了照搬照抄别国的法典外，根本就不可能编纂出真正符合本国实际的完备可行的法典。比较稳妥的路子是，利用有限的经验和信息先制定单行法，逐步积累较多经验后再制定综合法，最后在立法经验和信息相当丰富时再编纂法典。

再次，在立法时效上，立法者很难一下子就为许多新的社会关系制定出能够长期适用的稳定而成熟的法律，往往只能先应社会的迫切需要制定出试行法或暂行法，在实际应用的过程中检验试错后再制定正式法。既然立法者不是全知全能的先知，我们就不能期待立法者能对那些刚刚出现因而具有诸多未知性或不确定性的社会关系一劳永逸地制定出长期适用的法律。在改革开放的过程中，包括全国人大常委会制定的法律在内的许多法律、法规和规章在其名称中都明确标出了"试行"或"暂行"字样，表明立法者很明智地承认自己的智慧和理性有限。其实，标不标上"试行"或"暂行"字样并不重要。重要的是，这样一个时代产生的新法律，事实上都无法摆脱试行或暂行的历史命运。只有经过试行或暂行这样一个检验、试错、反馈的过程，立法者才能获得相关法律的更多的知识、经验和信息，才能进一步制定出较为成熟而完备的正式法。

最后，在立法风格上，法律在初立时只能比较原则、比较概括，待在实践中积累经验后，通过修改而逐步走向具体化和细密化。和普通人一样，立法者对新事物、新现象的认识，必然要经历一个由表及里、由浅入深的过程。因此，受制于这一认识过程的立法，也必然要经历一个由粗到细、由简到繁的过程。不难推想，在对新事物、新现象仅仅有某些初步性的认识的情况下，立法者制定出的法律条文越具体越细致，就越可能背离新事物、新现象的客观发展趋势，也越容易遭到社会公众的非议和指责，这就意味着立法者所冒的政治风险就越大。相反，立法者利用有限的知识，有把握地制定出一些比较原则的法律条文，将最大限度地减少立法失误的风险和代价，从而也降低了自己的政治风险。而且，粗线条的立法虽有不能为人们提供明确的行为指引之虞，但肯定比给人们提供错误的行为指引好得多。法律没有提供行为指引时，人们尚可以选择其他合适的行为规范，而当法律提供错误的行为指引时，人们只能被迫接受这种错误指引的代价，而失去了选择其他合适的行为规范的机会。

通过上述分析我们不难发现，全国人大常委会确立的很多立法政策，诸如“成熟一个制定一个”、“先立单行法，后立综合法”、“试行立法、暂行立法”，都是在上述约束条件下做出的理性选择。就拿非议颇多的“成熟一个制定一个”的立法政策来说，它就是在那种体系式和法典化立法模式不可行的情形下退而求其次的选择。其实，这一立法政策不仅体现在立什么法的问题上，还体现在写多少条文和改什么条文的问题上。在立什么法的问题上，就是“成熟一个制定一个”。① 也就是说，立什么法不是按照法律体系的结构安排来定，而是根据立法经验和条件是否成熟来定。在写多少条文的问题上，体现为“成熟多少就写多少”。② 也就是说，立法不追求那种脱离实际的完备性，而是根据现有立法经验和条件量力而行。在改什么条文的问题上，体现为“成熟一条就修改一条”。③ 法律修改不求一步到位，但求在现有立法经验和条件下稳妥及时地进行。这几个方面都表明，中国的立法者不仅意识到了立法的经验（信息）依赖性，而且意识到了现有立法经验（信息）的有限性。立法者只能以有限的经验（信息）解决有限的法律问题，而不是像法学家所期待的那样一揽子地建构起一个完备的法律体系。

“成熟一个制定一个”，经常被学者们诟病为头痛医头、脚痛医脚。不过，正像当一个中医对人体的经脉系统并不完全了解时，运用已积累起来的有限的知识和经验对病人头痛医头、脚痛医脚，不失为一种积极

---

① 六届全国人大常委会副委员长陈丕显在六届人大四次会议上的工作报告中提出：“由于全面的经济体制改革和教育科技体制改革正在开展，一些重要的改革还在实践和积累经验的过程中，因此这些法律还需要根据条件逐步制定，在总结经验的基础上，成熟一个制定一个。”陈丕显：“全国人民代表大会常务委员会工作报告——1986 年 4 月 2 日在第六届全国人民代表大会第四次会议上”，载《人民日报》1986 年 4 月 19 日。

② 彭真 1981 年对民法的起草工作提出：“成熟多少就写多少，不成熟的不要定。”《彭真文选（一九四一——一九九〇年）》，人民出版社 1991 年版，第 424 页。

③ 邓小平早在 1978 年就提出了这个观点：“修改补充法律，成熟一条就修改补充一条，不要等待‘成套设备’。”《邓小平文选》（第 2 卷），人民出版社 1994 年版，第 137 页。后来，全国人大常委会领导人经常谈到类似的观点。例如，九届全国人大常委会委员长李鹏在 2002 年审议农业法修订草案时指出，“这次不宜大动，成熟一条写一条”，“农业法律应成熟一条加一条，这种方法比较好”。《立法与监督——李鹏人大日记》（下册），新华出版社、中国民主法制出版社 2005 年版，第 609、611 页。

采取措施缓减病痛的办法，不仅比庸医胡乱地头痛医脚、脚痛医头更为安全，也胜过对头痛、脚痛坐视不管。同样，当立法者对改革开放的未来图景并不完全清楚的情况下，利用有限的知识和信息解决那些有把握解决的法律问题，也不失为一种积极应对改革开放新时期强烈立法需求的策略，同时又不会草率地炮制出一大堆糟糕的法律。中国的立法者反复强调，立法工作既要积极抓紧，不能慢慢腾腾；又要慎重，不能草率立法。[①] 从某种意义上说，这一立法政策是信息不充分条件下立法者规避政治风险的理性选择。这一政策表明立法者既要积极立法，而不是等待成套设备，贻误立法时机，但同时又要慎重立法，只立成熟的法律，只写成熟的条文。这样，既满足了社会的立法期望，又不会出现大的失误，从而使政治风险最小化。

"先立单项法，后立综合法"，也是改革过程中知识、经验和信息不充分条件下不得已的政策选择。早在 1981 年彭真就在民事立法上提出了这样的政策："民法不是短期间可以制定的。这不是我们不努力，而是问题本身就十分复杂，加上体制正在改革，实际上有困难。因此，一方面要搞民法，另一方面要搞单行法，民法和单行法可以同时进行，也可以把民法草案中比较成熟的部分，作为单行法规先提出审议、公布，单行法比较容易提高些，比较灵活，错了也比较好改。民法就要比较慎重，制定不久就得改，那就不大好。先搞单行法，成熟了，再吸收到民法中来。"[②]后来，李鹏在担任九届全国人大常委会委员长期间更明确提出了"先立单行法，后立综合法（大法）"的立法政策。李鹏对这一立法政策所做的一个解释是，建设中国特色社会主义是前无古人的事业，很多事情处在探索中，还不成熟，但又需要法律来规范，可是大法又一时制定不出来，这就需要采取各个击破的办法，先制定单行法，以适应改革开放和发展的需要。[③]

30 年的立法史也证明这一立法政策是行之有效的。我国的不少法

---

① 《彭真文选（一九四一— 一九九〇年）》，人民出版社 1991 年版，第 424 页。

② 《彭真文选（一九四一— 一九九〇年）》，人民出版社 1991 年版，第 424 页。

③ 《立法与监督——李鹏人大日记》（上册），新华出版社、中国民主法制出版社 2005 年版，第 282 页。

律经历了由单项法到综合法的过程。例如,合同法的发展就经历了由原来的《经济合同法》、《涉外经济合同法》、《技术合同法》三部单项合同法到统一的《合同法》的过程。又如,在对1979年刑法进行全面修改之前,全国人大常委会通过了20多个单行刑事法或决定,然后在1997年对刑法进行全面的修改,制定出新刑法。还有一些法律由于一时制定不出法典,就先制定出单行法,以单行法推进该法域的立法进程。例如,民事立法就一直采取单行法的形式,全国人大及常委会先后制定了《继承法》、《民法通则》、《收养法》、《担保法》、《合同法》、《物权法》等单行法。

试行立法、暂行立法的政策,更直接地反映了有限理性和信息不充分条件下立法的试验主义和试错主义特点。在改革开放初期,有相当比例的法律和行政法规是直接以试行和暂行之名出台的。① 后来,虽然直接标以试行和暂行之名的法律法规越来越少,但如前所述,绝大多数的法律法规实际上仍摆脱不了试行、暂行的命运,都或快或慢地被大幅度修改或补充。因此,试行立法、暂行立法并不能简单地视为是权宜之计或法制不发达的表现,而是改革过程中不可避免因而长期持续存在的立法现象。② 从功能上看,试行立法、暂行立法实际上为立法者提供了一个有效的信息反馈和搜集机制,从而帮助立法者制定出完善的正式法。而且,在法律试行或暂行过程中所反馈回来的信息,与立法者在立法前调研过程中获得的信息相比,乃至与立法草案向社会征求意见过程中获得的信息相比,更显得真实、准确和可靠。因为这类反馈信息乃是法律实施后产生的各种实实在在的社会反响,而不是调研或征求意见过程中的那种试探性反应;乃是利益受到实际影响后所发表的真切意见,而不是法律实施前所做出的预期或推想。用中国立法者的话来说,法律试行

---

① 关于1979~1987年暂行、试行法律法规的统计数据,参见季卫东:“论法律试行的反思机制”,载《社会学研究》1989年第5期,第81页。

② 季卫东:“论法律试行的反思机制”,载《社会学研究》1989年第5期,第82页。

的过程乃是法律接受实践检验和不断总结经验的过程。[①]

三、社会大变革对立法政策的影响

中国处于一个急剧变革和转型的时期，这也是制约中国立法政策和实践的重要因素。中国社会所发生的这种急剧的变革和转型，从内在的方面说是由中国人民所开展的全方位的体制和制度变革所驱动的，从外在的方面说是由当今世界所经历的日益加速、迅猛的社会变革所推动的。对于20世纪以来世界变化速度之快，社会学家博尔丁断言，当今的世界与他出生时的世界之差别，一如他出生时的世界与罗马皇帝恺撒当年的世界之差别。[②] 小说家斯诺则描述说，20世纪以前的变化慢到一个人一辈子都看不出来，现在变化的速度已经提高到我们的想象力跟不上的程度。[③] 或许我们也可以说，当代中国人在过去30年所经历的深刻变化可能比过去数十代人所经历的变化还多。

无论是对于民众还是政府，无论是在经济、政治还是法律领域，急剧的社会变革和转型都带来了许多难以准确估量的冲击性影响。托夫勒试图用"未来晕厥症（future shock）"这一概念来描述和分析未来过早过快来临时所带来的头晕目眩的迷失感，并认为如果不采取明智的步骤来对付晕厥症，千千万万的人将会感到越来越无所适从，越来越无法合理地应付周围的事物。[④] 从知识和信息的角度来说，这种晕厥症产生的原因就在于，社会变化过快过猛使得人们难以获得充分的知识和信息来有

① 彭真提出："对新的重大问题、重要改革，要制定法律，必须先有群众性的探索、试验，即社会实践检验的阶段。在这个基础上，经过对各种典型、各种经验的比较研究，全面权衡利弊，才能制定法律。"载《彭真文选（一九四一——一九九〇年）》，人民出版社1991年版，第507页。

② 转引自［美］阿尔文·托夫勒：《未来的冲击》，孟广均等译，新华出版社1996年版，第7页。

③ 转引自［美］阿尔文·托夫勒：《未来的冲击》，孟广均等译，新华出版社1996年版，第15页。

④ ［美］阿尔文·托夫勒：《未来的冲击》，孟广均等译，新华出版社1996年版，第5页。该书的中译者把"future shock"翻译为"未来的冲击"，显然不能精确表达该词的含义。翻译为"未来晕厥症"可能更贴切一些。

效地应对新环境、新事物。正如费孝通所言,在那种不分秦汉、代代如是的社会里,人们靠祖祖辈辈的经验就可以成功地应付生活中的各种问题。[①] 但是,在加速度式地快速变化的当代社会里,前人的知识和经验已不足以应对层出不穷的新事物,而新的知识和经验又无法在短时期内迅速地生产出来,结果必然就会出现知识和经验短缺的状态,进而导致出现人们茫然不知所措的晕眩状态。

就立法而言,当今社会的急剧变革至少在以下几个方面加剧了知识、经验和信息的短缺状态:

第一,立法者获取有效信息的难度和成本增加。立法所需要的知识和信息,不是那种转瞬即逝或街谈巷议式的知识和信息,而是能够帮助立法者准确把握事物性质的可靠的、有效的知识和信息。因而,和变化节奏相对缓慢而有序的传统社会相比,在充满更多变化、复杂性和不确定性的现代社会,立法者获得同样可靠的、有效的信息的难度和成本就要高得多。另一个不能忽视的事实是,知识和信息本身也处于快速流变的过程中,以越来越快的速度更新。这也使得知识和信息的搜寻、分析和辨识越来越困难。在信息处理能力和条件相同的情况下,信息获取难度和成本的增加,意味着立法者所能获得的有效的信息量的减少。

第二,立法者解决新问题所需的信息量大幅度增加。托夫勒在谈到社会激变对组织机构的影响时指出,社会生活节奏的加快,突如其来的新的问题的增加,导致解决新问题的信息量相应增加。如今应付一个新问题所需的信息量可能 10 倍或 100 倍于过去应付一个问题的信息量。[②] 正因为如此,当代的立法者很难再像过去那样以制定法典的方式对各种新涌现的问题进行批量处理,而不得不以各种单项法的形式对这些问题逐个处理。

第三,中国与西方国家在变革进程上日渐趋于同步,使得中国的立法难以简单地吸取西方的现存经验。从近代以来,中国一直拥有一种后

---

① 费孝通:《乡土中国 生育制度》,北京大学出版社 1998 年版,第 51 页。

② [美]阿尔文·托夫勒:《未来的冲击》,孟广均等译,新华出版社 1996 年版,第 118~119 页。

发展的优势和便利,即可以吸收走在世界发展前列的国家的现存经验。其中也包括,在新中国成立初期,中国作为新生的社会主义国家,大量借鉴当时已有30多年社会主义建设历史的苏联的经验。这种后发展的优势显然是以中国在发展时序上滞后于其他国家为前提的。然而,随着中国发展进程的加快和全球化时代的来临,中国与西方国家在某些方面的变革逐渐开始趋于同步,因而必须和西方国家一道应对共同面临的问题,如世界金融危机。在这种情况下,中国不能坐等西方的经验,必须积极探寻解决问题的良策,为世界提供成功经验。

事实上,中国的立法者深切地认识到了社会大变革对立法的制约。彭真在谈到民事立法的困难时说:现在我们正处在大调整的过渡时期,政治、经济、文化等各方面情况都在变化,面临着大量的新问题,而且有很多是根本性问题。[①] 全国人大常委会的诸多立法政策正是基于这种背景而提出来的。例如,李鹏在解释"先立单项法,后立综合法"政策时提到的另一条理由是,我们处在计划经济向社会主义市场经济转轨的过程中,处在一个科技突飞猛进的时代,一切都处在变化的过程中。一部非常完整的、能管多年的法律,可能一时制定不出来。如果它更现实一点,适应的时间短一点,就容易出台。如果我们的单项法律多一点,内容简化一点,立法就能够适应当前的发展。[②]

又如,"法律不宜太细"的立法政策,在一定程度上也是基于社会变化太快的现实。如前所述,一方面,在社会迅猛变革的时期,立法者很难获得较为充分的信息,因而难以制定出细致周密的法律。如果脱离现实编造出某些细致的条文,又容易阻碍社会变革,或者变成一纸空文。另一方面,我们不得不承认,在社会变化太快的情况下,法律——特别是实体法规定越具体越细致,就越容易过时。所以,顾昂然在解释法律规定比较概括的原因时提到,我们正处在改革的时期,许多问题需要进一步

---

① 《彭真文选(一九四一—一九九〇年)》,人民出版社1991年版,第421~422页。

② 《立法与监督——李鹏人大日记》(上册),新华出版社、中国民主法制出版社2005年版,第297页。

摸索、试验,不可能定得太细。[①]

修改旧法律与制定新法律并重的立法政策,更直接地反映了立法者要使法律跟上社会变革的努力。李鹏在总结九届人大常委会的立法经验时提出,坚持把修改原有法律与制定新的法律放在同等重要的位置。这一立法政策的目的在于,把实践证明是成功的新经验和新认识及时用法律规定下来,使立法工作适应我国社会发生的广泛而深刻的变化,更好地发挥法律对现实生活的规范作用。[②]

四、国家幅员辽阔对立法政策的影响

中国是一个幅员辽阔的大国,这是我们考量信息约束条件对全国人大常委会的立法政策的影响时不可忽视的重要因素。地理意义上的幅员辽阔不仅意味着极为多样化的自然景观,而且也意味着极具复杂性的社会景观。在一个大国里,生活在不同地方的人们往往在文化传统、富裕程度、生活方式、思想观念、风土人情等方面表现出各种或鲜明或细微的差异。对于中央政权来说,地方的多样性和差异性越复杂,信息搜寻的难度就越大,成本就越高。但是,信息又是中央政权对全国进行有效治理所不可或缺的因素。因此,在同样的技术条件下,治理大国的信息成本要比治理小国的信息成本高得多。甚至在某些情况下,由于信息搜寻或传输的成本太高,或者缺乏相应的信息技术手段,在小国运转良好的制度到了大国却无法实行。正是从这种意义上说,国家疆域的大小对政治统治和制度有着重要的影响。

从历史上看,尽管观察视角、理解方式及最终结论不一样,各个时代的思想家都已观察到这一事实。早在古希腊时期,亚里士多德就注意到疆域大小对城邦政治的影响。他提出,理想城邦的疆域不能太大或太

① 顾昂然:《立法札记——关于我国部分法律制定情况的介绍(1982—2004年)》,法律出版社2006年版,第11、58页。

② 李鹏:"全国人民代表大会常务委员会工作报告(二〇〇三年三月十日)",载《十六大以来重要文献汇编》(上),中央文献出版社2005年版,第199页。

小,应以观察所能遍及又足以保证公民宽裕而不失节制的闲暇生活为度。① 在启蒙运动时期,孟德斯鸠通过对各国政体的比较研究得出结论,从自然特质来说,小国宜于共和政体,中等国宜于由君主治理,大帝国宜于专制君主治理。并认为,疆域的稳定是政体保持稳定的前提,疆域的缩小或扩张都会变更国家的精神。② 卢梭从各类政府形式存在的自然条件的角度断言,民主政府适宜于小国,贵族政府适宜于中等国家,君王政府适宜于大国。③ 当代学者都观察到国土面积的大小对国家构成形式的影响。例如,当今世界上绝大多数地域辽阔的大国,如美国、加拿大、俄罗斯、巴西、印度、澳大利亚等国,都先后实行了联邦制的结构形式。④

其实,这些结论都能从信息的角度得到某种程度的合理解释。例如,孟德斯鸠、卢梭等人所强调的民主政治适宜于小国而不适宜于大国的结论,实际上反映出了民主政治所固有的高度的信息依赖性。例如,为了保证投票行为的理性化,选民应能够较为充分地获知候选人的信息;为了防止选举过程的舞弊行为,监督者应能有效地监督各个选区的投票和计票活动,而监督也是以较充分的信息为基础的。于是,在交通、通讯和传媒工具较为落后的古代和中世纪时期,只有在那些多数公民能进行面对面的信息交流的小国,才有可能实现这种民主政治。按照卢梭的说法,民主政府只有存在于这样的“很小的国家”,即“人民很容易集会”,并且“每个公民都很容易认识所有其他的公民”。⑤ 即使到了近代,民主制度的设计仍然受到信息和技术条件的深刻约束,例如,美国早期的制宪者们为总统选举所设计的选举人团制度。当时,曾有人提出了全

---

① [古希腊]亚里士多德:《政治学》,吴寿彭译,商务印书馆 1965 年版,第 356 ~ 357、455 页。

② [法]孟德斯鸠:《论法的精神》(上册),张雁深译,商务印书馆 1961 年版,第 126 页。

③ [法]卢梭:《社会契约论》,何兆武译,商务印书馆 2003 年修订第 3 版,第 83 页。

④ 例如,童之伟:“单一制、联邦制的理论评价和实践选择”,载《法学研究》1996 年第 4 期,第 99 页;王丽萍:《联邦制与世界秩序》,北京大学出版社 2000 年版,第 26 ~ 28 页。

⑤ [法]卢梭:《社会契约论》,何兆武译,商务印书馆 2003 年修订第 3 版,第 84 ~ 85 页。

民直选总统的方案，后来遭到否决。其中，信息约束是一个很重要的原因。这就是，由于美国的幅员辽阔，且通讯和交通闭塞，民众不了解全国情况，各个地方各自为政，很难组织全国范围的竞选和选举，也很难对全国选举进行有效的监督和控制。① 而按照选举人团制度，先由各州选出若干位的选举人，最早一般是由各州议会选出选举人，然后再由这些选举人投票选举总统和副总统，这就解决了由于信息不通畅直选所可能引发的结党营私、贿选、社会骚乱等问题。②

下面我们转而讨论与立法体制和政策直接相关的所谓大国实行联邦制的问题。尽管世界上各个大国选择联邦制度的实际原因相当复杂，但是学者们都观察到这些国家的共同特征，诸如，国土面积大，民族众多，自然地理条件丰富多样，地区间经济发展水平不平衡。③ 从决策与信息的角度来说，这些因素都加剧了中央政府做出全国性决策的信息搜寻成本与难度，甚至使做出某些全国性决策成为不可能之事。因此，在大国实行联邦制，把较多的权力赋予地方，中央政府只行使有限的权力，有助于大幅度地减少中央政府必须做出的决策的数量，随之也能够大规模地减少中央政府治国理政的信息成本以及因信息不充分而出现决策失误的机会。这一道理运用于立法权的配置上，赋予地方以较多的立法权，有助于减少中央立法机关的立法信息成本与立法失误成本。

不过，一个众所周知的事实是，中国作为一个大国却没有实行联邦制，而是出于历史传统等原因选择了单一制。④ 但是，这种历史选择并不能改变地方信息的高度分散性及随之而来的高额信息成本对中央政府的决策的约束。恰恰相反，计划经济时代高度集权的中央政府在信息不畅的情况下所做出的诸多错误的决策，显示了这种信息约束的巨大负面效应。正如国外学者所分析的那样，中央决策机构中群众代表的薄弱

---

① 唐晓："美国总统选举人团制度"，载《外交学院学报》2001 年第 3 期，第 45 ~ 46 页。

② [美]汉密尔顿等：《联邦党人文集》，程逢如等译，商务印书馆 1980 年版，第 346 ~ 347 页。

③ 周叶中主编：《宪法学》，高等教育出版社 2000 年版，第 228 ~ 229 页。

④ 周叶中主编：《宪法学》，高等教育出版社 2000 年版，第 229 ~ 230 页。

和独立传播媒体的缺乏导致信息的诸多空白,因而决策者对于政治将会如何发展或是基层怎样看待政治的问题所知甚少。[①] 1978 年以来,改革的思路不仅是拓展和畅通各种信息传递机制,更为根本的是将大量权力下放给地方,从而最终减少中央政府决策的信息搜集的压力和成本。在立法权的配置上,总的发展趋势也是不断扩大地方的立法权。

令人欣慰的是,全国人大常委会领导人不仅意识到地方情况的复杂性对全国人大立法的影响,而且认识到全国人大常委会与地方人大常委会在信息上的不对称,并且承认与积极利用地方人大常委会的信息优势。陈丕显在六届人大三次会议上的工作报告中指出:"常委会在制定法律时,要密切同地方人大常委会的联系。因为地方人大常委会更接近基层,更了解实际情况和实际需要,可以更好地了解和反映基层和实际工作同志的意见。当前,对外开放、经济体制改革的形势发展很快,情况十分复杂,新问题、新经验不断出现,更加需要依靠地方,根据实际情况,把正确的意见、成熟的经验集中起来。这样制定的法律才能符合实际,也才能行得通。"[②]全国人大常委会提出的多项立法政策实际上都基于对地方人大常委会的信息优势的尊重和利用。

其中,最突出的是受到学术界强烈批判的"法律不宜太细"的政策。学术界对这一政策的主要批评是,它降低了法律的可操作性,扩大了执法者的自由裁量权,导致了立法权的变相转移。[③] 不过,这些问题并非不为立法者所知晓,相反在一定程度上乃是立法者有意——但并非恶意——为之的结果。全国人大常委会的领导人提出这项政策的原意就在于,鉴于各地情况的复杂多样,法律只解决原则性问题,具体问题则留待行政立法和地方立法解决。彭真在 1985 年召开的省、自治区、直辖市人大常委会负责同志座谈会上强调,我们这样一个大国,各地政治、经

---

① [美]詹姆斯·汤森、布兰特利·沃马克:《中国政治》,顾速、董方译,江苏人民出版社 1996 年版,第 294 ~ 295 页。

② 陈丕显:"全国人民代表大会常务委员会工作报告——1985 年 4 月 3 日在第六届全国人民代表大会第三次会议上",载《人民日报》1985 年 4 月 15 日。

③ 刘松山:"也谈'立法宜粗不宜细'",载《法制日报》2003 年 9 月 18 日;第刘俊海:"'立法宜粗不宜细'不合时宜",载《北京日报》2006 年 7 月 10 日。

济、文化发展很不平衡。因此，法律只能解决最基本的问题，不能规定得太细，太细了就难以适用于全国。为了因地制宜地解决问题，一个法律制定出来以后，一般还需要制定实施细则，做出具体规定。全国性的实施细则，由国务院制定；地方性的实施细则，由省、自治区、直辖市的人大和常委会制定。① 值得注意的是，法律不宜太细的立法政策事实上减少了全国人大常委会的立法失误及其可能的代价，同时为行政立法、地方立法和司法解释的发展留下了必要的空间。在此，我们又看到，这一政策是全国人大常委会规避政治风险的一种理性选择。在对各地方、各行业、各部门的情况不是很了解的情况下，全国人大常委会制定出来的法律越具体、越细致，就越有可能不符合某些地方、行业、部门的实际情况。因而，会招来这些地方、行业、部门的非议和批评。相反，在已掌握的有限信息的基础上力所能及地制定出的一些法律条文，尽管可能较为粗线条、原则性，却更能兼顾复杂多样的现实国情。

另一项政策是鼓励地方先行立法的政策。历届全国人大常委会领导人都强调，除了专属于全国人大和全国人大常委会立法的事项之外，对于全国人大常委会暂时还制定不出来的法律，可以由地方先制定地方性法规，待取得经验、条件成熟后，再及时制定法律。②八届全国人大常委会委员长乔石甚至提出，广东等改革开放前沿可以成为经济立法工作的试验区，先行制定一些地方性法规，为制定法律提供经验。③ 鼓励地

① 《彭真文选(一九四一——一九九〇年)》，人民出版社 1991 年版，第 505 页。顾昂然在解释法律规定比较概括的原因时也指出，我国的情况十分复杂，什么问题都由中央统一规定，一刀切，是行不通的。例如，由于城乡之间、沿海和内地之间的情况不同，刑法不可能明确规定犯罪行为的数额标准，只能笼统地规定数额较大、数额巨大。法律规定得概括些，地方可以根据自己的情况予以具体化。顾昂然：《立法札记——关于我国部分法律制定情况的介绍(1982—2004 年)》，法律出版社 2006 年版，第 11、58 页。

② 《立法与监督——李鹏人大日记》(上册)，新华出版社、中国民主法制出版社 2005 年版，第 295 ~296 页。陈丕显在六届人大四次会议上的工作报告中提出，国家还没有制定的一些法律，可以先制定地方性法规，这有利于加快国家立法工作的步伐。

③ “乔石谈制定社会主义市场经济法律”，载《人民日报》1993 年 4 月 16 日；“乔石委员长在八届人大常委会二次会议上强调抓紧制定社会主义市场经济法律”，载《人民日报》1993 年 7 月 3 日。

方先行立法，从而为制定法律提供经验，无疑是全国人大常委会克服自身能力和信息不足的重要策略。改革开放30年来中国的立法实践不乏地方先行立法而后成功制定法律事例。最典型的例子是人口与计划生育立法。对于中国这样一个人口规模过大、人口增长速度过快的国家，如果不对人口的增长进行控制，不仅会严重影响中国的发展，也会对世界造成很大的压力。但是，在国际上还有很多人不理解中国的计划生育政策，国内还没有探索出一套适用于各个地方的计划生育办法的情况下，全国人大无法制定出人口与计划生育法，所以采取地方先立法的办法。各地先制定出计划生育法规，然后经过多年的实践，不断总结经验，到2001年底全国人大才制定出《人口与计划生育法》。这部法律制定出来后，在国际上没有什么反对意见，老百姓也能理解和接受。①

五、知识和信息的分散性对立法政策的影响

20世纪以知识社会学为代表的知识研究所做出的一个重要的理论贡献，是揭示出了知识和信息的多元性、分散性。所谓知识和信息的多元性，是指各种社会主体（如手工艺人、技术专家、科学家、神职人员等）都是知识的生产者、创造者和传播者，知识表现为工艺知识、技术知识、科学知识、神学知识、常识性知识等多种形态。② 所谓知识和信息的分散性，是指社会的大量知识和信息由无数的个人或组织所掌握和利用，而不是集中在某个人或机构手中。哈耶克特别强调个人知识的特有性和分散性，并以此为基础批判计划经济模式，主张自由市场经济。因为计划经济是建立在一个不可能实现的假定之上的，即中央计划机构能够将一个复杂的经济体系中所有的知识和信息集中起来，从而能够为这个经济体系的正常运转做出各种正确的决策。而自由市场经济则建立在知识和信息分散在无数个人之手的事实基础之上的，并保障个人利用其

① 《立法与监督——李鹏人大日记》（下册），新华出版社、中国民主法制出版社2005年版，第905页。

② 关于各类知识的一种概括性分析，参见［波］弗·兹纳涅茨基：《知识人的社会角色》，郏斌祥译，译林出版社2000年版，第37页。

掌握的独一无二的知识和信息做出各自决策的自由。①

中国的立法者也认识到，立法所需要的知识、经验和信息散布于各种社会主体之手，必须通过各种渠道获取和利用这些社会主体所掌握的知识、经验和信息，以克服自身的知识、经验和信息不足问题。彭真曾明确提出，立法不能搞一言堂，而必须多谋善断，尽可能把所有正确意见集中起来。② 为此，六届全国人大常委会提出了一项立法工作的总体策略，即依靠各地方、各部门、各方面的集体智慧和集体经验，实行立法工作者、实际工作者和理论工作者相结合，集思广益，在高度民主的基础上集中各种正确意见，使制定的法律尽可能符合实际，切实可行。③ 这一总体策略在立法实践中具体表现为历届全国人大常委会所反复强调的群众路线以及授权立法、依靠职能部门立法、发挥专家作用等立法政策。

如果从决策与信息的角度来分析，群众路线实际上是中国共产党和政府解决公共决策的信息不足问题的重要方法和策略。历届全国人大常委会的领导人都强调，立法工作必须走群众路线，广泛听取各方面意见，切实做到集思广益，才能制定出切实可行的法律。④ 从信息搜集的方面来说，立法工作走群众路线，可以获得两类重要信息：一是社会成员在长期的社会实践中创造并遵循的各种正式或非正式制度。这些正式或非正式制度为立法者提供了可供选择的制度性方案。正是在这个意义上，周恩来把人民群众视为创法的源泉。他说，“创法的源泉是劳动人民，从群众中来到群众中去”，“所谓法源，就是从群众中来，政府不过是反映一下而已，加以集中起来，坚持下去”。⑤ 二是社会成员的规范性偏好和需求。这类信息为立法者比较和评价各种制度性方案提供了最终的标准。只有依靠这种信息，立法者才能制定出真正满足社会成员的偏

① ［英］哈耶克：《个人主义与经济秩序》，贾湛等译，北京经济学院出版社 1991 年版。

② 彭真：《论新中国的政法工作》，中央文献出版社 1992 年版，第 268 页。

③ 陈丕显：“全国人民代表大会常务委员会工作报告——1988 年 3 月 31 日在第七届全国人民代表大会第一次会议上”，载《人民日报》1988 年 4 月 19 日。

④ 彭真：《论新中国的政法工作》，中央文献出版社 1992 年版，第 266 ~ 267 页。

⑤ 黎国智主编：《马克思主义法学论著选读》，中国政法大学出版社 1993 年版，第 244 页。

好和需求的法律。

授权立法是全国人大常委会应对自身的立法能力和信息不足的一项重要政策。从实际情况来看,全国人大常委会一般都授权比自己更有知识、信息优势的国家机关立法。这样,通过授权立法,一方面既满足了社会的立法需求,另一方面又为制定法律积累了经验。陈丕显在六届人大三次会议上的工作报告中解释授权国务院立法的理由时说:“当前在对外开放和经济体制改革方面,有一系列新问题需要及时作出有法律效力的规定。但是,有些重大问题涉及面广,情况复杂,还缺乏实践经验,制定法律尚有困难,而没有法律规定,又不好开展工作。这个问题如不很好解决,就会妨碍改革、开放的顺利进行。为此,1984 年 9 月全国人大常委会通过关于授权国务院改革工商税制发布有关税收条例草案试行的决定……这是从我国当前实际情况出发加强法制建设的一项重要措施,可以适应当前某些实际工作的需要,还可以积累经验,为制定或者补充、修改法律作准备,有利于加快经济立法工作。”①

立法学界一般把授权立法分为法条授权和特别授权。所谓法条授权,是指立法机关或其他有权机关在其制定的法律法规中,运用某一条款,将某些立法权授予有关机关的授权。所谓特别授权,就是指立法机关通过特别规定,允许行政机关或其他机关在其规定的权限范围内制定法律文件。② 全国人大常委会同时运用了这两种授权形式来解决自身立法能力和信息的不足问题。1978 年以来,全国人大常委会曾三次向国务院做出立法的特别授权,曾先后四次向四个经济特区所在省的人大及其常委会、所在市的人大及其常委会、人民政府做出立法的特别授权。③ 法条授权是全国人大常委会更为经常地运用的授权立法的形式,绝大多数全国人大常委会的立法中都有授权立法的条款。例如,1984 年制定、1998 年修改的《森林法》共有 7 个授权条款,分别授权国务院及其林业主管部门、民族自治地方的自治机关立法,可谓是授权立法条款

① 陈丕显:“全国人民代表大会常务委员会工作报告——1985 年 4 月 3 日在第六届全国人民代表大会第三次会议上”,载《人民日报》1985 年 4 月 15 日。

② 陈伯礼:《授权立法研究》,法律出版社 2000 年版,第 31 ~ 32 页。

③ 周旺生:《立法学教程》,北京大学出版社 2006 年版,第 345 ~ 348 页。

最多的法律之一。法条授权多的原因就在于全国人大常委会在许多具体问题上缺乏可靠的经验和信息。第六届、第七届全国人大法律委员会副主任委员宋汝棼在解释 1984 年森林法中授权条款多的原因时解释说:"读者可能会觉得,森林法中对一些重要问题,左一个由国务院规定,右一个由国务院规定,实在太不具体,缺乏规范性。这是因为当时经济体制改革正在进行,照老办法规定不行,而新的办法又还没有把握。"①

其实,除了特别授权、法条授权这两种明示的授权立法形式,还有一类更为普遍、重要的授权立法形式,即默示的、隐性的授权立法。这种隐性的授权立法表现为,虽然全国人大常委会没有做出明确授权,但由于全国人大及其常委会没有制定法律或法律过于粗疏,国务院、最高人民法院、最高人民检察院通过行政立法、法律解释,地方国家权力机关、行政机关通过制定地方性法规、规章,填补法律所留下的各种空白。在自身的立法信息和能力不足的情况下,全国人大常委会对这种填补法律空白的行为不仅持默认的立场,甚至还加以鼓励。以最高人民法院、最高人民检察院的司法解释为例,正如许多论者所指出的那样,"两高"颁布的许多规范性司法解释文件远远超出了个案的、语义的解释的范畴,也超出了《人民法院组织法》所规定的"如何具体应用法律"的范畴,事实上具有"立法"或"准立法"的性质。② 全国人大常委会对"两高"的"立法"或"准立法"行为不仅给予默认,而且还加以利用。这表现为,全国人大常委会在制定或修改法律时充分吸收"两高"的司法解释的合理内容。举例来说,全国人大常委会 2001 年修改《婚姻法》时就吸收了最高人民法院此前颁布的司法解释的内容。例如,《婚姻法》第 34 条关于认定夫妻感情破裂的几条标准就来自于 1989 年最高人民法院《关于人民法院审理离婚案件如何认定夫妻感情确已破裂的若干具体意见》。③

---

① 宋汝棼:《参加立法工作琐记》(上册),中国法制出版社 1994 年版,第 3 页。

② 例如,陈兴良、周光权:"刑法司法解释的限度",载《法学》1997 年第 3 期;赵秉志、陈志军:"论越权刑法解释",载《法学家》2004 年第 2 期,第 31 页。

③ 王胜明、孙礼海主编:《〈中华人民共和国婚姻法〉修改立法资料选》,法律出版社 2001 年版,第 7 ~ 8 页。

依靠职能部门(包括行政、司法、军事等部门)立法,是全国人大常委会获取和利用职能部门的专业知识、经验、信息的重要策略。从实际情况来看,对职能部门的高度依赖,特别是对行政职能部门的高度依赖,是改革开放30年来全国人大常委会立法的重要特点。李鹏曾谈到,九届全国人大常委会“规划中的法律草案多数由国务院、中央军委、最高人民法院和最高人民检察院负责起草并提请审议”。① 据有关统计,在全国人大及其常委会通过的法律中,由国务院相关部门提交法律提案占总量的75%~85%。② 除此之外,全国人大常委会一般要将其审议的法律草案发到国务院相关部门征求意见,并且相当重视国务院相关部门的意见。这一立法政策形成的主要原因是行政职能部门在有关社会领域内拥有知识和信息上的优势。比如,就税务立法而言,税务行政部门无疑比其他机关、组织更了解国内税收征收和缴纳的情况、形势和问题,因而更有发言权和参与权。顾昂然指出:“现在好多法律是由部门起草、经国务院提请全国人大或全国人大常委会审议的。部门对实际情况了解,起草有优势。”③从世界各国的情况来看,之所以一般都赋予行政机关向议会提出立法提案之权力,其原因不仅是为了保障行政机关的立法参与权,也是尊重行政机关在知识和信息上的优势。

发挥专家的作用是全国人大常委会克服自身知识和信息的不足而采取的又一重要的知识和信息获取策略。从1978年以来,历届全国人大常委会领导人都非常强调专家参与立法的问题。万里认为,做好人大工作除了全国人大及其常委会和国务院的努力外,还要依靠大专院校、

① “李鹏委员长关于全国人大常委会立法工作的有关论述”,载乔晓阳主编:《立法法讲话》,中国民主法制出版社2000年版,第355页。

② 杨军:“国家各部委间存在利益博弈 致使多部法律难产”,载《南风窗》2006年年终特刊。有人批评说,立法如同生产产品,法律由有关政府部门组织起草,按部门的模型“浇铸”出坯件,然后由国务院常务会议“检验合格”,最后由全国人大“批发出厂”。全国人大常委会法工委办公室编:《法制来信简报》1997年第4期,转引自蔡定剑:《历史与变革——新中国法制建设的历程》,中国政法大学出版社1999年版,第378页。

③ 顾昂然:《立法札记——关于我国部分法律制定情况的介绍(1982~2004年)》,法律出版社2006年版,第40页。

科研单位的法律专家、学者的帮助,依靠大家的力量来加快立法工作。[①]乔石提出:"无论哪个部门起草法律,都要吸收有关方面的专家参加起草工作。全国人大专门委员会和常委会工作部门可以更多地牵头组织专家、学者起草法律,也可以委托专家、学者起草。"[②]因此,从八届全国人大以后,各届全国人大常委会更加重视专家立法,某些法律草案直接委托有关专家起草。这里所说的专家,包括法学、经济学、管理学、自然科学、工程科学等各个领域的专家学者。专家在立法信息上至少拥有两方面的优势:一是专业知识和技术上的优势。很多立法都涉及专业性很强的技术问题,如知识产权立法、金融证券立法等,需要相关领域的专家提供专业性知识、信息。二是国外和国际有关信息上的优势。例如,法学专家一般都比较了解国外或国际上相关领域的法律学说、成文法或判例法的情况,可以为立法提供国外或国际上的制度性方案。这两方面的知识和信息可能是全国人大常委会的大多数组成人员和工作人员所缺乏的,因此,吸收专家立法就弥补了全国人大常委会自身在知识上和信息上的不足。

在结束本文之前,必须做出明确交代的是,尽管本文的主要意图是为全国人大常委会的立法政策辩护,但这并不意味着笔者完全否认学术界所揭示和批判的这些立法政策的种种弊端。我们必须承认,世界上不存在那种完善无缺的政策、制度。所有政策、制度在成功地应对和解决某些问题的同时,必然会产生出另外一些可观察到的或者难以观察到的负面影响。这些负面影响或许就构成了我们采用某种政策、制度所必须承认和付出的必要的代价。当然,这也不是说,我们只能无所作为地忍受上述立法政策所产生的各种弊端。事实上,通过引进或设计其他一些政策或制度,我们可以把这些弊端降低到最低限度。

---

① "万里邀请首都法律专家座谈",载《人民日报》1998年12月21日。

② "乔石委员长在八届人大常委会二次会议上强调抓紧制定社会主义市场经济法律",载《人民日报》1993年7月3日。

以人为本的经济发展观
——效率与公平相统一的法经济学视角解读

曲振涛*

【摘要】　本文以法经济学的视角，探讨了“以人为本”发展观的深刻含义，从法经济学效率与公平相统一的精神论证了以人为本与法经济学在本质要求上的内在一致性问题。文章首先对以人为本的含义和特征进行了阐述，并结合其内涵与要求讨论了其与自由、效率公平和法律制度的关系。然后结合法经济学的思想基础、精神层次和一些理论结果，论证了法经济学与以人为本发展观本质上的相容和思想上的和谐。由此本文提出了在坚持以人为本发展观构建和谐社会中法经济学的重要作用和应用领域。

【关键词】　以人为本　效率　公平　法经济学　自由发展

一、引言

“以人为本”的思想实际上古已有之，人本主义思想在西方源于古希腊，其哲学根基则是文艺复兴以来一直为西方社会弘扬的“人是目的”的自由思想。而在两千多年前的中国春秋时期，齐国政治家管子就明确提出了以人为本的原则：“夫霸王之所始也，以人为本。本理则国固。”孔子则说“仁者爱人”，孟子说“民为贵、社稷次之、君为轻”，这些辩证思想，都体现了对人的作用和价值的重视与肯定以及人与自然协调发展的思想。西方文艺复兴之后，欧美的人本主义者积极倡导“自由”精

* 哈尔滨商业大学校长，博士生导师。

神，这种带有个人中心主义的世界观宣扬人的价值、人的尊严和人的权利，把人提到高于一切的地位，表面上看这种观点是最大限度地实现了人的自由，但事实上这种社会思潮受时代局限，不可避免地具有片面性、抽象性、理想化的色彩，人本主义已经被发展成了唯人主义，过分突出了人的中心地位，破坏了人与自然的平等和谐关系。马克思和恩格斯正是在批判继承前人思想成果的基础上，提出了一系列他们自己的人本论断，对以人为本思想做了界定和说明，即人类存在的真实本质，“人就是人的世界，就是国家、社会”、“人是人的最高本质”。

在经济学方面，从亚当·斯密开始，基于个人本位价值观建立起来的自由主义经济思想一直被奉行。古典经济学极力鼓励自由主义和个人主义的经济政策，充分相信“经济人”假设和“看不见的手”的市场自我调节机制；随着近现代工业生产力的迅速发展，在这种个人本位主义思想基础之上的主流经济学越来越对当今出现的许多问题失去了解释力。

二、以人为本的特征和内涵

“坚持以人为本，树立全面、协调、持续的发展观，促进经济社会和人的全面发展”，这是中国共产党十六届三中全会《关于完善社会主义市场经济体制若干问题的决定》提出的一个重要思想。从“三个代表”到“以人为本”，预示着共产党的执政理念发生了飞跃性变化，表明了国家的经济发展观发生了科学性变化。

今天重提以人为本，既不是中国传统文化“民贵君轻”的重新启用与再现，也不是西方“人本主义”的简单演绎和重复。事实上，当今社会的“以人为本”已经拥有了崭新的内涵，它是一个更新了的范畴，这一范畴扬弃了西方哲学思想发展史中关于个体主义的人本位理论，吸收了当代西方社会发展理论的基于共同体主义价值观的社会本位的人本主义价值理念和我国传统政治文化思想对人认识的精华，不断汲取当代中国经济改革与发展实践的营养，并立足于人的自由全面发展的观点基础之上。作为一个丰富更新的范畴，在当代中国的改革与发展中，“以人为本”就是社会发展的最高价值取向，它突出社会发展中人的地位和作用，强调社会发展要尊重人、理解人、关心人,把不断满足人的有效需求、促进人的全面发展,作为社会经济发展的出发点与归宿点。以人为本的经济发展观就是要处理好经济建设、人口增长与资源利用、生态环境保护的关系,推动整个社会走上生产发展、生活富裕、生态良好的文明发展道路。从经济学意义上来看,当今的"以人为本"正是注重效率与公平相统一的最好表达。为什么说以人为本观体现了效率与公平的统一呢?这里所说的以人为本的"人",不仅包含了最广大的人民群众,而且还有着其他层次的含义,指的是能够创造财富的人,即在各个领域起到重要作用并能够创造巨大物质财富和精神财富的人。这就把具有创新能力和创造能力的人和最广大的人的概念相结合,使得以人为本具有了效率与公平兼而有之的含义。

三、"以人为本"的经济发展观与法经济学的相容

在当今的混合经济社会中,政府必须选择有效的手段才能达到调整经济政策、协调管理冲突的目的;而在以市场经济为主体的社会中,一切行为必然要求服从于法律制度,那么,在管理与协调人类经济社会的各种活动时,法律制度和道德标准就理所当然地成了节约交易成本的有效协调手段。

从法经济学的研究方法来看,法经济学是以"个人理性"及相应的方法论的个人主义作为其研究方法基础,以经济学的"效率"作为核心衡量标准,以"成本—收益"及最大化方法作为基本分析工具,来进行法律问题研究的。加里·贝克尔在谈到法经济学成功的原因时指出,法经济学获得成功的重要原因之一就是它很好地运用了三个重要的经济学原则,一是个人效用最大化原则;二是市场出清(供求均衡)原则;三是效率原则。赫希也曾指出:"尽管并非所有的研究者对法和经济学的研究视角和方法都持有一致的看法,但是,绝大多数的人都认为,新古典主义经济学的分析方法——包括经济理论与计量分析工具——构成了法律和法律制度经济分析的基本特征。"这一点,甚至连法经济学中的非主流学派的学者也看得十分清楚,R. P. 麦乐怡就一针见血地说,"法律的经济分析通过对法律规则(Doctrine)进行成本和收益分析及经济效率分

析,使我们可以就法律实施的结果得出结论,并对特定的法律安排的社会价值做出评价”。法经济学作为一门交叉学科,正是利用经济学的工具和方法来研究法律制度,用波斯纳的话来说,法经济学是“将经济学的理论和经验主方法全面运用于法律制度分析”的学科。而更为细致的是根据尼古拉斯·麦考罗和斯蒂文·G.曼德姆的定义,“法和经济学是一门运用经济理论(主要是微观经济学及其福利经济学的基本概念)来分析法律的形成、法律的框架和法律的运作以及法律与法律制度所产生的经济影响的学科”。

法律制度本质上是人们设计出来用于调节利益关系的一种社会机制,其基本功能就是规定、调节各种经济、政治、社会生活中基本的利益关系。法律和其他制度都是社会成员共同遵守、按一定程序办事的行动准则。经济社会的发展,必须依靠一套制度规范来调整和维系。道格拉斯·诺思认为:“制度是人类设计出来用于调节人类相互关系的一些约束条件。”法律制度本质上是人们设计出来用于调节利益关系的一种社会机制,其基本功能就是规定、调节各种经济、政治、社会生活中基本的利益关系。在市场经济条件下,各种利益对立和摩擦会变得很频繁,经济社会不可能达到健康发展。因此,在实现以人为本的经济发展中,我们应当充分认识到法律制度的作用。推进以人为本的经济社会全面协调可持续发展,需要法律制度建设保证。同样地,对于法律制度进行法经济学的分析,本质是法律制度与经济发展的“符合度”的问题,是法律规制对经济影响的分析。法是上层建筑的组成部分,是人的集中性意志的体现和反映。而人的理性是有限的,因此法的正义程度也必然受到人类有限理性的限制。所谓“善法”和“恶法”的区分正是这种有限理性的表现。

法经济学打破了经济学把制度(包括法律制度)视为在于经济增长之外的因素的禁锢,把法律制度作为生产要素纳入经济学对经济增长和经济发展要素的研究范围,使法律制度成为经济增长、发展的内生变量,使经济学从黑板经济学,即机械地炮制公式、模型,发展为实践经济学,现实地关注法律制度与经济运行的互动关系。法律与市场经济的内在的、固有的联系,要求任何法律的制定和执行要有利于资源配置的效益最大化,法律与经济增长、经济发展密不可分。

法律经济学价值观的一个重要方面是划分"善法"与"恶法",使人们能对"善法"与"恶法"有一个理性的认识。所谓"善法",它不仅要符合传统意义上公平和正义的价值取向,而且要符合社会发展的客观现实,顺应经济发展的规律,富有效率,能促进和增加社会福利和公共利益。只要稍做反思,我们就会毫不惊奇地发现:在一个资源稀缺的世界里,浪费是一种不道德的行为。建设以人为本的和谐社会、坚持以人为本的经济发展观就是要坚持效率和公平的统一,就必然要求对维系社会正常运行的法律制度进行经济学的分析。

同时我们看到,法经济学的价值和精神正是效率与公平的统一,其精神理念集中体现了"以人为本"的经济研究取向。有个传统说法,即法律以公正及公平正义为最高价值标准,而经济学以效率为追求的准绳。事实上,公平与效率是法律的价值也是经济学的价值,因而也必然是法律与经济交叉的学科——法经济学的价值标准。法经济学家波斯纳强调效率本身即是公平,而 Guido Calabresi 认为法经济学的价值包含效率与公平。其实,无论经济学的精神,还是法律的精神,都具有层次性,法经济学也不例外。法经济学的精神可以分为自由主义、工具主义和人道主义的三个层次。下面我们具体展开这三个层次目标的意义:

第一层次的目标是自由、和谐的哲学层次。哲学是关于自然、社会和思维知识的总结和概括,探究的是它们发展的一般规律。哲学始终居于知识阶梯的最高层次,属于社会意识的最高形式。法学与经济学理论以哲学作为自己的理论基础。法律经济学的精神与方法论也是如此。"在一个由法律的社会里,自由仅仅是:一个人能够做他应该做的事情,而不被强迫去做他不应该做的事情。自由就是做法律所许可的一切事情的权利。"

给每个个体和群体以最大限度的自由,真正地实现以人为本的发展理念,从而达到解放生产力、发展生产力的目的,这是时代要求。一个充满自由的社会才是一个具有活力的社会。孟德斯鸠认为,自由是做法律所许可的一切事情的权利。黑格尔认为法是"作为理念的自由"。在完美的市场经济条件下,只要交往的主体是自由的,它们之间在权利上是平等的，并且交易是资源的，结果就是最好的。亚当·斯密指出，在“看不见的手”的作用下，通过个人对最大化的追寻，全社会的福利水平自动会提高。市场经济对法治提出了自由作为时代精神的要求。没有自由和法治，就无市场经济可言。由此“以人为本”的经济发展观体现自由的精神要求，必须切实地保护市场主体的自由得以真正地实现。新的经济发展观要求市场经济中的执法、司法一定要以实现以人为本为己任。共同富裕是一种理想的社会状态，是对生活水平及其均等状态的一种描述。在追求这种共同富裕的目标下构建以人为本的和谐社会，机会均等的形式正义就是必需的手段，个人自由发展与社会和谐就是我们追求的目标和保障。

第二层次是工具目标。在市场比较完善的情况下，法律制度是有效的竞争和促进公平与效率的保障。市场制度是有缺陷的，垄断、外部性、信息不完全、公共物品等问题的存在打破了市场完美的神话。这使得人们可能不承担自身应该承担的成本，从而导致资源配置的扭曲。解决这些问题的制度安排者就是政府。政府主要是通过供给制度的手段矫正市场失灵，而主要的制度手段就是法律。只有供给法律，才能减轻政府的弊端。市场法制就是依靠人与人之间的利益抗衡，即用法律来实现对人的行为的规范。

第三层次是人道主义目标。在最初层次上，保障人权与产权无疑是法律经济学最基本的价值。效率是生产力的进步，而生产力的进步不能没有人权的保障与推动。基本人权是所有的个人都平等地、普遍地享有道义上的权利。人权是人的利益的度量分界，它体现的利益既是利己的，又是无害于人的。如果一种利益是有害于人的，那么它不是人权而表现为特权。人权首先是人的生存权和发展权。

在市场经济初期阶段，需要保障基本产权。只有人们获得了对资源排他的产权，才有信心和动机投入资源、发展财富。法律在确认财产权的同时，还要创造财产权的有效利用机制。“通过法律规定，提供一个安定、安全的环境，让人们安心地生产财富，进行各式各样的商业活动，并就自己的经济利益做出精心的规划和打算。”只有保障人权与产权，才能实现社会关系的秩序化。最基本层次的人道主义的经济学精神没有引起人们的重视,是因为它在某种程度上被作为既定前提而不予考虑。当然从非主流的福利经济学那里还能找到公平的影子。

而实际上,效率与公平是对立统一的两个方面,在不同的经济体中,效率和公平总可以找到一个平衡点。法经济学的公平(Justice)含义主要是指人们在参与社会经济活动中的权利、标准、规则等制度上的公平或公平的制度,是指社会人在机会、程序、标准上的平等充分的权利,统一、自由的交易和竞争规则,这也是“机会平等”、“起点均等”或“公平竞争”的含义。由此,公平就保证了社会主体能够自主选择,自主发展,各尽所能,公平竞争,最终按劳分配或按要素分配资源,制度、政策上的公平成为社会经济有效运行的前提条件或制度基础。法律作为一种制度,具有稳定人们预期的作用,它体现为一种规范。法律是理性人集体博弈的产物。公平与效率则是选择和实施这种行动方案的基准。保障人权与产权是公平与效率全面实现的基础,而公平与效率是它的延伸。公平与效率从属于自由,以自由为归宿。效率与公平是重视各个层次的关键环节。

简言之,效率是公平的实践目的,公平是实现和保障效率的社会条件,公平与效率之间呈现统一互动的关系。法经济学本质包含了效率与公平相统一的精神,而这正是以人为本经济发展观的基本思想和要求。

四、法经济学在构建“以人为本”的经济发展观中的重要作用和意义

在过去的30年中,大致是从科斯的经典论文——《社会成本问题》一直到20世纪80年代末,法经济学的发展都是一致的。自从80年代以来前景并不明朗。容易做的理论和现实问题基本上做完了。大部分私法领域的研究受经济学思想的影响已经很深,以致你很难想象一个研究侵权法、合同法、公司法或重组法的学者可以忽视法经济学的基本原理。更准确地讲,由于知识的无限性,边际收益递减定律就可以解释为什么取得新的学术进展是如此之难。其实重要的并不是我们在法与经济学领域已取得了什么样的学术成就,而是在该领域还剩下什么。同时,法经济学思想创新的动力已有所衰减,法律经济学目前正处于巩固

和阐述阶段,而不是处于根本性修正的阶段。近期的学术进展只是在现有的框架里,而没有超越框架本身。加里·贝克尔在1997年秋季举行的一次关于"法律经济学的展望与未来"的研讨会上有些落寞地说:"目前法律经济学已进入了一个相对停止与贫瘠的阶段。"

事实上,在中国由计划经济体制向市场经济体制转型过程中,以人为本经济发展观的提出为法经济学研究提供了用武之地。目前我国正在向市场经济体制过渡,这是一个长期的过程。党中央已经提出了经济"又好又快"增长,在注重经济增长质量的同时,以人为本的公平观点也提上了发展的日程。经济的高效率同样促进了和谐社会的发展,在民主法治、公平正义、诚信友爱、充满活力、安定有序、人与自然和谐相处的社会中,人对客观世界和自身的认识会不断提高,增强了人的有限理性,也就增强了法的有限正义和公平。由此来看,法律经济学的逻辑基础符合马克思辩证唯物主义认识论观点,符合认识再认识、感性到理性飞跃的循环过程。正如亚当·斯密所说:"如果政府只照顾卑鄙的贪欲,只发挥商人和制造业者的垄断精神,那么它就不能实现目标,这些人既不是也不应成为人类的统治者。"

在现实生活中,在社会经济发展的不同阶段,正义、公平与效率、效益哪一个目标作为直接的,或深层次的更高的追求目标往往是由当时的经济与社会发展的主要矛盾决定的。二者都是永恒追求的目标,是不可偏废的经济与社会发展的二元结构的目标。法律经济学的宗旨就是研究二元结构目标如何实现的问题,失去二元目标中的任何一个都无法构成法律经济学的研究对象。经济效率与以人为本的和谐社会建设是相辅相成的。当追求社会福利最大化时,如何实现以人为本的和谐均衡发展就是前提;当追求和谐社会构建时,效率的提升是解决现实矛盾的前提,"发展是硬道理",以人为本的改革和社会和谐是解决现实矛盾的出路。这种互为前提的二元结构的目标是法经济学的交替逻辑。法经济学以正义、公平与效率、效益为二元结构的目标,在发展中必然导致企业文化、社会诚信、法治文化、政治文明和经济伦理的共同繁荣、协调发展。这种协调发展恰恰才是法经济学这一交叉学科的真正宗旨与至高境界的意义所在。

随着社会经济矛盾和冲突的加剧,人们对于经济发展进行了更为深刻的思考,提出了更多的概念来丰富和充实经济发展的内涵和外延,这其中,有的是扩展了“发展”的外延,如“环境可持续发展”、“人类发展”、“社会经济发展”,显然是将人们对“发展”的理解从经济领域扩展到环境、人口和社会领域;有的是突出强调在通常的发展政策中被忽视甚至被遗忘的层面,如“有利于穷人的发展”、“公平的发展”和“包容性的发展”,都是在为发展理念注入更加强烈的平等诉求。可以说,每一次更新都是对原有发展理念的丰富和提升,同时又是对现实社会经济环境发生剧烈变动的一种回应。阿马蒂亚·森(Amartya Sen)在其著作《以自由看待发展》中提出了自己的发展概念,他把发展定义为扩展人类自由的一个过程。对于“自由”,他强调的是社会成员选择自己所珍视的生活方式的自由。这种自由概念,实质上反映的是人类的生活状态,而并不局限于上层建筑或意识形态领域,其内涵更贴近以人为本的经济发展观。这里阿马蒂亚·森把自由既视为发展的目的,又看做是发展的手段。

法经济学在构建以人为本的和谐社会过程中可以发挥其特有的连接法律制度和经济效率两个学科研究的优点,展开更多的有关中国实际问题的研究。例如,如何解决经济贫困问题,经济增长可谓扩展自由的一个重要手段。不过,个人选择生活方式的自由还取决于社会经济制度安排中的诸多工具性自由,公民需要具有参与公共讨论和决策的政治自由、享有教育和健康服务的社会机会自由、参与生产和贸易活动的经济自由,保证个人知情权和社会透明度的信息自由,以及借助社会保护机制应对生存危机的自由。不同类型的自由可以相互促进,例如,政治自由有助于经济自由,社会机会自由有利于政治经济参与,信息自由有利于公平交易和防止腐败,经济自由有助于创造个人财富和公共资源,从而也有助于提供社会机会和社会保护,后者则有助于预防和缓解经济贫困,等等。

现在的问题是很多制度安排和法律规定的效率都还有待商榷和分析,要真正实现经济的发展,实现以人为本的发展观,那么公民就需要享有在多种多样的经济活动和社会选择中享有法律框架下的真正“自由”，如自由择业，自由迁移，以及拥有尊严地参与社群生活等。每一成员在多大程度上可以实现自己向往的生活，取决于各自行使其选择的能力。这一能力，一方面取决于外在的社会经济政治文化等制度环境，另一方面，还取决于个人拥有的人力和物质资源。个人拥有的资源则又受到制度环境的影响，因为它决定了个人能够行使的权利。

法经济学对于人权、公民权和宪法方面的研究，应该涵盖法律对公民权利的保护，公民权利的实现程度，妇女、儿童、贫困居民等弱势群体的权利保护，对少数派和不同意见者的保护和宽容，公民和官员的人权意识，公民合法的游行示威，公民的自我保护能力，公民的维权，以及对公民的法律救助等内容。在公民参与方面的研究，则需要包括选举法规、直接选举的范围、竞争性选举的程度、村民自治、居民自治、重大决策的公众听证和协商、网络民主的发展程度、社会组织或民间组织的状况等内容。而目前的情况是法经济学对于这些方面的研究仍然仅仅处于初级的起步阶段，在以人为本的理念之下，这些方面的内容都是亟待研究和解决的。尤其是近两年来社会矛盾和冲突的持续高发，已经不是现存体制之下任何常规手段所能应付的，而且随着金融危机的逐步蔓延，社会矛盾和冲突还有升级的可能。通过建设“以人为本”的和谐的法制社会来提升公共治理水平，以此化解危机和困境已经刻不容缓。

在促进经济增长和解决贫困等重大经济问题方面，法经济学应充分发挥其对法律制度分析的优势，同时相一致地提出效率与公平统一的研究结果。对于上述逻辑和要求，可以用我们熟悉的内容来说明。中国的贫困问题很大程度上源于体制性的贫困，改革开放前传统的计划经济体制下所形成的二元经济制度和二元社会结构，使得农民和市民之间产生了截然不同的就业制度、分配制度、户籍制度以及社会保障体制下形成的以农民为主题的贫困。在这种集中的计划经济体制下，劳动者不能自由迁移和择业。而到了现在，整个经济体制向市场经济转型，农村劳动者能够到城市“打工”，但是现有的规章制度对农村流动人口进城居住、子女上学和享有社会保护（医疗、养老和救助）等各类活动的种种排斥，不仅限制了他们对迁移的选择，而且阻碍了他们拥有尊严地融入城市社群生活。出于社会正义公平的理念，政府的解决贫困政策和发展计划的援助重点，应当是那些生活选择能力严重受限制的群体。对于法律制度和各种规章条款要进行经济学的分析，只有促进了经济的增长、经济和社会的发展才能真正体现法律制度在解决贫困问题上的效率，而同时这也为解决体制和制度的不公平提供了实证的依据，具有“善法”性质的法律制度才能公平，也才具有效率。与此相关的法经济学研究，在探讨限制此类群体选择余地的制度原因、生存环境以及个人特征方面具有很大的发展空间。

现在党中央为有效解决“三农“问题和贫困问题而提出了一些有益的政策，如建设社会主义新农村、增加农业基础设施投入、免征农业税、放松户籍限制、开始违宪审查机制，这些都是有利于建立平等起点的强有力的措施，都是为了实现以人为本的和谐社会的具体措施。公平与人权、民主、自由和法治是一致的。以人为本正是要实现个人的人格尊严的平等和参与机会的均等，而党中央的以人为本的政策措施正是体现了探求效率与公平均衡的努力。

五、结论

从具体的研究来说，中国以人为本的经济发展要求法经济学更应重视中国实际问题的解决，法经济学要重视对于“人本”的研究，向以人复归为己任。这是因为市场经济发展在本质上应以人为尺度、以人为目标，为人的自由发展提供全面的法律制度环境保障。在以人为目标的社会里，对社会经济发展衡量的指标体系、对财富增长与人生活的环境的关系、对效率与社会公平的关系，对人的自我完善等，都应在经济研究中从以人为本的角度重新予以审视。

福利经济学第一定理已经论证了竞争的市场制度会导致资源的有效配置，而法经济学则通过利用经济学的研究方法和工具评价了法律制度的效率，并且为政府制定效率与公平兼顾的政策提供了依据，从而通过法律制度和市场的共同作用，使得至少在理论上能够较好地解决效率与公平的问题。和谐社会的构建和现代市场经济体系的建立与完善是高度一致的，同样，以人为本的科学发展观、以人为本的经济发展理念与高效率的法治公平是和谐相容的。

【参考文献】

[印度]阿马蒂亚·森:《以自由看待发展》(中译版),任赜、于真译,中国人民大学出版社 2002 年版。

陈弘毅:《法治:启蒙与现代的法精神》,中国政法大学出版社 1998 年版。

曲振涛:《法经济学》,中国发展出版社 2005 年版。

曲振涛:《法经济学教程》,高等教育出版社 2006 年版。

[美]科斯、诺思、威廉姆森等:《制度、契约与组织——从新制度经济学角度的透视》(中译版),经济科学出版社 2003 年版。

史晋川:"法律经济学:回顾与展望",载《浙江社会科学》2001 年第 2 期。

田国强:"和谐社会的构建与现代市场体系的完善——效率、公平与法治",载《经济研究》2007 年第 3 期。

[美]R. 科斯、A. 阿尔钦、D. 诺斯:《财产权利与制度变迁——产权学派与新制度学派文集》,上海三联书店、上海人民出版社 2002 年版。

[美]理查德·A. 波斯纳:《法律的经济分析》(中译版),中国大百科全书出版社 1997 年版。

[美]罗宾·保罗·麦乐怡:《法与经济学》(中译版),浙江人民出版社 1999 年版。

[美]D. C. 诺斯:《制度、制度变迁与经济绩效》,上海三联书店 1994 年版。

Douglas G. Barid, "The Future of Law and Economics: Looking Forward", University of Chicago Law Review, Fall 1997.

加强区域法制建设　促进区域协同发展

周叶中 *　张　彪 **

【摘要】 区域协同发展的核心在于如何正确处理地方政府与地方政府、地方政府与中央政府之间的相互关系，而区域法制建设则是促进区域协同发展的关键环节。

【关键词】 区域　法制　权威　价值

区域协同发展是当前我国经济社会发展的重要目标。尽管党的十六大报告即曾明确提出“促进区域经济协调发展”，但近些年区域发展的现状却并不令人满意。

一、区域发展不平衡的隐患

改革开放之初，为实现经济上的突破性发展，我国在经济发展战略上以“非均衡性发展”①理论为基础，举全国之力，支持东部沿海省份率先发展，创造了令世人瞩目的经济奇迹。按照“非均衡性发展”理论，区域之间必要的差距，是一国经济取得快速发展的前提条件。但区域之间发展的不均衡有一定限度，一旦这种限度超越了社会的期待及可承受能

---

* 周叶中，武汉大学法学院、武汉大学中国中部发展研究院教授、博士生导师。

** 张彪，武汉大学中国中部发展研究院宪法学与行政法学专业、中国区域法制建设研究方向博士研究生。

① “非均衡性发展”是指一国某个地区的优先发展，必然带动其他地区的有序跟进；某个行业的快速成长，将会促进其他行业的成熟与壮大。马洪范：“非均衡战略下的均衡思维——美国早期发展经验与我国当前的现实选择”，载《中国金融》2006 年第 2 期。

力，必然会引发诸多问题。从主体来看，区域发展不平衡引发的问题主要包括以下三点：

（一）对中央而言，区域发展不平衡，极易削弱中央政府的权威

我国是单一制国家，按照宪法设计的是在中央统一领导下，充分发挥地方的积极性，由中央政府主导全国事务。在一定意义上可以说，当前我国存在的区域发展差异格局，与其说是市场自然竞争的结果，不如说是国家政策人为的产物。在改革开放初期，为实现我国经济的迅速发展，中央政府在税收上、政策上，对东部沿海省份进行极大的倾斜，力图通过“两步走”战略，使“一部分人先富起来”，最终实现“共同富裕”。中央政府的这种战略布局，为东部发展提供了坚定支持，使东部地区一马当先，迅速在改革开放中释放出巨大的发展能量。但是，与我国东部的辉煌成就形成反差的，却是我国中西部地区贫穷落后的局面。可以说，区域发展的不平衡甚至造就了“一个中国，四个世界”①的差异局面。当前我国社会之所以仍能承受如此巨大的区域差异，并不是因为区域不平衡没有严重到足够的程度，而是因为广大人民群众仍然坚信中央政府一定能够领导大家实现“共同富裕”的目标。正因为如此，所以即使改革开放之初，为支持东部沿海地区率先发展，中部地区和西部地区在各个领域都做出巨大牺牲也毫无怨言。然而，改革开放至今已 30 年，尽管东部经济获得了巨大飞跃，但广大中西部地区在经济上仍然发展缓慢。先发展的东部地区无疑有责任支持中西部地区的发展，中西部地区则有权利要求分享改革开放所带来的巨大成果。而两者之间关系的平衡必须通过中央政府的财政转移支付、税收差异调控等多种手段才能实现。因此，中央政府有责任承担起东西部地区平衡发展的历史任务。可以说，当前我国的区域发展差异水平已到中央政府必须兑现“两步走”战略承诺的时候。如果中央政府无法实现区域之间的平衡发展，其执政权威将受到极大冲击。

① “一个中国，四个世界”概念是著名学者胡鞍钢对我国区域发展不平衡现象的总结。所谓“第一世界”是上海、北京、深圳等高收入发达地区；“第二世界”是大中城市和沿海上中等地区；“第三世界”是下中等收入地区；“第四世界”是中西部贫困地区。胡鞍钢：“一个中国　四个世界”，载《中国经济时报》2001 年 4 月 17 日。

（二）对地方而言，区域发展不平衡，将会加剧了地方政府之间的矛盾冲突

任何一个组织之得以成立，都必然有其自身的利益诉求。虽然我国是单一制国家，但在国家运行和社会发展过程中，中央政府和地方政府作为社会组织的一种表现形式，必然有其自身的利益诉求。如果不同地方政府之间的利益诉求难以达到统一，主体之间就难免存在冲突。发展是硬道理。在我国当前的政治环境、社会环境下，经济发达地区无疑将极力维护自身的优势地位，经济落后地区则会千方百计试图赶超东部地区。由于经济发展被视为地方政府乃至中央政府的首要任务，因而双方将在中央与地方两个层面展开激烈的绞杀。经济发达地区会利用其已经具有的优势，不断在中央层面谋求更多的政策支持，从而获取更多的经济发展资源；经济欠发达地区则着力实施地方保护主义，为最大程度地发展本地经济，不惜违反经济发展规律，采用行政手段，甚至地方立法，筑起一道又一道地方保护主义之墙，以阻止发达地区的产品及服务冲击本地产业。不仅省与省之间存在地方保护主义，一省之内的不同行政区之间也存在地方保护主义。外地商品只要与本行政区企业产品存在竞争关系，就很难进入本地市场。尽管地方政府之间的这种恶性竞争，在短期内也许有助于个别地方政府的经济发展，但从长远来看，这种恶性竞争，既不利于本地经济的良性发展，也损害了地方各行政区之间合作的信任基础，甚至加剧了地方政府之间的矛盾。

（三）对社会而言，区域发展不平衡不利于社会共识的形成

社会共识指“社会的普遍同意，或指集体、社会共同持有的某种心态与观点”，[①]其包含多方面的内容，“可以为生活在同一社会之中的人们提供背景式知识，从而减少沟通障碍，增大交往成效，促进社会资本的广泛形成”。[②] 社会共识的形成，需要不同群体之间的理解与沟通。因此，社会中不同群体的数量越少、差异越小，越容易形成社会共识。在一个

① 刘少杰：“发展的社会意识前提——社会共识初探”，载《天津社会科学》1991 年第 6 期。

② 李萍：“社会共识是管理伦理的规范基础”，载《学习与探索》2007 年第 3 期。

社会中,由于受性别、文化等因素影响所形成的不同社会群体,并不会导致社会群体之间严重的沟通障碍,但如果是人为因素导致的群体划分,则极容易引发不同群体之间的意见对立。我国区域发展的不平衡,正是在社会中不断人为地分化出以地域、籍贯为标志的新的社会群体。在这个群体中,公民身份不断被弱化,居民身份则不断被增强,从而逐渐导致不同区域公民之间身份认同的割裂及彼此对立。这样,经济欠发达地区的公民前往经济发达地区就业,常常会以其原籍为因素组成老乡群体,彼此间互相帮扶,这也是不同身份认同分裂的又一表现。在此情况下,社会共识就更加难以形成。

总之,由于目前我国各区域在经济发展与社会发展的各个层面都存在较大的鸿沟,区域之间的不平衡很可能超越社会所能承受的程度,因此,促进不同区域之间的协同发展已成为我国经济社会发展战略的必然选择。

二、区域协同发展的经济价值

区域协同发展,对于区域经济发展具有重要价值,它可以为区域经济发展提供统一的市场、自由的资本、合理的产业布局等多种支持。

区域协同发展,有利于促进区域经济的结构调整。近些年,由于工人工资、土地、环境、基础设施使用费用等成本的不断攀升,传统的外延型产业在长三角、珠三角及渤海湾等三大制造业基地内逐渐面临被淘汰的危险,经济形势日益严峻。而对中西部省份来说,劳动力及土地成本优势仍然明显,基础配套设施也相对完善,发展传统外延型产业仍然具有相当的潜力,只是受限于资金的投入。一方面三大制造业基地急需“腾笼换鸟”,实施产业结构调整;另一方面中西部省份具有发展的愿望,却没有起步的能力。2008 年 7 月,安徽省提出设立承接产业转移示范区的设想,并于 2009 年 1 月取得国务院同意。安徽省对长三角外延型产业的承接是区域政府协同发展的典型案例,它不但为长三角经济结构转型提供了空间,也为相对落后的安徽注入了强大的发展活力。据统计,在双方合作的第一年内,安徽省 GDP 首次突破 1 万亿,其中产业转移项目做出了重要贡献,仅“从合肥市来看,该市去年 GDP 超过 200 亿,其70%的投资、工业增加值均来自于招商引资和产业转移”。①

区域协同发展,有利于实现区域经济的分工合作。“区域分工合作的实质在于,国内各区域在充分利用区域内优势基础上实行区域专门化生产,并通过区际交换实现其专门化部门生产的产品价值并满足自身对本区域不能生产或生产不利的产品的需求,从而扩大区域的生产能力,以图增进区域利益。”②区域协同发展是区域分工合作的前提和保障。一方面,只有在区域协同发展的过程中,各地方政府才能摒弃狭隘的利益观,彼此分工合作,以求在专业化的生产服务链条中获取最大的比较利益;另一方面,区域分工合作,需要对区域内的空间结构、产业布局等进行统一的规划与管理,但由于我国“行政区与经济区矛盾”③的客观存在,对经济区内空间结构、产业布局的调整势必要求“打破原有的经济格局,甚至需要合并、消减某些地区的某些行业部门,以追求整体效益”,④这种统一的管理与规划只有在区域协同发展的框架内才能实现。

三、区域协同发展的社会价值

理论和实践均已证明,发展并不是单纯的经济增长。“经济增长仅仅是手段,而经济社会的全面发展才是目的,因为全面发展和科学发展包括了经济增长、结构变迁、社会进步和文明程度的全面提升。”⑤

社会发展是多方面的综合发展。一般认为,社会经济结构、人口素质、经济效益、生活质量、社会环境、社会风险和社会秩序、社会保障和社会工作等七个方面的内容,是社会发展的主要指标。不同区域政府之间的彼此合作,则能有力地提升社会发展的各项指标。以社会发展指标体

① “皖江城市带 承接产业转移”,载《文汇报(香港)》2010年4月7日。

② 陈秀山主编:《中国区域经济问题研究》,商务印书馆2005年版,第350页。

③ “行政区与经济区矛盾”是指国家出于政治安全的考虑,往往人为地破坏自然经济区的完整和统一,割裂经济区内部的客观经济联系,使行政区与经济区无法吻合,并且任何一个行政单元都不能涵盖一个完整的经济单元。蒲善新:《中国行政区划改革研究》,商务印书馆2006年版,第61~62页。

④ 陈秀山主编:《中国区域经济问题研究》,商务印书馆2005年版,第59页。

⑤ 权衡:“中国区域发展的不平衡性——来自三个层面的实证分析”,载《珠江经济》2008年第7期,第7页。

系中的人口素质和社会环境为例。区域协同发展可以有效促进人口素质的提高。人口素质提高的关键在于提高人口的平均教育水平。当前我国教育资源主要集中在北京、上海、南京、武汉及东部发达地区。相对而言,中西部地区则教育资源相对匮乏、教育水平相对较低、人口基数又普遍高于东部地区。因此,在人均教育水平上,中西部地区明显落后于东部地区。由于受户籍、生源地等多种因素的影响,当前国民获得教育资源还主要依赖于其所在的行政区,因此,如果不同区域的地方政府能够在教育领域彼此协作,构建人才培养的联合机制,必将极大地促进我国中西部地区人口素质的提高。

同时,区域协同发展对环境保护具有重大意义。环境是自然的一部分,并不以人为的行政区划作为其自身的划分标准,环境中的生态链也是彼此相连,因此环境保护是一个典型的跨区域性问题。"环境问题的区域性特征比起经济可能还要来得明显、直观。因为区域的生态链是相连的,水是流动的,空气也是互相影响的,上下游以及周边地区之间生态环境的依存度相当高。在同一个区域内,各地搞环保很难'独善其身'。"[①]只有从整个区域着手,才可能从根本上实现环境治理。区域协同发展则可以积极促进各地方政府在环境保护方面协同合作,合理制定区域环境资源利用规划、环境保护规划以及统一的区域环境保护标准,等等。

四、区域协同发展要求加强区域法制建设

所谓区域法制,是指由中央通过立法,对地方政府之间的行为进行法律上的确认、调整与规范所建立起来的法律体系。当前我国区域协同发展面临的诸多制度性障碍,只有通过加强区域法制建设,为区域协同发展提供制度上的创新与保障,才能得以解决。因此这既是促进区域协调发展的必然要求,也是维护我国社会主义法制统一的必然选择。

---

① 张克科、田坤:"加强环保区域合作 促进区域可持续发展",深圳市政协会议2005年议政专题,载 http://www.szzx.gov.cn/ztyz/ch/200808/t20080805_1172565.htm,2010年4月5日访问。

（一）加强区域法制建设，有利于消解地方保护主义

如前所述，近年来，由于地方政府受利益驱动而导致的短视行为，使地方保护主义越演越烈。[①] 虽然现有法律法规，不断着力对地方保护主义进行调控，但却收效甚微。[②] 其原因在于，地方保护主义的根本成因是地方政府的利益驱动，相关法律法规对地方保护主义行为的禁止，并不能改变地方政府的利益诉求，地方政府的利益并不会因为相关禁止性法律法规的存在而消失。因此，对地方保护主义的调控，重点在于规范引导各地方政府实施保护主义政策的利益冲动，而不是直接调控这种利益冲动所表现出来的政府保护行为。从表面上看，区域法制以确认、调整和规制各地方政府彼此之间的行为为手段，与其他法律法规对地方保护主义的抑制和打击似乎相同，但它却区别于其他法律法规对地方保护主义的调控模式：区域法制的调控对象并非某一地方政府的单向行为，而是多个政府之间的双向行为。这种调控机制对地方保护主义的抑制可以分为两个阶段：在第一个阶段内，区域法制促进各地方政府之间的对话与交流，从而尽可能缓解彼此之间的利益冲突；在第二个阶段内，区域法制对地方各政府之间因彼此利益冲突所采取的各种行为予以双向规制，从而消解各地方政府彼此对立的保护主义行为，或将保护主义行为对社会造成的冲击控制在最小范围之内。

（二）加强区域法制建设，有利于促进地方政府之间的交流与合作

当前我国各区域政府之间，已经展开了广泛的联系合作：合作主体日益增多，已经形成包括"泛珠三角9+2经济圈"、"长三角经济圈"、"京津冀都市经济圈"、"长株潭城市群"、"武汉城市圈"在内的众多主体；合作模式不断创新，包括"行政首长联席会议"、"行政首长论坛"、"行政协议"等多种形式；合作内容也不断拓展，已经涉及交通运输、电力供应、农业合作、旅游合作、环境保护、教育交流、食品药品监管等多方面、深层次的内容。然而，虽然区域合作在广度与深度上不断取得进展，

---

① 其中比较典型的有2005年"北京封杀广东潮安果脯案"、"南京封杀安徽瓜农案"。

② 我国现有法律法规对地方保护主义的调控可参见：《行政许可法》第15条、国务院（第303号令）《关于禁止在市场经济活动中实行地区封锁的规定》第3条。

但其实际效果却令人堪忧。仅就各区域合作体签订的行政协议而言,根据学者的统计,“几乎所有区域性行政协议都或多或少存在履行问题”。[①] 有学者认为,各地方政府之间的区域合作之所以出现这种表面热闹、实际冷清的局面,原因在于各地方政府并不把区域合作视为目的,而仅将其视为提升政绩形象的手段。事实上,政府间区域合作所面临的困境,并非可以完全归结于地方政府的漠视,其关键在于区域合作法制的缺失。目前我国并没有调整区域间政府合作的相关法律法规,区域间政府合作处于一种自发的状态。虽然各区域联合体创新出了各种合作方式,但这些合作方式并没有在法律上得到任何确认。以当前运用较多的区域政府行政协议为例,由于缺乏相关法律法规的支持,行政协议在签订主体、效力、执行、争端解决等各环节,都难以得到法律法规的保障,这就意味着各行政协议主体在法律上不存在违约成本。对于遵守行政协议约定的政府而言,不但要付出相应的守约成本,还要随时面临其他协议主体的违约风险。在守约、违约付出的成本与获得的利益博弈过程中,行政协议主体很容易选择违约的行为路径。区域法制则通过对各地方政府之间的行为进行确认、调整与规制,创设出各区域合作主体在法律上的权利义务关系,从而提高区域合作中的违约成本,进而引导各合作主体选择守约的行为路径。因此,加强区域法制建设,可以有效促进区域政府之间的交流与合作,使区域合作不再流于形式,转而取得实质性进展。

（三）加强区域法制建设,有利于中央与地方关系的协调

中央与地方关系是一国治理结构中最为重要的政治安排之一。我国作为单一制国家,长期实行在中央的集中统一领导下,充分发挥地方主动性的制度模式。近年来,随着一些省份经济实力的增强,已经使原有的中央地方关系受到一定冲击。[②] 在此情况下,区域协同发展所造就的经济共同体,是否会存在进一步的政治诉求,是否会对现有的中央地方关系造成更大的破坏,就成为区域协同发展必须面对的问题。事实

---

① 李煜兴:《区域性行政协议研究》,上海交通大学 2007 年博士学位论文。

② “中央与地方关系法治化学术研讨会会议综述(2009)”,载 http://www.ccwhu.com/html/xinwengonggao/xuejiedongtai/20091226/532.html,2010 年 4 月 7 日访问。

上,区域协同发展必然会创造出一个更加强大的经济联合体。当这个经济联合体发展到一定程度之后,为了维护其自身的存在与发展,其对政治权力的追求会成为其当然的选择。这也就意味着,随着区域协同发展的深入,我国中央与地方关系必将面临更加复杂的局面。仅就当前而言,中央与地方关系主要存在三方面的问题:首先,中央与地方的事务界限划分不明;其次,调整中央与地方关系的主要是政策,而不是法律,中央与地方关系的不确定性较大;最后,中央与地方的利益沟通机制不完善。要在区域协同发展的新形势下使中央与地方关系保持良好状态,就必须加强区域法制建设:首先,区域法制在立法上采取由中央主导的模式,以便实现中央对地方政府的有效规制;其次,中央主导并不排除地方政府在区域法制立法过程中的参与,地方政府的利益无疑应当在立法过程中得到充分表达;最后,区域法制建设,可以在法律上确立中央与地方的事务权限,理清中央与地方的事务范围,避免双方关系变动的随意性。

《易经》的诚信原则

——古代经商宗旨与现代经济理念的双重分析

关晓丽[*]　杨会晏[**]

【摘要】 人的本性是迷恋财富的，正是由于迷恋财富，在古人创造《易经》之时，就有与私利相伴相生的诚信问题。无论人类的发明、改良和革新，人们追求财富是动因，天地氤氲，“斫木为耜，揉木为耒，耒耨之利，以教天下，盖取诸益。日中为市，致天下之民，聚天下之货，交易而退，各得其所”。① 这是一个自然的人与人的关系，这种关系需要诚信，需要在诚信的基础上展示每个人创造财富的欲望和对财富的创新能力。驱使每个人开展经济活动，促使财富增加。尽管《易经》产生于非常古老的年代，但那时人们对经济利益已经十分了解其增益的性质，因此才刺激人们天生的创造性，使其对财富增长迷恋，正是这种迷恋，使人们对诚信做事更有热情，鼓励人们去创造财富。

【关键词】 诚信　竞争　财富　利益

一、由利益引出的诚信问题

《易经·说卦传》云：“昔者圣人之作‘易’也，幽赞于神明而生著，参天地之倚数。观变于阴阳而立卦，发挥于刚柔而生爻，和顺于道德而理于义，穷理尽性以至于命。”是说圣人从前创造《易经》是根据幽深不明

---

* 关晓丽：吉林财经大学马克思主义学院院长、教授、历史学博士。

** 杨会晏：吉林财经大学金融学院教授。

① 《易经·系辞下传》，中州古籍出版社 1993 年版，第 39 页。

的道理,参赞于神明的境遇,从而产生出用蓍草占筮的方法,天地万相掺杂而立,阴阳奇偶交错而成象征。观察天地阴阳变化而设立了所谓卦形。发挥阳刚阴柔的作用而产生设置了爻,和顺遵从道德,用合宜的方法护理事物,穷尽事物的奥理和万物的性质,以至知晓天命。

不过,即使在古老的年代,也正因为利益,人的某种天性或者与经济利益有关的自私的天性,甚至使一些人在经济往来中出现某种欺骗的行为,同时也正是这种欺骗的行为,促使人类要在整个社会的范围内坚持诚信,不断地唤起保持人类勤劳的动机。耕种土地,建筑房屋,创立城市和国家,在所有的科学和艺术领域中有所发现,有所发明,有所创造,有所前进。这种对财富的追求,提高了人类的生活水平,使人们的生活更加丰富多彩,也不断地改变了社会的面貌。

古时候,人们期待着把原始森林变成易于耕种的平原,把沉睡荒凉的茫茫草原及河滩谷地变成粮仓,变成通达各地的行车大道,《易经》的作者对人们追求利益的渴求是看得十分深刻的。《易经·益卦》"象辞"曰:"益,损上益下,民说无疆;自上下下,其道大光。"古时人们认为,所谓的利益,乃是减削上面的利益以增加下面的利益,这种道义必能大放光明。人们为追求财富而努力地工作,这是利有攸往,并且可以实现自己的利益,并获得自己的社会地位。人需要财富,但获得财富的方式要诚信,要得到别人的认同,这种认同更能使别人接受自己,此乃为"有孚之比,无咎。有孚盈缶,终来有它,吉"。心怀诚信,相亲相辅,没有灾患;诚信如充盈酒缸的美酒,终将有人前来投附,可获吉祥。

《易经》把获取财富的规则和途径确立为诚信并依靠诚信获取稳定的财富占有,确立诚信的规则对整个人类社会是有用的,而且是必须的。但这个规则在当时也不仅仅是停留于某种笼统意义的说法。《易经·蛊卦》"象辞"曰:"山下有风,蛊;君子以振民育德。"这是说风往山上吹,是象征要整治腐败。君子效法这种精神,振奋百姓,培育道德,以诚信去约束人的行为,无论如何都是十分有用的,甚至是必要的。但这里有诸多的规则需要完善。在分配人类的财产时,古人也知道必须遵循那些可以较为一般应用的,而又较少怀疑和不定的规则。属于这一类规则的是社会成立之初时的规则,后来又有了添附和继承。这些规则在很大程度上决定人们获取财富的机会，所以往往与人类的需要和欲望发生矛盾，而人由于欲望和所有物的关系是最容易形成社会问题的。

因此，社会要有规则，为人们讲诚信创造条件。古人看到：生活中如果哪一方面缺乏诚信，造成利益的不公平而得不到补救，那就会逐渐毁灭社会。诚信就是在稳定性和变化不定的状况之间找到一种调整的办法，找到一种中介。用诚信在人们的经济交往中建立一种稳定，这种稳定不会引起争斗和纷扰的恶果，以诚信处理事务一定会得到大多数人的认同。这个规则在中国古代调解人们的经济纠纷方面也可以达到良好的后果。所以《易经》说："干父之蛊，有子，考无咎，后终吉。"①中国古代社会也有人们的商品交易。不但如此，而且不同的人的天性适宜于不同的工作，并且在专门从事于一种工作时会达到更大的完善程度。所有这些都需要人们在相互往来中诚信，特别是与财产和利益有关的事，如果父亲做错了事，或做坏了事业，儿子要以诚信的方式振兴家业，这样必无灾祸，即便出现困难或危险也会获得吉祥。

毫无疑问，古人也看到了由于利益的存在，每个人都应该以诚信的方式处理任何事务，孔夫子在传承《易经》的思想的基础上，在《中庸》里把诚信的思想论述到几乎完美的程度，《中庸》指出："唯天下至诚，为能尽其性；能尽其性，则能尽人之性，能尽人之性；则能尽物之性；能尽物之性，则赞天地之化育；可以赞天地之化育，则可以与天地参矣。"②这是古人希望，只有天下至诚的圣人，才能尽量发挥自己的本性，能尽量发挥自己的本性，就能尽量发挥人的本性；能尽量发挥人的本性，就能发挥万物的本性；能尽量发挥万物的本性，就可以赞助天地自然生成和长育万物，就可以和天地并立为之。因此，古人也知道，我们处理事务希望的结果，是需要有一个稳定的一般规则。每个人如果能以诚信的方式处理我们所碰到的事情，那当然是最好的了，不过这种合适的关系，应该为全社会所共有。从古至今，人们碰到过无穷的引发争执的事物，而人们在处理这些争执时，其实也总会有这样或那样的偏私和激动，以致使人们的生

① 《易经·蛊卦》，中州古籍出版社 1993 年版，第 54 页。

② 《礼记》，中州古籍出版社 1993 年版，第 503 页。

活不安宁。所以人们要有处理事物的规则。特别是与利益有关的事物,为了防止一切纠纷和争执的发生,就该奉行诚信的原则。

在古代社会文明即使还相对孤立的时代,人们也还会为了相互的利益而交往。互相寻找对方做伴,提议互相保护,建立诚信的关系。我们见到《易经》的作者具有杰出的智慧,以致让人们看到建立诚信和互助合作的经济关系。必然遇到的主要障碍就是人们自身存在的贪欲和自私。为了补救这种缺点,他们也建立了当时相对稳定的财物占有、互相约束、互相克制的关系。《易经·临卦》“彖辞”云:“临,刚浸而长,说而顺,刚中而应。大亨以正,天之道也。”这是说,古人为了确保诚信,抑制贪欲和自私,也建立了“监临”的制度。这是社会制度的逐渐增长,有了很好的“监临”制度,社会经济才能“刚浸则长”,百姓也会充满喜悦与和顺。遵守诚信的刚健者会居中而上下相互感应。通过坚守正固而获得极大的经济利益及亨通顺利。这才是合于天道顺施的法则。

二、诚信对中国古代经济往来价值观的主导

在《易经》之中,处处最为颂扬的就是诚信的思想。在义利相关的问题上,《易经》推荐的是以诚信的方式进德修业。要用诚信的方式发展事业,要用诚信的方式从事各种经济往来。这是《易经》以及《易经》以后中国社会主体意识价值观的宗旨,诚信的经济往来不是虚妄的,要在与利益相关的经济往来当中,以诚信为德,以诚信为做人的宗旨和经济往来的原则。

(一)崇尚诚信主导了古代和当代中国人的交往行为

人类经济往来和社会经济方式的传递有其历史的传承性,不同于生理遗传和自然遗传,其只能通过社会经济实践和社会经济往来传承。运用人们不断演化和进步的社会制度得以逐步实现。天地乾坤,始生万物,包括人,万物的生长面临各种自然环境的考验,按照《易经》所示,生命萌芽破土之后,首先是混沌蒙昧状态。而经济往来则更是如此。《易经》产生的年代人们仅有的是简单的商品交换,并没有今天的繁华的商业模式,其实《易经》的六十四卦,倒是对当时社会经济状态的一种最简单的概括。并揭示了怎样才能走出蒙昧无知的境地。其根本的方式就

在于以诚信的方式进行探索，这自然会得到启发。比如，无论一开始的“乾、坤、屯、蒙”，还是到“中孚、小过、济和未济”的六十四卦，都从不同的侧面谈论以诚信的方式获取在人与自然及人与人交往中的智慧。

在中国的古代社会，自从有文字记载以来，人们就把诚信在人们的交往中搬到了核心地位。《尚书·舜典》记载：“曰若稽古，帝舜曰重华，协于帝。浚哲文明，温恭允塞。玄德升闻，乃命以位。慎微五典，五典克从，纳于百揆，百揆时序。宾于四门，四门穆。纳于大麓，列刚雷雨弗速。”①意思是说：查考古时传说，可知舜帝的名字叫重华，其圣名与尧帝完全相合。他深邃的智慧临照四方，谦恭的美德溢满大地。这种潜蓄不露的高尚品德终于被朝廷闻知，于是就把他征召到朝廷，授予他相当的官职。首先，让舜推行正常的诚信教育，舜便叫臣民都能够遵从正常之教，而不至于违背人伦。而后，又让舜总理百官事务，舜也把各种事务处理得井然有序。接着又让舜在明堂的四门接待四方来朝的宾客，四方宾客都能够友好相处。最后又让舜担任守护山林的官职，他即使在急风暴雨中也不曾有过错误。这是被中国人尊崇数千年的诚信典范。后来人们把这种思想写入《易经》。《易经·中孚》云：“中孚，豚鱼吉，利涉大川，利贞。”这就是告诉人们，如果在人们的相互往来中坚守诚信，连小猪小鱼都会被感化，人们面临的社会环境会非常吉祥，利于克服任何困难，如涉越江河巨流，利于坚守正固。古人说得有些夸张。诚信都能感化小猪小鱼，真可谓“精诚所至，金石为开”。

（二）诚信的价值观对中国社会经济制度演变的影响

人类的社会经济制度是在不断地演变的。但是有一种观念人类一直是追求不变的，那就是诚信。诚信是要求人们在内心深处，无论遇到再大的利益相关的事都要诚信如一。不能变来变去，让人难以相信。因此《易经》说：“虞吉，有它不燕。”②“虞”古人解释为“安”，程传解释为“度”，王弼解释为“专”。实际上“虞”是料度，让人们当初料度的那样去做到不要变更，也就有了“专”和“安”的意思。其实“虞”是古代的猎官，

---

① 《尚书》，中州古籍出版社1993年版，第8页。

② 《易经·中孚卦》，中州古籍出版社1993年版，第27页。

是贵族打猎的向导，此种职责，更要求人们以诚信为上。如果不诚信，必然是“有它不燕”，《易经·中孚卦》“象辞”接着说：“初九虞吉，志未变也。”这是诚信所致。

但人们在经济往来中，很难让别人完全认同自己，这是利益和观念的不同所致，古人在讲诚信的过程中也清楚地看到了这一点。因此《易经》说：“得敌，或鼓或罢，或泣或歌。”由于利益的不同，会产生许多纷争，那么自己的选择是有各种不同，第一种选择是明明白白争斗，第二种选择是退却，第三种选择是对其成败或泣泪相悲，第四种选择是欢乐歌唱。这四种选择，正如《中庸》所云：“君子素位而行，不愿乎其外，素富贵，行乎富贵；素贫贱，行乎贫贱；素夷狄，行乎夷狄；素患难，行乎患难；君子无人而不自得焉。在上位不凌下，在下位不援上。正己而不求于人，则无怨，上不怨天，下不尤人。故君子居易以俟命，小人行险以侥幸。”孔夫子在《表记》中强调得更清楚：“夏道遵命，事鬼敬神而远之，近人而忠焉，先禄而后威，先赏而后罚，亲而不尊，其民之敝，蠢而愚，乔而野，林而不文。殷人尊神，率民以事神，先鬼而后礼，先罚而后赏，尊而不亲，其民之敝，荡而不静，胜而无耻。周人尊礼尚施，事鬼敬神而远之，近人而忠焉，其责罚用爵列，亲而不尊，其民之敝，利而巧，文而不斩，贼而蔽。”①马克思说：“不同的公社在各自的自然环境中，找到不同的生产资料和不同的生活资料，因此，它们的生产方式、生活方式和产品也就各不相同，这种自然的差别，在公社相互接触时，引起了产品的相互交换，从而使这些产品逐渐变成商品。”②最初，商品的交换是在部落之间进行，当畜群也开始从部落或氏族的共同占有而变为家庭私有时，公社外部交换就过渡到了公社内部个人和个人的交换。这是社会的交换规模扩大了。在法律制度还不完善的情况下，人们相互之间只能靠诚信来相互约束，古人也知道这种关系是不稳定的，因此说：“翰音登于天，何可长也。”

---

① 《礼记·表记》，中州古籍出版社 1993 年版，第 522 页。

② 《马克思恩格斯全集》（第 23 卷），人民出版社 1975 年版，第 390 页。

(三)《易经》要求人们在经济往来中归于诚信之本

《易经》所宣扬的正如孔夫子所说:“夫《易》何为者也?夫《易》开物成务,看天下之道如斯尔已者也。”这告诉我们,《易经》是以诚信的方式开发万物,成就功业,以此笼盖天下的大道,这就是最深的学问。“是故圣人以通天下之志,以定天下之业,以断天下之疑,是故著之德圆而神。”所以圣人在人们的相互交往中以诚信贯通天下人的心志,奠定天下的长业,裁断天下的疑问,所以著策的功能圆通而神奇,对中国古代涉及民生的江山社稷大业,对百姓来说是全民成就的所有功业。对于这样的功业,必须在正确思想指导下才能获得成功,《易经》宣扬诚信之道,可以给人们提供正确的指导,有了正确的指导,使可以断天下之疑,从《易经》宣扬的诚信中找到答案。实际上古代社会,当然没有今天人们说的这样完善,尧舜时代的完美纯粹是中国古人宣传的,在旧石器时代人类最伟大的发明就是使用火。原始人最初是利用自然火,后来慢慢地学会了人工取火。原始人从生产实践中观察到,当摩擦或打击燧石时会出现火花。当钻木、锯木时有火焰发生。从看到这些现象到发明取火的工具,经历了一段很长的时间。原始人通过磨、钻、锯、打等方法进行了人工取火,特别是磨和钻。火的发明和利用对于原始社会的进一步发展有着重大的意义。它使人们从吃生食进化到吃熟食,从而进一步缩短了人吃食物后的消化过程,同时使可食的东西增多了。这就有利于大大增进原始人的身体健康。这其实就是最初的“是以明于天之道,而察于民之故,是兴种物以民用,圣人以此斋戒,以神明其德夫”。①

诚信,是古代社会所崇尚的,其实今天人们也崇尚。即使在市场经济十分发达的今天,在人们的相互往来中,也仍需要诚信。当今社会人们最推崇的 WTO 交易制度,其实也仍然是一纸承诺在起作用,从广义上说这仍然是诚信的作用。

【参考文献】

《易经》,中州古籍出版社 1993 年版。

① 《易经·系辞》,中州古籍出版社 1993 年版,第 16 页。

《礼记》,中州古籍出版社 1993 年版。

《尚书》,中州古籍出版社 1993 年版。

《马克思恩格斯全集》(第 23 卷),人民出版社 1975 年版。

非对等资源禀赋和真实制度均衡过程

董直庆*

【摘要】　本文放松制度博弈当事人对等的谈判地位和资源禀赋假定，即以真实经济中当事人非对等资源禀赋和社会经济地位为研究前提，重新演绎制度均衡过程和制度效率问题。结合制度博弈论和Schotter(1981)问题导向论逻辑，分析结果表明：(1)均衡制度安排和制度结构取决于当事人的资源禀赋结构。(2)在真实经济发展和制度均衡过程中，当事人不平等资源禀赋和结构决定均衡制度天然具有非中性和不平等特性，决定均衡的制度安排和制度结构并非一定存在效率，制度效率存在与否主要取决于控制权主体利益是否与制度效率方向保持一致。(3)制度安排和制度结构是动态而非静态和稳定不变的，只有当事人资源禀赋结构变化并到达某一临界值时，制度旧均衡被打破而实现新均衡。

【关键词】　资源禀赋　均衡制度　制度效率

---

* 董直庆，吉林大学数量经济研究中心、东北师范大学经济学院副教授，韩国首尔国立大学(SNU)经济学博士后。

本文是2008年度教育部留学回国人员科研启动基金项目、吉林省社科基金项目(2009B014)、吉林大学"985工程"项目(985CXJD022)、吉林大学社会科学研究基本科研业务费项目(2008JC008)和东北师范大学哲学社会科学青年科研团队项目(NENU－SKD2009)的阶段性成果。本文也是2009年第七届中国法经济学年会的入选论文，作者感谢山东大学经济研究中心黄少安教授和浙江大学经济学院史晋川教授等年会与会者的有益评论，并感谢入选第七届法经济学年会论文集。

一、基于资源禀赋结构的制度均衡和演进机制分析

该制度出现也并非是为了解决只存在一次的问题，即那种一开口就结束的问题，而主要是为了解决个体经济活动过程中反复出现并且必须面对的问题。每一类特定且重复出现的问题都有着特定的约束，都需要特定制度去解决，现实经济也无法满足无外部性和凸性等假定，决定单一制度安排无法解释现实众多不同性质问题，需要不同制度设计和制度创新来解决非完美市场假定下的社会生产和分配问题，减少信息不足和降低交易成本，提高资源配置和分配效率。

我们认同和借鉴 Schotter 的问题导向论观点，制度产生、发展和演进是以解决问题的方式出现的，制度产生和发展就是为了帮助个体有效解决反复出现的问题。制度均衡和演进问题可以归结为：(1)在既定自然状态、个体偏好和技术约束下，何时将会形成何种制度安排和制度结构均衡；(2)在既有制度均衡状态下，经济个体为什么会存在打破既有的制度均衡而实现制度创新。当然，若以问题视角探讨制度均衡和制度创新问题，当事人问题解决的思路不同就会出现不同的制度安排和制度结构，但无论何种制度安排和制度结构，其最终目的都是希望以最少资源耗费实现最大收益。Schotter 进而强调，现实经济问题的种类决定了制度的类型，制度完全可以依据问题进行分类。Ullman – Margalit 和 Schotter 将制度归结为如下四类问题：协调问题、囚徒困境问题、不平等问题和合作博弈问题。[①] 当然经济主体的行动问题要么是生产要么是分配问题，无论个体间最初面对的是何种问题，最终都必须解决利益分配问题。或者说，任何制度最终都无法回避个体利益分配问题，可以说制度就是回答利益分配和再分配问题。

我们认为，制度发展和制度创新根源来自于当事人资源禀赋变化，当事人在新信息和新技术环境下凭借其资源禀赋，形成对制度安排设计和选择过程中的竞争力和控制力。任何制度并非取决于外在约束，而是

---

① Ullman – Margalit(1978)并没有涉及合作博弈问题，而是 Schotter(1981)提出并加以讨论和重新关注的。Schotter(1981)认为，社会中还存在大量合作形成的习俗和惯例，不是强迫而是合作博弈的均衡结果。

根源于经济体内当事人的资源禀赋以及由此而形成的控制权结构。不同的经济个体拥有不同的初始资源禀赋，在制度制定和制度实施过程中就处于不对等的经济地位，在不同的控制权结构下，制度安排和均衡结构就有着较大差异。经济个体拥有资源（财富越多、职位越高或职权越大）越多、资源价值越大，其对制度安排的选择和控制权也就越大，越容易制定出吻合其利益最大化的制度安排和制度结构，这正是现实经济生产、交易和分配制度的真实写照。诸如在现代股份制企业中就形成了1股1票的投票权制度，企业产权结构和治理结构就更加注重保护控制权股东的利益。政治制度也具有类似性质，诸如在1832年英国法律规定居民只有拥有足够财产才有投票权。1858年美国投票权制度以居民有无财产为条件。在19世纪末20世纪初，德国投票权规定有产者3票、中产者2票和无产者1票，也就是以有无财产和财产的多寡来决定投票权的大小，财产越多投票权越大。

为深化问题分析，在此制度均衡和演进问题重点关注一般制度，而不是某项特定的法律法规、社会习俗或行为惯例，模型简要分析如下。

假定：(1)个体A和B满足经济理性和拥有完全信息；

(2)满足2×2维博弈空间和支付结构；

(3)个体A和B有着不同的资源禀赋，假定A为资源优势者；

(4)二者静态一次性博弈支付矩阵如下：

表1　制度博弈均衡问题

博弈主体/博弈策略		B	
	策略组合	行动1	行动2
A	行动1	(A_{11}, B_{11})	(A_{12}, B_{12})
	行动2	(A_{21}, B_{21})	(A_{22}, B_{22})

那么在无限次重复的情况下，初始个体A和B面对这一问题时，应该如何采取行动以实现个体的最优化利益？为深化分析，我们将经济问题主要分成两大类：合作问题和非合作问题，下面就以这两种情况为例分析均衡制度安排和制度结构的形成过程。

(一)合作问题

若 $A_{11} > A_{12}$, $A_{22} > A_{21}$, $B_{11} > B_{12}$, $B_{22} > B_{21}$,且 Aij 和 Bij 都大于 0,且 i 和 j = 1 或 2。那么,上述双人博弈就为合作博弈问题,Schotter 和 Ullman – Magalit 又将这类问题称为"Coordination Problem"即合作协调问题。合作博弈问题支付矩阵可以利用 Ullman – Margalit 矩阵表示(简化形式):

表 2 Ullman – Margalit 矩阵表示的制度合作博弈均衡问题

策略组合	行动 1	行动 2
行动 1	(A_{11}, B_{11})	(0,0)
行动 2	(0,0)	(A_{22}, B_{22})

不难发现,对于合作问题,静态一次性博弈和无限性重复博弈问题的解完全类似。为分析方便,假定这个问题是静态一次性博弈问题,(A_{11}, B_{11})和(A_{22}, B_{22})都是博弈均衡解。依据 A_{11} 和 A_{22} 或 B_{11} 和 B_{22} 大小关系,静态一次性博弈问题解又可以分为确定性唯一均衡解和非唯一均衡解。(1)若 $A_{11} > A_{22} > 0$ 且 $B_{11} > B_{22} > 0$,个体博弈唯一均衡解为(A_{11}, B_{11});(2)若 $0 < A_{11} < A_{22}$ 且 $0 < B_{11} < B_{22}$,个体博弈唯一均衡解为(A_{22}, B_{22});(3)若 $A_{11} > A_{22} > 0$ 且 $0 < B_{11} < B_{22}$,或 $0 < A_{11} < A_{22}$ 且 $B_{11} > B_{22} > 0$,个体博弈均衡解并不是唯一的,要么是(A_{11}, B_{11}),要么是(A_{22}, B_{22})。

在(1)、(2)和(3)的合作博弈中可以看出,若其他个体选择了某类行动,另一个的行动策略是确定的,即博弈双方都不愿意对方改变策略,并且双方都没有激励去改变自己的策略,因为如果一方没有改变而另一方改变了策略,他们最终所获得的支付将都会是 0,博弈双方都出现了损失(损失为 A_{11} 和 A_{22} 或 B_{11} 和 B_{22})。对于(1)和(2)这类博弈问题,均衡解的选择是简单的,二者都只有唯一的策略:行动 1 或行动 2。但最终是选择(A_{11}, B_{11})还是(A_{22}, B_{22})作为均衡结果即确定性的制度安排,在个体 A 和 B 有着相同资源禀赋假定下,制度演化论和制度设计论有着不同的认识。制度演化论认为,个体意识到对方将会选择某一策略,事实上另一博弈个体也只能选择这一策略,当一次性博弈完成时,若一个体事实上的策略选择印证了事前其他个体对他的判断时,就形成了一个制度安排。如果个体重复进行上述博弈,依据博弈双方行为预期和行为惯例,若每一个体都遵循第一次时的行为策略,均衡策略即均衡制度安排得到巩固。如果以后所有社会个体遇到类似的问题时,都遵循相同的行为规则,一个一般化的社会习俗和惯例或制度安排就形成了。也就是说,经济个体面对同一问题进行重复博弈,遵循同一行为规则,可能作为个体行动结果而出现的规则和制度结构就得以传承,再经过其他社会个体遵循和模仿,最终形成习俗或惯例,非正式制度得以建立,即制度均衡是经济个体追求私利自然形成的,是个体随机和偶然选择的结果。但制度设计论认为,个体实施交易或采取行动时,基于完全信息和策略空间判断,了解双方利益最大化选择,为了减少损失,也完全可能通过直接谈判或相互承诺,选择利益最大化的均衡解(即最大化双方支付的策略组合),如果以后遇到类似问题,博弈个体自然都遵循初次形成的行为规则,一个有意设计出解决这类问题的均衡制度结构就出现了。不过,若现实经济个体资源禀赋满足假定(3),个体 A 和 B 拥有不同的资源禀赋,最终均衡结果就取决于拥有控制性资源主体 A 的利益和目标。若控制性资源主体 A 并非追求最大化收益而是相对收益最大化(A_{ij}/B_{ij}),最大值的行为组合就不是最优均衡选择,即使 $A_{11}>A_{22}$,只要 A_{22}/B_{22} 最大,均衡组合也可能是(A_{22},B_{22})。

回答问题(3)就显得较为复杂,这也就是 Schotter 定义的不平等制度问题——“Inequality Preserving Social Institution Problem”的最简化形式,其中 $A_{11}>A_{22}>0$ 且 $0<B_{11}<B_{22}$,或 $0<A_{11}<A_{22}$ 且 $B_{11}>B_{22}>0$,在这支付矩阵约束下,经济个体应该选择的是(A_{11},B_{11})还是(A_{22},B_{22})?

观察第三类问题的支付矩阵,可知,(A_{11},B_{11})或(A_{22},B_{22})是每一个参与者的占优策略均衡,如果这个博弈是无限次并且重复进行的,博弈双方每次都将面对和解决同一问题,问题每次出现时,个体都需要重复解决相似问题,理性个体必然希望遵循统一的行为惯例或建立统一的行为规则,以减少交易成本和增加收益,以后每当类似问题出现时,都遵循同一行为规则建立一个行为惯例。

但个体将选择(A_{11},B_{11})还是(A_{22},B_{22})作为均衡的制度安排?或者

说，个体如何决策或通过何种规则实现对(A_{11} , B_{11})还是(A_{22} , B_{22})的选择？不同学派学者对此也有着不同的回答。制度演化论认为，个体选择(A_{11} , B_{11})还是(A_{22} , B_{22})是偶然和随机的，只要经济个体B预期经济个体A将选择行动1($A_{11} > A_{22} > 0$)，那么经济个体B将选择行动1，否则二者都将遭受损失。当然如果经济个体A预期经济个体B将选择行动2($0 < B_{11} < B_{22}$)，个体A也会选择行动2。只要是一个体能够预测到另一个体的行动策略，二者真实的选择也正是如此。这样初始无论经济个体选择(A_{11} , B_{11})还是(A_{22} , B_{22})，都将作为一种可预期的行为规则而逐渐演化为惯例而固定下来，即市场竞争结果使得个体随机选择的策略组合，能够长期重复进而固定下来，进而成为制度安排和制度结构。不过，演化观点存在先行优势。通过引入谈判力和控制权等概念，制度博弈论认为，均衡的制度安排并非是个体私利竞争或随机选择的结果，而是其行为的前提。经济个体通过讨价还价等博弈手段，最终设计出最优于自身最大化利益的策略组合。

我们自然要问，经济体内最初的两个个体首次面对这一问题时，特别是在无相关显性和隐性规范或社会习俗可以利用，或处于霍布斯冲突(Hobbesian Conflict)的条件下，谈判力或控制力从何而来？是什么决定了经济个体的谈判力禀赋和结构？或者说，制度演化论和制度博弈论逻辑是建立在经济个体对等资源禀赋及对应的权力结构基础上。如果个体资源禀赋存在差异，经济个体必然会利用其资源优势所形成的影响力和控制力来实现自身的利益最大化要求。我们也有理由相信，正如资源劣势个体所预期的那样，资源优势个体必然更能承受支付为零的非合作均衡结果，体现在真实经济中就是资源优势个体必然不用过于考虑劣势个体的策略选择，只需要满足自己利益最大化要求。由于劣势者能够预期到资源优势者将选择其利益最大化的策略，如果不跟从优势者行为，最终将无法承受支付为零的结果，无论优势者如何行动劣势者都将采取合作的策略。也就是说，均衡制度安排是资源优势者有意设计和选择的结果，均衡的策略组合表明博弈双方的资源结构或资源禀赋决定了当事人的选择。

（二）非合作问题

非合作问题（包括 Ullman – Magalit 界定的囚徒困境问题和不平等制度问题）比合作问题复杂，在非合作问题中，最简化支付矩阵中的策略组合从 2 个组合扩展为 4 个，并且在这 4 个策略组合中，不存在绝对量上优于其他策略组合的组合，如 $A_{11} > A_{12}$，$A_{11} < A_{21}$，$A_{12} < A_{22}$，$A_{21} > A_{22}$ 且 $B_{11} < B_{12}$，$B_{11} > B_{21}$，$B_{12} > B_{22}$，$B_{21} < B_{22}$。

非合作问题也可以用简化矩阵表示如下，其中 ΔA 和 ΔB 都大于0，$0 < a, b < 1$。

表 3 非合作博弈的制度均衡问题

博弈主体/博弈策略		B	
	策略组合	行动 1	行动 2
A	行动 1	(A_{11}, B_{11})	$(A_{11} - \Delta A, B_{11} + \Delta B)$
	行动 2	$(A_{11} + \Delta A, B_{11} - \Delta B)$	$(A_{11} - a\Delta A, B_{11} - b\Delta B)$

遵循合作问题（3）的分析逻辑，经济个体 A 和 B 依据双方的资源特别是资源禀赋进行博弈，资源禀赋决定下的策略组合选择冲突，出现在每次博弈前的合约安排或制度结构设计中。但非合作问题与合作问题中的问题（3）不同之处在于，一方采取行动，另一方可以合作也可以不合作，这需要基于其自身利益最大化的考虑，也就意味着策略组合可以是（行动 1，行动 1）、（行动 1，行动 2）、（行动 2，行动 1）或（行动 2，行动 2）。可以确定，非合作博弈若要重复多次进行，为实现稳定均衡策略，当事人间必须制定可以形成可置信威胁和可实施的惩罚机制。

假定 1：若认为经济个体都没有耐心等待或等待需要成本，未来每次收益都存在一个折扣，设经济个体 δ_A 和 δ_B 的贴现因子分别为和，且 $0 < \delta_A$ 和 $\delta_B < 1$。

假定 2：博弈双方拥有共同知识，相互了解双方的策略空间和成本收益函数。并假定 $\frac{A_{11}}{B_{11}} = \frac{A_{ij}}{B_{ij}}$，其中 $i \neq j$，或 $i = j = 2$，且经济个体 A 为资源优势者且选择行动 1，博弈可以进行无限次重复，个体 A 承受损失能力

(财富损失或时间长度)优于 B。

假定 3:博弈双方约定,以策略组合如(A_{11},B_{11})即(行动 1,行动 1)作为二者生产、交易或分配问题的解(这个解是依据双方的资源禀赋决定的)。若交易一方不遵循事先约定,另一方将以不合作进行惩罚。其中二者不合作下的策略组合为(A_{22},B_{22})即($A_{11}-a\Delta A$,$B_{11}-b\Delta B$)。

经济个体 A 和经济个体 B 的最优化问题(简化形式)为:

经济个体 A:

$$\max[\lambda\sum\delta_A^{t-1}A_{11}-(1-\lambda)(A_{11}-\Delta+\sum\delta_A^{t-1}(A_{11}-a\Delta A))]$$

满足约束:$a\sum\delta_A^{t-1}\Delta A\leqslant\pi_A$

其中表示个体 π_A 为惩罚个体 B 所愿意接受的最大损失,也就是说,如果 $\sum\delta_A^{t-1}\Delta A>\pi_A$,个体 A 对个体 B 的惩罚就是不可信的。$\lambda=1$ 或 0。若当经济个体 B 采取行动 1 时,$\lambda=1$。若当经济个体 B 采取行动 2 时,$\lambda=0$。

经济个体 B:

$$\max[\Delta B+\sum\delta_B^{t-1}(-b\Delta B)]$$

满足约束:$\Delta B+\sum\delta_B^{t-1}(-b\Delta B)\geqslant 0$

如果 $\Delta B+\sum\delta_B^{t-1}(-b\Delta B)\geqslant 0$,则经济个体将选择行动 2 而非行动 1。

个体 A 和 B 博弈时,资源优势个体 A 选择行动 1,个体 B 能否选择 1 取决于其约束条件,个体 B 的约束条件化解可得:

$$\delta_B\leqslant 1/(1+b)$$

即若 $\delta_B\leqslant 1/(1+b)$,经济个体 B 将采取行动 2 而非行动 1。

(1)若 $\delta\leqslant\pi_A/(\pi_A+a\Delta A)$ 且 $\delta_B\leqslant 1/(1+b)$ 时,个体 A 和 B 博弈均衡结果为策略组合($A_{11}-a\Delta A$,$B_{11}-b\Delta B$),即策略组合(行动 2,行动 2),如果所有个体都遵循同样的规则,经过无数次遵守进而演化为行动惯例即一般社会政治经济制度。因为从个体 A 的约束条件可以看出,若 A 所能承受的损失越大,行动 B 采取不合作策略受到惩罚的可能性也就越大。不过,如果个体 A 的惩罚机制只采取上述不合作策略,A 的惩罚机制对 B 来说就是不可怕的(因为此时 $\delta_B\leqslant 1/(1+b)$,不合作收益增量大于零)。个体 A 完全可以预期到个体 B 会采取不合作策略,个体

A也将采取不合作策略，不合作均衡策略组合将作为这类问题的行为规则即均衡解。若当这类问题无限次重复时都得到遵守，就成为此类问题的一般社会行动惯例，即制度结构得以建立。

真实经济体中的个体B的支付函数并不如此简单，往往是个体A对B的惩罚直接与B所获得的支付正相关，如果事实果真如此，博弈均衡策略组合将会是资源优势者所期望的策略组合。假定个体A对B的惩罚会进入个体B的支付函数，为π_A对B所实施的惩罚支出，π_A与B受A惩罚后获得的支付成正向关系，即$\Delta C = f(\pi_A)$且$f\pi_A > 0$。B背叛事先约定行为的所得为$\Sigma \delta_B^{t-1} \Delta C$。只要A的惩罚足够大，B就完全可能遵守合作协议，当其满足：

$\delta_B \geqslant \frac{\Delta_B}{(\Delta_B + \Delta_C)}$，其中$\Delta_C$为个体B受到惩罚后所获得的支付。

随着π_A的增大，因为$\Delta C' \pi_A = f' \pi_A > 0$，B的贴现因子更易满足其合作约束条件，即(行动1，行动1)将成为行动惯例即制度。可以预期，随着制度建立和完善，大量的同一性质个体将会形成行动联盟如利益集团，个体利益将与集团利益紧密结合在一起，而具有相似性质的资源强势个体(如资源优势者A群体)将更易形成利益同盟，那么个体B采取不合作行动更易受到惩罚，因为资源优势个体在形成联盟后，个体A所遭受损失将由A集团所有个体共同承担，个体A单个人承担的损失将变得很小，或者说A集团能承受的损失将变得无比巨大($\pi_A \to \infty$)，(行动1，行动1)策略组合的选择惯例将得到强化和巩固，这也间接证明了劣等制度之所以形成并可以长期持续的原因。

(2)若$\delta_A > \pi_A / (\pi_A + a\Delta A)$时，如果个体B采取行动2，个体A对个体B的行动也保持克制，不采取惩罚措施。由于信息完全和个体理性预期假定，两个个体完全有理由相信，如果A采取行动1，B将采取行动2，在一般情况下由于A_{11}往往小于A_{22}(本节简化矩阵为特殊情况$A_{11} - \Delta A - A_{11} - a\Delta A$)，策略组合($A_{11} - a\Delta A, B_{11} - b\Delta B$)即(行动2，行动2)必然成为博弈均衡结果。如果(行动2，行动2)是(不合作，不合作)策略，其收益必然小于(合作，合作)的策略组合($A_{11} > A_{11} - a\Delta A, B_{11} > B_{11} - b\Delta B$)，双方不合作将使二者的利益都受到损失。因此，虽然个体A对个体B的背叛策略并不采取惩罚措施,(行动1,行动1)策略组合也能够演化为均衡结果,并进而演化成为行动惯例即制度。

(3)$\delta_B > 1/(1+b)$,经济个体根本不存在不合作的可能,经济个体B将与个体A的策略保持一致,即都选择行动1,策略组合(A_{11},B_{11})即(行动1,行动1)成为二者行动的均衡结果,进而演化为行动惯例即制度。

综合上述,可得如下命题:

命题1:制度安排和制度结构取决于当事人的资源禀赋结构。若当事人间存在不对等的资源禀赋结构,资源优势者将选择有利于其自身利益最大化策略并成为博弈双方的均衡策略,均衡的策略组合经过无数次重复进而演化为一般社会行为规范即均衡的制度安排和制度结构,即均衡的制度安排和制度结构是资源优势者有意选择或设计的结果。

制度安排和制度结构的均衡过程为:资源禀赋t→控制权结构t→制度安排和制度结构t→收入分配结构t→资源禀赋t+1。

命题2:在经济发展和制度均衡过程中,当事人不平等的资源禀赋决定均衡的制度安排和制度结构,制度是天然具有非中性和不平等特征。

一般均衡帕累托最优效率隐含假定,经济个体在市场经济交易过程中,拥有对等经济地位(并不排除经济个体资源价值差异),依照边际效用与边际成本相等进行生产和交易,若经济个体实现效用最优化,资源配置就实现了社会福利最大化和帕累托最优。特别是在双人合作和制度缔结的过程中,初始资源禀赋相同假定下经济个体处于平等的经济地位,相互间通过讨价还价方式最终实现博弈均衡。同样若依据制度演化论,制度安排是经济个体基于自身约束实现最优效用的行动结果,制度目的就是约束所有经济个体的行为,保护所有经济个体的利益,均衡制度安排是中性的和平等的。

现实经济发展过程表明,经济个体资源禀赋存在差异,即有的经济个体初始资源或财富价值大,有的经济个体初始资源禀赋差。这在均衡制度形成过程中,资源禀赋优势者处于控制地位,拥有优势资源的经济个体也必将利用绝对或相对控制权,实现较大份额剩余分配。因此,均衡制度是天然非中性和不平等的，用流程图表示为：初始资源禀赋差异→不对等控制权结构→制度安排和制度均衡的非中性和不平等。如封建制度就是统治集团以牺牲社会福利为代价从农民产出中获得最大化剩余。当前国际经济组织和经济制度如贸易制度，就是一种非帕累托改进的制度安排，是发达国家凭借其资源优势，为侵占发展中国家利益而制定的有偏性制度安排。当今世界普遍存在的自由贸易摩擦和日益频繁的南北贸易冲突，就是制度非中性和不平等特征的例证。

随着经济发展、技术进步，制度非中性和不平等特征是否会改变呢？一般而言，随着信息获取能力的提高和交易成本的下降，资源价值更易测度和技术进步、资源禀赋结构平衡程度提高，制度中性和平等程度将增加。经济个体资源禀赋结构的平衡程度越高，当事人间的权力结构将越平衡，制度中性和平等程度将越高。

命题3：当事人不平等资源禀赋结构决定制度安排和制度结构均衡并非一定存在效率，均衡制度是否存在效率主要取决于控制权主体利益是否与制度效率方向保持一致，若方向一致，制度安排和制度演进就是有效率的。反之，制度安排和制度演进将不存在效率。

Acemoglu 认为，若新制度安排使得社会权力分配分散和平等，制度安排才会存在效率。依据资源禀赋结构和权力决定论，均衡制度安排和制度结构依赖于拥有控制性地位的经济个体。由于优势地位的控制权个体将会选择最有利于自身效用最大化的制度安排，决定制度均衡并不一定就是有效率的。一个自然的问题是：为什么个体不会选择明显具有优势的策略组合，特别是能够提高所有参与者利益的策略组合？Acemoglu 认为，在现实世界中，不可信承诺和不对称信息决定了个体往往选择次优的策略组合，原因在于：(1) 当事人双方的不可信承诺。一方面，控制权主体承诺另一方当事人选择最优选择行为，若合作成功，控制权主体有条件并有可能不兑现承诺，另一方完全能够预见到对方的机会主义行为。另一方面，若合约另一方当事人承诺选择最优行为，控制权主体完全能够预见当对方资源价值相对增长后，控制权主体的权力必然相对弱化，弱势群体随着权力的增加有可能不再接受控制权主体提出的策略组合，从而最终损害资源优势者的利益。制度选择就主要以控制权主体对制度能否控制为衡量标准,因为个体不仅关系今天的收益,也重视明天的产出。如果预期到新的制度安排将提高其他当事人的相对权力,比如说增强其他当事人的反抗力量,控制权主体完全可能保护或维系原有经济制度。(2)当事人双方的不完全和不对称信息约束。个体获取充分信息成本高昂,不充分信息下的合作结果往往具有不确定性和不可观测性。当然,也可能由于不完全信息,有限理性的经济个体往往不知何为最优策略组合。

当然,即使制度安排和制度结构是有效率的,制度最终能否实现效率还取决于:(1)制度供求双方当事人资源产权界定程度。双方当事人能否合作,首先取决于双方的合作资源是否得到了有效界定。科斯定理指出,如果资源产权得到有效界定,产权分配将不会影响经济效率,即认为产权是交易的前提。在两人世界中,初始的资源产权如何才能实现有效界定呢?一般而言,在只有两人的世界中,资源的产权主要是依靠经济个体某些特有的自然属性,如武力、暴力、恫吓、威胁等。当一个社会从无序走向有序,无论实现方式如何,从产权界定的角度来讲,必然促进经济的发展和效率的提高。并且随着权力的进一步平衡,经济发展效率将更高。资源产权有效界定的条件至少需要包括:①资源界定是清晰明确的,资源的性质和主体是明确的;②资源产权定义良好,如资源产权边界是可测的;③信息是可得的,即获取信息的成本应小于信息的收益;④信息是可确认的,即产权界定以可获得性和可确定性信息为基础。信息必须不仅是可得的,而且还必须是可确认的,如果信息具有不可确认性,产权必然也是不完全的。(2)资源产权有效保护程度。任何经济个体资源产权有效性依赖于:个体对这项权力的保护程度、他人企图获取这项权力的努力程度和第三方对产权有效性的保护程度。正如制度理论所指出的那样,产权实施的有效程度不仅取决于制度内容的可确认程度,还取决于个体对制度内容的有效实施程度。只有制度安排的内容是可确认的,而且当事人有能力实施制度包括奖惩机制,制度安排和制度结构才是完全的。

二、制度演进和制度变迁的动力

在资源禀赋结构约束下,若(A_{11},B_{11})作为博弈均衡和人为有意设计的结果能够被无数个体重复和遵守，初始行为规则将逐步演化为可持续发挥约束作用的社会一般行为规范，即建立起均衡的制度安排和制度结构。不过，制度发展演变过程表明，制度并非一成不变，而是处于不断运动之中。进而一个递进的问题是：为什么均衡的制度还会发生变革，即制度会不稳定？或者说，制度是如何实现创新和变迁的？为什么有人会打破制度均衡，特别是促使既有制度实现重大改变？

制度的本质是一种利益分配机制，任何制度无不直接或间接地与利益相关，与利益无关的制度，没人对它感兴趣，因此也就不称其为制度。而利益分配机制的形成是各种权力博弈的结果，权力的格局决定分配的格局。分配体系与权力体系是同构的。这里所说的权力，正如理论界普遍认可的，是指行为主体凭借所掌握的资源而形成的对其他行为主体的影响力和控制力。可以说，讨价还价力只不过是经济权力在谈判过程中的一种外在表现，所以又称为谈判力。行为主体在某项博弈活动中的权力大小，是由其所掌握资源的重要性和稀缺性所决定的，所以行为主体资源的禀赋决定其权力的禀赋，进而决定制度的性质和制度的结构。制度之所以发生变迁，其根本原因就在于资源禀赋结构发生了重大变化，从而导致权力结构发生重大变化，新的强权者要求利益重新分配以体现新的权力结构，当这种变革的力量达到一定程度，体现新的利益分配的制度即新的制度便被催生了。

结合第二部分当事人间的合作问题和非合作问题进行分析，我们不难发现，制度均衡之所以经常被打破，即旧制度被推翻而新制度得以建立，并不是外生而是内生作用的结果。也就是说，博弈当事人的资源禀赋并非总是处于稳定状态，特别是资源劣势者每次面对同一问题时都有偏离均衡的激励。如最初均衡策略为(A_{11},B_{11})，对于个体 B 而言，时刻存在采取行动 2 的激励，以实现$B_{11}+\Delta B$的收益。只不过在 A 拥有控制性地位的情况下，B 在 A 的约束下不得不采取行动 1 而已。也就是说，当外在条件成熟或在外在条件冲击引起当事人资源结构得到根本性变化的情况下，制度就会发生变迁。

可以说，当事人的资源禀赋的改变是制度发展和制度创新的根本原因，而其中引致制度创新和制度变迁的资源结构至少包括当事人的资源

重要性结构、资源拥有量结构和资源稀缺性结构,具体表现为:

(一)资源重要性结构变化

以技术进步为例,随着经济发展,若生产和交易等环节的技术得到巨大提高,经济个体间的信息搜集成本和交易成本不断下降,将可能产生两类后果:一是相同要素投入将得到更大产出,社会总财富大幅提高。二是在不同技术进步约束下,不同经济个体资源价值发生变化,博弈双方资源禀赋结构发生变化。如在技术进步后,人力资本价值和可测程度都得到了大规模提高,那么即使是对于相同的两个主体如投资者和企业家,再次面对同一合作问题时,在技术得到有效提高的情况下,即期的资源禀赋结构就与在技术水平较低的情况下有较大的差异。可以说,现阶段"劳动雇佣资本"、"技术雇佣资本"和"劳动与资本合作"等企业组织形式替代传统"资本雇佣劳动"企业组织形式,就是资源禀赋结构发生变化导致博弈当事人合约结构发生变化的有力证明。

随着技术进步和交易成本下降,当事人资源禀赋和要素价值结构将发生变化,或者是由于技术进步原不易计算价值的资源得以有效测度。当事人资源禀赋和结构的变化就引发当事人偏离制度均衡结构的激励,特别是非平等分配制度均衡,这样随着当事人资源价值和控制权结构的变化,决定制度安排将随之发生调整。若资源劣势当事人由于技术进步而成为资源优势者,制度结构将不稳定,制度变迁随之发生。若资源劣势当事人由于技术进步资源禀赋结构得到改善,但并没有直接改变原经济地位,就无法一下子改变旧有的制度均衡结构。但只要其价值增加到一定程度即达到一定临界值,旧制度安排就会可能发生变化。

(二)资源拥有量结构变化

1. 财富分配与再分配的不均等性

技术进步、社会分工、专业化生产和资源稀缺程度的变化,所引发的制度创新和制度变迁绝大部分归属于自发性或诱致性制度变迁。

首先,技术进步引致相同投入产出增加即财富增长。财富增加并不一定按照同比例增加所有博弈当事人的支付矩阵,也就是说,技术进步引起的财富增长一方面使得支付矩阵中的支付都得到一定程度的提高,另一方面也可能使得支付增长比例并不一致。若财富增长只是同比例增加当事人的支付,那么当事人间的制度安排和制度结构将保持不变,即制度保持稳态。若财富增长使得支付增长但比例增长不同,原资源优势者的最大支付从原策略变化到另一个策略,那么当事人间的制度安排和制度结构随之发生变化,出现制度创新或制度变迁。若财富增长使得支付增长但资源优势者原策略支付增长比例最大,而资源劣势者的原策略支付增长不是最大,但若没有达到制度创新质变要求的度,制度保持稳态。只有超过制度创新的临界值时,制度才会出现创新,才会发生变迁。同时,技术进步引致当事人资源禀赋和结构发生变化。由于技术进步,当事人资源价值变化,可能原先并不具有价值优势的资源在技术进步后变得更有价值,导致当事人间的资源禀赋价值量和禀赋结构的变化。

其次,随着经济发展和制度完善,大量强制性制度变迁也可能随之发生,而这在强制性制度变迁中起重要作用的主体就包括政府因素。当前政府不仅在宏观经济领域而且在微观经济领域,都影响经济个体的生产、交易和分配以及生活,如在分配领域,政府不仅影响社会初次分配,而且直接决定社会再分配。一方面,政府有动力积极促进经济发展,另一方面,政府也极力维护社会稳定,特别是尽可能缩小社会不平等程度。这意味着,当社会不平等程度可能会危及社会稳定时,政府必然积极介入,影响收入分配。在既有的社会政治经济制度以及合法强大惩罚机制作用下,政府完全有能力改变现有制度的均衡结构,迫使当事人做出政府期望的策略选择,从而实现制度创新和制度变迁。如中国市场经济制度改革,就是在政府指导下通过强制性制度变迁方式进行的。

2. 财富积累路径不对称性

首先,纵观社会政治制度更替,如原始社会→奴隶社会→封建社会→资本主义社会→社会主义社会的更替,每一次社会政治制度更替都是社会财富向极小部分人累积,而社会大部分居民在收入分配中处于极度不平等地位,当大众财富和收入不平等程度达到个体忍受的极限,如直接影响到生存问题时,资源劣势个体就有改变旧有制度的激励,当外在条件具备时,制度变迁就得以实现。

其次,优势资源的当事人必将在缔约前以及缔约后都有控制权地位,也必将利用其控制权制定出有利于其未来剩余分配的制度安排,并实现剩余的有效保护。也就是说,如果新制度安排会导致当事人的资源禀赋和权力结构变化,控制权主体将只有在当新制度收益至少不低于原制度安排的收益且满足收益大于成本时,新制度安排即制度创新才成为可能。不过,随着资源分配进行,当事人间相对资源禀赋结构会发生变化,要么原资源优势者优势地位进一步增强,要么进一步减弱,无论何种情况出现,若认定制度是博弈均衡的结果,利益冲突和控制权结构变化将改变初始制度安排和制度结构。从制度博弈均衡机制可以看出,制度安排和制度均衡结构是动态变化的,其原因就在于制度具有再分配功能。

(三)资源稀缺性结构变化

一方面,由于社会分工和专业化生产,特别是随着分工细化和专业化生产的复杂化,一些原不具有优势的资源将更具优势,如人力资本在社会分工和专业化生产复杂化过程中,特别是从劳动力到人力资本的转变中,对企业生产和经营而言将更加稀缺,因而其价值也就变得越大,特别是相对于物质资本其价值增加得更快。一些更高层次和行为产出更难测度的人力资本所有者如企业家,当其人力资本稀缺程度达到一定程度时,企业家和投资者原有的资源禀赋结构发生根本性变化,二者初始合作制定的分配结构也就会因为当事人的资源禀赋结构变化而调整。正如在当前真实经济发展过程中,出现了更多其他形态的企业组织形式,如“人力雇佣资本”、“技术雇佣资本”、“人力、技术和资本合作”企业相继出现。另一方面,由于社会经济发展,资源稀缺程度本身也发生了很大的变化,如原来并不具有稀缺性优势的资源,在技术进步和经济发展后,稀缺程度增加,稀缺性直接决定了这类资源的价值,进而引发当事人的资源禀赋结构变化,如土地等生产要素。资源禀赋结构的变化必然决定了支付结构的调整,如原来并不参与分配的要素开始参与合作剩余分配。这意味着,只要是社会分工、专业化生产和资源稀缺性改变,能够引发当事人资源禀赋和结构变化,制度创新和制度变迁就成为可能。

三、基本结论

本文放松制度博弈均衡理论当事人对等谈判地位、博弈空间和支付结构假定,即以去除当事人对等社会经济地位、制度中性和制度效率作为研究前提,重点关注制度均衡和制度效率问题。结合不对等资源禀赋结构决定论和 Schotter 问题导向论逻辑,研究结果得出:

(1)制度安排和制度结构取决于当事人的资源禀赋结构。若博弈双方存在不对等的资源禀赋结构,资源优势者将选择有利于其自身利益最大化的策略并成为博弈均衡策略,不平等的策略组合经过无数次重复进而演化为社会行为规范,即建立起均衡的制度安排和制度结构。制度安排和制度结构的均衡过程为:资源禀赋 t→控制权结构 t→制度安排和制度结构 t→收入分配结构 t→资源禀赋 t+1。

(2)在真实经济发展和制度均衡过程中,当事人不平等的资源禀赋决定制度天然具有非中性和不平等特征,决定均衡的制度安排和制度结构并非一定存在效率。其中制度效率存在与否主要取决于控制权主体利益是否与制度效率的方向保持一致。若方向一致,制度安排和制度演进就是有效率的。反之,制度安排和制度演进就是没有效率的。

(3)制度安排和制度结构是动态而非静态和稳定不变的,若博弈双方资源禀赋结构变化并到达某一临界值时,制度变迁得以发生。

【参考文献】

[美]阿兰·斯密德:《制度与行为经济学》,刘璨、吴水荣译,中国人民大学出版社 2004 年版。

[美]安德鲁·肖特:《社会制度的经济理论》,陆铭、陈钊译,上海财经大学出版社 2003 年版。

黄少安、宫明波:“论两主体情形下合作剩余的分配——以悬赏广告为例”,载《经济研究》2003 年第 12 期。

盛洪:《现代制度经济学》(上下卷),北京大学出版社 2003 年版。

韦森:《博弈论制度分析史上的第一块里程碑》,转引自[美]安德鲁·肖特:《社会制度的经济理论》,上海财经大学出版社 2003 年版。

张屹山、董直庆、王林辉:“股权价值决定:一种基于经济权力的证券资产定价模型”,载《财贸经济》2007 年第 9 期。

周鹏、张宏志:“利益相关者间的谈判与企业治理结构”,载《经济研究》2002 年第 6 期。

Acemoglu, D. , "Constitutions, Politics, and Economics: A Review Essay on Persson and Tabellini's The Economic Effects of Constitutions", Journal of Economic Literature, vol. XLIII, 2005, 1025 - 1048.

Acemoglu, D. , "Oligarchic Versus Democratic Societies", MIT, Working Paper, 2007.

Acemoglu, D. , "Why Not a Political Coase Theorem?", Journal of Comparative Economics, vol. 31, 2003, 620 - 652.

Acemoglu, D. , Johnson S. , James A. Robinson, and Pierre Yared, 2005b, "From Education to Democracy?", The Democratic Transition and Economic Growth, vol. 95(2), 45 - 49.

Acemoglu, D. , Johnson, S. and Robinson J. , 2004, "Institutions as the Fundamental Cause of Long - Run Growth", NBER working paper, w. 10481.

法律父爱主义在权力运作中的困境

赫　然*

【摘要】　行为法律经济学的兴起为法律父爱主义提供了新的理论基础。但是，父爱主义政策在复杂的行政权力运作面前，可能因为政府官员的有限意志、乐观偏见以及真正利益的难以界定而进入困境。通过平衡父亲义务和责任，构建高尚的行政伦理，可以保证父爱主义政策的顺利实施。

【关键词】　行为法律经济学　法律父爱主义　权力运作

法律父爱主义又称家长主义，指在社会生活中存在弱小如“孩子”的公民，强大如“父亲”的政府可以为了这部分民众的幸福、利益和价值对其生活进行法律干涉，在一定程度上强迫他们促进自我利益或阻止他人对其的伤害。虽然传统的自由主义法学思想对父爱主义持否定态度，①但父爱主义

* 赫然，长春理工大学法学院院长、教授、法学博士。

① 法律父爱主义缘起于父权，对其的争论可以追溯到启蒙时期，洛克警告人们不要把政治权力等同于父权；康德认为父爱主义的政府是最坏的政府；边沁认为“自愿情况下的自我损害，不应该属于法律管辖范畴”；行政法制史中，19 世纪盛行自由主义法治理论，极力将政府的作用缩微。总体说来，古典自由主义思想家是排斥父爱主义的。

政策在诸多方面存在已久。[①] 行为法律经济学的兴起,又为父爱主义立法提供了新的理论基础。父爱主义的推行仰赖行政权力的行使,如在行政实践中,政府部门通过对未戴头盔摩托车驾驶员进行行政处罚、制定管制麻醉药品的行政法规等方式行使行政权力,推行法律父爱主义。但是,作为政府具体组成者的官员是权力的具体行使者,权力的运作便带有了心理、社会、管理、政治等方面的因素,具有高度复杂性。[②] 父爱主义在复杂的权力运作实践中,是否可以真正达至其最初目的?行为法律经济学是否能真正支持父爱主义的推行?本文从行政实践出发,借鉴政治科学中权力运作方式的研究成果,探讨父爱主义在实践中可能面临的困境,并试图指出对策。

① 父爱主义的研究大师杰拉尔德·德沃金(Gerald Dworkin)列举了家长制立法的16个实例:(1)摩托车驾驶者必须戴头盔;(2)只有在救生员的保护下才能去海滩游泳;(3)不得自杀;(4)儿童、妇女不得从事有害身心健康的生产活动;(5)禁止某些性行为;(6)禁止使用某些药品;(7)某些行业应有许可证才能经营;(8)强制将部分收入作为退休保险金;(9)禁止赌博;(10)控制最高利息的规定;(11)禁止决斗;(12)管理某些合同(如自卖为奴的合同);(13)禁止把受害者的同意作为谋杀或攻击的理由;(14)强制为基于一种宗教信仰、在生命垂危之中拒绝输血的病人输血;(15)对精神病人和有毒瘾者实施民事拘押;(16)为社区供水加氟。张文显:《二十世纪西方法哲学思潮》,中国政法大学出版社2006年版,第463~464页;徐国栋:“民法私法说还能维持多久——行为经济学对时下民法学的潜在影响”,载《法学》2006年第5期。

② 哲学家罗素曾言“权力概念对于社会科学,犹如能量概念对于物理学”。20世纪的一些学者也认定权力是一个整合了人类学、心理学、社会学、经济学、政治学以及历史学等诸多社会学科的核心概念。两位权力研究者Thomas Dye和Brigid Harrison甚至借此编著成一本横跨各个学科的书籍“Power and Society: An Introduction to the Social Sciences”。

一、行为法律经济学对父爱主义的理论支撑

当前中国大陆对法律父爱主义的研究并不丰富。① 近年来，部分学者开始以行为法律经济学理论为父爱主义背书，从而为在当下中国法治建设中倡导一定程度父爱主义提供更稳固的理论基础。

行为法律经济学是在与法律经济学的论战中成长起来的。法律经济学是运用古典经济学的方法和理论，特别是微观经济学、福利经济学、公共选择理论及其他经济学有关实证和规范方法，考察、研究法律和法律制度的形成、结构、过程、效果、效率及未来发展的法学理论分支学科。法律经济学理论建立在古典经济学“经济人”假设的基础上。所谓“经济人”，是在利己心的推动下进行活动、通过此等活动增进社会福利的人。它奠基于三个前提：第一，经济主体的完全理性。经济主体具有完全的认知能力，完全明了并可以预见自己的利益和周围的环境。第二，经济主体的完全意志力。在意志上，经济主体完全可以坚持自己的利益。第三，经济主体的完全自利。经济主体为了自己的利益进行一切行为。

行为经济学的兴起挑战了“经济人”的假设及法律经济学的分析模式。西蒙通过对企业管理、商业广告等方面的研究，认为当事人在经济决策过程中面临认知和计算能力两方面的局限性，现实生活中的人并非如古典经济学中的“理性经济人”那般神通，进而提出了“有限理性”的概念。这引发了经济学家和心理学家开始联袂研究经济行为的发生机

① 张文显教授、舒国滢教授在20世纪90年代中期的研究中简略提及了法律父爱主义思想。近几年，徐国栋的《民法私法说还能维持多久——行为经济学对时下民法学的潜在影响》，特别是孙笑侠、郭春镇的《法律父爱主义在中国的适用》、《美国的法律家长主义与适用》将父爱主义的研究持续深化。但是，总体说来当前学界对父爱主义的关注仍偏少。笔者在中国期刊全文数据库（CNKI）法学、管理学、经济学子库中以“家长主义”或“父爱主义”为篇名主题词，以1980～2009年为检索期间，仅得到11篇学术论文。请参见，舒国滢：“权利的法哲学思考”，载《政法论坛》1995年第3期，第6页；孙莉：“德治与法治正当性分析——兼及中国及东亚文化传统之检省”，载《中国社会科学》2002年第6期，第103页；孙笑侠、郭春镇：“美国的法律家长主义与适用”，载《法律科学》2005年第6期，第110～118页；孙笑侠、郭春镇：“法律父爱主义在中国的适用”，载《中国社会科学》2006年第1期，第47～58页；徐国栋：“民法私法说还能维持多久——行为经济学对时下民法学的潜在影响”，载《法学》2006年第5期，第3～17页；张文显：《二十世纪西方法哲学思潮》，法律出版社1996年版，第549页。

制和现实世界中的实际决策过程。普林斯顿大学心理学教授卡尼曼及斯坦福大学心理学教授特维尔斯基共同将心理学的研究视角和理论引入到经济学分析中，其焦点落在主流经济学的某些基本假设与人类的真实行为不一致之处。他们认为建立在反映非现实的人类行为的基本假设上的分析结论会导致错误的预测，其通过运用心理学、实证研究、行为实验中得到的经验材料和理论方法，来全面验证理性选择理论，揭示众多传统经济学不能解释的反常现象，形成了真正意义上的“行为经济学”学派。行为经济学迅速被法学界吸收，形成与法律经济学论战的行为法律经济学。行为法律经济学认为“法律经济学的分析模式具有简单的特点，但这一特点是以牺牲实际的预测能力为代价的。它的目标是提供一个行为的单一理论，一个也许不可能完成的理论；因为，为了产生预测，它必须完全具体化，这经常要通过使用更多辅助的假设”。行为法律经济学试图运用行为科学和心理学的成果更好地解释法律的目标及其手段，提高法律经济学的预测力和解释力。

通过借鉴行为科学和心理学的研究成果，行为经济学和行为法律经济学认为“现实人”存在“三个有限”：第一，有限理性。行为经济学利用认知心理学的成果证明人们存在诸多认识的偏见或扭曲。① 例如，在实质内容一样的情况下，人们的选择受描述方式的影响。生活中，标语牌上“禁止乱踏草坪”的效果远远不如以卡通造型标注“你很文明，别踩我”等温馨可爱话语。心理运算方式也影响着人们的决策，例如，一般人消费百万彩票大奖总比消费自己的一千元工资要爽快的多。可见，这些心理认识上的偏差导致我们实际做出的决策并不见得符合我们的最大利益。第二，有限意志力。人们即使知道了什么是最好的，有时因为自

① 行为法律经济学在此借鉴了认知心理学中诸多研究术语，如“框架效应（Framing Effect）”、“心理账户（Psychological Account）”、“代表性直观推断法启发（Representativeness Heuristic）”、“双曲贴现（Hyperbolic Discounting）”、“现状偏差（Status Quo Bias）”、“损失厌恶（Loss Aversion）”、“可获得性启发（Availability Heuristic）”、“事后聪明偏差（Hindsight Bias）”、“沉没成本谬误（Sunk Cost Fallacy）”、“赋予效应（Endowment Effect）”。本段中的两个例子分别为框架效应和心理账户在现实生活中的表现。[美]凯斯·桑斯坦：《行为法律经济学》，涂永前、成凡、康娜译，北京大学出版社2006年版，第2～6页。

制的原因也不会采用它。主要体现在：嗜好，如吃自助餐时明知暴食不好但多数人还是会多吃；热望，如过度的社会欲望或生理欲望；多重自我，如人同时具有好心眼和坏心眼。例如，少数高官明知法律威严，但依然利欲熏心，以身试法。第三，有限自利。“有限自利”指人类在其活动中，不完全考虑自身利益，出于多种原因，也追求“公平”、“社会认可”等精神上的东西，愿意牺牲自己的物资利益帮助好人或惩罚坏人。例如，汶川大地震后，生活困苦的乞讨者也捐款援助灾区。

行为法律经济学的兴起对传统的法律经济学构成了巨大的挑战。法律经济学基于人的完全理性，认为政府对社会生活的干预越少越好。行为法律经济学则证明现实中的人的认知能力的不同导致法律行为能力的不同，有些人因认知能力的强势而享有某些权利，有些人则由于穷困、弱势、不理性而不能享有这些权利。法律中人的形象从理性的、强大而智慧的人转变为在一定程度上弱势而愚笨的人。此刻，拥有强大社会资源和行政资源的政府，在弱势、贫困群体面前，有义务伸出慈爱之手。据此，美国法学家提出不对称家长制，即“帮助那些有限理性的人避免犯成本过高的错误，同时对理性的人们加以很小的成本甚至不加以成本”。孙笑侠教授结合中国传统文化中的仁政、民本理念，联系当下中国贫富差距的扩大、信息不对称等社会现象的增加，提出在消费者权益保护、交通安全规制等领域法律政策的制定中应该存在一定程度的父爱主义。

不难看出，行为法律经济学为存在已久的法律父爱主义提供了新的理论基础。父爱主义色彩的立法颇具魅力，但是父爱主义法律在实践中是否真能如其所言的那般理想？

二、权力运作方式对法律父爱主义提出的质疑

波斯纳指出，父爱主义色彩的规制可能由于官员们的有限理性而具有反效果，因为政府“官员”作为政府这一抽象概念的具体体现者，作为父爱式法律和政策的制订者与执行者，也是具有“三个有限”的现实人，不可能制定出完美的法律，亦不可能完美无瑕地实施法律。桑斯坦等人仅依据行为法律经济学提出“反一反法律家长主义”的观点，从消极层面论证西方

传统自由主义思想"反法律家长主义"的不合理,而非积极地支持父爱主义。笔者认为,此种质疑并非无理,行为法律经济学以个人主义的方法论观察到人的"三个有限",父爱主义支持者在采纳其为论据后,却又用整体主义的方法将政府化为一个完整的、带有完美色彩的完人,这种方法论上的断裂很有可能使父爱主义置于"以子之矛击子之盾"的尴尬。即使当前流行的不对称家长制也存在这一问题,"不对称家长制把政府或国家设定为完全理性的,正因为这样,它才可以代替当事人决策。然而,政府也由具体的人组成,一般人具有的有限理性等缺陷在政府的构成员身上也存在"。特别是父爱主义的推行仰赖行政权力的运作,我们可以通过观察权力运作方式来审视父爱主义政策推行过程中可能遇到的困境。

20世纪五六十年代起,政治学也深受行为主义的影响,力图成为一门可以预测和解释的科学,形成了名噪一时的行为主义政治学派。其研究方法与行为经济学极具相似性,侧重观察与实验,出现了丰富的权力研究成果。特别是巴查赫与巴热兹、卢克思对权力行使方式的观察为探索父爱主义运行环境提供了良好的切入点。①

① 行为政治学史上存在著名的权力面貌之争。耶鲁大学教授达尔(Robert Dahl)在20世纪50年代通过对纽黑文市的长期实证观察后,提出权力的行使是指在决策过程中,权力主体甲做出不利于权力客体乙的决定。此后,布林茅尔学院教授巴查赫与巴热兹(Peter Bachrach and Morton S. Baratz)通过对巴尔迪摩市的实证观察,认为个人或群体有意识或无意识地创造或增强政策冲突中的障碍,潜在地影响决策,他们据此提出权力的第二种行使方式。20世纪70年代,纽约大学教授卢克思(Steven Lukes)对权力的研究更加深入,他认为以上两个研究团队的结论都是仅对决策参加者小范围的观察,权力的研究应该深入到社会构成和文化塑成的团体行为与制度实践中,进而指出权力行使者可能通过各种途径与权力客体达成虚假共识,获取权力客体的信任,但实际上却违背了权利客体的真正利益。可见,行为政治学中用实证观察的方法,对权力的研究是不断深入。三种权力观的英文著述请参见 Robert Dahl (1961), Who Governs: Democracy and Power in the American City, Yale University Press; Peter Bachrach and Morton S. Baratz (1962), "Two Faces of Power", The American Political Science Review, Volume 56, Issue 4; Steven Lukes (1974), Power: A Radical View, Macmillan Press。对于此三种权力观的中文介绍请参见郭秋永:"解析'本质上可争议的概念':三种权力观的鼎立对峙",载《人文及社会科学集刊》第7卷第2期, 第175至206页;郭秋永、邓若玲:"三种权力观的对持:真正利益与不可共良性",载《人文及社会科学集刊》第8卷第2期, 第1至39页。

根据巴查赫与巴热兹的见解,权力的运作具有隐蔽性。任何政治组织在决策的过程中,都含有一种"偏见",这种偏见一方面有益于披露出组织中的冲突,另一方面则会压制矛盾,组织就是"偏见的动员"。① 因此,在政策制定过程中,甲有可能通过创造或强化社群中的优势价值、信念或利用既有制度的缺漏等,将决策范围仅限定在无损于甲的议题上,并损害乙的利益。我国台湾地区学者江岷钦教授也以"偏见动员"来批判陈水扁政府的大陆政策,认为陈水扁政府利用行政权力,强化了部分台湾民众对大陆认知的局限,对大陆进行妖魔化宣传,从而实现其集团私利。

卢克思在权力研究中引入"真正利益"的概念以彰显权力运作过程中可能存在"虚假共识"。在所谓的"虚假共识"情况下,权力主体与权力客体之间不存在可观察的意见冲突,但根据卢克思的权力观,这其中可能含有潜在冲突:甲的偏好表面上虽然同于乙的偏好,但实际上却抵触乙的"真正利益"。一旦乙了解本身的"真正利益",则"潜在冲突"便会浮现而成为外在可观察的冲突。② 例如,在资本主义社会,工人与资本家平等协商签订劳动合同,表面上看两者达成了共识。但是,当工人意识到推翻资本主义是其真正利益时,两者间潜在的冲突便浮上水面。资本家通过工人的认知局限,与其达成"虚假共识",使其心甘情愿地工作,对其进行了一定程度的控制。因此,卢克思对权力运作方式的探索被视为带有思想控制性质的概念解析。

① "偏见的动员(the mobilization of bias)"为巴查赫与巴热兹特别借助沙特施耐德(Elmer E Schattschneider)的概念,此处所说的"偏倚(bias)"虽包含后文行为法律经济学中人类之主观好恶的"偏好(preference)",但并非仅有此意,更指政治组织中价值分配经常偏袒特定成员的固定模式。参见 Peter Bachrach and Morton S. Baratz (1962), "Two Faces of Power", The American Political Science Review, Volume 56, Issue 4, pp. 948 ~ 950.

② 卢克思认为"虚假共识"的形成是这样的过程:权力行使者运用诸如社会化的控制方式,孕育权力对象的偏好或需求,促使他们接受社群中既有的社会秩序,并将其视之为自然的、有益的、不必更改的,甚至是神圣的固有秩序,从而消除了权力客体在权力运作过程中的痛苦或不适。请参见:Steven Lukes(1974), *Power: A Radical View*, Macmillan Press; 郭秋永:"解析'本质上可争议的概念':三种权力观的鼎立对峙",载《人文及社会科学集刊》第 7 卷第 2 期。

这两种权力观容易使人联想起极端化的、不易捉摸的马基雅维利哲学或中国古代的权术论，法律父爱主义也可能在此权力运作环境中推行，现实案例对法律父爱主义实施至少提出了三方面问题：

第一，父爱主义的具体实施者，为多重自我的总和，具有有限自我控制能力。多重自我包括只想着短期利益的“坏”的自我和想着长期利益的“好”的自我、年轻的自我和老年的自我等，这些自我经常斗争。

孙笑侠提出中国传统思想中存在的仁政爱民思想可以成为法律父爱主义的本土化依据。但是，中国传统社会政府官员的多重人格也值得我们注意。黄仁宇分析了张居正、海瑞等封建名臣之后，指出中国传统文官既有“正心诚意、仁民爱物、嫂溺则手援”的儒家理想主义色彩，又因各种各样的社会关系而结成利益集团，因而存在双重性格即“虽称公仆，实系主人；有阳有阴”。这完全符合行为经济学中人的“有限意志”特质。这种双重性格在当前实践中依然存在。而法制的不健全极有可能诱导官员做出如巴查赫、巴热兹权力观中所言的行为：通过利用组织中既有制度的缺漏等，将决策范围仅限定在无损于甲的议题上。

2008 年 1 月，国家发改委和信息产业部依据《政府价格决策听证办法》联合组织降低移动电话国内漫游通话费上限标准听证会，邀请五名消费者代表、五名电信运营商代表以及八位学者专家代表参会。两部门委托中介机构制定了两套降低移动电话国内漫游通话费上限的标准提交听证；但是，两部门以商业秘密等原由，回避公开消费者最关心的漫游费成本问题，听证会参与者仅得以从两部门提供的“既有两方案”中选择一个。《政府价格决策听证办法》基于父爱主义的思想，试图帮助消费者实现更大权益，然而该法规并未具体指出听证方案如何制定，对“父亲”的责任也阐述不清，导致“父亲”利用了存在利益偏向的既有程序，损害了公民的权益。

第二，父爱主义的实施者，可能具有沉没成本谬误。沉没成本谬误指决策者在决策时不考虑具体情景，而是考虑为了已在此等事项上投入的成本的心理现象。沉没成本是已经发生不能回复的成本，以沉没成本影响决策，就不能仅就方案本身的价值进行评估，从而走向了非理性。

曾经举世瞩目并具争议性的埃及阿斯旺水坝，已被证明是尼罗河最大的隐患并造成生态灾难。既然该水坝有如此巨大的风险，为什么当初还要顶风而建？工程计划之初，已有不少的专家认为该工程可能会带来无穷后患；但20世纪50年代，当时的埃及政府制定雄心勃勃的经济发展计划，政府和部分水利专家们普遍认为，修建尼罗河高坝是“一箭数雕”之举。在苏联的资金和技术支援之下，埃及政府于1959年完成阿斯旺大坝工程设计，1967年该工程正式完工；而原先大部分反对阿斯旺大坝工程的科学家于此过程中，考虑时事环境和自身前途，坚持初衷者竟无几人。埃及政府的做法运用了巴查赫与巴热兹的权力运作方式，即通过创造或强化社会上的优势价值，使民众和专家服膺于修建大坝的狂潮。这符合行为经济学沉没成本谬误，即在决策时未进行理性的客观评估，而是沉溺于人定胜天的心理狂潮中。

第三，法律政策实施者存在乐观偏见，对当事人真正利益的界定存在偏差。所谓乐观偏见指人们都认为风险对自己不容易成为现实，对风险的判断过度自信。父爱主义将政府或国家视为完全理性，对当事人的利益了如指掌，因此，它才可以干预当事人的决策。实际上政府亦是由个体官员组成，他们并非具有完全的认知能力，并非完全理性。现代社会，科学技术高度发达，同时造就了核电站建设、太空探索等诸多科技政策和经济行为具有高度危险性。面对此等纷繁复杂，公民的真正利益到底为何并不易于界定。正如卢克思所言，权力行使者可能与公民达成某种程度的“虚假共识”，权力行使者便以此作为推行父爱主义的根据。例如，前苏联曾大力推进核电建设，建设了号称世界上最安全的核电站切尔诺贝利核电站；但该电站设计存在瑕疵，在某些情况下可能会出现危险，可惜相关人员并未有足够重视，最终导致1986年发生严重的核泄漏事件，其阴霾影响至今。该案例中，苏联对核电设备大力宣传，致使不具备相应认知能力的人民与政府达成修建核电站的“虚假共识”，当事故发生时，政府及民众才意识到在发展核电事业、促进公民福祉的同时，公民还存在一个更为重要的真正利益，那就是生命健康的安全。

当然，行为法律经济学利用实验、观察的方法进行研究本身就带有相对的局限，即经验世界的认识是无限的，特别是在现代科技突飞猛进的今天，社会生活的变化连所谓的专家都把握不清。在上述三个案例中,政府官员或许并非刻意损害公民权益,但在权力研究者眼中,他们确实极有可能通过权力运作方式达至私欲。此种可能也易使不具有相应认知能力的群众认为某政策运行的过程中存在"阴谋"。阴谋理论断言,某些特殊重大事件,如暗杀、革命,甚至是商品推广的失败,并非仅仅是由公开的政治力量或市场力量所实施的公然的行动而致,而更是由于非公开的操纵而生。① 我国台湾地区法学家叶俊荣即感叹转型时期的台湾社会"对公共政策的争议,并没有通过有计划的讨论与交互澄清,决策理性常被政治上的'阴谋论'所排挤"。苏力曾指出,研究者"必须认识到自己的研究是具有局限性的,对制约条件的追问必须是有限的,无限的追问势必陷入一种哲学上的'恶'无限,即对所谓的终极原因或制约的考察。这种终极原因及时能够发现,也会与手头的具体问题相距过于遥远和无关"。那么是否遇到此种极端情况就停止研究呢?"一种关注现实生活的哲学不能逃避非常状态和极端处境,而是必须在最大程度上关注他们。"负责任的法学研究者必须直面复杂的权力实践,不能重蹈"国家法到此为止"②的悲剧。

三、破解父爱主义实施困境的对策

对于如何解决政府官员的有限理性造成父爱主义政策的折扣,徐国栋教授认为"寄托于民主机制和专家治国体制解决。就民主机制而言

---

① 阴谋理论是政治传播学的术语,它是一种信仰,也是一种经验假设,认定某些事件(历史的或当前的)是由一个或几个有势力的秘密组织阴谋操控、秘密实施产生的结果。其定义可进一步参见 http://en.wikipedia.org/wiki/Conspiracy_theory,2009 年 5 月最后登录。

② 德国公法史上有"国家法学到此为止"的典故。1862 年到 1866 年之间,普鲁士国会与国王之间爆发了预算案争议,史称"普鲁士宪法冲突(Preussische Verfassungskonflikt)",当时权威的公法学者安舒茨(Gerhard Anschütz)说了这句有名的话:不仅在法律中,即在宪法文本中存在空白,而且在整个法律中都存在空白,法理学的概念推倒无法填补这样的空白。国家法学到此为止。日后,卡尔·施密特常以此段历史来讽刺法学家面对现实问题时的无能为力或袖手旁观。[德]卡尔·施密特:《政治的概念》,刘宗坤等译,上海人民出版社 2004 年版,第 10 页;[德]卡尔·施密特:《论法学思维的三种模式》,苏慧婕译,左岸文化 2007 年版,第 11 页。

‘当事人’被设想为具有一定弱智倾向的个人,而政府或国家被设想为聚集众人智慧缓解个人‘弱智’的团体,它由‘三个臭皮匠’组成,但其总和是‘一个诸葛亮’。就专家治国体制而言,治国的专家可以排除常人遭遇的认识局限正确认识事物,从而作出正确的决定。”但是,民主机制的健全是一个长期的过程,法律实践中既有的父爱主义政策如何推行,并不能只等待建成民主。一切法律的问题都从司法实践出发,转化为权利、义务的范畴来处理。笔者从现有法律运作出发,尝试提出保障父爱主义推行的对策。

第一,“父亲”的责任与义务相匹配。从法律学的角度来看,父爱主义政策实际上就是赋予政府更多的义务。20 世纪以来,国家由单纯维护社会秩序的夜警转向对社会生活的全面干预,德国公法学家福斯多福借鉴了社会学研究成果,提出国家负有对公民的“生存照顾义务”,①这与行为经济学支持下的父爱主义政策目的同一。

在成文法国家中,无论是何种理论提出由政府作为“父亲”来保障社会的公平发展,都必须转化为实体法律中的权利义务关系,并遵循这一裁判链条:“父亲”违反一定的法律规范义务为前提——行为造成实际侵害——行为与侵害间存在因果关系——国家强制力对“父亲”的责任进行确定。也就是说,“父亲”违反义务时也必须承担相应的责任。但是,如前文所述,当前行政法学相对简单的权力研究视角,仅从形式的法律条文出发对政府权力的运作进行平铺直叙的文件式研究,忽视了发挥制度功能的人的作用,漠视了多样化的权力运作方式,不仅不利于“父亲”义务的实现,也不能扩大观察行政责任的视野,可能导致“父亲”利用权力之便不作为、乱作为,甚至沦为自私自利的“经济人”,从而使父爱主义政策有名无实。笔者认为,以父亲的义务为本位,深化对“父亲”

① 马克斯·韦伯最早提出了“社会依赖性(soziale Bedurftigkeit)”的概念,系指人们在运用自己掌握的东西外,为了生存所需或超过生存所需还再追求的生活之资。福斯多夫取用了这一概念,认为当时(20 世纪 30 年代)个人生活已无法自足,国家必须对个人进行“生存照顾(Daseinsvorsorge)”。陈新民:“‘服务行政’及‘生存照顾’概念的原始面貌——谈福斯多夫的‘作为服务主体的行政’”,载《公法学札记》,中国政法大学出版社 2001 年版,第 48 页。

违法的研究,扩大父亲责任实现方式,有利于保障父爱主义政策的推行。

传统行政法学意义上的违法是形式违法,形式违法指行为违反法律秩序或法规范。它解释不了这样的疑问,如"法律规范为什么要将某种行为评价为需要承担法律责任"、"什么样的行为是需要负责任的"、"基于何种目的负责任",我们需要法律规范以外的实质来回答。实质违法是指对法律所保护的、法律背后的利益或权利、秩序的违反。既然法律规范对"父亲"的某行为予以否定评价是一种法的评价、具有法的属性,那么违法性的内容就必须有行政法律规范的目的来决定,"父亲"履行义务的目的至少体现在以下两个方面:首先,无论"不对称父爱主义"还是"当前中国场景的下适度法律父爱主义",其目的都是通过政府这一父爱主义的实施者,补充某些公民认知能力的不足,维护或增加其权益;其次,通过父爱主义政策的推行,彰显当代政府公平正义的施政理念,对整个社会进行道德施动,引导社会道德向健康的方向发展,做社会道德的引导者。在当前实在法中,已有很多对父亲义务的规定,如在未成年人保护、消费者权益保护、交通安全、食品安全、麻醉药品管制等方面。但是,当前我国宪法诉讼的缺失以及行政诉讼、国家赔偿范围的狭小,都限制了对父亲责任的探究。但这并不妨碍我们从理论上来界定实质意义上的"父亲"违法应该包括:"父亲"不能按照法律维护当事人的权益、不能进行合理的道德施动都必须承担相应的责任。自此,法律实践对行政违法进行实质化解释,将当前行政实践中的灰色地带导入司法审查的范围,既保持了成文法系的传统,又实现了对父亲违反义务的有效责任追究。

第二,培育高尚的行政伦理。倡导主观主义方法论的哈耶克曾言:社会科学的解释必须从解释我们所研究之行为主体的主观心理状态开始。这就需要社会科学家必须重视背景和诠释的作用,个体的主观认知驱动其采取行为,而不是此情势之下的客观现实。秉承主观主义方法论行为经济学天生就重视伦理、价值在经济法律活动中的重要性。行为经济学即以个人价值认同的函数线来构建预测模型,代替了传统经济学中利益效用函数线。它考察的是不确定情况下的个人不同的幸福感受,重视个人的心理期待,而不仅仅是物质满足。法律父爱主义据此也便带有了浓重的伦理价值色彩，在父爱主义政策下，普通个体在复杂社会生活中的无助感得到满足，感受到社会的公平和自身被重视。

中国传统的仁政爱民思想以及当前“和谐社会”、“科学发展”等理念，使得一般民众对政府具有相当程度的期待和依靠，早已不能使行政法律规范逃脱各种伦理价值的影响。此外，现代国家，对公民不同的价值观可以持宽容态度，但是政府及公务人员必须有稳定、成熟的价值观，并在此基础上进行行政活动。传统文化中优秀的勤政爱民思想，以及科学发展观、和谐社会等伦理价值正在通过政治和行政的手段进行宣扬，以培育良好的行政伦理。在良好的行政伦理指导下的政府更可能将自利降到最低，履行好父亲的义务，满足民众的价值期待，达到价值函数的最大值。

迈耶创建的近代行政法理论并不重视伦理价值因素及心理因素。行政法学往往将自身视野限定于深化对既有法律的解释和对法律进行技术上的分析、构筑法律体系、维持合法性，与行政行为所涉及的行政学、社会学、心理学、管理学等具有密切关系等学科之间缺乏相应的交流。行政法学必须使自身从支撑其学理架构与内涵的“法学上的方法”这一束缚中解脱出来，将价值伦理导入到法律规范中权利、义务的设置中，再通过司法裁判中合理的推理与解释，满足人们的心理期待。

结论

精研法律经济学的周林彬教授曾感叹，中国法律经济学至今仍然没有为事务界提供太多可以解决实务问题方案，处在成长状态的行为法律经济学研究此类问题更甚。相较于已逐渐成熟的法律经济学分析方法，行为法律经济学融合了认知心理、主观价值判断等不确定性因素，至今也没有出现相对成熟的分析模型。理想化地以行为法律经济学作为推行父爱主义政策的依据，忽视行政实践中权力运作方式的复杂性，极有可能使政府不能适当地履行“父亲”的义务，最终导致父爱主义政策实施效果打折。

笔者正属于周林彬教授所言的“无经济学教育背景的法律研究者”，不可能为父爱主义政策的推行提供过于详尽的经济学分析模型，只能延续行为法律经济学个人主义和主观主义的方法论，借鉴行为政治学、行为法律经济学等不同学科的现有研究成果，从行政实践和法律角度对父爱主义政策的实施进行粗浅的分析。本文目的如行为法律经济学家桑斯坦教授所言，“开始更新和更完善的认识真实世界里的法律效果，从而最终更好地运用作为社会秩序工具的法律”。

【参考文献】

［美］波斯纳：《法律的经济分析》，蒋兆康译，中国大百科全书出版社 1997 年版。

［美］西蒙：《现代决策理论的基石：有限理性说》，杨砾、徐立译，北京经济学院出版社 1989 年版。

［美］凯斯·桑斯坦：《行为法律经济学》，涂永前、成凡、康娜译，北京大学出版社 2006 年版。

［美］凯莫勒、伊萨查洛夫、罗文斯坦、奥多诺霍、拉宾：“偏好与理性选择：保守主义人士也能接受的规制”，郭春震译，载《北大法律评论》第 9 卷第 1 辑。

科斯范式的意识形态问题

柯华庆*

【摘要】 科斯范式到底预示了一种保守主义还是改良主义？权利的界定对于市场交易是重要的,但并不是必不可少的,而且界定权利本身也是有成本的,财产权的重要性并不构成私有财产权的一个论证。我们确实可以证明法律与效率问题无关,但其前提是交易成本为零。现实中的科斯范式并不仅仅表明效率方面,而且涉及权利的分配。科斯范式的根本改变是一种相互性思维,并不是说一定要采取市场交易或者政府规制,也没有说到底是润滑交易还是重新配置更好些。具体情况下哪种方法总的效果好就用哪种方法,是一种改良主义。波斯纳以货币的实际支出来界定权利的重要性以及价值最大化作为法律的目标实质上是为既得利益者辩护,是一种保守主义。

【关键词】 科斯命题　意识形态　保守　改良

一、存在的问题

麦乐怡将法与经济学(Law and Economics)和法律的经济分析(Economics Analysis of Law)区分为两种不同的东西。麦乐怡认为,一个人对法和法律制度的理解来源于他对经济关系的基本观念。法与经济学不是传统法学所讲的寻求法和社会问题的"科学"或正确的答案,而是一个包容各种意识形态之间互相竞争的理论体系,通过比较、评价和选

* 柯华庆,中国政法大学法学院副教授,法律经济分析中心主任。研究领域:法律经济学、法律方法论、合同法与劳动法。

择意识形态界定法和经济学的对话过程,从而导致法的结构和内容方面的真正的主观性的变化。法与经济学要求我们评估可供选择的多种社会模式,并探索这种选择对法律与经济关系的后果。法律的经济分析则采用经济学的方法,用经济学的术语来作为分析特定社会所实行的法律的理论工具。而且,在这些分析中,新古典主义经济模式被视为一种既定的模式。①

波斯纳是利用科斯命题②来系统分析美国法并使得法律的经济分析影响最大的法学家,麦乐怡所说的法律的经济分析所指的也就是波斯纳牌号的法律的经济分析。有一种强烈的批评是法律经济学有着一种保守的、企图维持现状的观念的特定政治倾向。③ 波斯纳就是这种保守主义的代表人物。④

麦乐怡的这种观念实际上将法律经济学区分为意识形态和工具两个层面。麦乐怡分析了保守主义、自由主义、马克思主义、自由意志论和古典自由主义等各种意识形态下讨论法与经济学问题的可能性。每一种工具背后可能暗含着哲学或者意识形态。但是本文不想对各种意识形态进行评论,而仅仅将问题局限在科斯命题的分析上。科斯范式到底预示了一种保守主义还是改良主义?波斯纳牌号的法律的经济分析为什么会成为保守主义?我们试图从对实证科斯命题的理解、两个规范科斯命题的选择以及对效率的理解三个方面来分析这个问题。

二、私有化、分配与效率

科斯最初提出所谓科斯命题是在1959年发表的《联邦通信委员会》和1960年发表的《社会成本问题》中,但是这两篇文章对科斯命题的表述是不同的。1959年的版本是:“新发现的山洞是属于发现山洞的人,

---

① [美]麦乐怡:《法与经济学》,孙潮译,浙江人民出版社1999年版,第1~3页。

② 柯华庆:“科斯命题的澄清”,载《思想战线》2006年第2期,第31页。该文分析了为什么称为“科斯命题”,而不是“科斯定理”。

③ Shavell, Economic Analysis of Law, Foundation Press, 2004. p. 113.

④ [美]麦乐怡:《法与经济学》,孙潮译,浙江人民出版社1999年版,第51页。莱西格认为真正的保守主义者也许会质疑他是否真诚。

还是属于山洞入口处的土地所有者,或属于山洞顶上的土地所有者无疑取决于财产法。但是法律只确定谁是想获得山洞使用权的人必须与之签约的人。至于山洞是用于贮藏银行账簿,还是作为天然气贮存库,或养殖蘑菇与财产法没有关系,而与银行、天然气公司、蘑菇企业为使用山洞而付费多寡有关。”①这里仅仅是对一个事例进行判断,可以说这一判断是在一个自由交换社会中有生活经验的人都懂得的道理。接着,科斯指出这一观点适用于发射无线电波、排放烟雾、土地的使用等领域。后来科斯又通过“斯特吉斯诉布里奇曼案”表明:一旦建立了当事人的法律权利,谈判就能够改变法律规则程序,只要有迹象表明在谈判中所花费的费用有益于问题的解决。从这一假设例子可以看出,“权利的界定是市场交易的基本前提,但是最终结果(产值最大化)与法律判决无关。”②可以将此命题称为产权版科斯命题。

但是张五常对产权版的科斯命题的表述是不同的:权利的界定是市场交易必不可少的前提。张五常多次强调这是产权版科斯命题的核心,是一个标准意义上的定理。③事实上这两个命题不同,在我们看来,产权版科斯命题是一个实证命题,而张五常想提出的实际上是一个规范命题。产权版科斯命题的核心命题是后一部分:最终结果(产值最大化)与法律判决无关;而不是张五常说的前一部分。如果把张五常的命题作为实证命题看待就是一个假命题。因为权利的界定既不是市场交易的充分条件,也不是市场交易的必要条件。权利界定后,如果缺乏对交易的保护,市场交易不会存在或者很少存在。按照巴泽尔的理论,权利的界定是一个演进过程,从不界定到清晰界定都是合理的,而且由于信息成本,任何一项权利都不是完全界定的。④ 但人类社会从一开始就进行市场交易。当然我们这里并不是说权利界定没有好处,产权界定不会出现扯皮现象,确实可以减少交易成本。而是说,界定权利本身也需要成

---

① [美]科斯:《生产的制度结构》,盛洪译,上海三联书店 1992 年版,第 71 页。

② [美]科斯:《生产的制度结构》,盛洪译,上海三联书店 1992 年版,第 72 ~ 73 页。

③ 张五常:“科斯定理的谬误”,1999 年 10 月 12 日,张五常教授应北京大学中国经济研究中心的邀请在北京大学电教报告厅做的演讲。

④ [美]巴泽尔:《产权的经济分析》,上海三联书店 1997 年版,第 159 ~ 163 页。

本，在界定权利的边际成本比没有界定或者界定不清晰时的扯皮等边际成本小时应该进行界定。当然这并不证伪张五常的主张：权利的界定应该是市场交易必不可少的前提。实际上这是古典经济学的法律基础，也是市场经济的法律基础。休谟、斯密就曾经详细论述了这个问题。休谟确立了人类社会的三条基本自然法则，即稳定财物占有的法则、根据同意转移所有物的法则、履行许诺的法则，指出"人类社会的和平与安全完全依靠于那三条法则的严格遵守，而且在这些法则遭到忽视的地方，人们也不可能建立良好的交往关系。社会是人类的幸福所绝对必需的；而这些法则对于维持社会也是同样必需的"。① 斯密接受了休谟的基本观念，将国家确立个人财产权作为考察国民财富性质和原因的出发点。② 但是不管休谟和斯密怎么强调财产权的重要性，他们知道这是一个价值判断。斯密承认，财产权和政府在很大程度上是相互依存的。财产权的保护和财产的不平均是最初建立政府的原因，而财产权的状态总是随着政权的形式而有所不同。③事实上，从科斯该命题的仔细分析看，该命题应该是：不管法律把权利界定给哪一方（但要清晰界定），最终结果（产值最大化）与法律判决无关。也就是说，最终结果依赖于市场的交易。为什么张五常把科斯原初的实证命题变成了规范命题，而且认为是一个标准意义上的定理？这是因为产权明晰的潜台词是古典经济学主张的

---

① ［英］休谟：《人性论》（下册），商务印书馆 1980 年版，第 566 页。

② 斯密在写《国富论》前写过一本《法理学讲义》，后来由坎南编辑以《亚当·斯密关于法律、警察、岁入及军备的演讲》发表。科斯也把这一思想归于斯密。张五常：《经济解释》，易宪容、张卫东译，商务印书馆 2000 年版，第 441 页。

③ ［英］坎南编：《亚当·斯密关于法律、警察、岁入及军备的演讲》，商务印书馆 1962 年版，第 35 页。

财产私有化，张五常就是其坚定的支持者。[①] 因此，我们认为，张五常版本的科斯定理不过是一种意识形态或者是新古典经济学的“公理”。对于财产权到底应该私有还是公有的问题，Shavell 正确地指出，我们能够解释为什么财产权可能是社会意义上有价值的，但是它们并不支持一种特定的财产权形式，尤其是并不构成私有财产权的一个论证，私有财产权意味着财产广泛地被私人而不是被国家所拥有（且能被转让）。财产权的好处可能通过不同的财产权制度得到实现。譬如，在社会主义国家里对所有权的保护不会引发纠纷，并能避免在财产获取与维护上的浪费，这点与资本主义国家一样。此外，在社会主义国家的企业中，即使工人不拥有他们生产的产品，通过对工人的监督和建立适当的工资结构，对工人工作的激励也是显而易见可以达到的。就此而言，这与资本主义制度下的公司并无二致。[②]

在1960年发表的《社会成本问题》中，科斯再次通过“斯特吉斯诉布里奇曼案”和“牛损害谷物”的实例表明：在市场交易的成本为零时，法院有关损害责任的判决对资源的配置毫无影响。接着科斯又通过“库克诉福布斯案”、“布赖恩特诉勒菲弗案”等说明：通过市场交易修改权利最初的合法限定通常是有可能的。当然，如果这种市场交易是无成本的，那么通常会出现这种权利的重新安排，假如这种安排会导致产值增

---

① 卢周来：“‘科斯定理’与‘产权明确’”，载《穷人与富人的经济学》，海南出版社2002年版，第99～106页。从张五常的目的来看，张五常在特定时期对科斯定理的歪曲是有效果的，因为在计划经济一体化的时代，对私有产权的重要性的强调是必要的，矫枉必须过正。1981年，当香港大学经济系主任一职不久将会空缺时，科斯立即叫张五常申请。科斯认为张五常在香港的责任是向中国人传授经济体制运行的知识。张五常：《经济解释》，商务印书馆2002年版，第490页。科斯的经济运行知识无疑包括企业或者计划与市场两方面。但是，考虑到在改革开放之前中国是一统的计划经济和国有经济，张五常对科斯定理的歪曲产生的效果是好的。张五常自己很明白他所做的就是意识形态的工作。“在伟大的变革时期，经济学家可以成为意外的英雄。因为在这样一个时期，常常存在意识形态的真空，不论哪一个经济学家恰好拥有知识而填补了这种真空，都会造成这样一种错觉：好像是他促成了这种变革。张五常：《经济解释》，商务印书馆2002年版，第491页。

② Shavell, *Economic Analysis of Law*, Foundation Press, 2004. p. 6.

加的话。[①] 这就是著名的无交易成本版科斯命题。

对无交易成本科斯命题的理解要注意两个问题：首先，这里所说的无关紧要是指究竟配置给哪一个是不重要的，但是权利的初始配置行为本身是重要的。科斯明确地指出："法律体系的目标之一就是建立清晰的权利界限，使权利能够在此基础上通过市场进行转移与重新组合。"[②]权利界定本身也是有成本的，这是为什么很多权利不清晰界定的原因。其次，把权利配置给哪一个对个体来讲是重要的。从收入分配的角度来看，权利的最初分配一直是举足轻重的。这个时候，法律只具有传统意义上的分配功能。因此，我们确实可以证明法律与效率问题无关，但其前提是交易成本为零。

市场交易为零的假定是很不现实的。科斯指出，为了进行市场交易，有必要发现谁希望进行交易，有必要告诉人们交易的愿望和方式，以及通过讨价还价的谈判缔结契约，督促契约条款的严格履行，等等。"这些工作常常是花费成本的，而任何一定比率的成本都足以使许多在无需成本的定价制度中可以进行的交易化为泡影。"[③]

科斯在《社会成本问题》中进一步指出："在市场交易中不存在成本的假定是很不现实的。在有交易成本时，合法权利的初始界定会对经济制度运行的效率产生影响。"[④]该命题称为有交易成本版科斯命题。

自此法律就具有两重功能：分配与效率。可以说法律经济学涵盖了传统法学的范围，强调法律经济学仅仅强调法律实现效率的一面无疑是矫枉过正。[⑤]

现实中的科斯范式并不仅仅表明效率方面，而且其涉及权利的分

---

① ［美］科斯：《生产的制度结构》，盛洪译，上海三联书店1992年版，第151～157页。

② ［美］科斯：《生产的制度结构》，盛洪译，上海三联书店1992年版，第71页。

③ ［美］科斯：《生产的制度结构》，盛洪译，上海三联书店1992年版，第157页。

④ ［美］科斯：《生产的制度结构》，盛洪译，上海三联书店1992年版，第157～158页。

⑤ 我们甚至可以设想传统法学特别关注分配功能是因为没有认识到交易成本问题。历史上，只有当科斯提出交易成本概念后才有法律的效率问题，康芒斯这样伟大的经济学家已经提出了最重要的交易概念，就是不知道交易是有成本的。

配。有交易成本版科斯命题实际上说明法律在分配与效率两方面的功能,有交易成本的状态正是现实的状态。但是在怎么实现分配的问题上却是有争议的。一种是每一个法律都既考虑效率问题又考虑分配问题。另一种就是 Cooter 和 Shavell 提出的间接分配问题。Cooter 和 Shavell 等人认为,法律确实应该考虑公平分配问题,目标是社会福利。但是他们从实效性角度认为通过收入税可能能比私法更好地实现这一目标。Cooter 认为我们必须区分分配正义(Distributive Justice)和矫正正义(Corrective justice)。他认为,分配正义关涉社会群体的经济状态,我们可以通过税法和社会福利法来追求分配正义。矫正正义关涉私人法律上的争议,特别是损害赔偿诉讼。在法律纠纷中利益的分割可能影响相似境况的群体。例如,如果原告是某一特定商品的消费者,或者某一特定股票的投资者,或者小汽车司机,那么偏向原告的判决可能有利于消费该商品、投资该股票或者开小汽车的每一个人。相反,收入再分配的鼓吹者通常目标在于穷人、妇女或者少数派。① 私法应该通过配置(Allocation)达到资源的有效率使用,而税法通过分配(Distribution)实现财富在不同群体之间的公平分割。诉讼当事人被视为是应该得到正义的个体,而不是社会群体的代表。通过私法去实现分配正义是无效的方法,而实现矫正正义的税法正好实现效率的目标。② Shavell 系统地总结了这些原因。Shavell 认为主要原因在于,采纳所得税制度可以原则上满足分配目标,而采用法律规则可能会妨碍到规则的其他目标。例如,假设在一些领域,过错责任是比严格责任成本更低的规则,因为过失规则会导向更少的诉讼量。但是,比起严格责任来,过失规则使一部分贫穷的诉讼主体的境况变得更糟,这是因为在过失规则下,贫困群体常常不会为其所受到的损害收集证据,而在严格责任下恰好相反。如果对穷人收入的这种影响降低了基于分配目标(grounds)的社会福利,这一问题可以通过在所得税上进行适当的调整进行补救(例如,对那些改善较

① Cooter, *The Confluence of Justice and Efficiency in the Economic Analysis of Law*, *in The Origins of Law and Economics*, Parisi and Rowley(eds), Edward Elgar Publishing Limited, 2005. p.225.

② Cooter and Ulen, *Law and Economics*, 4th edition, Addison - Wesley, pp. 111 - 112.

少的一方进行减税或者补贴)。如果代之以严格责任来帮助他们,那么诉讼量将无谓地增加。第一,在帮助穷人方面,最好直接通过所得税制度来实现而不是选择严格责任,因为严格责任有其不欲求的一面——就是对诉讼量的影响。第二,法律规则通常影响所及仅仅是众人中的少数部分,因此,与所得税相比,能从法律规则中受惠的人很少,而所得税制度能够帮助任何由个人组成的大型群体。第三,法律规则影响的群体有其独特性(如某类事故的受害者),他们的财富或对钱的需求方面是各不相同的,因此,与所得税相比,选择法律规则作为实现分配目标的手段常常不得其功。第四,将法律制度用做实现分配目标的手段,其代价是非常昂贵的。通过法律制度将现金(funds)转移给个人花费的成本可能是被转移额的一倍,税收制度的行政成本少于税收额的5%。第五,选择法律规则产生的功效可能被价格的变化所抵消。例如,如果为了帮助某些人购买某种产品,法律严格规定了产品的质量水平(比方说,将提供给穷人的住房的质量强制规定为更高标准),结果是购房的价格就会相应提高,因此,预想的受益人最终并没有得到改善。所有这些论据都表明:虽然在考虑衡量社会福利的标准时,分配目标很能是(像我们通常所感觉到的那样)重要的;但是在广义的前提下,他们不应该影响法律规则的选择。①

因此,并不是说法律经济学仅仅考虑效率问题,而不考虑分配问题。实际上,科斯范式既关注效率也关注分配,只是从实现分配的实际效果角度法律经济学绕过了通过法律规则直接分配的难题。

三、两个规范命题的意识形态

在一个交易成本大量存在的现实世界里,我们试图通过法律制度来创设有效率的结果。

波斯纳将科斯定理表述为,在市场交易成本为零的场合,法律对于权利的最初配置与效率无关,因为如果权利配置没有效率,那么当事人将通过一个矫正性的交易来调整它。由此可以得出两个重要的推论。

---

① Shavell, *Economic Analysis of Law*, Foundation Press, 2004, pp. 107 - 109.

第一个推论是，法律在注重提高经济效率的意义上应当尽可能地减少交易成本，比如通过清晰地界定产权，通过使产权随时可以交易，以及通过为违约创设方便和有效的救济来减少交易成本。第二个推论是，在法律即使尽了最大努力而市场交易成本仍旧很高的领域，法律应当将产权配置给对它来说价值最大的使用者，来模拟市场对于资源的支配。① Cooter 和 Ulen 仅仅将波斯纳的第一个推论叫做规范的科斯定理：建构法律以消除私人协商的障碍，即润滑交易。而把波斯纳的第二个推论叫做规范的霍布斯定理：建构法律以最小化私人协商失败导致的损害，即纠正错误配置。② Avery Katz 把规范的科斯定理称为"私人合作模型"，交易的前提是有合作剩余。规范霍布斯定理的思想最初是由卡尔布雷西在《关于风险分配和侵权法的一些想法》中提出来的。不是通过庇古税或者补贴的方式来内化外部成本，而是通过称为"庇古责任规则"来内化成本，就是要求避免外部成本最低的那一方承担责任，从而满足效率要求。卡尔布雷西的模型被称为"市场失败模型"，也就是外部性应该内部化：商品价格要真实地反映出它们的全部成本。③ 对于侵权损害可以通过保险的方式来避免。在现实世界中，并不是所有的参与者都平等地评估损失。例如，在劳工损害赔偿之前，单个的劳动者一般无法评估出伤害风险的真实大小。承担风险的应该是支付保险费较少的那一方。企业保险比雇员保险花的钱要少，所以雇主应该为其雇员的侵权行为承担责任。

当讨论外部性与效率的关系时把所涉及的主体放在平等位置，然后考虑谁承担避免外部性的成本更低。科斯范式是让当事人交易解决；卡尔布雷西范式是重新进行权利配置。现实世界中有交易成本，科斯范式遵循规范科斯定理：尽可能减少交易成本以便当事人交易解决；卡尔布雷西范式遵循规范霍布斯定理：纠正错误配置，消除交易成本。目标都是为了包含施加外部性的个体及其承受外部性的主体在内的整体的利

---

① ［美］波斯纳：《法律理论的前沿》，中国政法大学出版社 2003 年版，第 6 页。

② Cooter, Ulen. *Law and Economics*, 4th edition, Addison – Wesley, 2003. p. 97.

③ Avery Katz, *Foundations of the Economic Approach to Law*, Oxford University Press, 1998, pp. 39 – 51.

益,也就是我们的效率目标。表面看来,卡尔布雷西范式比科斯范式更能促进效率,因为后一种方法可以消除交易成本,前一种方法可能仅仅降低交易成本。但是,交易本身仅仅涉及两者之间的关系,而纠正错误配置本身涉及三方关系。首先,立法者或者法官的公正性是个问题。其次,更重要的是,即使没有公正性问题,这种重新配置也是有成本的,这表现在由立法者或者法官来界定谁是避免外部性成本更低的一方有信息成本。所以,仅仅从效率角度看,规范科斯定理和规范霍布斯定理的优劣依赖于具体情况下交易成本和纠正配置成本的高低。Demsetz 认为统一市场失败模型和私人合作模型的是交易成本:当交易成本低时适用科斯范式,当交易成本高时适用卡拉布雷西范式。① 对于这两种范式的选择是与意识形态密切相关的。

Katz 强调科斯的方法突出了法律只需要界定好权利,其他的事情由当事人通过交易去解决:因为双方行为的相互关系比初看起来更为复杂,私人规则有可能比公共管制在协调当事人行为上做得更好。也就是说私人秩序有可能比公共管制在协调当事人行为上做得更好。② Katz 的观点在张五常对科斯命题的曲解中表现到了极致。此时,法律能做的仅仅是润滑交易。

Katz 是在与卡拉布雷西的模式的比较时强调科斯范式是"市场交易模式"。那么,科斯本人的基本观念又是怎样呢? 实际上,科斯范式并没有这种保守的价值观念,科斯范式是典型的改良主义。

科斯在"对市场交易成本的考察"一节明确指出,《社会成本问题》前几节中,在研究调整合法权利时强调只有通过市场进行,才会导致产值的增加。但是这一论点假定了市场交易的成本为零。如果交易成本不为零,那么,"合法权利的初始界定会对经济制度运行的效率产生影响,权利的一种调整会比其他安排产生更多的产值"。也就是说,在正的交易成本时,权利的适当初始界定能够提高效率;当初始界定无效率而

---

① Avery Wiener Katz(ed), *Foundation of the Economic Approach to Law*, Oxford University Press. 1998, pp. 73 – 78.

② Avery Wiener Katz(ed), *Foundation of the Economic Approach to Law*, Oxford University Press, p. 80.

且交易成本高时，权利的重新配置也能够提高效率。

科斯命题的价值是通过科斯方法与庇古方法的比较得到的。我们知道庇古方法的单向思维和政府干预意识。科斯的方法与庇古的方法的区别就主要表现在这两个方面：

科斯的方法特别强调相互性，外部性不是一方对另一方的侵害，而是相互产生的。科斯开篇就提出“问题的相互性”，正是这种视角的转变使得我们“不言而喻，必须从总体的和边际的角度看待这一问题”。①庇古将负外部性称为是“无负责的行为”，因而是“反社会的行为”。科斯非常明确地指出将负外部性称为是“无负责的行为”是非常正确的，但是认为这些行为必定是“反社会的行为”则是错误的。这些行为或许是“反社会的行为”，或许不是，有必要权衡一下它所引起的危害和好处。反对任何引起危害他人的行为才是真正的“反社会”行为。②“相互性思维”是科斯范式的特点，但是这个思维方式是服务于更高的“总的效果”，这就是科斯在文章最后提出的“方法的改变”。“较好的方法看来是，将我们分析的出发点定在实际存在的情况上来审视政策变化的效果，以试图决定新情况是否比原来的情况好或坏。”“显然，只有得大于失的行为才是人们所追求的。但是，当在各自为政决策的前提下，对各种社会格局进行选择时，我们必须记住，将导致某些决策的改善的现有制度的变化也会导致其他决策的恶化。而且，我们必须考虑各种社会格局的运行成本（不论它是市场机制还是政府管理机制），以及转成一种新制度的成本。在设计和选择社会格局时我们应考虑总的效果。这就是我所提倡的方法的改变。”③相互性的考虑导致我们从团体角度、国家角度考虑问题，因为它不预设哪种权利是天经地义的，一开始把权利放在平等地位，这样可以考虑不同的权利配置产生的总的效果，通过比较总的效果来决定权利的配置。科斯也没有预设哪一种模式就是绝对合理的，一切都应该放到具体场景下对于总效果进行考量。对总量的追求是法律经济学的目标，而相互性思维是实现这一目标的策略。

---

① ［美］科斯：《生产的制度结构》，盛洪译，上海三联书店 1992 年版，第 142 页。

② ［美］科斯：《生产的制度结构》，盛洪译，上海三联书店 1992 年版，第 181 页。

③ ［美］科斯：《生产的制度结构》，盛洪译，上海三联书店 1992 年版，第 190～191 页。

科斯的“方法的改变”并不是说一定要采取市场交易或者政府规制，也没有说到底是润滑交易好还是重新配置更好些。科斯范式，简单地说就是，具体情况下哪种方法总的效果好就用哪种方法。

在存在交易成本的世界里，法律不仅仅可以润滑交易，而且可以进行权利配置。法律不仅仅可以一次性配置权利，也可以多次配置权利。效率的追求涉及初次分配和重新分配及其后果。首先，权利的初次配置应该基于什么原则？这是一个政治问题，法律只不过是其具体实现。任何财产权的配置表达了对本人或他人受益或受损的权利，所以总是与外部性联系在一起的。① 庇古方法、“市场交易模式”与卡拉布雷西范式都是为了解决外部性。由于资源的稀缺性，侵权总是在发生。只不过在于哪些是直接的或间接的、哪些是允许的或不允许的。庇古的侵权法理论，谁损害，谁赔偿；损害多大，赔偿多少，即要求恢复原状。这里的逻辑只不过是机遇先授权原则，保护的是先在者的利益，可以说是一种保守主义。科斯范式把侵权者和被侵权者放在同等位置，认为侵权是相互的，制止也是相互的。制止张三的行为以避免对李四的侵害反过来对张三是一种损害，试图为侵权行为找到正当性。如果先在者对权利的估价较低，侵入者可以通过自愿交易达到帕累托改善，但必须付费购买权利，仅仅强调润滑交易的“市场交易模式”仍然是保守的。由于“市场交易模式”考虑到了两者避免外部性的成本可能不同，被侵权者避免外部性的成本可能比侵权者的成本要低，所以“市场交易模式”比庇古方法更有效率。此时，如果我们认为初次的权利配置是正义的，那么“市场交易模式”就不仅是有效率的，也是正义的。如果由于交易成本过大使得这种对双方有利的交易不可能实现怎么办？如果维持原状，那就损害了效率。此时有两种情况：如果坚持原初的权利配置是正义的，那么这时是正义的；如果坚持原初的权利配置是非正义的，这种情况也就是非正义的。如果采取卡拉布雷西范式，法律重新配置权利，那么包括侵权者和被侵权者的整体就得到了改善，满足了效率目标，但是其正义性与原初

---

① Avery Wiener Katz(ed), *Foundation of the Economic Approach to Law*, Oxford University Press, 1998, p. 86.

的权利配置的正义性正好相反。正如我们上文指出的，科斯范式实际上包含“市场交易模式”与卡拉布雷西范式，将规范命题称为“科斯规范命题一”和“科斯规范命题二”更合理一些。

科斯在《社会成本问题》中强调他的方法与庇古方法的不同，庇古方法既是单向性思维又是政府作为的，这容易导致我们将科斯范式理解为“市场交易模式”。但是，如果我们联系科斯的两篇论文《企业的性质》和《社会成本问题》来理解科斯范式就会发现，科斯所强调的是一种根据交易成本进行比较取舍的理性选择，科斯范式并没有预设哪种制度的优越性。科斯指出，“建立企业有利可图的主要原因似乎是，利用价格机制是有成本的”。具体来说，导致企业出现的两种主要成本是：(1)发现相关价格的成本。(2)谈判和签约的费用。科斯认为，“如果协作是价格机制起作用的一个直接结果，那么(要素之间的)一系列的契约就是必需的”，而企业的存在使“一系列契约被一个契约替代了”，从而降低了谈判和签约的费用。正是交易费用导致企业的存在。但是企业为什么又不能非常大，像社会主义那样整个作为一个企业？这是因为行政成本的存在。① 所以，将交易成本和行政成本进行权衡才能理解在现实社会中既有企业也有市场的存在。在这里特别强调了不论是市场机制还是政府规制都是有成本的，我们要做的是在不同领域比较这两种成本，选择总的效果好的制度。用邓小平的话来讲就是：计划多一点还是市场多一点，不是社会主义与资本主义的本质区别。计划经济不等于社会主义，资本主义也有计划；市场经济不等于资本主义，社会主义也有市场。计划和市场都是经济手段。②

四、总效果与价值最大化的意识形态

法律经济学的意识形态与法律追求的价值直接相关。毫无疑问，法律经济学的价值目标是“效率”，但是，主张哪种效率却是至关重要的。③

① [美]科斯：《生产的制度结构》，盛洪译，上海三联书店1992年版，第1～24页。

② 《邓小平文选》(第3卷)，人民出版社1993年版，第373页。

③ 柯华庆：“多层次法律效率论”，载《中国政法大学学报》2008年第5期，第29页。该文指出了效率的多重性。

波斯纳把法律的价值界定为“价值最大化”。波斯纳将价值与效用对立起来，而且把价值界定为交换价值，即在市场上测度的或者至少是可以在市场测度的价值。将社会价值定义为社会中以价值测度的所有物品和服务的总和。波斯纳特别强调，价值是人们愿意为某个东西所支付的东西，而不是人们可能从拥有此物中所获得的幸福。在实际操作中，愿意支付又变成了实际支付。“一个个体，他会很想获得某种物品，但又不愿或无法为此支付任何东西，也许因为他很穷，那么在我使用的‘价值’这个术语的意义上，他就不是看重该物品的价值……社会的价值就是由货币支撑的诸多偏好的总体满足。”①波斯纳为什么反对功利主义而倡导财富最大化呢？在波斯纳看来，对于自愿的市场交易模型而言，追求财富最大化要比古典功利主义更尊重个人的选择，经济自由可以更坚实地建立在财富最大化而不是在功利主义价值的基础上。财富最大化的目标与保护自主性的目标刚好一致。②

在波斯纳看来，只有能够实际上拿出货币购买好处或者预防损失的人才有发言权。例如，对于一位几天没有吃饭的乞丐来说，获得一块面包的效用肯定很高，但因为他没有钱购买所以面包就对他没有价值。权利的变化也是如此，比如说现在有一项法案准备授予奴隶最基本的人权（生命、财产和自由），这些权利对于他们来说是宝贵的，但如果按照波斯纳的理论，只要奴隶主能够拿出足够的货币（高于奴隶实际上能够支付购买这些权利的货币），那么就可以阻止此项法案的通过，标准就是所谓的价值最大化。波斯纳牌号的法律经济学倾向于依赖一种新古典主义经济模式，这种保守主义将权利和义务化解到数学公式之中，他们认为，一个有效率的结果将实现社会财富的最大化，而财富最大化将产生最后的可行的社会安排。波斯纳认为，财富最大化原理的另一个含义是，那些没有足够收入能力来支持其甚至最低程度的体面生活的人们是无权言及分配资源的，除非他们被视做拥有财富的人的使用功能的一部

① ［美］波斯纳：《正义·司法的经济学》，苏力译，中国政法大学出版社 2002 年版，第 60 ~ 61 页。

② ［美］波斯纳：《正义·司法的经济学》，苏力译，中国政法大学出版社 2002 年版，第 66 ~ 67、89 页。

分，如果一个人生来是弱智者，或者他对社会无所贡献，那么他便不存在获得社会支持的权利，尽管由于他的低能而无法自理是无可指责的。

波斯纳并不仅仅坚持“市场交易模型”，他也主张，在法律即使尽了最大努力而市场交易成本仍旧很高的领域，法律应当将产权配置给对他来说价值最大的使用者。但关键在于由谁来决定将产权配置给对他来说价值最大的使用者。例如，我们认为，富人捐出一元钱给穷人肯定是能够提高效率的，但如果交易成本很高时，政府通过累进税制将富人的一块钱转移给穷人就是一种有效率的权利配置。[①] 但是波斯纳要求重新配置权利的基础是“模拟市场对于资源的支配”，所谓模拟市场就是能够实际用货币或者财产对其权利进行评价的人，显然只有富人。这种情况下的权利配置只会把权利都配到富人那里去，其意识形态性显而易见。

波斯纳以货币的实际支出来界定权利的重要性，实质上是一种富人的经济学，因为富人拥有更多的财产或货币。财富最大化就是要将资源或者权利分配给能支付最高的价格的人，那些人必定是富人。波斯纳是为了避免效用概念的主观性而提出这种主张的，但掩盖不了他政治上保守主义的意识形态：仅仅既得利益者才有可能是最珍视权利的人。

波斯纳的哲学是实用主义的。但是波斯纳主张的实用主义哲学却与他的保守主义有些冲突：“我说的这种实用主义的态度是能动主义的（渐进的、“能办事的”），它既否定保守主义的‘现有一切都最好’的说法，也反对命定论的‘一切后果均非人所意图’的观点。这种实用主义相信进步，但又不自称能够界定进步；它相信深思熟虑的人类活动能够影响进步……它是一种强调行动和改进的哲学……除了强调可行、向前看和后果外，实用主义者……都重视经验。”[②]可以说，实用主义是改良主义的，是与自由放任政策和达尔文主义对立的，[③]而波斯纳的规范法

---

① 柯华庆：“累进税制的正义性论证”，载 http://www.yadian.cc/paper/9440/，2009年5月26日最后访问。

② ［美］波斯纳：《超越法律》，苏力译，中国政法大学出版社 2001 年版，第5页。

③ Summers, *Instrumentalism and American Legal Theory*, Cornell University Press, 1982, pp. 28－29.

律经济学采取财富最大化作为标准,是社会达尔文主义的。

科斯认为,法律追求的目标是“总的效果”。尽管在《社会成本问题》中的分析是限于比较由市场衡量的生产价值,但是,科斯明确指出,“在解决经济问题的不同社会安排间进行选择,当然应在比此更广泛的范围内进行,并应考虑这些安排在各方面的总效应。正如弗兰克·H.奈特常常强调的,福利经济学的问题最终必然归结为美学和伦理学问题”。显然,科斯的“总的效果”并不是赤裸裸的货币最大化或者价值最大化,而且有伦理的内涵。

很多重要的法律经济学家并不把价值最大化作为法律追求的目标,而是赋予其社会的伦理的内涵,包括公平分配的观念。Shavell 明确拒斥波斯纳的财富最大化,而将社会福利作为规范标准。社会福利实际上就是社会欲求,是一种理想,因而是可变的。“基于福利经济学的法律的经济分析并没有这样的倾向,尤其显著的是,它与那种认为在社会福利标准下的公平分配具有优势的观念无关。”① Schelling 说,所谓效率就是更好的代名词:关于替代性后果,一些替代性的状况或政策或计划是不是更好。“更好”有特殊的含义:作为结果,对于每一个相关的人是最好的,或者对于所有的确定的利益是较为平衡的。② Cooter 也指出,从本质上说,经济学家用的正义概念通常与效率一致,经济学家之间关于正义的争论在于怎么解释效率概念。③ 效率概念实际上依赖于处于团体中的人的观念,而且是动态的,只不过是对于总量追求的改善。前面指出,可以通过税法实现分配正义。我们知道高税率会减少工作和投资,以至于减少社会财富的生产。按照边际效用递减原理,这样可以增加总效用。总效用比再分配前是增加还是减少依赖于再分配税率的高低。理想的税率应该使得税收在生产上的负面影响被再分配增加的效用所

① Shavell, *Economic Analysis of Law*, Foundation Press, 2004, p. 113.

② Schelling, Economic Reasoning and the Ethics of Policy in Katz, in *Foundations of the Economic Approach to Law*, Avery Katz (ed), Oxford University Press, 1998, p. 23.

③ Cooter, The Confluence of Justice and Efficiency in the Economic Analysis of Law, in *The Origins of Law and Economics*, Parisi and Rowley (eds), Edward Elgar Publishing Limited, 2005, p. 226.

补偿。在现实中，效用是可变的。某一个时期可能更重视经济效率；而另一时期则重视收入的相对平均，标准都是总的社会福利。分配正义所实现的群体之间相对的平等好像与经济学的效率原则相悖，但是考虑到极端的不平等可能导致动乱，对穷人和富人都没有好处，因此基于民主判断的总效用的增加比"财富最大化"更有效率。法律经济学并没有预设某种固定的规范标准。如果将法律经济学的价值标准定位为动态的效率，那么科斯范式的法律经济学显然是一种改良主义。

结语

自然界或者社会的规律本身是没有意识形态的，但是我们怎么看待这些规律可能非常不同，特别是将这些实证的规律上升作为社会政策的规范时，其背后蕴涵很强的意识形态。

Shavell 针对人们强烈批评法律经济学中的政治偏见指出，一个人必须把在一个领域中有影响的某个特定专家的政治观念、政治倾向和这个领域本身固有的政治倾向区分开来。很明显，基于福利经济学的法律的经济分析并没有这样的倾向，尤其显著的是，它与那种认为在社会福利标准下的公平分配具有优势的观念无关。① 科斯范式不仅没有那种保守的"价值最大化"的法律价值目标，而且科斯命题包含了分配与效率两个方面。从有交易成本的科斯命题所得到的两个规范命题表明，科斯范式仅仅是一种理性选择理论：任何制度都是有成本的，我们应该具体问题具体分析，比较不同制度下的成本大小，目标是"总的效果"。尽管可能从科斯反对庇古传统中得出科斯反对政府规制而主张私人交易模式。但是，我们不能把科斯范式归为另一种像庇古一样的单向思维方式，好像"私人交易模式"是绝对好的。如此理解科斯或许是因为"庇古的研究方法在现代经济学家头脑中根深蒂固"。② 当然，也包括法学家在内。科斯范式的根本改变是一种相互性思维，指向未来的改良主义。

---

① Shavell, *Economic Analysis of Law*, Foundation Press, 2004. p. 113.

② ［美］科斯：《生产的制度结构》，盛洪译，上海三联书店 1992 年版，第 305 页。

科斯法律经济学本土化路径重构*

吴建斌**

【摘要】 在中国社会大变动尤其是全球金融危机冲击之下，各种权利冲突此起彼伏，法学界也从不同视角热议其解决方法，科斯法律经济学解释逐渐崭露头角。不过，国内法学界往往将法律经济学的效率观当做可以直接裁判具体法律争议的普适性原理原则，从而得出似是而非甚至有悖常理的荒谬结论，既贬损了法律经济学声誉，又阻碍了法律经济学本土化的进程。要想正本清源，关键在于反思冲突权利配置的效率观，尽可能避免借用权力强行配置冲突权利，更不可突破受损合法权利应当得到救济的法治底线，而在救济方式救济程度上可以进行成本—效益考量，重构科斯法律经济学本土化的路径，将其作为促进权利有效配置的便捷工具，而非推行弱肉强食逻辑的借口。

【关键词】 冲突权利 有效配置 法律经济学 本土化误区 路径重构

一、引言

面临我国社会大变动中的各种权利冲突，法学界已经倾注了极大的

* 本文为南京大学“985工程”二期哲学社会科学创新基地特别项目“经济全球化与中日民商法互动关系”的部分研究成果（编号010522430502）。

** 南京大学法学院教授，博士生导师。

研究热情，相关文献不断涌现。① 其中大部分出于法理学界之手，运用的也是传统法理学法哲学方法，有的学者引入了利益衡量论的思路，但仍然很难收到条分缕析的效果。以苏力先生的论文为标志，科斯法律经济学解释方法逐渐崭露头角。② 不过，国内法学界运用经济分析方法对权利冲突和权利重新配置做出合理解释的例子并不多见。有的仅仅依据某个部门法律体现营利性的特征，就推定其与经济分析方法的天生契

① 比较重要的论文有：关今华："权利冲突的制约、均衡和言论自由优先配置质疑——也论《秋菊打官司》案、邱氏鼠药案和言论自由"，载《法学研究》2000 年 第 3 期；刘作翔："权利冲突：一个应该重视的法律现象"，载《法学》2002 年 第 3 期；刘作翔："权利冲突的几个理论问题"，载《中国法学》2002 年第 2 期；李先波、杨建成："论言论自由与隐私权之协调"，载《中国法学》2003 年第 5 期；林来梵、张卓明："权利冲突中的权利位阶——规范法学视角下的透析"，载《浙江大学学报》(人文社会科学版)2003 年 第 6 期；王克金："权利冲突论——一个法律实证主义的分析"，载《法制与社会发展》2004 年第 2 期；熊静波："真实世界中的权利冲突"，载《时代法学》2004 年第 3 期；任广浩、叶立周："论权利冲突"，载《河北法学》2004 年第 8 期；郝铁川："权利冲突：一个不成问题的问题"，载《法学》2004 年第 9 期；李常青："权利冲突之辨析"，载《现代法学》2005 年第 3 期；张平华："冲突是伪命题吗？——与郝铁川教授商榷"，载《法学论坛》2006 年第 1 期；张翔："基本权利冲突的规范结构与解决模式"，载《法商研究》2006 年第 4 期；张平华："权利冲突辩"，载《法律科学》(西北政法学院学报)2006 年第 6 期；熊静波："表达自由和人格权的冲突与调和——从基本权利限制理论角度观察"，载《法律科学》2007 年第 1 期；王岩云："权利的张扬与追寻——2006 年中国权利问题研究综述"，载《法制与社会发展》2007 年第 4 期；张平华："权利位阶论——关于权利冲突化解机制的初步探讨"，载《法律科学》(西北政法学院学报)2007 年第 6 期；徐振东："基本权利冲突认识的几个误区——兼与张翔博士、马岭教授商榷"，载《法商研究》2007 年第 6 期；等等。

② 苏力："《秋菊打官司》案、邱氏鼠药案和言论自由"，载《法学研究》1996 年第 3 期；罗培新："公司法的合同路径与公司法规则的正当性"，载《法学研究》2004 年第 2 期；罗培新："公司法学研究的法律经济学含义——以公司表决权规则为中心"，载《法学研究》2006 年第 5 期；苏力："'海瑞定理'的经济学解读"，载《中国社会科学》2006 年第 6 期；苏力："医疗的知情同意与个人自由和责任——从肖志军拒签事件入手"，载《中国法学》2008 年第 2 期；桑本谦："疑案判决的经济学原则分析"，载《中国社会科学》2008 年第 4 期。

合性,[①]难免失当,实际上作为最早催生美国法律经济学温床的法律分支,恰恰是更注重维护竞争秩序的反垄断法,而非属于商法范畴的公司法;有的将法律经济学的效率观,当做可以直接裁判具体法律争议的普适性原理原则,从而得出似是而非甚至有悖常理的荒谬结论;[②]有的甚至专门论证充斥着浓厚封建等级色彩的"海瑞定理"的合理性;[③]凡此等等,不一而足,既贬损了法律经济学声誉,又阻碍了法律经济学本土化的进程,还妨碍法制一体施行的权威性。更为重要的是,加剧了法学理论的混乱,甚至导致司法实务上的无所适从,故很有必要正本清源。

我们认为,应当在科斯法律经济学本土化进路中反思冲突权利配置的效率观,尽可能避免借用权力强行配置冲突权利,更不可突破受损合法权利应当得到救济的法治底线,而在救济方式救济程度上可以进行成本—效益考量,法律经济学应是促进权利有效配置的便捷工具,而非推行弱肉强食逻辑的借口。

本文除引言之外,核心内容分为三个部分。首先,笔者将从若干典型案例引出权利冲突命题;其次,探究科斯法律经济学本土化偏差的法哲学根源,揭示我国法理学界应引进法律经济学,用以解释本土权利冲突时的理论误区;再次,追寻科斯分析实际判例的方法以及原创思想的本意,解析科斯定理和现实判决之间的关系;最后,再用源自个案而超越个案的法律经济学原理,重新解释我国本土权利冲突以及权利重新配置的进路,并对全文做出小结。

二、若干典型案例的简单评析

我国法院裁判实践虽然不如美国那样自觉运用科斯法律经济学,但

① 罗培新:"公司法的合同路径与公司法规则的正当性",载《法学研究》2004 年第 2 期;罗培新:"公司法学研究的法律经济学含义——以公司表决权规则为中心",载《法学研究》2006 年第 5 期。

② 苏力:"《秋菊打官司》案、邱氏鼠药案和言论自由",载《法学研究》1996 年第 3 期。

③ 苏力:"'海瑞定理'的经济学解读",载《中国社会科学》2006 年第 6 期;桑本谦:"疑案判决的经济学原则分析",载《中国社会科学》2008 年第 4 期。

并非完全排斥。相反,在很多情况下都有意无意地将其应用于个案裁判。前述苏力论文中有关"'秋菊打官司'的官司"中所蕴涵的贾桂花肖像权与"秋菊打官司"摄制组表现权、言论自由权之间的冲突权利配置,苏力称一审法官判决思路"实际上具有法律经济学分析的意味,尽管很粗糙"。① 稍后的钢琴噪音污染案,②也是两个非物质权利发生冲突的例证。

物质权利冲突案例更是不在少数。例如,注册于江苏南京的某汽车客运公司在徐州设立分公司后,从 2002 年开始从上海大众汽车销售公司购买出租车辆对外招租,实行"公车公营"试点。2004 年初,部分租车司机在并无有效证据的情况下,借口车辆存在质量瑕疵,先后通过组织集会、游行上访等办法,迫使政府有关部门压制公司接受退车或者降低租金等不合理条件,并不准公司采取查扣违约司机车辆等自力救济措施,以免激起"群体事件"。公司被迫起诉违约司机后,法院也因顾忌所谓的群体力量和社会影响,做出有利于"闹事"司机的判决,结果导致本来愿意按约履行合同的 100 多辆出租车司机先后拒交租金,甚至连交强险也不投保仍照样上路营运,公司累计损失达数千万元,徐州出租车营运秩序也随之陷于混乱,问题拖延至今仍未解决。在该案中,审理法院秉承长期以来在司法实践中贯彻的裁判注重经济效益和社会效益兼顾原则本没有错,但因担心严格维护公司合法经营权益有可能激起"闹事"司机的异动,从而向其无理要求退让,则是对"和谐司法"的片面认识,最终不仅牺牲了公司的合法权益,而且导致整个城市出租车行业的无序状态,更是破坏了法制权威,影响到当地法院、政府的信誉以及投资环境。③ 又如,2003 年至 2007 年期间,南京几位知名民营企业家围绕着

① 苏力:《法治及其本土资源》(修订版),中国政法大学出版社 2004 年版,第 215 页。

② 李舒、李自良:"如此琴声,是乐音还是噪音",载《检察日报》2001 年 6 月 13 日;转引自刘作翔:"权利冲突:一个应该重视的法律现象",载《法学》2002 年 第 3 期;刘作翔:"权利冲突的几个理论问题",载《中国法学》2002 年第 2 期;李友根:"论权利冲突的解决模式",载浙江大学公法与比较法研究所编:《公法研究》(第 2 辑),商务印书馆 2004 年版,第 287 页以下。

③ 吴建斌:"如何科学认识构建社会和谐的法制保障——从江苏徐州一起出租车纠纷案件谈起",载《法学杂志》2005 年第 6 期。

南京浦东建设发展股份有限公司股权归属，先后引起多起讼争。其中有关许某等人诉南京市工商行政管理局及其他股东撤销有关增资登记的行政诉讼案，经过一审、二审、再审，时间上也跨度新旧公司法，但最终未能改判。该案的争议焦点是，不利于原告的增资决议在股东大会上并未经过2/3以上表决权同意通过，会后控股股东通过与股东之一王某进行利益交换，诱使后者在上述股东大会议案上补签同意意见，凭由此形成的“2/3以上表决权股同意”的增资决议，向登记机关成功办理增资变更登记，该决议是否有效，变更登记的行政行为是否合法。原审法院认为该公司股东大会决议原先存在的瑕疵因王某会后补签同意得到弥补，变更登记材料符合法定要求，工商登记机关进行变更登记的行政行为并无不妥，故判决驳回原告的诉讼请求，二审、再审裁决维持原判。[①] 张姓控股股东最终将原始投资不足1亿的公司权益，通过定向增发方式转换成某上市公司的权益，不到5年，最高股价是财富增长的数十倍，而其他股东却先后黯然退出，获益有限。该案似乎暗合权利优化配置思路，但在合法性上却屡遭诟病。再如，北京中咨华科有限公司于2006年初召开股东会议，并未通知持股1%的离任职工股东樊女士，又冒用后者名义在增加公司资本的股东会特别决议上签名，引入了新的股东，导致樊女士在公司的股权比例下降。樊女士以公司行为在程序上违反了公司法的强行性规定和公司章程为由，诉请法院确认股东会的决议无效（应为撤销之诉）。北京市海淀区人民法院在确认公司行为构成侵权的同时，却又以樊女士持有公司1%的股份，其是否到会及参与表决，均不会产生改变增加注册资本决议内容的结果，且公司难以恢复到初始状况的理由，认定该股东会决议的内容，在不违背法律禁止性规定的情形下，应属有效。最后驳回了原告樊女士的诉讼请求。[②] 其判决思路也是蕴涵着

---

① 参见2004年7月14日南京市白下区人民法院〔2003〕白行初字第76号《行政判决书》；2005年2月2日江苏省南京市中级人民法院〔2004〕宁行终字第115号《行政裁定书》；2007年5月14日同院〔2006〕宁行监字第73号《行政裁定书》。另见郝倩：“南京地产富翁暗战浦东建设 亿万富豪配贴身保镖”，载《第一财经日报》2006年12月22日；“富豪大战”，载《报告文学》2006年11月特刊。

② 范静：“公司冒用股东签名海淀法院判其侵权”，载《法制日报》2006年3月7日。

苏力先生所称的经济分析考量，且在社会公众认知水平上，形成了明显有失公正的判决。

上述矛盾现象的普遍性，迫使我们不得不思考这样的问题：究竟是科斯法律经济学本身存在解释论上的缺陷，尤其是无法消除效率追求与公平原则之间的鸿沟，还是法官逻辑思维出现了重大疏漏？假如是前者，我们将难以回答系统阐述法律经济学思想的科斯代表作《企业的性质》和《社会成本问题》，何以成为其1991年获得诺贝尔经济学奖的标志性成果，以及科斯定理历经数十年，无数人试图证伪而都无功而返。我们当然不能一味盲从某种理论，但法律经济学借着“经济学帝国主义”的威势不断攻城略地，却也是不争的事实。因此，我们可能更需要内省，尽管上述《社会成本问题》一文成为美国甚至同时是全球引用率最高的经典法学论文，[①]国内法学界可能大多并未真正理解其奥秘，误读误认者更是大有人在。我们有望从后文展开的分析中，充分领略法律解释学包括利益分析法学难以说清的问题在冲突权利有效配置的法律经济学视野下是如何得到迎刃而解的。而在此前，必须首先揭示冲突权利配置的法律经济学本土化路径偏差。对于从国内人们的普遍认知上，往往留下法律经济学具有反道德的印象，甚至成为推行强权理论工具的印象，究竟如何理解，问题出在何方，我们将顺便予以回答。

三、法律经济学本土化偏差的法哲学根源

自从伯利和米恩斯提出现代公司在所有权和经营权分离后的权利冲突及配置命题、[②]科斯用交易成本理论解释企业产生的原因以及权利配置的社会成本以来，[③]法律经济学进入冲突权利分析，处理种种疑难

---

① 冯玉军主编：“美国法学最高引证率经典论文选”，载《美国当代法律学术发展概观》(代译序)，法律出版社2007年版，第6~8页。

② ［美］阿道夫·A. 伯利、加德纳·C. 米恩斯：《现代公司与私有财产》，甘华鸣等译，商务印书馆2005年版。

③ ［美］罗纳德·哈里·科斯：《论生产的制度结构》，盛洪、陈郁译校，三联书店上海分店1994年版，第37页。

杂症,不但形成大量丰硕成果,而且确实引发了“法学研究方法的一场革命”。[①] 我们略去一批经济学大师的文献不提,仅就法学界而言,法律经济学集大成者波斯纳有关法律经济分析的鸿篇巨著以及反托拉斯法研究,[②]公司法律经济学领军人物弗兰克·伊斯特布鲁克和丹尼尔·费希尔对于公司法的合同解释等,[③]无不闪耀智慧之光,极富启迪意义。[④] 我国已经问世的一批法律经济学专著,也不乏真知灼见。不过,前述苏力教授运用科斯、波斯纳倡导的法律经济学方法,解析《秋菊打官司》案及邱氏鼠药案,从而得出“为了维护更高位阶的权利(如言论自由权),而不惜牺牲下位权利(如肖像权、名誉权)”,尽管背离“中国传统的那种就事论事的个案‘公平’”,“仍然符合法律经济学精神”的奇妙观点,[⑤]在国内的影响似乎更大。朱先生后来的论著,如前述用类似方法论证浸透着浓厚封建等级观念的“海瑞定理”的合理性,虽对上述观点做了微调,但不仅没有澄清,反而加重了法学理论的混乱。其另文《医疗的知情同意与个人自由和责任——从肖志军拒签事件入手》,确实大大修正了原来显得有点偏激甚至偏颇的立场,[⑥]但其运用法律经济学解释本土权利冲突时所宣扬的弱肉强食的社会达尔文主义,以及合法权利可能不受保护的观点,至今仍有市场,其前述最早通过案例分析冲突权利配置的文献,

---

① 钱弘道:“法学研究的一场革命”,载《中国社会科学院院报》2002 年 12 月 17 日;另见钱弘道:《经济分析法学》,法律出版社 2003 年版,第 1 页。

② [美]理查德·A. 波斯纳:《法律的经济分析》,蒋兆康译,中国大百科全书出版社 1997 年版;[美]理查德·A. 波斯纳:《反托拉斯法》,孙秋宁译,中国政法大学出版社 2003 年版。

③ [美]弗兰克·伊斯特布鲁克、丹尼尔·费希尔:《公司法的经济结构》,张建伟、罗培新译,北京大学出版社 2005 年版。

④ 其他已经译介的如[美]罗伯特·考特、托马斯·尤伦:《法和经济学》,张军等译,上海三联书店、上海人民出版社 1994 年版;[美]乌戈·马太:《比较法律经济学》,沈宗灵译,北京大学出版社 2005 年版;[美]斯蒂文·G. 米德玛:《科斯经济学——法与经济学和新制度经济学》,罗君丽等译,上海三联书店 2007 年版。

⑤ 苏力:“《秋菊打官司》案、邱氏鼠药案和言论自由”,载《法学研究》1996 年第 3 期;苏力:《法治及其本土资源》(修订版),中国政法大学出版社 2004 年版,第 185 页以下。

⑥ 苏力:“医疗的知情同意与个人自由和责任——从肖志军拒签事件入手”,载《中国法学》2008 年第 2 期。

还一直被法学界视为对个案进行法哲学研究的经典。① 而且,虽然有人不时质疑苏力先生的意见,但无人能够彻底清算其中的谬误,更无人以相同的法律经济学语境进行系统反驳,法律经济学本土化进程中的误区仍未澄清。尤其是前述中关今华的论文以及刘作翔发表于《中国法学》上的论文,系统分析了苏力的论文在民法解释学上的错误,但对其法律经济学本土化认识的偏差则几乎只字未提。② 有鉴于此,下面我们就以苏力的论文为例,揭示其法律经济学本土化偏差的法哲学根源,以便重新认识法律经济学的真谛,并恢复人们对其指导我国冲突权利有效配置路径的权威地位的信心。

由于苏力文中对于邱氏鼠药案的法哲学分析似乎有点文不对题甚至完全是借题发挥,我们很难提炼出其中的核心问题有针对性地进行分析,下面只能主要针对"《秋菊打官司》的官司"展开讨论。

该案争议双方为处于相对弱势地位的贾桂花和相对强势地位的组织张艺谋大导演拍摄《秋菊打官司》的电影公司。影片所拍摄的社会场景中出现 4 秒钟左右的贾氏镜头,在据说无意侵犯后者的肖像权但事实上伤害了后者的情况下,贾氏提出赔礼道歉、剪去镜头和 8000 元精神赔偿等 3 项诉讼请求。一审法院以剧组行为不构成侵权为由全部予以驳回。据该文之后的有关信息披露,上诉审中以被告补偿 3500 元换取原告撤诉而调解结案。③

按照苏力先生的观点,"如果仅仅按照原告律师的请求来界定案件的核心法律问题,并进行审理","都将不利于被告一方"。因此,即使在

---

① 李友根:"论权利冲突的解决模式",载浙江大学公法与比较法研究所编:《公法研究》(第 2 辑),商务印书馆 2004 年版,第 287 页以下;李友根:"容忍合理损害义务的法理——基于案例的整理与学说的梳理",载《法学》2007 年第 7 期;解亘:"案例研究的反思",载《政法论坛》2008 年第 4 期。

② 关今华:"权利冲突的制约、均衡和言论自由优先配置质疑——也论'《秋菊打官司》案、邱氏鼠药案和言论自由'",载《法学研究》2000 年第 3 期;刘作翔:"权利冲突的几个理论问题",载《中国法学》2002 年第 2 期;熊静波:"表达自由和人格权的冲突与调和——从基本权利限制理论角度观察",载《法律科学》2007 年第 1 期。

③ 关今华:"权利冲突的制约、均衡和言论自由优先配置质疑——也论'《秋菊打官司》案、邱氏鼠药案和言论自由'",载《法学研究》2000 年第 3 期。

个案中被告一方赢了,"在此后的同类案件中,处于与被告类似境遇的其他一些人仍然会受到这种诉讼的威胁"。原因在于,"审理的问题未能有效地回答""当代中国社会中的权利配置问题",案件当事人以外的"人们所关心的实际是这些案件判决中所体现的社会中一些权利的总体配置",①是张艺谋大导演所拍摄电影所体现的言论自由权或表现自由权,与具有先天生理缺陷的农妇贾桂花肖像权这"两个个体之间所主张的两种权利的冲突",而不是中央电视台"焦点访谈"报道中所认为的"个人利益服从社会利益"的问题。② 撇开文中有关权利边界不清情形的论述,苏力先生在引用科斯第一定理和科斯第二定理之后,总结道:"科斯主张,在权利冲突时,法律应当按照一种能避免较为严重的损害的方式来配置权利,或者反过来说,这种权利配置能使产出最大化。笔者认为,这一原则也适用于邱案和贾案中的言论自由权和肖像权或名誉权的配置。"③"无疑,我们的社会要保护公民的名誉权或肖像权,但问题是以什么为代价,以多大的代价!""我们从来没有也永远不可能生活在一个没有风险、没有错误的时代。既然有风险,要有代价,那么总是必须有人(而不论他是谁)来支付这些风险的代价。将这种代价通过法律转移由他人或社会来支付,或许是可以的,有时甚至是必要的。"④"现代的、作为制度化的法律或法治,它只是也只能对社会的权利作一种大致公平的配置,它不可能保证一切损害都得到绝对公正的赔偿,它所能实现的只是制度的公正。"⑤"为了避免更大的伤害","我们必须作出制度性的权利配置选择","在法律上将这种初始权利配置给言论者"。⑥进一步推论,言论自由权的重要性或者位阶高于肖像权或名誉权,而不太重要或者位阶较低的贾氏肖像权保护请求,必将限制言论自由,并降低冲突

① 苏力:《法治及其本土资源》(修订版),中国政法大学出版社 2004 年版,第 189 ~ 190 页。

② 苏力:《法治及其本土资源》(修订版),中国政法大学出版社 2004 年版,第 191 页。

③ 苏力:《法治及其本土资源》(修订版),中国政法大学出版社 2004 年版,第 195 页。

④ 苏力:《法治及其本土资源》(修订版),中国政法大学出版社 2004 年版,第 211 页。

⑤ 苏力:《法治及其本土资源》(修订版),中国政法大学出版社 2004 年版,第 213 页。

⑥ 苏力:《法治及其本土资源》(修订版),中国政法大学出版社 2004 年版,第 203 页。

权利配置的效率。鉴于电影表现的言论自由权以及电影本身良好的社会效应，即使事实上“侵犯”了贾氏的肖像权（为便于直达问题的核心，苏力对在《法治及其本土资源》一书第204页所列一般民事侵权行为法上的举证责任不予考虑，或者在经济学语境下假设为常数），损害到后者的人格尊严，这样的牺牲也是符合冲突权利配置的帕累托效应的，侵权人因而无须承担任何责任。即使“具体个案中的权利是可以变更的；但这种变更必须仅限于该案或限于同类案件具体的当事人的权利义务，而不改变或危及改变这种总体的、制度化的权利配置”。① 由于法官“没有按照一般的中国传统的那种就事论事的个案‘公平’来思考决断这个案件（那样，贾氏就应当胜诉），而是在实践上将这个案件同中国社会的法律制度化联系起来了，因此他们的审理结果体现了法律是普遍的原则和制度的思想”，“实际上具有法律经济学分析的意味”，“体现出了一种实践的智慧”。苏力还因此特别向审案法官“表示一位法律工作者的敬意”。②

以上几乎用苏力原文概括提炼出来的冲突权利配置效率观（绝无胡戈对于陈凯歌《一个馒头引发的血案》那样“恶搞”的意思），除了已经注意到文中所涉案件的审理法官虽然并未有意识地运用法律经济学的分析工具裁判案件，但判决结果中已经反映出其朴素的法律经济学思想之外，可以归纳为以下几点：

第一，避免更大伤害或者产出最大化，是科斯原理体现的冲突权利配置效率观的核心，应当成为我们选择安排法律制度的准则，具有广泛的普适性。

第二，作为设置法律制度的总体思路，应当坚持冲突权利的有效配置原则，而具体个案中当事人的权利义务是可以变更的，但这样的变更不能从根本上更改权利优化配置的基本方向。

第三，言论自由权的效用高于肖像权或名誉权，因为前者更多地反映社会公益，而后者多为私人个体权利，当两者发生权利冲突时，应当优先保护位阶或效用较高的权利，因此而牺牲的合法权利也无须予以赔偿

---

① 苏力：《法治及其本土资源》（修订版），中国政法大学出版社2004年版，第204页。

② 苏力：《法治及其本土资源》（修订版），中国政法大学出版社2004年版，第214～215页。

或者补偿。既然社会必然会有风险、错误、代价,总是必须有人(而不论他是谁)来承担或者支付。将这种代价通过法律转移由他人来支付,或许是可以的,有时甚至是必要的。

第四,就文中所涉案件的具体争议进行审理,或者就那种就事论事的个案"公平"来思考决断案件,"将不利于被告一方","贾氏就应当胜诉",而贾氏败诉的结果,却更加符合法律经济学的普遍原则。其中蕴涵着法律经济学与具体案件的处理方法之间不能协调自洽的悖论和困境。

上述第一点是苏力教授眼里的科斯法律经济学精髓,是否体现科斯的本意,值得怀疑。他据此分析社会法律制度选择、具体个案争议处理以及理解两者之间关系所得出的一系列结论,大部分都是似是而非的,有的甚至存在根本性的错误,与社会公众的普遍认知也大相径庭。我们不能完全否认存在天才的可能性,有人确实具有先知先觉的特异禀赋,处于"众人皆昏我独醒"的状态,但在理解法律经济学的本意上,这种可能性似乎不大。正如前述,作为现代法律经济学开山鼻祖科斯1991年度诺贝尔经济学奖的重要成果之一,其在法律经济学上的原创性思想,经过30多年的实践检验,其科学性几乎得到了全世界的公认,尽管至今尚无统一的权威解释,但一般不会从中得出有违常理的结论。因此,我们可以大体上判断问题出在苏力的认识偏差上。而要揭示这种偏差的法哲学或者方法论上的根源,还要有赖于对科斯经典文献的重新梳理。

四、科斯冲突权利配置效率观再认识

前述科斯经典论文《社会成本问题》可称为是一部百科全书,其中阐述的科斯法律经济学尤其是冲突权利效率观,在讨论工商企业造成有害影响问题时,一反庇古在《福利经济学》中所倡导的责令赔偿、征收损害税(污染税)以及排除妨碍的传统思路,从损害的相互性而非苏力"更愿意称之权利的相互性"入手,以也许是虚构的"走失的牛损坏邻地的谷物生长案"为例证,采用经济分析方法,指出在无交易成本包括冲突权利双方协商谈判成本的条件下,初始权利或者法律制度的安排与效率最大化无关,而仅仅影响冲突权利双方的资源配置格局。然后,科斯从假设的真空返回到社会的现实,围绕"斯特奇斯诉布里奇曼案"、"库奇诉福布斯案”、“布赖恩特诉勒菲福案”以及“巴斯诉格里高利案”等四个典型判例展开分析，揭示其中法官并不完全相同的判决背后所蕴涵的、在本质上具有同一性的冲突权利如何配置命题，以及经济学进路与法院传统处理方式之间的差异。科斯认为：对经济学家来说，法院判定合法权利时给出的理由似乎常常如此奇怪。因为在他们看来，法院判决援引的诸多因素均与主题关系不大。也正因为如此，许多被经济学家视为完全相同的情形，法院处理的方式却又绝然不同。在所有涉及有害影响的案例中，经济问题仅仅是如何使产值最大化。如在“巴斯诉格里高利案”中，经过原有地下室通气管道的新鲜空气有利于啤酒酿造，但排出的浑浊空气却影响了邻居的舒适。经济问题是要决定在二者之间选择哪一个：是啤酒的低成本和隔壁主人的不适，还是啤酒的高成本和邻居舒适感的增加。在决定该问题时，与其说“过去授权原则”①切中主题，还毋宁说法官的立场也至关重要。但应该记住的是，法院面临的首要问题不是由谁做什么，而是确定谁有权做什么。通过市场交易通常有可能修改权利的初始界定。当然，如果这种市场交易无需成本，那么，只要能够导致产值增加，权利的重新安排总会发生。②

不过，在交易成本无处不在的现实世界中，往往因成本太高而无法通过市场交易重新安排合法权利，企业组织内化市场交易成本甚至政府管制也许是不错的替代物，但并非当然更好，关键是权衡得大于失还是

① [美]罗纳德·科斯：“社会成本问题”，陈春良译，载罗卫东选编：《经济学基础文献选读》，浙江大学出版社2007年版，第194页。这是英美普通法上的一项重要原则，认为“若可以证明某项法定权利已经存在并持续行使多年，则法律得认定此权利有合法来源”。它与大陆法系中的“保护在先权利原则”，即“当在先权利遭到在后权利的侵犯时，应当恢复在先权利的原有状态或对在先权利人进行补偿”，是一脉相承的。我国不但在商标法、专利法等知识产权法律中先后引入该原则，而且在最高人民法院2009年4月21日法发〔2009〕23号《关于当前经济形势下知识产权审判服务大局若干问题的意见》中，一再予以强调。

② [美]罗纳德·科斯：“社会成本问题”，陈春良译，载罗卫东选编：《经济学基础文献选读》，浙江大学出版社2007年版，第195页。

失大于得。[1] 需要予以特别说明的是，科斯没有直接阐述在初始权利边界不清时，政府管制的正当性基础，比如根据新的环境保护要求以及立法机关制定或者重新修改的相关环境保护法律法规，限制或者消除原先合法但在新法规制之下“变得”不合法的有害影响，假如必然会给还在施加有害影响者带来损害，以及被责令关闭工厂、搬迁厂址、强制征收重税或者建造防治有害影响继续发生的设施增加了私人及社会成本，导致企业亏损或者因产品或者服务的价格提高而减少需求，从而影响到该企业员工就业、社区发展、买家成本相应增加等各种损失，该由谁来承担。在全球可持续发展思潮的推动下，发达国家将大量的高污染企业转移到发展中国家，而不惜给予重金补贴或者其他财政金融支持，导致中国成为世界工厂以及全球污染企业聚集区，并由此在金融危机冲击中先遭受重创。中国也有一批批污染严重、能耗惊人的企业被强令关停并转，有关成本由政府负担而不是简单粗暴地对原先的加害者赶尽杀绝，其背后隐藏着同样的法律经济学原理原则。联系到具体案件中的争议，“在一个重新安排法律体系确立的权利需耗费成本的世界上，法院在处理妨碍的案件中，实际上是在决策经济问题和决定种种资源如何利用”。[2]

让我们再次回到科斯《社会成本问题》就具体案件的讨论中。科斯用于分析权利冲突的第一个实例，即其曾经在1959年的另一篇名为《联邦通讯委员会》的专论提及的“斯特奇斯诉布里奇曼案”中，面临已经有数十年生产制造历史，研钵和杵所发出的噪音几乎同样长时间的被告糖果制造商，以及后来搬入并在居住八年后才紧挨噪音声源处新建诊所的原告医生之间的讼争，“法院爽快地发出了医生所要求的禁令”，“要求糖果制造商停止使用机器”，而且没有得到任何赔偿或者补偿。该案判决的逻辑思路是：“严格贯彻本判决所依据的原则会给个人带来痛苦，但是，否定该原则将导致更多的个人痛苦，同时还不利于此土地开发为住

---

① [美]罗纳德·科斯：“社会成本问题”，陈春良译，载罗卫东选编：《经济学基础文献选读》，浙江大学出版社2007年版，第196~198页。

② [美]罗纳德·科斯：“社会成本问题”，陈春良译，载罗卫东选编：《经济学基础文献选读》，浙江大学出版社2007年版，第208页。

宅用途。”[①]许多人将这一观点视为科斯思想甚至与科斯原理混为一谈,这是天大的误解,前述苏力教授解读科斯原理所出现的讹误,其法哲学根源也许正在于此。

科斯虽然并未就其论文中讨论的任何个案的是非曲直发表太多的意见,但这不仅不能视为其已经默认了案件的判决结果或者判例中所体现的法律原则,而且事实恰恰相反。科斯在指出“法官们正在影响经济制度的运行”即“解决土地如何利用问题”之后,话锋一转,马上表示:“然而,这也只有在必要的市场交易成本,超过权利的任何重新安排所能得到的收益时,才是正确的……”其中所蕴涵的经济学常识就是,资源或者权利最优配置的路径首先应当依凭市场的力量即自由竞争,通过企业组织甚至政府管制包括立法授权、司法确认节省社会成本,并非当然最优,其本身仍需证明具有正当性。“但法官们似乎并不了解这一点。”[②]在“社会成本问题”一文的第七部分“权利的法律界定及有关经济问题”中,科斯进一步指出:在“斯特奇斯诉布里奇曼案”中,法官显然“是考虑了不同判决的经济后果。如果他们根据这一原则处理问题,其结果将带来极大的不便。因为某人可以进入诸如伯曼德塞制革厂,或者进入其他用于特定行业的或有噪声和有难闻气味的厂区,并在那里的某空地上建一幢住宅以阻止这种商业和制造业。法官回答说:决定某事是否构成妨害,并不仅仅依靠对事物本身抽象的考虑,还要考虑其环境。在贝尔格雷夫广场构成妨害的事,在伯曼德塞就不一定。在某地区由某商人或工厂主以特定和已有方式从事某特定商业和制造业,这并不构成公共妨害。法官和陪审团将有充分理由发现,并确信会发现,在该地区从事商业和制造业并不是一种私人的和可诉讼的错误”。[③] 不过,法官并未回答上述案件中糖果制造商是否存在“私人的和可诉讼的错误”。科斯在

---

① [美]罗纳德·科斯:“社会成本问题”,陈春良译,载罗卫东选编:《经济学基础文献选读》,浙江大学出版社2007年版,第208页。

② [美]罗纳德·科斯:“社会成本问题”,陈春良译,载罗卫东选编:《经济学基础文献选读》,浙江大学出版社2007年版,第190页。

③ 参见[美]罗纳德·科斯:“社会成本问题”,载[美] 罗纳德·科斯:《论生产的制度结构》,盛洪、陈郁译校,三联书店上海分店1994年版,第163～164页。

前述有关“过去授权原则”的注解中倒是从另外一个角度做了说明，只是不为国内学者所注意而已。科斯认为：“为什么在糖果制造商一案中不适用失去（疑为“过去”的笔误——笔者注）授权理论，因为该制造商使用研钵已有60多年。回答是，直到医生在花园尽头建造诊所之前，不存在任何侵害。因此，侵害并没有持续多年（这一认定显然不符合事实真相，实际应是此前无人指控已经存在的侵害——笔者注）。”①其潜台词似乎是，在该案审理法官眼里，使用研钵已有60多年的糖果制造商，在医生起诉之前事实上发出工业噪音的行为，是没有权利的合法来源的，起码不能确定有发出工业噪音的合法权利，这不仅违反事实，而且也是十分荒唐的。按照常理，其60多年的历史现实，本身就能证明其存在的合理合法性。而这种合理合法性，也不能因为医生后来建造诊所“感受到”有害影响而倒推出其不合法性。科斯虽然没有对该案适用法律不当表示不满，但在其对“布赖恩特诉勒菲福案”的延伸讨论中，就被告拆旧建新的行为，因新砌高墙及其堆放木材阻塞了邻居的烟道，导致后者一旦生火，就难以忍受入室烟尘的权利冲突，针对地区法院认为生火行为也是引起烟尘妨碍的原因之一，故被告对此不负责任，并推翻陪审团初步裁定原告获得40英镑损害赔偿费的意见，科斯评述道：“法官认为是生火者自己引起烟尘的观点，只有在我们假定墙壁是既定的条件下才是正确的。法官的判决意味着建造高墙的人有权这样做。如果烟囱里冒出的烟对木材造成损害，那么此案就更有趣了。那时，造墙者蒙受了损失，此案就与‘斯特奇斯诉布里奇曼案’相似，且毫无疑问，生火者要对木材的损失负责，尽管在木材所有者建高墙前不存在任何损失。”②由此看来，“斯特奇斯诉布里奇曼案”中的侵害，假如仍可被称为侵害的话，不是由糖果制造商，而主要是由上述紧挨噪音声源处新建诊所的原告医生引起的，为了其“产值最大化”以及所谓的发挥社区土地开发的潜力，不惜牺牲糖果制造商的权益，不仅本身并无正当性基础，而且也根

① ［美］罗纳德·科斯：“社会成本问题”，陈春良译，载罗卫东选编：《经济学基础文献选读》，浙江大学出版社2007年版，第194页。

② ［美］罗纳德·科斯：“社会成本问题”，载［美］罗纳德·科斯：《论生产的制度结构》，盛洪、陈郁译校，三联书店上海分店1994年版，第155页。

本没有考虑禁令发出后因糖果制造商停产所产生的社会成本。我们仍用经济学常识来说,法官裁决在考量社会成本影响因子时,不仅有重大缺失,而且存在难以理解的偏颇。

科斯似乎也预料到了选择冲突权利配置方案的复杂性,关注"通过详细比较不同的处置方式的实际结果如何。但倘若对处置方式的结果的考察,是经由错误的经济学分析得到的,那么就相当不幸了"。[①] 科斯在其"社会成本问题"一文的最后"方法的改变"部分,将传统经济学生产要素配置的命题转化为权利配置的命题,并得出如下结论:显然,只有得大于失的行为才是人们所追求的。但是,在个体决策的语境内讨论社会安排的选择时我们必须牢记,现有制度的变化使得某些决策者的境况改善的同时,也难免让其他人的境况恶化。进而,我们还必须考虑各种社会安排的运行成本(不论它是市场机制还是政府管理机制),以及转变成一种新制度的成本。不论是设计还是选择不同的社会安排时,我们都应当考虑总的效果。[②]

综上,我们也可从科斯文献本身总结归纳出以下几点结论,同时指出其与苏力所理解的科斯法律经济学的区别,并由此进一步窥见后者产生偏差的法哲学根源:

第一,避免更大伤害或者产出最大化的冲突权利配置效率观,应当作为在解决工商企业行为的有害影响时,确认法律制度选择的正当性、合理性的基础。科斯并没有论证从工商企业行为的有害影响解决方案讨论中得出的一般性原理原则是否可以推广到社会安排的全部领域,即将冲突权利最优化配置的进路适用于社会各个领域。比如,苏力"法治及其本土资源"一文涉及的精神产品领域,更没有解释如在保护弱者、全民医疗保障、中小企业扶持、三农政策推行,以及少数股东特别保护制度的建立和完善等方面是如何贯彻执行的。因此,将它理解为商事领域普遍适用的规则,在其他领域可能有更多的例外,或者根本不适用,似乎更

① [美]罗纳德·科斯:"社会成本问题",陈春良译,载罗卫东选编:《经济学基础文献选读》,浙江大学出版社2007年版,第198页。

② [美]罗纳德·科斯:"社会成本问题",陈春良译,载罗卫东选编:《经济学基础文献选读》,浙江大学出版社2007年版,第224页。

符合科斯本意。至于波斯纳将法律经济学加以泛化的做法,则又另当别论。苏力与其说已经完全理解科斯定理,还不如说是受波斯纳的影响太大。但效率最大化的冲突权利配置观,只能作为分析问题的总体方向,本身具有极大的不确定性,当其被经济分析所误导时更甚。正如上述,任何影响因子的变化,都有可能"差之毫厘,失之千里"。未经仔细斟酌,是不能如苏力所认为的那样直接作为个案处理的原理原则的。

第二,合法权利不受侵害,在先权利应当保护,蕴涵着冲突权利配置效率观中维护现有制度具有最大效率的思想。原因在于现有社会安排是多方博弈的结果,尽管可能并不合理,但一旦不受保护,势必破坏现存社会秩序,无数博弈主体需要重新谈判,公权力因制度的毁损失控退出后,冲突权利主体也只能通过逐一谈判才能形成新的均衡,这将花费巨大的社会成本。除非形成新的法律制度,否则社会必将陷于无序状态之中。在现有制度之下,只有国家法律明文规定免责事由,或者无法证明谁是侵害方,或者侵害相当轻微以至于无须赔偿或者补偿,甚至受害方放弃权利时,对受到侵害的合法权利不予救济,才是合理的;被侵害方才负有容忍合理损害义务。① 苏力的观点似乎正好相反。贾桂花的肖像权无疑属于既存的合法权利,《秋菊打官司》剧组即使并非刻意通过摄制利用,在拍摄社会场景时也"无过错地"无意利用了,不管该镜头对剧情有何作用,《秋菊打官司》剧组在摄制和剪辑前没有征求其意见(也可能因无法向社会场景中进入电影镜头的人一一征求意见,否则势必无法工作),但起码应当考虑到对似乎比别的镜头长一些的贾桂花镜头稍微留意一下,她脸上是否存在先天缺陷,本人忌讳不忌讳,公映后一经熟人发现会否受到嘲笑致使精神受到伤害,等等。假如没有,就不能说《秋菊打官司》剧组没有疏忽,判决就应当相反,也不能得出苏力式的结论。

第三,冲突权利有效配置的总体进路,与个案审理时的裁决逻辑,在原则上是保持一致而非相互矛盾甚至处于对立状态的。对此,前文介绍的有关科斯引用对于"斯特奇斯诉布里奇曼案"判决的评述,就是其立

① 李友根:"容忍合理损害义务的法理——基于案例的整理与学说的梳理",载《法学》2007 年第 7 期;解亘:"案例研究的反思",载《政法论坛》2008 年第 4 期。

场的最好注解,不妨在此重新表述一下:假如按照法官在该案中所确立的在先权利不受保护而应无条件让位于在后权利的原则处理问题,其结果将带来极大的不便。因为某人可以进入诸如伯曼德塞制革厂,或者进入其他用于特定行业的或有噪声和有难闻气味的厂区,并在那里的某空地上建一幢住宅以阻止这种商业和制造业。联系到中国成为多少矛盾和社会问题焦点的聚集区——商品房开发拆迁领域,上述判决所蕴涵的逻辑将是:为了开发商的利益最大化以及更多的人能够住上新房甚至老城市改造的良好社会效应,应当将所有拆迁户包括待开发区域的住户及商家赶出门,而不给予任何赔偿或者补偿。甚至在糖果制造商接获法院禁令而没有能够及时停产而导致医生收入仍然减少,或者中国城市中的旧房住户没有按照尚未得到政府授权的开发商的要求迁让致使后者延误开发时间造成损失时,还要赔偿损失。这样理解法律经济学的权利配置效率观,那岂不是成了强盗逻辑?因此,对于苏力面临的困惑,即就其"法治及其本土资源"一文所涉案件的具体争议进行审理,或者就那种就事论事的个案"公平"来思考决断案件,因合法权利受到侵害的事实存在,法院将裁判原告胜诉;而如贾氏那样原告败诉的结果,却更加符合法律经济学的普遍原则,这种逻辑上的矛盾,并非源自科斯理论本身,而是中国学者尤其是苏力先生的误读误解。

第四,作为设置法律制度的总体思路,应当坚持冲突权利的有效配置原则,而具体个案中当事人的权利义务虽然可以变更,但除非上述权利方自愿放弃,否则只能变更权利配置的数量,或者是前述权利救济的方式和程度,而不能改变权利配置的基本格局。从个案的角度来说,假如本来应当一方当事人胜诉的权利配置结果,改变为另一方胜诉的话,将势必导致是非不分、黑白颠倒。这绝非个案酌情考量的法律经济学的应有之义,而很有可能以所谓"公平"的名义牺牲冲突权利配置的效率,结果还往往导致整个社会失去合理预期,社会公平正义最终也将荡然无存,我国诸多片面理解"和谐司法"理念所做判决的社会效应就是如此。就制度设计的视野而言,休谈更改前述在先权利保护原则,重新选择在后权利保护原则或者其他相反的制度选择不可取;即便是维持制度的总体格局,而仅仅调整其中不太合理的细枝末节那样不太剧烈的变革,甚至是国家或者其他有权机关所为，也应当慎之又慎。因为旧制度的改变总归具有正反两方面的双重甚至多重效应，新的选择是否更好难以确定。我们仍以贾桂花案为例加以进一步说明。就贾桂花的三项诉讼请求所反映出来的冲突权利配置，贾桂花肖像权合法来源毋庸置疑，即使其心胸狭窄导致精神压抑或者其他损害，嘲讽她的熟人以及自己都有过错，或者均为造成精神不良感受的原因，也不能排除电影镜头也是原因之一，这起码构成科斯所说的共同过错行为，《秋菊打官司》剧组因此难逃其咎。根据上面分析，其受到的侵害毕竟不大，故剪去镜头的诉求有点过分，赔礼道歉也大可不必，而电影公司适当赔偿或者补偿，哪怕大大降低具体数额，不仅是应当的，而且也完全是合适的，前述该案二审结局果然如此。苏力经过逐一分析，却得出完全相反的结论。我们不说其与文中几次表示假如就案件的具体争议进行审理裁决，“都将不利于被告一方”、“贾氏就应当胜诉”的观点自相矛盾，其合理性基础也并不存在。

还有一点值得注意的是，科斯视野中的冲突权利配置的效率观，在普通法语境下似乎更容易得到体现。这可能与判例法传统的法院与大陆法传统的法院在裁判同类争议的方式和效力上判然有别相关。问题的普适性意义在于，前者法院的裁决形成判例，具有先例约束力，本身就构成法律体系的组成部分，在边界不清的权利界定和配置方面所发挥的能动性相对较大，所谓法官立法即是此意；而后者的裁判仅对个案有效，在被吸收进成文法转化为法律之前，并不能形成普遍性约束力，更不能直接作为法院裁判个案普适性原理原则，在裁判有可能改变成文法已经确立的权利配置格局时，法官的权限应当受到严格控制。法官即使不当法律的奴隶，也该成为守法的楷模。

最后，正如上述，我们还应当考虑到从经济学上资源优化配置思路转化而来的冲突权利配置效率观，不能忽略这样一个事实，即经济学分析设定的前提是，所有的竞争对手是天生的平等派，每个商人通过自由竞争的优胜劣汰机制实现资源的优化配置，即便如此，还仍然附有竞争政策以及竞争立法的矫正机制。与此同时，由于胜出者如大企业纳税更多，使得国家能够集中财力物力，通过转移财政辅助弱者。因此，我们不能从有的国家成文立法具有优化权利配置的意图，有的国家判例规则亦然,就推论出它是一项普适性原则。在个案中,法官更应当注重保护弱者,假如简单粗暴地贯彻权利优化配置的思路,也许很快会激起民怨,片面追求的效率目标自然也无法实现。

五、结束语

结合前述正文引述的我国法院实际判决的若干案例,法院基于法律经济学的考虑,所得出的有违公平正义或者现行法律的裁判结果,确实不是法律经济学本身存在解释论上的缺陷,而是缘于对于法律经济学的错误理解。经过我们的考察,这种有关公司冲突权利配置效率观的认识,深受法理学界尤其是苏力教授的误导,而后者经典文献《〈秋菊打官司〉案、邱氏鼠药案和言论自由》,不仅没有将问题的本质论述清楚,而且以其巧妙高超的文字叙述迷惑了大批学者,导致其对于科斯理论的误解广为流传。我们从近年涉及冲突权利配置纠纷的若干典型案件入手,针对法院并不一致的判决,揭示其中的法律经济学隐喻,梳理科斯经典文献中的法律经济学真谛,指出苏力教授在法律经济学本土化进程中的理论误区,最后分析具体案件中的冲突权利配置效率观,认为法律经济学原理原则对于各种冲突权利纠纷具有普适性。当然,法律经济学和利益分析法学之间并非没有殊途同归、异曲同工之妙,但前者可将法律问题定量分析数学验证的优势,确实是其他法哲学方法无可比拟的。但未经严格经济学训练的法律人必须记住的是,冲突权利优化配置应当是市场竞争的结果,政府或者法院判决强制配置时,必须补偿受损的合法权利。我们应当尽可能避免借用权力强行配置冲突权利,更不可突破受损合法权利应当得到救济的法治底线,而在救济方式、救济程度上可以进行成本—效益考量,只有这样重构科斯法律经济学本土化的路径,才能将其变为促进权利有效配置的便捷工具,而非推行弱肉强食逻辑的借口。

不完全契约、法律协调失败与自我约束机制

朱富强*

【摘要】 主流经济学强调,在一套完善的法律制度下,无形的手可以有效地使个人利益导向与社会利益相一致;究其原因在于,法制能够提高人们对未来经济活动的预期,促进无数契约的自发履行。但是,法律的这种预期功能却是以契约的完全性为前提的,而由于交易成本的存在,现实社会经济中大多数契约却是不完全的,从而法律的有效性受到很大的限制。正因如此,单纯的法律并不一定能够促使契约的自我实施,法律的施行效果也往往有赖于其他社会规范作为补充。其实,作为一般规则的法律毕竟仅仅反映了最低限度的道德,而这并不足以调整人类社会的利益关系;相反,人类社会之所以会形成普遍的合作关系,根本上在于存在自我约束的道德规范。

【关键词】 法律协调　自我约束　不完全契约　伦理规范

西方学术界从个体理性出发,把市场和法律视为自发扩展秩序的重要机制:如果说市场机制是自发秩序得以运行的基础,法律制度则是其有效运行的保障;例如,对哈耶克而言,自由主义就意味着立宪主义,是

* 朱富强,1971 年生,男,江苏丹阳人,经济学博士、副教授,现任教于中山大学岭南学院。

法治而不是人治,而法治的基础则是一般性规则而不得歧视任何人。[①]在这种理性分析的框架下,主流经济学也逐渐把法律与硬邦邦的抽象规则等同起来,似乎法律在发挥作用的过程中已经完全舍去了人为的因素;例如,哈耶克就引用卢梭的话说,"任何事情,只要牵涉到有名有姓的个人,就不属于立法权威的范围之内"。[②] 然而,正如戈登指出的,"作为一句政治口号,'法治而非人治'是有吸引力的,但是,与绝大多数政治口号一样,它往往是言过其实的",因为"与科学法则不同,法律的法则是为了人类的目的而制定出来的,制定它们的人们就得考虑这种目的的价值;而它们又是由警察、法官、陪审团和其他在法律施行的所有这些阶段行使道德的、功利的和实用的判断的人所运用的。唯一能够从'法治而非人质'的口号中抢救出来的东西就是良好的法律不应当把权力交到任意地或反复无常地行动者的手中这个观念"。[③] 事实上,如果过分强调抽象规则的制约性,反而会陷入僵化的形式主义陷阱。[④] 究其原因在于,作为一般规则的法律毕竟仅仅反映了最低限度的道德,而这并不足以调整人类社会的利益关系;相反,人类社会之所以会形成普遍的合作关系,这主要不是由法律来调节,而是源于自我约束的道德规范。[⑤] 本文就此做一阐述。

一、不完全契约下的法律协调失败

在市场经济中,法制促进社会秩序扩展的基本功能在于它能够提高人们对未来经济活动的预期,可以促进无数契约的自发履行,从而维持市场主体之间良性的竞争与合作;而人们之所以会选择履行契约的主要

---

① 朱富强:"三位一体的人类合作之扩展秩序:哈耶克的自生自发秩序原理之评述",载《北方法学》2008 年第 3 期。

② [英]哈耶克:《自由宪章》,杨玉笙等译,中国社会科学出版社 1999 年版,第 300 页。

③ [美]戈登:《控制国家:西方宪政的历史》,应奇等译,江苏人民出版社 2001 年版,第 6 ~7 页。

④ 朱富强:"扩展秩序是如何生生不息的",载《江苏社会科学》2002 年第 5 期。

⑤ 朱富强:"社会扩展秩序中的"人类意识"刍议:哈耶克的自生自发社会秩序之检视",载《制度经济学研究》2007 年第 4 辑。

原因是不履行会遭到制约或惩罚。但问题是，具有一般性的法治能否对每一个契约的执行状况给出相应的界定条款呢？显然，法制协调的效率就与契约的性质存在极大关系：一方面，当契约是完全的时，缔约双方都能完全预见契约期内可能发生的重要事件，从而愿意遵守双方所签订的契约条款，即使契约方对契约条款发生争议，第三方如法院也能够强制其执行；但另一方面，如果契约是不完全的，契约当事人或契约的仲裁者就无法证实或观察一切，特别是在一些契约中，虽然契约对契约双方来说是明确的，但作为第三者的法律执行机构往往不能验证和监督，从而也让机会主义者得势，造成法律解决的失灵。

现代经济学已经表明，现实社会中经济活动往往存在较高的交易成本。例如，O. 哈特指出了现实生活中交易成本的三个主要来源：(1)在复杂的、十分不可预测的世界中，人们很难想得太远，并为可能发生的各种情况都做出计划；(2)即使能够做出单个计划，缔约各方也很难就这些计划达成协议，因为过去的经验提供不了多大帮助；(3)即使各方可以对将来进行计划和协商，他们也很难以下面这样的方式将计划写下来：在出现纠纷时，外部权威——如法院——能够明确这些计划是什么意思并强制加以执行。也就是说，任何交易活动要能够顺利展开，那么，交易双方就必须不仅能够相互交流，而且还要能够与对签约各方运作环境一无所知的局外人进行交流，如法律、政府等作为监督的第三方。①

正是由于交易成本的广泛存在，使得大多数契约具有不完全性，这主要体现为两个层面：一是尽管合约各方都会试图在现有条件下获得最有利的条款，但由于各自的认知能力有限以及环境的变动而造成契约的不完全；二是即使契约做了事无巨细的安排，但由于履约的度量成本太高，使得契约实际上也成为不完全的。就前者而言，主要表现为人们往往不能细致表明合约的各项条款：(1)一个契约有时因为语句是模棱两可或不清晰而可能造成契约的模棱两可或不清晰；(2)由于契约方的疏忽未就有关的事宜订立契约而造成不完全；(3)由于契约方订立一条款

---

① [英]哈特：《企业、合同与财务结构》，费方域译，上海三联书店、上海人民出版社1998年版，第25～26页。

以解决一特定事宜的成本超出了其收益而造成不完全;(4)由于信息不完全或不对称而无法对可能要发生的事做全面的预测和计划;(5)当至少市场的一方是异质的,且存在足够数量的偏好时,合作类型也会造成契约的不完全。就后者而言,它成为不完全契约的主要原因为:(1)当没有可以辨认的协议时,一个要求法庭去执行契约的法律理论是无益的;(2)典型的契约方也不愿选择建立在不可证实的信息基础之上的条款,因为这样的条款不是法律上可执行的;(3)典型的契约方也不愿选择在不可观察的信息基础上的条款,因为当一个契约注定不完全时,公正的解决方案是极为少见的;(4)即使契约是可监督的,法庭常常尽可能地以一种消极被动的"案例判决"的战略来应付:一是法庭往往将不完全契约视为完全契约,二是法庭往往尽可能最大限度地降低规范契约各方行为的成本。①

进一步地,正是由于市场契约往往是不完全的,因而单纯的法制显然无法保障契约的顺利履行。一方面,在不完全契约下,法律的运行成本非常高昂。例如,迪克西特就指出了四个方面的运行成本:(1)在法庭执行法制中得出和执行一项判决要花费相当长的时间,尽管法律在计算损失时也包括了利息,但是对大多数贸易商来说,如果他们进入资本市场融资时受到一定程度的限制,那么这里使用的利率可能被低估了,低于他们计算的贴现率;(2)在计算损失时,法律可能会保守估计,甚至遗漏一些内容;(3)法官往往缺少只有内部人才能了解的有关特定行业的专业知识,因而他们对商业纠纷的裁决的可预测性低于那些专业仲裁;(4)法庭可能要求公开披露商业机会、成本和收益等相关信息,而纠纷的一方或双方当事人确不愿意公开。② 而且,即使对第三方约束没有外部性,从契约方的角度也可能是无效率的。例如,泰勒尔就指出了五个方面的无效率:(1)轻率和胁迫,契约条件可能至少使一方不能充分估计契约的含义,或者契约是在给予其中一方较大讨价还价的条件下签订

① [美]施瓦茨:"法律契约理论与不完全契约",载[美]拉斯·沃因、汉斯·韦坎德编:《契约经济学》,李凤圣主译,经济科学出版社1999年版,第39页。

② [印度]迪克西特:《法律缺失与经济学:可供选择的经济治理方式》,郑江淮等译,中国人民大学出版社2007年版,第28页。

的,但政府并不赞赏这种效用分布,如中国所谓的“靓女先嫁”;(2)签约时的信息不对称,此时,信息劣势方为获得真实信息可能引起资源配置的扭曲,而信息偏在方也可能由于显示了其不可观察的信息而造成浪费;(3)不完全契约,这可能导致一方的成本沉淀,或事后讨价还价的浪费;(4)窜谋,这种契约往往以损害整个社会的福利为代价;(5)重新签约的互利性,事后的重新签约有利时往往减少当前的福利。①

显然,尽管主流经济学强调,在一套完善的法律制度下无形的手或无道德的市场可以有效地使个人利益导向与社会利益的一致;但是,这种作用机制却需要有许多严格的条件:没有外部性,供求双方的数量都很高,没有交易费用和时间损失,达成的契约能无代价地得到遵守和实施。显然,在现实社会中这些条件几乎都得不到满足,因而尽管如克莱因指出的,法院在减少乃至消除“敲竹杠”上是有其作用的,但法律机制的效果却受到很大的制约,依靠法院的解决也可能并不一定是成本最低或效率最高的途径。事实上,在现实生活中,法律通常不是人们首选的解决手段;相反,人们往往尽可能通过其他的私人性谈判来处理,只有当这些私人性尝试都失败的时候,人们才最终诉诸于法律,而法律往往意味着私人关系的终结。究其原因在于,当一个契约条款被僵硬地理解时,将会产生一种外在的风险;特别是,如果法律系统如法官、律师、陪审员以及警察等本身也具有功利主义和机会主义行为的话,人们对这种执行代理本身的信任就发生了动摇。也正因如此,人们往往不愿相信契约会得到如实履行,从而也就不会签订契约。

一般地,签约过程往往会产生这样一系列的问题:(1)各方可能会对修正合同的条款争论不休,而这丝毫无助于总的生产目的,却耗费时间和资源;(2)不仅事后的讨价还价过程是有成本的,而且,由于各方具有不对称的信息,因而也难以达成有效率的协议;(3)由于合同的不完全,各方都可能担心被“套牢”而不愿意做出关系专用性投资;(4)即使签订了契约,这种契约也往往无法最大化各方利益。而且,也正是由于

① [法]泰勒尔:“对施瓦茨‘法律契约理论和不完全契约’的评论”,载《契约经济学》,李凤圣主译,经济科学出版社1999年版,第61页。

在整个签约过程中都充满了不完全性和不确定性,因而这种契约条款必然存在一种固有的危险:为后来的利益冲突埋下了火种,因为在某种程度上,交易者会利用法庭只执行字面意义上的不完全契约条款而不能真正实现交易者事先的交易意图。例如,现实社会中经常出现的"敲竹杠"现象,就正是源于交易的一方试图利用条款的漏洞而违背他们的协议,以期从另一方所付出的专用性投资中寻求准租。事实上,正是对应于不完全契约的两种类型,出现了两种"敲竹杠"的形式:一是交易当事人利用契约的不完备性而改变其预期行为;一是交易当事人利用法庭强制执行一种不正确的契约条款而改变其预期行为。

问题是,根据主流经济学的激励机制以及最优化理论,为什么不事先在契约中对"敲竹杠"进行规定呢?显然,这样做的成本太高了:对于大多数未来事件,在相关的信息披露以后花较小的代价就可以说明,但对交易者来说,对许多潜在的不可能发生的偶发事件提前做出反应,所引发的一些预期的和先期的契约谈判成本是一种浪费。同时,不但规范这种契约需要计量成本和监督成本,而且,即使条款已经规定的相当细致了,但遇到纠纷时也需要巨大的执行成本。此外,即使契约双方可以根据新的情况对条款不断的进行调整和修正,但只要人们仅仅依靠字面的条款含义来谋取个人的利益最大化,那么,用于解决一个特殊"敲竹杠"问题的契约条款就不仅不能根本解决问题,反而往往会造成一个新的更大的"敲竹杠"问题。例如,"费舍—通用"之间的敲竹杠就是由不完全契约引发不断深化的冲突经典案例。① 正因为不完全契约根本上无法对未来可能出现的变化做出规定,纯粹的法律也根本上无法对人类的机会主义行为进行制约,所以,克莱因指出,即使法院在减少乃至消除"敲竹杠"上是有其作用的,但也可能并不一定是成本最低或效率最高的途径。特别是,当一个契约条款被僵硬地理解时,增加条款并不足以增加契约的可执行性,反而还会产生其他的外在风险,导致机会主义行为的不断升级。那么,又如何保障契约的有效执行和交易的正常开展,

① [英]克莱因:"契约与激励:契约条款在确保履约中的作用",载《契约经济学》,李凤圣主译,经济科学出版社1999年版,第131页。

从而推动社会秩序的不断扩展呢？这就需要依赖于镶嵌在人类日常生活中的隐性契约。

其实，尽管契约的条款往往都是通过书面或口头的形式表达的，但不管合约条款是如何细致，总有些理解是非表达而是推定的；[①]也就是说，合约中除了那些从法律角度应该且可以执行的协议外，还包括了很多默契的东西。正是由于隐性契约的广泛存在，使得经济学界也越来越关注隐含合约问题。显然，这些隐含的契约带来了新的问题：一是对这些隐含的条款往往有不同的理解；二是隐含的条款往往不能通过法律来执行。正因为隐性契约的广泛存在，单纯法制对契约履行所能起的作用就非常有限，因为如果过分依赖法制的强制作用，那么，人们就有可能违反隐含条款来逃避惩罚。相反，这需要更多地依赖其他社会规范体系：一者，互动双方之间的责任伦理约束力，这关涉“己所不欲，勿施于人”这一黄金道德律的积极作用；二者，依靠强制互惠的社会共同治理机制，这涉及集体主义文化的有益作用。譬如，根据工资的隐含合同理论：企业是风险中性的而工人是风险厌恶者，因而企业比工人承担风险的能力更强，在这种情况下，就业关系不仅仅是劳动和工资之间一次性的现货交易关系，而是一种涉及较长期的合同保险关系。显然，正是这种保险合同可以避免工人收入的不确定性：在企业利润低时企业不会降低工人的工资，而在利润高时工人也不要求增加工资。当然，在不同国家，真正保险合同的实施状况就体现了不同伦理对隐含契约的约束力差异：在欧美国家，社会中一旦出现经济不景气，工人还是被减薪或解雇，这说明这种保险合同并没有得到有效贯彻；相反，在日本往往更倾向于遵守这种隐含合同，在经济不景气时，往往采用工作轮换等方式而不是解雇特定的工人。

可见，尽管西方法律理论强调，契约是自主、平等的法人之间斗争、谈判的结果，是私人关系的替代物，并由法律制裁来保障；但是，由于契约本身通常是不完全和无效率的，因而即使立法获得通过，司法上也往往受到限制，以致法庭也常常拒绝执行某些类型的契约。首先，法庭不

① ［美］博特赖特：《金融伦理学》，静也译，北京大学出版社 2002 年版，第 10 页。

比契约方本身拥有更多的信息，因此，法庭就不区分最优契约的重签和不完全契约的重签；其次，法庭可能不如契约方老练，因为其在此领域经验更少；最后，法庭可能有自己的逻辑或目标。因此，如果过分地强调法律的唯一作用，而忽视法律能够有效发挥作用的基本因素，那么，依靠法律产生的结果也许是适得其反的；因为这些法律的遵守和实施毕竟还是要靠人来进行的，因而人的主观因素就是法律协调作用能否有效发挥的关键。事实上，法律仅仅能够限制少数不守法的人，但是，如果大多数都不遵守法律的话，那么法律的效果也就有限了，这也就是"法不责众"的道理；正如斯密德指出的，"警察也不是在任何场合下都是有效的。当许多人都不约束自己的时候，警察常常会无能为力"。[①] 显然，公共领域还没有理顺的绝大多数发展中国家都面临着这种境况，正如迪克西特指出的，"机会主义、偷盗或掠夺行为一旦形成预期，将阻碍潜在的有价值的投资行为，破坏互惠互利合约的协商订立，并对它们产生强大的负向激励"。[②] 例如，就当前的中国而言，由于工商业界的人士普遍不遵守基本的劳动法而不能得到惩罚，因而尽管存在一系列的社会制度来保障那些农民工的福利，但这往往变成了画饼充饥。因此，我们强调，即使再完善的法制和实施机制，也无法单纯依靠法律来解决社会成员之间的利益冲突；有的学者甚至估算出，"如果没有形成自发性服从，政府靠强制在任何时候最多只能执行全部法律的3%～7%"。[③]

二、法律协调与自我约束的互补性

上面分析表明，法律本身内含了伦理维度，无论是法律的制定还是实施都以一定伦理道德为基础。事实上，在一个伦理关系较为健康的社会中，人们在日常生活中所产生的无数冲突和矛盾大多是依靠伦理习俗

---

① [美]斯密德：《财产、权力和公共选择：对法和经济学的进一步思考》，黄祖辉等译，上海三联书店、上海人民出版社1999年版，第37页。

② [印度]迪克西特：《法律缺失与经济学：可供选择的经济治理方式》，郑江淮等译，中国人民大学出版社2007年版，第2页。

③ 转引自柯武刚、史漫飞：《制度经济学》，韩朝华译，商务印书馆2000年版，第167页。

得以解决的;而且,伦理规范所调节的范围要比法律制度广得多,对千差万别的人类行为的调节也比法律制度具体得多。究其原因在于,在某种意义上讲,法律仅仅体现为最低层次的道德要求,是对道德规定广泛范围的一小部分赋以强制的可能性。例如,波斯纳就指出,"普通法可能就是要对违反这些能促进市场效率的道德准则的行为施加成本","契约法强制执行的只是承诺的一个有限子集"。[①] 这可从两方面加以说明:一方面,源于立法的形式法律仅仅是对一般性的人类行为进行规定,而根本就无法涵盖各种各样的具体行为,而现实生活中的个体行为却往往具有特殊性,仅仅关涉两者之间的利益和关系;另一方面,法律所调整的那些行为往往要满足其带来的社会收益大于社会调整成本的条件,因而一些危害社会的行为会因法律相当大的执行成本而得不到约束。正因如此,我们必须充分理解法律与道德之间的差异性和互补性。

一方面,我们必须充分认识到法律与道德的界限,不能把任何道德问题都等同于法律问题,更不能以法律的强制力来规制层次不一的道德行为,这也正是哈特所关注的问题。哈特指出了道德与法律之间的区别:(1)对社会发展的重要性:①道德标准的存在会牺牲相当多的个人利益,面临许多强烈的感情冲动并且要战胜这种冲动;②道德标准会造成巨大的压力,须保障道德标准为全社会所周知。(2)有意变革的困难性,虽然法律的制定和废止有可能影响到某些道德传统的改变和衰变,但道德和传统一样不能由立法文件直接改变,法律往往要顺从根深蒂固的道德。(3)道德过错的故意性,"我无能为力"往往成为道德抗辩的一个充足理由。(4)道德压力的形式,道德过错不一定面临着物理性的制裁,而往往会遭受外在舆论和内心良知的谴责。同样,德夫林也指出,法律强制执行道德必须遵循这样五个原则:(1)容忍与社会完整统一相协调的最大限度的个人自由,但这个原则不适宜于整个刑法而仅仅适用于其与良心相关的部分;(2)普通人感到义愤或者厌烦时,即已达到容忍的限度;(3)立法者不应轻易改变法律;(4)尽可能充分地尊重个人隐

---

① [美]波斯纳:《法律的经济分析》(上、下),蒋兆康译,中国大百科全书出版社1997年版,第341页。

私，但不能把所有私人的不道德行为从法律领域排除出去，而仅仅适用于那些与公共利益相对独立的个人私隐；(5)法涉及最低限度的而不是最高限度的行为标准，每个社会都会为它的成员设立比法律更高的价值标准。

另一方面，要充分认识到法律与道德的相通性和互补性，即使是哈特也认为，尽管法律规则要求的比它们的道德相对物更具体，但法律义务和道德义务有部分重合，有时候它们甚至享有一套共同的词汇库。实际上，正因为法律仅仅体现最低程度的道德规范，是对那些恶行为加以约束，因而不能简单地把社会制裁等同于法律，不能刻意地贬低其他类型的社会制裁；特别是，在现实生活中，那些自我承诺的"利他"行为往往无法通过法律来强制实施，而只能依靠社会道德的约束力量。譬如，一些企业往往在那些公开性的慈善会议上承诺会对某项公益事业捐款多少，但在博取了一定的眼球和广告效应之后却不落实其承诺；显然，这种违诺行为就难以用现行的法律进行约束，而主要靠当事双方之间的互动关系和社会舆论的制约来保障它的自我施行。特别是，由于具体条件很难加以界定，一些善行也只能依靠社会道德来加以引导而不能依靠法治来加以强制。譬如，就当前社会大力推广的见义勇为行为而言，由于缺乏对被施救者所陷困境的认知，以及缺乏施救者主观动机和客观能力的判断，显然，如果用法律来对见义勇为行为的具体细节加以规定，那么反而会造成整个社会行为的混乱，因而也主要依靠伦理道德加以调节。所以，波斯纳指出，"许多在道德上令人不满的违约并不是提起诉讼的理由，(但)这是由于法律的领域受其实施成本的限制而造成的。全部承诺的法律实施成本会超过其收益"；[①]也就是说，在这些方面法律约束往往是无效的，相反，通过当事人双方的相互制约或社会舆论的制约反而更为有效。

道德制裁之所以重要还在于，除了执行成本外，现实生活中还存在其他致使法律失败的因素；事实上，法律往往是保障了既定起点下的交

① ［美］波斯纳：《法律的经济分析》（上、下），蒋兆康译，中国大百科全书出版社1997年版，第341页。

易公平性，但现实生活中起点本身往往是不平等的。显然，这些方面都需要伦理道德来发挥其关键性的制约和协调作用。(1)信息的不对称。在信息不对称的情况下，特别是那种专家所使用的那些很难为外界了解的知识，其解决的最根本办法只有靠掌握信息者本身的责任感，知识才能按照知识本身的作用被使用；这是因为在信息不对称的情况下，处在信息劣势的一方往往只有被迫信任信息偏在的一方，相信他会认真地使用他的知识。然而，对是否认真使用知识的外部控制和监督，只能控制和惩罚那些在知识使用中的严重失职行为，却不能确保知识在经济的日常生活中得到有效的使用。如医生不会滥用知识以误导病人乱买药或进行不必要的手术，上市公司不会隐瞒亏损的项目以及官员在执行公务时没有谋私利，等等。(2)地位的不对称。在权力分布极端不平衡的情况下，没有一定的社会道德和正义的约束，就无法限制强势者不会滥用职权以及保障弱势一方的利益；而且，在地位不对称的情况下，不考虑公平标准而利用长期合同中的较短期的垄断地位，必将妨碍长期交易关系中经济效益的建立，从而导致共同经济对资源的不良分配，这是因为产生了多次订约的交易费用。特别是，如果处于优势一方从合同中时常抽取短期利益，那么就会增加重复性交易的障碍，甚至导致交易不可继续；例如，在劳动合同上，如果缺乏信任就会发生经常性的专用性人力资本的沉淀，特别是个人相当于集体的损失。

显然，以上两方面都缺乏完美的解决方案或有效的法律执行机制，而对这些场合中机会主义的约束主要还只能依赖基于正义的伦理规范；因为只有基于道德基础上的相互依赖关系，才有助于合同的长期稳定。奥尔森在《集体行动的逻辑》以及艾克斯罗德在其《合作的演化》中都指出，经常交易的小团体合作所带来的报偿总是要比涉及很多人的竞争要高，这对社会是如此，对小规模的团体也是如此。但是，如果缺乏信任的基础的话，少数人的团体式的协作必然是不稳定的，会受到市场逻辑的瓦解。例如，钱德勒就研究了很多美国产业在本世纪试图将公司卡特尔化的努力，他发现，这些卡特尔最终常常是因为成员之间缺乏信任而失败。一般来说，一个卡特尔要想成功必须具有四个严格的基本要求：(1)它必须控制整个实际产量和潜在产量的很大份额，不能面对局外人的实质性竞争;(2)可获得的替代物必须是有限的,即对其产品的需求价格的弹性必须相当低;(3)对卡特尔产品的需求必须是相对稳定的,否则,卡特尔就不得不经常变更协议内容,从而增加管理和维持卡特尔的难度;(4)生产者必须愿意和能够保留足够数量的产品以影响市场。因此,即使基于个人利益的考虑会出现合作解,但是,要解释诺思所讨论的那种合作性互动,仍然有必要假定存在一组事先给定的共同信念或规范。①

其实,尽管西方社会强调法律的一般性和客观性,但任何法律的遵守和实施毕竟还是离不开具体的人,因而人的主观因素往往成为制约法律协调有效性的关键。显然,人的主观因素就涉及人的自律性问题,而这种自律性是社会伦理道德的产物,因而法律的有效施行离不开伦理道德的保障。譬如,在传统中国社会中,契约往往就是一种"君子协定",其主要功能在于界定人际关系的具体内容,起到关系备忘录的作用,而不是私人关系的替代物;而且,在契约的字里行间以及执行过程中都充斥了情与理的考虑,甚至在关系网内部根本不用契约这种形式,即使签约,它的效果也不大。② 正因如此,一个有效的法律必须能够把情、理和法结合起来,法律提供的制度化信任必须嵌入社会关系网络中,从而使得人的社会行为能够"合情、合理、合法";也就是说,法律的有效性不能离开其他社会关系维度,如福山指出的,即使"契约的存在容许陌生人在缺乏互信基础下得以共事,但是,当共事双方真的信任时,他们的合作过程绝对更有效率"。③ 正因如此,威廉姆森强调,对经济组织的目标而言,文化起着制约机会主义的作用,而在充满伪诈文化的社会中,合约的效能就要大大下降了。这主要表现在三个方面:(1)对策略性成为的社会制裁是弱的;(2)由于贿赂成风,法庭强制执行也成问题;(3)个人以

① [英]卢瑟福:《经济学中的制度》,陈剑波等译,中国社会科学出版社 1999 年版,第57~58页。

② 彭泗清:"信任的建立机制:关系运作与法制手段",载郑也夫等:《中国社会中的信任》,中国城市出版社 2003 年版,第 113 页。

③ [美]福山:《信任:社会道德与繁荣的创造》,李宛蓉译,远方出版社 1998 年版,第 172 页。

机会主义方式行事而几乎毫无悔意。①

进一步地,尽管主流经济学把财产权视为一切交易的基础,其也是法制得以存在的前提;但是,财产本身并不是孤立存在的,也不完全是"劳动"的产物,而是由一个社会的分配制度所决定的,而分配制度本身体现了法律和习俗的双重影响,体现了一个社会的认同。事实上,正如泰罗指出的,"一个人在市场中的财产权利并不依赖于他对其他人绩效的要求,而是依赖于其他人对他们自己容忍性的要求";②在某种意义上讲,容忍性本身就是伦理认同的一方面体现,它根植于文化传统之中,并内在于人的偏好之中,从而成为指导其行为的重要规范。例如,斯密德就举例说,"行窃是一种社会概念,它是指那些没有得到双方一致认同情况下的物品的运动。如果不存在这些约束的认同,要界定行窃就非常困难"。③ 显然,如果你对他人的行为采取宽容的态度,对方反过来也是如此,那么整个社会就会日趋和谐;相反,如果对利益锱铢必较或睚眦必报的话,那么相互之间就会产生不断升级的冲突。譬如,在今天的美国社会,由于崇尚个人主义,并以权利和自由为社会的基本价值,结果社会中的诉讼就变得司空见惯。即使其法制非常发达,产生了大批法学天才,也根本无助于社会问题的最终解决。事实上,美国占世界5%的人口却拥有70%的律师,而且,这些最有才华的人才(律师)本身也卷入内部的纷争;但显然,这种纷争对社会的全民福利是很少有好处的,并造成社会资源的极大浪费。

正因如此,我们说,法律的规定并不是既定的,而是社会选择的结果;特别是,建立在相互之间的认同的基础之上,这在一定程度上也就体现了自我约束的要求。而且,由于这种自我约束在一定程度上体现了效用函数的相互依赖性,它超越了自私自利而趋向容忍,从而在一定程度

① [美]威廉姆森:《治理机制》,王健等译,中国社会科学出版社 2001 年版,第 333 页。

② Taylor, John F. A., 1966, The Masks of Society, New York: Appleton - Century-Crofts, p. 10.

③ [美]斯密德:《财产、权力和公共选择:对法和经济学的进一步思考》,黄祖辉等译,上海三联书店、上海人民出版社 1999 年版,第 36 页。

上体现了人、道德契约、条约或理解之间的综合。既然任何法律制度的制定和实施都是与一定的伦理道德分不开的,而公平和正义是伦理道德的核心,从而也必然会成为理解法律的基础。事实上,西方社会中的"legitimacy"一词本身就含有合情合理的意思。哈萨尼就指出,"除非人们已经接受一种要求他们恪守契约的道德准则,他们将不会有理性地履行契约的内在驱动。因此,道德并不会有理性地履行契约的内在驱动。因此,道德并不依赖于社会契约。这是因为契约从人们对道德的一种眼前的恪守中获得其所有的约束力"。[①] 究其原因在于,基于共同正义的理解,伦理往往能够促使双方增进信任,从而降低合同执行中的机会主义倾向和内生成本。所以,福山指出,法律、契约和经济理性只能为工业化社会提供稳定与繁荣必要却非充分的基础,"唯有加上互惠、道德义务、社会责任与信任,才能确保社会的繁荣稳定,这些所靠的并非理性的思辨,而是人们的习惯"。[②]

显然,为了解决某些法律条文上的歧异,缓和法律执行生硬和困难,我们就有必要重新理解隐含于法律之中的伦理维度,发挥道德伦理的积极作用。一般地,在一个道德市场上,一个违约者将面临两方面的惩罚:一是对方直接终止契约,从而终止进一步的未来损失,发出这种威胁,使得违约者考虑可能投入的专用性资产的损失;二是违约者在市场上的声誉贬损,一个重要的手段就是公开信息条款,市场上过去的行为提供了有关这类交易者性质的有价值的信息,交易者将接触与违约者的关系而完全拒绝与过去违约的人打交道。克莱因把这两方面的违约者损失——声誉资本和专用性资本——称为"品牌资本",在他看来,交易者选择的明确条款和交易者既有的品牌资本数量共同决定了交易关系的自我实施范围的大小和位置。譬如,由于交叉持股等原因,日本公司之间的信息就很灵通,这便于日本公司实行社会共同治理模式,每个违约者都会受到其他相关人员的惩罚,同时,还存在市场上潜在的"丢面子"

① 转引自韦森:《经济学与伦理学:探寻市场经济的伦理维度与道德基础》,上海人民出版社2002年版,第14页。

② [美]福山:《信任:社会道德与繁荣的创造》,李宛蓉译,远方出版社1998年版,第18页。

的成本;因此,日本公司就拥有大量的私人可执行品牌资本,这也是为什么日本的公司之间的争端很少到法院去解决的原因。显然,从这个意义上说,当存在大量的品牌资本时,在自我履约的区域外就只有一个非常小的可能性;因此,世界上那些大公司都非常注重自己的承诺,非常关注产品的质量和服务,而不会刻意地选择那些法律约束之外的机会主义行为。事实上,如果契约条款的履行都需要完全依赖于法律制约,那么,即使可以节省类似的品牌资本,也会滋生出其他的成本,如确定成本、法庭调查成本、诉讼费用等,这往往是不经济的。正因如此,商业中最有力的道德执法者是持续的关系,即人们相信你能与顾客或供应商继续做生意;当一个企业行将失败而失去自动执法者地位时,任何手段都无法代替它。

其实,正如前面指出的,如果单纯地依靠法律的强制作用,那么不完全契约必然会滋生出不断升级的"敲竹杠"现象,但现实社会中为什么"敲竹杠"现象又不是如经济学理论所表明的那样普遍呢?为了解释这一悖论现象,当前学术界越来越多的学者开始热衷于探索充斥于现实生活中那种被称为自动可执行协议的机制;显然,这种机制主要是建立在自律的基础上的,也即声誉机制,是品牌资本的投资。例如,罗戈夫就说,"如果确实能够依靠信誉实施最优政策规则,那么我们很有理由认为这一解决办法优于要求成文的法律合同的办法。实际上,我们不可能预见到社会可能面临的所有问题并制定出一个充分相关的法律。信誉提供了一个远为灵活的手段,帮助我们处理在法律被制定出来时不可预见到的情形"。① 当然,品牌资本的创设往往是一个漫长的过程,同时也需要一系列的社会条件,包括社会伦理关系比较健康、社会信息机制比较发达以及公司发展比较稳定等。但显然,在当前的中国社会,由于市场经济发展时期较短,市场机制还很不发达,公司也处于不断波动的初创和发展期,因而往往就缺乏那些大量存在于日本社会中的基于伦理道德的品牌资本,这也是当前中国社会机会主义比较盛行的

① [美]罗戈夫:"信誉、协调和货币政策",载 R. J. 巴罗主编:《现代经济周期理论》,方松英译,商务印书馆 1997 年版。

重要原因。而且,品牌资本的培育也与社会共同治理机制的实施状况密切相关,而社会共同治理机制是否能够有效运行则是与是否存在较为成熟的行业协会等紧密联系在一起的;显然,在当前的政治、社会体制下,中国还没有真正成熟的行业协会等中介组织(即使存在一些中介组织,也大都是挂靠式的,或多或少地带有政治色彩),因而真正有效的社会共同治理机制就难以建立,市场主体也就相对不重视品牌资本的建设。

当然,尽管伦理道德对人类的市场行为起到积极的协调和约束作用,但这并不是说,市场主体的伦理行为是建立在纯粹意义的利他主义之上的。例如,富勒就曾将人类所具有的道德分为两个层次:愿望的道德和义务的道德。其中,愿望的道德是以人类所能达致最高境界为出发点的,而义务的道德则是以关系人在社会中生活的最低标准为出发点;一般地,现实中的法律就是以义务的道德为依据,义务的道德确立了使有序社会成为可能或者使有序得以达致其特定目标的那些基本规则。但是,在富勒看来,"义务这个概念本身就蕴涵着某种互惠概念,至少就每一项对社会或另一位负责任的个人负有义务来说就是这样",并且,"一项特定义务所源自于其中的那种互惠关系可能具有不同的可见度"。为此,富勒指出了辨识义务概念之最佳高效的三项条件,"首先是互惠关系,从这种关系中产生出来的义务必然导源于直接受影响的当事人之间的自愿协议,他们自己'创造了'这种义务","其次,当事人的互惠式履行必须在某种意义上是等值的……等值因素的加入(还是)进一步强化了这种(正义感)诉求","最后,社会中的关系必须具备充分的流动性,以至于今天你对我负有某种义务,明天我可能对你承担其同样的义务——换句话说,义务关系在理论上和在实践中都必须是可逆的"。①

可见,法律协调作用的效率离不开自我约束,因为基于义务道德的法律体现为最低层次的道德要求。当然,尽管愿望道德体现了人类的较高合作要求,但这也不能依靠法律来强制执行。其实,在这愿望道德和义务道德层次之间还存在其他中间层次,如职业道德;而且,正是这些中

---

① [美]富勒:《法律的道德性》,郑戈译,商务印书馆2005年版,第27~28页。

间环节道德的存在促使产生了人们的自律性，从而维持了人类社会秩序的持续发展。这些中间层次的道德要求构成了人类社会的道德黄金律，它体现的是基于“为己利他”行为机理的利他主义，其基本立足点在于：不是转移别人的利益，而是要增进共同的利益，增进相互有利的合作，从而达到自己的福利增加的目的。显然，只有建立在这种行为机理之上，合作性的社会伦理才具有生命力，才可以不断发展和成熟。实际上，伦理对行为的影响以及对合作的促进力度根本上也在于这种伦理的成熟程度，或者说是伦理合作内涵的发育程度以及伦理认同半径的拓展程度。也正是从这个角度上，诚如韦森所言，较之西方近现代发展起来的法律而言，传统的中国社会以及东亚中华文化圈的其他社会是更典型的伦理社会。[①] 当然，近代发展的结果使日本等国的国民的社会认同已经超越血缘共同体而形成了社会性组织，而中国近二十年速进的功利主义倾向使得伦理约束猛然崩溃了，这就有点像早期从缘协调组织向早期契约组织过渡时期的那种状况。[②]

三、简短结语

尽管法律对保障一般性契约的履行起到积极的协调和监督作用，但是，对不完全契约而言，法律的有效性就会大打折扣；而且，法律本身是有运行成本的，正是巨大的运行成本使得法律判决变得低效，而这又进一步造成了私人和社会福利的损失，从而产生了法律的失灵。特别是，在那些法律不健全的社会中，法律的缺陷更为明显。一方面，在法制不健全的情况下，那些契约破坏者往往能够逃避惩罚而获利。显然，正如达斯古普塔所说，“如果没有适当的惩罚，也就是说，对于违约的行为没有惩罚的话，每个人都不会有足够的动机来履行协议；如果人们普遍认

---

① 韦森：《经济学与伦理学：探寻市场经济的伦理维度与道德基础》，上海人民出版社2002年版，第10页。

② 朱富强：“协调机制演进和企业组织的起源：一个演化经济学的分析”，载《学术月刊》2004年第11期。

为违约不受罚，人们相互之间将不会有任何契约关系的存在”。① 另一方面，即使国家通过法律机构提供了较为充分的产权保护和合约执行机制，但由于市场信息往往是不对称、不完全和复杂多变的，法官又缺乏必要的专业知识；因此，巨大的运行成本也使得法庭的惩罚威慑的有效性受到抑制，即仅仅依靠惩罚未必能形成一个有效的契约。正因如此，现实中的人们往往不愿意单纯地或者主要地依靠法律来解决经济活动上的矛盾和冲突。正如迪克西特所说，“我出生在印度，对我们亚洲人非常了解。商业交往中的机会主义行为很少能够通过正规法律系统的惩罚得到抑制，更大程度上是通过社会制裁来抑制的。即使是在西方社会，建立良好的产权和契约的法律系统，经济治理的其他可供选择机制入社会网络、道德规范、道德制裁等也继续在起作用，只有在私人调解失败后上人们才会求助于正规法庭”。② 正因如此，尽管主流经济学关心的是无成本地执行契约的不具人格的市场，认为市场的交易行为仅仅关注价格信号而没有伦理因素；但是，正如克莱因指出的，在大多数现实世界交易中，人们确实非常关心的是违约的可能性，从而也关心与他们来往的人的身份和名望。

事实上，市场中的个体行为不是抽象的而是具体的，任何市场主体的行为往往深受特殊的伦理道德的制约，这有力地弥补了法制的不足；显然，正是人的偏好中本身已经内在了一定的伦理道德，人们才会对自己的欲求和行为进行抑制，使得社会契约能够自动履行。譬如，就遗产税而言，尽管遗产税可以缓和人一出生就具有的自然不公平，但是，在一个家族主义非常盛行的社会里，过高的遗产税却可能造成更为严重的后果：一方面，遗产税会鼓励人们在生前大肆消费，从而破坏家族利他主义的基础；另一方面，人们也可能通过其他方式来规避遗产税，如家族企业的企业主可能以任命子女接手公司中的要职以代替给予现金，这可能对公司效率带来更为严重的影响。显然，如果没有良好的社会伦理，没有

---

① [印度]达斯古普塔：“作为商品的信任”，载《信任：合作关系的建立与破坏》，郑也夫编译，中国城市出版社 2003 年版。

② [印度]迪克西特：《法律缺失与经济学：可供选择的经济治理方式》，郑江淮等译，中国人民大学出版社 2007 年版，中文版序言。

对高层次社会需求的认知，以及没有社会性的责任，那么，硬性的法律是无法解决这一点的；相反，在一个以“为己利他”行为机理为基础并崇尚自我实现和发展的社会中，那么富豪更愿意将毕生所赚取的钱财用于慈善事业。所以，阿罗也指出，道德因素在不同程度上进入了每个合同，没有它，任何市场都不能正常运转。事实上，道德伦理一方面减少了市场失灵的概率。另一方面减少了国家强制合作的刺激和约束，从而也减少了政府失灵的概率；所以，C. C. 卡特就指出，“从来没有一种成文法比得到民意支持的不成文的习惯法更具有约束力”，①因为毕竟“法令滋彰，盗贼多有”。

① 转引自[美]唐纳森、邓菲：《有约束力的关系：对企业伦理学的一种社会契约论的研究》，赵月瑟译，上海社会科学院出版社2001年版，第176页。

“发展—和谐”价值观诉求

——以教师教育价值观的主体过程转向为视角

范士龙*

【摘要】 自人类社会教育活动揭幕以来,围绕教育活动究竟是为了满足社会的需求还是为了满足个人的需要的中心论题,逐步形成了社会本位和个体本位两种性质、方向截然不同的教育价值观。本文试图通过以教师在教育活动中的“在场”,回顾教育价值观的产生、发展与纷争,呈现教师在追求“个体充分发展——个体、自然界、人类社会高度和谐——个体充分发展”的创造性的超越过程诉求,对“以发展—和谐过程为中心”的教育价值观进行简要论述。

【关键词】 教育价值观 教师 发展—和谐过程

教育价值观是“教育”这一客观社会现象在人的主观意识中的反映。由于它所反映的不是教育本身的属性,而是这种属性与人的需要之间的关系,所以它因人的需要的总体趋势的不同而异。直到今日,在教育价值研究方面突破性的进展并不大,尚有许多领域有待探明,甚至包括教育价值观的含义。本文在前人研究的基础上,试图对教育价值观这一教育问题进行初步探索,以期更好地指导我们的社会实践。

一、关于教育活动“价值”的历史考察

19世纪英国实用主义教育理论家斯宾塞最早明确地提出了教育价

* 范士龙:吉林财经大学讲师,东北师范大学教育科学学院博士研究生。

值问题,在他的名著《教育论》中,提出了"什么知识最有价值"(What knowledge is of most worth)的问题,认为教育的价值是为"我们完满的生活做准备,是教育应尽的职责"。此后,有关教育价值的讨论风靡一时。

在美国,代表性人物是实用主义者杜威,他把价值分为"内在的价值"(Intrinsic values)和"工具的价值"(Instrumental values),认为内在价值无大小、好坏之分;工具价值是通过估量、比较、评判产生的。决定某一学科价值有多大的唯一标准是这一学科对于经验中各种直接的内在价值的贡献大小。

在德国,杜尔将教育价值分为理想价值和现实价值,认为在现实生活中应使理想价值从属于现实价值,并以此作为教育价值最高原理。

那么,究竟什么是教育价值观呢,目前尚没有一个人们普遍认同的定义。马克思说:"价值这个普遍的概念是从人们对待满足他们需要的外界物的关系中产生的。"①这说明:价值不是外界物本身的属性,而是在这种属性与人的需要相互关系的过程中产生的,所以教育价值观本质上是人们对教育活动需要的能动看法。人们对教育价值的看法不一,表达上也有所差异,但通过认真分析,就教育价值观的特征来说,人们至少具有以下共识:教育价值观是受社会历史制约的,是相对稳定的,同时也是具有主体差异性的。本人认同"教育价值观就是指导人们对教育的价值关系的认识和评价,以及以此基础上所确定的行为取向标准"。②

二、教育价值观分析

纵观教育发展的历史,围绕教育究竟是为了满足社会的需求还是个人的需要这一中心论题,逐步形成了性质、方向截然不同的两种教育价值观,即社会本位的教育价值观和个体本位的教育价值观。

(一)社会本位的教育价值观

社会本位的教育价值观强调教育活动的根本目的应是培养国家所

---

① 《马克思恩格斯全集》(第19卷),人民出版社2002年版,第3页。

② 王坤庆:《现代教育价值论探讨》,湖南教育出版社1990年版,第123页。

需人才，为国家的政治、经济、文化发展等服务。古希腊时期，柏拉图在讨论城邦保卫者的音乐文学教育时，指出教育“在于培养理想公民的性格”，即培养“对内镇压不法之徒，对外抗虎狼般的入侵之敌”的“理想公民”，公民要“念念不忘卫国保乡，御侮抗敌，团结一致”。

社会本位的教育价值观伴随着普法战争的枪炮声渐露端倪。交战双方都在各自败北之时呼吁国家利益应成为教育的首要目的，从而使国家主义思潮在德、法两国一度膨胀，几难遏止。

19世纪末期，社会本位的教育价值观开始踅于日、俄两国。当时的日本教育大臣森有礼曾宣称，“学政的目的不是为了学生，而是为了国家”，沙皇俄国也在国家主义的价值观基础上建立了其教育体系。

1932年，改造主义教育思潮代表人物康茨在美国教育协会上发表了题为《进步教育敢于进步吗?》的讲演，向进步主义教育运动发难，他警告说：进步教育要真正成为进步的，就必须从中上层阶段的影响中解放出来，勇敢和果断地面对所有社会问题，开始努力对付严酷的生活现实，与社会建立一种有机的联系……在这场精彩的演讲中，他反复使用“敢于”一词，批评教育对重大社会变革“不闻不问”的态度，而强调教育应为国家、社会服务的主张。

在美国，拉梅尔德在面对美国年轻一代中出现的个人主义、利已主义和极端自私的行为表现时指出：我们今天生活在一个人类历史上最大的危机时期；进而对教育进行审视：要是不及时优先考虑这些事件，提供一切可能的机会诊断他们产生的原因，并考虑年轻一代怎样可以应付它们，这样的教育制度就是逃避它最迫切的职责。现在，一些美国人甚至认为“先有哈佛，后有美利坚合众国”，因为哈佛大学为美国培养了6位总统，30多位诺贝尔奖获得者。

（二）个体本位的教育价值观

个体本位的教育价值观则认为教育的直接目的是为了促进个人在个性方面得到自由充分的发展。这一教育价值观的萌芽可以上溯到古雅典的学园，亚里士多德明确提出，统治者“必须保证他的公民们个个都要成为善人，并应该熟知应采取怎样的措施，而后可以取得这样的成绩。”把培养这种“善人”作为目标，主张对于具有高尚灵魂的人和自由民,只寻求效用和功利是不相宜的,而学习高尚文雅的学科则能形成高尚的心灵,使人的灵魂的各个部分得到自由发展。

欧洲文艺复兴运动初期,人文主义教育家维多里诺从自己的教育实践出发,强调要正视新生儿童的个别差异,“我们并不希望每个儿童在心智能力方面都表现出同样的程度或同程度的兴趣”,①反对中世纪的“肉体是灵魂的监狱”的观点,反对都会学校对学生强迫纪律、严酷体罚,主张激发学生的学习兴趣和主动性、积极性。

自然主义教育的代表卢梭要求教育脱离社会文化的樊笼,进一步发挥了夸美纽斯认为学校是“儿童心灵的屠宰场”的观点,追求人性得以自由自然地发展;进而提出“以天性为师,而不是以人为师”,教师要使受教育者“成为天生所造成的人,而不是人造成的人”。其以“归于自然”为核心教育思想把儿童理想化,认为儿童生来是自由的,人的最高权利也是自由,适应儿童自然发展的教育必定是自由教育,也只有自由教育才能使儿童的身心得到自由发展。

以南尼为代表的自由主义教育者及至裴斯泰洛齐、福禄倍尔、赫尔巴特等人在教育的价值取向上,都以个人的自由发展作为教育的根本目的,即使现在,以个人中心价值观仍在英美各国广泛流行,尽管不同时期其偏重有所不同。在英国,个人中心价值观不加遮掩、淋漓尽致地在老牌名校牛津大学和剑桥大学中得以体现,这些大学所培养的多是“绅士”型人才。在美国,个人中心价值观则是间接被动地造就社会的需要,隐晦地把教育当做学生日后在社会中实现自我价值的手段。

三、以“发展—和谐”过程为中心的教育价值观

以往对教育价值的看法,“从教育史上看,不过是从一个极端滑向了另一个极端,即从以本本主义的系统知识授受的模式滑向以儿童的偶发兴趣为中心的问题解决模式”。② 而要实现人的全面、自由、充分发展,

---

① William Harris Wo dward, Vittorino do Feltre an lother Humanist Educators, Teachers college, Columbia University, New York, 1963, p. 203.

② 朱永新、徐亚东主编:《中国教育家21世纪展望》,山西教育出版社1997年版,第56页。

就要求我们的教师要以一种“以人为本”的、和谐的教育价值观来从事教育教学活动。

在我国,无论是儒家的“入世”精神,还是道学、佛学的“出世”意涵,都存在这样一个共识,即“和”的理念。以发展—和谐过程为中心的教育价值观体现着人追求充分、自由、和谐发展的价值取向,并由此外现为始终“以人为本”的教育功效目的,从而对教育活动的诸多方面起着指向的作用。教师是教育过程的主要参与者,在教育教学过程中,教师对学生的学习活动起主导作用,教师的不同教育价值观必然导致不同的教育结果,要使教师持有以“发展—和谐过程”为中心的教育价值观应有以下几点需申明:

(一)以发展—和谐过程为中心的教育价值观的个体诉求

以发展—和谐过程为中心的教育价值观是以人为本的教育价值观,在教师从事教育教学活动过程中,教师作为教育活动参与者,其主体能动地、创造性地对教育活动的认识和把握,强调教师在教育教学过程中的“价值在场”。教师在教育教学过程中要“给予每一个学生机会,在共同的起点上发展自我”,①反对把教师当成“社会工具”或“社会机器”,追求“教人做人,使人成人”的教育价值。正如联合国教科文组织国际教育发展委员会在《学会生存》一书中所言:教育成为受教育者主动和由学习者推动的过程。

(二)以发展—和谐过程为中心的教育价值观的过程诉求

以发展—和谐过程为中心的教育价值观是生动演进、不断提升的教育价值观。要求教师要摒弃那种机械决定结果的教育价值观,反对那种“从一种固定质到另一种固定质”的目的预设。布列钦卡在他的《教育科学的基本概念:分析、批判和建议》一书中,对分析教育科学的基本概念进行分析时指出:教育不是一种“产品概念”,更应是一种“过程概念”,是反映活动过程属性的概念,是一种形成的过程。

---

① 黄显华、朱嘉颖编著:《一个都不能少:个别差异的处理》,上海科技教育出版社2003年版,第1页。

(三)以发展—和谐过程为中心的教育价值观的和谐诉求

以发展—和谐过程为中心的教育价值观是崇尚个体、自然、社会的理性和谐的教育价值观。教师要在教育过程中使受教育者及自己本身都不断生成健全的人格,促进其道德意识、道德情感、道德行为的养成,强调在教育过程中,反思"游戏规则",进行理性的判断,在内心形成一种内化的"道德审问机制",进而在人与人、人与自然、人与社会的交往中,在这种"首先审问机制"的作用下,实现和谐发展。联合国教科文组织在其文献中明确提出,把教育作为一种和谐精神,这种和谐精神产生于作为有待构思和筹划的我们的地球村的活跃分子,产生于希望为后代的利益共同生活的愿望。

(四)以发展—和谐过程为中心的教育价值观的民主诉求

以发展—和谐过程为中心的教育价值观崇尚教育过程的民主。反对教师及一切教育活动利益者单纯功利地追求社会功利目的或一味地追求个人的无条件的"自由发展"或"放任自流",反对"公用霸权",进而对个体横加干涉。为此,从专制式的师生关系走向相互尊重、平等相处的新型主体关系,从"单边主义"的平面式的教育方式走向双向互动、多边参与的立体式的教育方式。

(五)以发展—和谐过程为中心的教育价值观的生活诉求

以发展—和谐过程为中心的教育价值观是一种"崇尚回归生活世界"①的教育价值观。这种对生活世界的回归,要求包括教师在内的教育活动利益者要回归到生活、人的经验中去,而非"孤立的人",要求人的"在场",知识与人的"相遇",强调个体的生活经验、生活履历和参与教育活动。强调在个体"凸显"过程中实现"关系"发展,强调充分尊重他人的生活经验、生活方式、生存状态的习得的生活过程。

综上,本文认为教师在教育过程中要把自己的价值选择从既有的"社会本位"、"个体本位"的传统本位价值观的桎梏中解放出来,在自我"在场"的过程中,注意教育活动本身,不断在师生互动中进行"道德审问",在师生共同发展过程中,实现人与自然、社会的和谐相处的美好愿景。

① 李文阁:《回归现实生活世界》,中国社会科学出版社2002年版,第155页。

公共利益反向排除模式的反思

范振国*

【摘要】 基于正面探讨公共利益存在的种种问题,有学者采取反向排除的方式,即试图将不属于公共利益的利益形态排除出去,进而实现对公共利益的把握,对于这种公共利益反向排除模式也要进行必要的反思。

【关键词】 公共利益 反向排除 商业利益 部门利益

一、公共利益反向排除模式的基本含义

公共利益,一个被称为"罗生门"式的概念,诸多学者们从不同角度对其进行了正面探讨,但许多学者发现这些正面探讨也存在很多问题,最典型的问题就是无论怎样从正面讨论公共利益,公共利益的抽象性、不确定性都难以消除。

基于对公共利益正面探讨进行存在的问题,有学者另辟蹊径——采取从反面排除的方式界定公共利益,即将那些不属于公共利益的利益形态排除出去,进而实现对真正的公共利益的理解和把握。当然应该看到,这种公共利益的反向排除模式与其说是对公共利益正面探讨的代替,不如说是对公共利益正面探讨的补充。对此,学者刘连泰认为:"对'公共利益'的实体解释和程序解释虽然面临这样或那样的困境,但绝非毫无价值。对'公共利益'的实体解释和程序解释都是对'公共利益'的正面说明,如果在此基础上,我们加上对'公共利益'反向展开,则'公

* 范振国:吉林财经大学法学院法理教研室主任。

共利益’的边界就可以更进一步廓清：将若干种貌似‘公共利益’但不是真正‘公共利益’的情形（我们可以称之为‘公共利益’的假冒形态）排除出去，只有在无法通过反向排除的情形下，才套用对‘公共利益’的正面说明以甄别征收和征用行为是否符合‘公共利益’。这样，我们甄别‘公共利益’的作业成本也可以大大降低。”①

二、公共利益反向排除的主要利益形态

一般来说，公共利益的反向排除模式所排除的主要是以下的利益形态。

首先是对商业利益的排除。有学者指出：在社会生活中，属于公共利益的情形是无法列举的，但是可以从反面说，凡是属于商业开发的，绝不属于社会公共利益。商业开发是以营利为目的的，所以完全可以把公共利益和商业利益区分开来。搞商业开发要用土地房屋，这就成了平等主体之间的事情，那可以谈判。不能把任何商业开发的利益都叫做社会公共利益。所以我们在公共利益上应有更明确的规定，以免其被滥用。②学者杨峰也主张：“在我国目前应采取严格类型，对于因公共利益而征收的财产不能用于商业用途，即如果用于商业用途，则不符合公共利益目的性条件，不能通过征收取得，商业经营性用途的土地只能通过商业途径去获得。”③

其次是对纯属政府（部门）及其工作人员利益的排除。从一定意义上讲，权力的公共性是权力的应然性特征，权力的私人性是权力的实然性特征。④从应然角度来讲，政府（部门）及其工作人员不应为谋取自身利益而运用公权力。如英国学者韦德所说：政府本身不是目的而是手段，政府除了人民的利益以外没有自己的利益，因此，公共行政人员必须坚持道德化价值取向，以维护公共利益而不是维护自身团体利益为己

① 刘连泰：“‘公共利益’的解释困境及其突围”，载《文史哲》2006年第2期。

② 佟丽华、白羽：《和谐社会与公益法》，法律出版社2005年版，第6页。

③ 杨峰：“财产征收中‘公共利益’如何确定”，载《法学》2005年第10期。

④ 董长春：“权力的私人性及其法律控制”，载《社会科学论坛》2005年第6期。

任。①但之所以每个国家都从实体或程序上来约束政府(部门)及其工作人员,正是因为在实然的状态中每个政府(部门)及其工作人员都有自己的利益,而且他们也都可能会为自身利益而动用公权力。

三、对公共利益反向排除模式的反思

应该看到,将商业利益排除在公共利益之外也是对下述情形的应对:在现实生活中,许多个人、企业、团体等主体打着公共利益之名,实际上却是为了谋取自己的商业利益,在这过程中也不断上演着个人权利受侵害的血泪史。但这里需要注意的是:我们反对的是为了商业目的而进行征收等行为,但这并不意味着反对所有形式的商主体介入。现代社会的公益事业不可能都由政府完成,也需要商主体的适度参与。所以,切不可盲目将一切商主体的参与行为都排斥在外,当然必须要对其进行严格的规范。正是基于此种情况,有的学者虽然并没有主张将商业利益形态绝对排除在公共利益之外,但主张要对其进行严格的限制。房绍坤认为:物权立法不应对商业征收全面禁止,但对商业征收应该做出较公益征收更为严格的限制以防止商业征收权的滥用。②还有学者认为:“对于商业征用项目一般情况下应排除在公共利益界定的范围之外,对于那些促进经济发展和社会繁荣具有显著和重大影响,但不采取强制征用则无从实施的商业项目按照例外原则,在审慎的专家论证、评估和公众磋商基础上予以认定。”③

如何看待对纯属政府(部门)及其工作人员利益的排除?“国家机关除了代表公共利益外,还代表自身的利益。代表公共利益是它的法定义务,体现了它的‘道德人’或者‘政治人’的属性;代表自身利益则体现了它的‘经济人’属性。当国家机关代表其自身利益的时候,它所代表的就不是‘公共利益’,而是‘权力利益’。纯粹政治学上的国家和政府

---

① [英]韦德:《行政法》,楚建译,中国大百科全书出版社 1997 年版,第 27 页。

② 房绍坤、王洪平:“论我国征收立法中公共利益的规范模式”,载《当代法学》2006 年第 1 期。

③ 周林彬、何朝丹:“公共利益的法律界定——一种法律经济学的分析进路”,载《甘肃社会科学》2006 年第 1 期。

是没有自身利益的,其存在的唯一价值和目的就在于公共利益,这种制度构想是以国家和政府在现实中的完全超脱为前提的,而这种绝然的超脱至少在目前的人类文明程度内是无法期待的。”①归根结底,主体的行动都和利益有关。如马克斯·韦伯所说:获利的欲望,对营利、金钱的追求,一直存在于所有的人身上,可以说,尘世中的一切国家、一切时代的所有的人,不管其实现这种欲望的客观可能性如何,全都具有这种欲望。②实际上公共选择理论也主张每个政府(部门)及其工作人员都是有经济理性的,都可能动用公权力并且不断扩张公权力来为自己争取利益。由于权力主体归属的私人性,权力对利益的占有和分配在表象上表现为利益占有和分配的私人性。在权力扩张运动的两个方向上也必然体现出私人性的特点:其一,为实现更大的资源利益的占有,不断地去努力占有更大的权力;其二,为了获得更多的交换利益,不断地将手中的权力变成可以无数次使用的交换资本。这两个方向上的运动必然使公共权力偏离公共性的轨道,使权力成为个人的仆役。③所以,纯属政府(部门)及其工作人员的利益绝对不能与公共利益混为一谈。

因此,尽管这种反向排除讨论模式有自身的不足,但其也的确有独到之处。刘连泰认为:“与对公共利益的正面解释一样,公共利益的反向解释同样会面临可能的责难。但我总认为,力图对公共利益给出一个一劳永逸的定义,只能是人类在公法领域的认识论狂想。我们能够做的事情只能是无限逼近那个本真的公共利益,这个逼近的过程是一个‘去伪存真’的过程,‘伪’去得越多,我们就越逼近真理。”④虽然“经过长途的智识努力,公共利益也许还处于混沌状态,但只要我们将公共利益的混沌状态有所减轻,仍然可以称为知识增量:无限累积的结果才是公共利益边界的澄清。从纯粹对知识的追求来看,反向展开也许是不符合规范

---

① 胡鸿高:“论公共利益的法律界定——从要素解释的路径”,载《中国法学》2008年第4期。

② [德]马克斯·韦伯:《新教伦理与资本主义精神》,于晓等译,北京三联书店出版社1987年版,第7页。

③ 董长春:“权力的私人性及其法律控制”,载《社会科学论坛》2005年第6期。

④ 刘连泰:“‘公共利益’的解释困境及其突围”,载《文史哲》2006年第2期。

的——定义一个被定义项不能用否定词。但法学研究的目的从来就不是基于纯粹的对知识的追求——我们必须解决当下的问题，解决芸芸众生的苦难。将几种经常的公共利益假冒形态从公共利益的外延中去除之后，至少可以减少在公共利益判断中过多的徒劳。恰如一个在漫漫黑夜里寻找目的地的人，我们也许无法告诉他如何才能到达目的地，但我们告诉他哪几条路是歧路仍然是有意义的(虽然我们告诉他的歧路是不完全的列举)，至少可以避免几次可能的无功而返”。[①] 应该说该学者的论述揭示出了公共利益反向排除模式的真正价值所在。

其实，没有学者可以断言自己对公共利益的研究就是绝对真理，否则就不只是一种狂妄更是一种无知，学者们对公共利益的研究至多只是对公共利益理解的不断加深。那么这里也可以说，公共利益的反向排除模式应该被看做是对公共利益理解的另一种路径，适当地采用这种路径也会使对公共利益的理解得以深化。

---

① 刘连泰：“‘公共利益’的解释困境及其突围”，载《文史哲》2006 年第 2 期。

财产权

我国不动产确权制度的经济学分析
——法经济学语境下的反思

谢 地* 侯银萍**

【摘要】 明晰的产权是降低交易成本、有效配置资源的前提。在我国现有的不动产产权制度安排下,无论城市还是农村,都存在不动产产权主体不明确、产权结构残缺等产权模糊的问题。这些问题在实践中引起了一系列矛盾,造成了资源配置的无效率。其根源在于制度安排的不合理,即实体性法律规范的不衔接和相互矛盾,程序性规定的零乱和不统一。彻底打破城乡二元经济结构,实行城乡不动产统一管理模式,打破"多头执政"的局面,建立统一的不动产确权登记制度并规范不动产确权程序,是清晰界区不动产产权、有效发挥不动产产权功能、优化不动产资源配置的重要途径。

【关键词】 不动产产权 产权模糊 产权登记 界区功能

一、问题的提出

在城镇,我国长期以来采取房地分别登记制度,国有土地使用权与房屋所有权等权属登记分属不同部门管辖,并形成多部门登记、分级登记的局面。这种情况增添了法律纠纷和违法行为的可能性,造成了制度

* 谢地,1963 年 12 月生,吉林农安人,经济学博士,吉林大学经济学院教授、博士生导师、副院长;

** 侯银萍,1978 年 9 月生,江苏沛县人,浙江工业大学法学院讲师,吉林大学经济学院博士生。

成本的扩大化。以预售商品房为例,1999 年,北京市 100 多名购房者分别与昌平区 12 家开发商预售商品房纷纠上诉案,均以不能办理产权证为由要求退款并补偿利息,涉案标的额达 2000 万元,至今仍有买房人起诉要求办理产权证或要求解除合同。① 在社会生活中,福利房、平价房、微利房、安居房、解困房、经济适用房等房产种类混乱,却又经常出现在法律法规及其他规范性文件中,其确切含义及相互间的区别,几乎没有一个部门能完全解释清楚,这无疑削弱了不动产登记的效力。随着不动产产权类型日渐完善,权利主体日趋多元,政府部门的服务职能愈发彰显,管理作为房地产登记主要功能的社会基础逐渐弱化。然而,服务职能尚未在实践中完全落实,行政管理理念在我国房地产登记中却根深蒂固,并未随计划经济时代的结束而转变。

在农村房地产领域,2007 年 11 月,浙江省嘉兴市政府下发并施行了《嘉兴市农村合作金融机构农村住房抵押借款、登记管理暂行办法》(以下简称《办法》)。依照该《办法》,嘉兴农民可以以自己的农村住房为抵押,从嘉兴市农村合作银行获得贷款。目前嘉兴市百分之七八十的农户有经营性收入。这些农民对资金的需求量很大,由于缺乏抵押物,他们往往难以获得银行贷款。嘉兴市《办法》的出台就是为了改变农民融资难的现实。然而,截止到上述文件实施满一个月,尚未发放任何一笔贷款,其原因就在于农民住房抵押的手续不全,房产管理部门无法为其办理房屋证,也不能为其办理抵押贷款登记。面对农民房屋抵押,房管部门存在诸多顾虑:在土地证、房产证两证不全情况下,抵押手续如何办?抵押后发生纠纷怎样处理?实际上,这种实践并非是由嘉兴市政府首创,在浙江的温州、湖州等地,曾先后出现民间自发或政府推动的农民住房抵押贷款试验。早在 20 世纪末,温州就有私下的农房抵押贷款。湖州市政府曾在 2001 年开始尝试为农房抵押贷款提供制度平台。湖州市政府下发了《湖州市区农村农民房屋抵押登记办法(试行)》,用于发展和规范相关的农房抵押贷款试点。但由于种种复杂的原因,上述办法并

---

① 参见"预售商品房纠纷多的三大原因",载 http://news.bj.allfang.com/newshtml/2008-01/29924_1.html,最后访问日期:2009 年 4 月 30 日。

没有真正得到执行。①

可见,无论城市还是农村,现有的不动产产权制度安排均存在一些问题和弊端,特别是不动产登记制度不健全,导致不动产产权的确权功能没有得到充分发挥,并在实践中引发了一系列矛盾,造成了资源配置的低效率。彻底打破城乡二元经济结构,实行城乡不动产统一管理模式,打破"多头执政"的局面,建立统一的不动产确权登记制度并规范不动产确权程序,是清晰界区不动产产权、有效发挥不动产产权功能、优化不动产资源配置的重要途径。

二、不动产产权模糊的表现形式

"产权不是指人与物之间的关系,而是指由物的存在及关于它们的使用所引起的人们之间相互认可的行为关系。产权制度安排确定了权利主体针对财产的行为规范,因此,对共同体中通行的产权制度可以描述为,它是一系列用来确定每个人相对于稀缺资源使用时的地位的经济和社会关系。"②产权会影响激励和行为,这是产权的一个基本功能。明晰的产权是降低交易成本、有效配置资源的前提。明晰、无争议、有法律保障的不动产产权是不动产进入市场的首要前提。而产权主体不明确、权利内容不清晰都将会产生"产权模糊"。③ 具体而言,这种"产权模糊"主要表现为:

(一)不动产产权主体不明确

长期以来,我国形成了以社会化大生产为主要特点的城市经济和以农户小生产为主要特点的农村经济并存的城乡二元经济结构。而"户籍制度、土地制度、就业制度、社会保障制度等一系列制度是造成中国城乡

① 参见"湖南首颁农房产权证,意外解农民贷款难",载 http://news.xinhuanet.com/mrdx/2008-11/09/content_10330045.htm,最后访问日期:2009 年 4 月 30 日。

② [美]R. 科斯、A. 阿尔钦、D. 诺斯等:《财产权利与制度变迁——产权学派与新制度学派译文集》,上海三联书店 2003 年版,第 204 页。

③ 产权模糊有两种情况:一是产权归属关系不清;二是权利主体不明确。卢现祥主编:《新制度经济学》,武汉大学出版社 2007 年版,第 69 页。

二元结构体制的根源”。[①] 土地制度在我国不动产产权制度安排中具有举足轻重的地位，土地上的建筑物和构筑物等不动产产权的确立则以相应的土地制度为依托。

第一，在城市，不动产产权主体不明确主要体现在各政府部门之间土地产权界线模糊以及其他不动产产权主体公示制度存在缺陷。

《土地管理法》明确了城市市区的土地属于国家所有，国有土地所有权只能由中央政府即国务院代表行使。然而，在实际管理中，地方政府长期以来代理行使着土地所有权。有学者认为，中国的国有土地目前实行的是以多级政府审批权限结构为基础的城市政府代表制。但地方政府究竟应享有何种权利，现有法律却没有明确界定。[②] 为分享国有土地资源带来的巨大利益，土地管理部门、房产管理部门、国有资产管理机构、城市建设管理部门、林木主管部门、海洋管理部门等都要求行使国有土地的所有和管理职能。以北京为例，城镇危旧房改造的土地市场供应权掌握在各区县手中；各委办局系统对于自己占用的土地虽然是土地使用者，但也在行使处置权；新征土地基本由各经济开发区掌握；近郊一些乡的开发企业，将集体土地征用后，直接投入市场。可见，我国的不动产资源存在“多头执政”、[③]多头供地的现象。“多头执政”导致产权登记制度被严重地破碎化，在经过横向、纵向、效力等全方位的分割后，本应作为整体的登记制度蜕变为各部门、同部门各级机关之间的制度碎片。[④] 而多头供地则不仅引起政策不统一、供地失控，而且也为土地寻租提供了外部条件。政府既是设租者又是寻租者，政府往往以行政手段介入土地产权的初始界定和分配，视不同对象安排含量不等的产权。在此背景下，寻租机制便发育和成长起来。[⑤]

不动产产权的排他性决定了不动产产权需要以特定的公示方法予

---

① 陆学艺：“中国农村改革与发展的前景”，载《当代财经》2009 年第 3 期。

② 方和荣：“改革和完善城市产权制度的思考”，载《中国土地科学》第 17 卷第 2 期。

③ 余能斌主编：《现代物权法专论》，法律出版社 2002 年版，第 413 页。

④ 李凤章：《登记限度论——以不动产权利登记制为中心》，法律出版社 2007 年版，第 26 页。

⑤ 方和荣：“改革和完善城市产权制度的思考”，载《中国土地科学》第 17 卷第 2 期。

以表现。“不动产的流动大多凭借权利形态的流通，表现为权利主体的变更和物上权利的设定、变更，而非主体间的物态流通，由此必然产生复杂的层级权利体系，在这种背景下，登记制度水到渠成地成为近代不动产物权的共同公示方法。”①由于登记结构的行政管理思想浓厚，产生了伴随逐利冲动的权力扩张，而每一种权力的扩张势必会带来寻租机会的扩大。据统计，上海市明确规定登记资料的审阅费为10元，抄录费为20元，复印费为30元。相对于资料成本而言，这样的收费着实不菲。对于初始登记，上海市规定按照房地产价格总额计算，100万元以下的，按照0.2%收取；以后的变更登记，个人产权每件100元，其他产权每件200元；抵押登记，按照抵押物的价值总额按比例收取，100万元以下的，收取0.1%的登记费。② 可以说，利益构成了各部门争夺登记权的真正原因，随着不动产登记结构统一的要求日益强烈，登记机构的争夺也日益激化。各登记机构的重复设置和重复劳动，势必导致登记成本居高不下。

第二，在农村，不动产产权主体不明确主要体现为集体土地管理的委托代理关系不规范以及集体土地所有权的成员边界不清。

《土地管理法》规定农民集体所有的土地应当分别由村集体经济组织或村民委员会和乡镇集体经济组织经营、管理。对于“集体所有制”，有学者认为，各市场经济国家民法体系在关于产权的规定中并无“集体所有制”提法。因为世界上从来没有非官非民的“集体”，如果老百姓根据结社权自由结成民间性集体，如农会、民间合作社和股份公司，那就是私有制（西语 private 本来就有“民间的”、“非官方的”之意，并不仅指个人或自然人所有，企业法人与社团法人也可以成为 private 性质的权利主体）；而如果是身份性或强制性的官办“集体”，如人民公社，那就是官府所有的一种形式。③ 在集体所有者（委托人）缺位的条件下，村委会扮演了政府在乡村的“代理人”、为社区服务的“当家人”和集体资产管理

① 谢在全：《民法物权论》（上），中国政法大学出版社1999年版，第57页。

② 参见上海市物价局、市财政局：《关于调整房地产登记勘丈收费项目及标准的复函》。

③ 秦晖：“什么是‘集体所有制’”，载《凤凰周刊》2006年第12期。

的“代理人”三种相互矛盾的角色。这种单结构多功能的村委会运作流程，实际上就是其负担的政务、村务和财产管理事务相互博弈的过程。①我国法律明确规定，农村土地属于农民集体所有。对此，有学者认为，“集体成员”仍缺乏明确的界定，是以自然村或行政村，还是以乡镇作为集体成员划定的边界，农民的新生后代、出嫁的女子以及自费上大学的学生等是否排除在集体成员之外，相关法规并没有明确界定。② 上述问题导致随农村人口变动相应进行土地调整的难度加大，弱化了农民长期投资的动力，造成了农民土地权益的流失，村委会容易由集体土地产权代表演化为政府的附属物，从而为政府与特定利益集团干预集体土地产权提供帮助和配合。

（二）在不动产产权结构上存在产权残缺

新制度经济学的产权理论主张，完备的产权包括资源利用的所有权利（权能），如所有权、占有权、使用权、收益权、处置权等，这些权利（权能）构成了“权利束”。不同权利束的排列与组合决定了产权的结构。如果关键的权利（如收益权、处置权等）受到限制或者禁止，就会导致产权的残缺。“权利之所以常常会残缺，是因为一些代理者（如国家）获得了允许其他人改变产权制度安排的权力。”③

改革开放以来，我国对城市土地产权制度进行了较大程度的重构，逐步确立了土地所有权与使用权分离的产权安排。可是，这种将土地产权简单地区分为土地所有权与使用权，并在实践中执行双重使用权标准的做法，严重阻碍了规范化的城市土地市场的形成和发展。尤其是通过行政划拨方式获得土地的土地使用权人没有一定限制条件下的转让、出租、抵押等处置权，只有本来意义上的土地使用权。这使得存量土地固化在原土地使用者手中难以流动并进入地产市场，加剧了地产市场的供

---

① 孙绪民：“对当前我国失地农民保护主体的审视与思考”，载《调研世界》2006 年第 9 期。

② 黎元生：“农村土地产权配置市场化与制度改革”，载《当代经济研究》2007 年第 3 期。

③ [美]R.科斯、A.阿尔钦、D.诺斯等：《财产权利与制度变迁——产权学派与新制度学派译文集》，上海三联书店 2003 年版，第 188 页。

不应求,导致土地价格飞涨。①

随着农村经济体制改革的深入,家庭联产承包责任制下集体所有制的农地所有权归农民集体所有,承包经营权归农民家庭所有。但由于农民的土地承包经营权必须通过签订承包合同由双方约定才可取得,这意味着土地承包经营权具有一定的约定性和不确定性。这种集体所有制具有共同所有制的特征,而且在这种共同所有制的制度安排下,农民并没有对集体土地真正拥有处分权,导致产权的残缺。② 司法实践中,土地承包合同纠纷被定性为债权债务关系,这种处理方式强化了人们土地承包经营权的债权意识;实际生活中承包地的经常性调整使农民形成土地周期性调整的心理预期和路径依赖,等等。这些问题导致农民的产权主体地位得不到有效保障。对农民来说,很难树立起维护自己土地产权的信心;对乡村干部而言,收回土地承包经营权成为其要挟农民完成国家任务、收取提留(即使这种提留不一定合乎国家政策和法律)的一种手段,且常常成为乡村干部追求自身权益对土地进行调整的一种借口。③

三、不动产产权模糊原因的制度经济学解析

巴泽尔将“产权”界定为:“个人对资产的产权由消费这些资产,并从资产中取得收入和让渡这些资产的权利和权力构成。”④产权具有五大功能:界区功能,激励功能,约束功能,交易功能和增值、贬值功能。其中,产权的界区功能是产权最基本的功能。它是在界定各产权主体之间、产权主体与非产权主体之间的权利与义务区间上的功能。产权界定清晰,主体才可能与非主体之间彼此对立,才可能平等地进行交易。可

① 谢地:“论城市土地产权创新”,载《吉林大学社会科学学报》1994 年第 3 期。

② 钱忠好:“农村土地制度变革农户心态的实证分析及其政策启示”,载《中国农村经济》1997 年第 4 期。

③ 钱忠好:“农村土地承包经营权产权残缺与市场流转困境:理论与政策分析”,载《管理世界》2002 年第 6 期。

④ [美]约拉姆·巴泽尔:《产权的经济分析》,费方域、段毅才译,上海人民出版社 1997 年版,第 18 页。

见，产权的界区功能是产权发挥其他功能的前提和基础。产权的界区功能是通过确立产权的过程发挥出来的，而产权的确立过程就是界定产权主体权利、义务、责任的过程。这需要一系列完备的制度安排。不动产是人们安身立命不可或缺的、价值巨大的财产形式，不动产产权的界定更需要完备的“基础设施”（主要指法律制度）。不动产产权权益交易边界的拓展和效率增进，不仅要求产权的安全性及对权益的明确、完整的法律界定，同时也要求建立一系列规范的交易程序。“缺乏这样的制度改革，就无法避免因法定产权制度与事实的产权结构不一致、甚至与实际的产权制度安排相冲突，造成穷人有财产而无资本或财产无法资本化的矛盾。”①实际上，制度安排的不合理造成了不动产产权模糊的主要原因，我国不动产产权模糊的制度原因主要表现为以下几方面：

（一）相关实体性法律制度之间缺乏衔接、相互矛盾

2007年《物权法》施行之前，规范我国不动产产权的法律主要有《土地管理法》、《房地产管理法》、《农村土地承包法》、《森林法》等。在界定不动产产权问题上，不同性质的不动产，其主管部门不同，法律依据各不相同，产生的法律效果也不相同。各自为政的现象导致现实生活中不动产纠纷频频发生。例如，四川省成都市某经销商，在短短几年里，由于土地纠纷多次被迫拆迁。当地政府为招商引资，多次口头承诺颁发土地使用权证。但在经营过程中，由于未将集体土地及时转为国有土地，导致该企业始终无法取得土地使用权证。后来，在成都市推进城乡一体化建设中，由于该地块重新规划，该企业不得不拆除所有的建筑物，多年积累的财富一夜间化为乌有，企业不服政府的决定，本想向法院起诉当地政府，维护自己的正当益。可是，由于没有取得土地权利证书，法院不予受理，企业彻底陷入绝望之中。②

按照《土地管理法》的规定，政府垄断土地一级市场，几乎排斥了土地使用者参与市场交易的权利，制约了市场交易主体的形成，也使土地一级市场演化为一个卖方垄断的市场。集体土地只有通过征用之后转

① ［秘鲁］赫尔南多·德·索托：《资本的秘密》，于海生译，华夏出版社2007年版，第167页。

② 乔新生：“不动产登记制度改革再快些”，载《中国土地》2009年第3期。

化成为国有性质才能进入土地市场。这意味着农民没有对集体土地的处分权,产权残缺使农民无法获得土地出让后的大部分增值收益。根据国土资源研究中心的调查,土地增值部分的收益分配,有20% ~30%留在乡以下,其中农民的补偿款仅占5% ~10%;城市政府拿走土地增值的20% ~30%;各类城市房地产公司、开发区、外商投资公司等拿走土地增值收益的大头,占40% ~50%。[①] 于是,不少地方通过制定地方法规的方式允许农村集体建设用地不经政府征用直接进入市场交易,包括集体建设用地使用权出租、转让、转租和抵押等,进行农地直接入市的试点工作。如2005年《广东省农村集体建设用地使用权流转管理办法》肯定了农地入市的合理性。虽然有专家认为这不啻于一场“新土地革命”,但这些地方法规、政府规章与《土地管理法》等国家法律明显冲突,而且效力等级低于国家法律,其法律效力难免处于尴尬的境地,更难成为司法机关定案的依据。

（二）相关程序性规定零乱、统一的产权登记制度缺位

《物权法》第10条规定:“不动产登记,由不动产所在地的登记机构办理。国家对不动产实行统一登记制度。统一登记的范围、登记机构和登记办法,由法律、行政法规规定。”这一条文只是不动产登记的原则性规定,并不具有可操作性,而我国不动产登记的相关具体规定却散见于各个不同法律法规的条文中。迄今为止,我国尚未就不动产登记制定统一的法律。《担保法》中规定了四个不动产登记机构,另外一些地方如邮政系统、铁路系统也有自己的不动产登记机构。多头登记、重复登记,大大增加了不动产产权的界定成本。我国目前多头且不统一的不动产登记机构均是不动产登记的行政管理部门,具有行政管理性,却没有物权公示性即司法性。不动产登记这种行政管理的法律性质使得登记部门与登记申请主体之间形成管理与被管理的关系,这种不平等的法律关系便于登记机构利用行政权力借登记牟利,而申请人则没有任何讨价还价的余地。有些登记部门甚至将付费登记设定期限,期满再行登记又需

① 许恒周、郭忠兴、肖屹:“农地入市与土地一级市场均衡:一个理论模型”,载《农业经济问题》2008年第12期。

缴纳一笔费用。这构成多个行政部门争做登记机构的动因,也是如此无效率的机制长期存在而又难以改变的深层原因。根据著名经济学家道格拉斯·C. 诺斯的制度变迁之路径依赖理论,“如果相应的市场是竞争性的,或大致接近零交易费用,报酬递增造成的对低效率路径依赖很容易得到校正。但在现实世界中,由于存在心智模式的不完备及其信息反馈的不完备和政治市场的交易费用高昂,因此,在一些对生产活动无激励效应的制度初始安排中所具有的报酬递增这个特征,将衍生出一些维系现存制度约束的组织或利益集团,这些组织和利益集团将按他们的利益来决定政治(进程)”,①从而致使非效率的制度能够长期存在,导致制度路径锁定。

四、不动产确权制度的改良路径

现代产权理论主张,在合理的制度安排下,产权制度界定明晰,能有效地克服外部性,从而降低交易费用、节约监督成本,提高资源的配置效率。通过对我国不动产确权制度安排的反思,我们提出以下制度改良路径。

(一)确立和实行城乡不动产统一管理的制度模式

只有确立和实行城乡不动产统一管理的制度模式,才能改变城乡二元经济结构下形成的不合理的不动产管理体制。在我国长期以来的城乡二元经济结构下,土地制度形成了重视国有土地监管、轻视集体土地监管的局面。国有土地及其上的房屋等重要不动产早已形成了一整套的不动产产权登记制度。而集体土地与其上的房屋等不动产的确权方式仍缺乏正式性、规范性,导致农民的产权权益得不到保障,利益受损的现象时有发生。河南禹州“官告民”案中,未经登记的土地承包权在所有权面前权益被挤压得毫无空间;北京朝阳区暴力抗法事件中,未经登记的集体建设用地转让,虽多年纳税照样拼不过一句“当年不懂法”的说辞;还有近几年来争议不断的“小产权房”问题。究其根源,问题的关

① Douglas C. North, “Institutions, Institutional Change and Economic Performance”, Cambridge University Press, 1990, pp. 94 –95.

键在于城乡不动产管理模式的严重脱节。

我国应当尽快实行城乡不动产统一管理的模式。将全国土地登记造册,根据土地的性质建立相应的管理制度。当发生土地性质改变或者土地的使用权人变更等情况时,国土资源部门应当通过土地登记簿及时反映出来。

(二)建立统一的不动产确权登记机构

只有建立统一的不动产确权登记机构,才能打破“多头登记”、“各自为政”的低效局面。

考察世界各国的不动产登记制度可以发现,不动产登记机构有两个原则性的特征:一是不动产登记机构是司法机关;二是登记机关具有统一性。例如,德国不动产登记是由专门管辖不动产登记的地方法院负责,不动产登记行为是司法行为,其法律效力与法院初审判决的效力等同。日本的不动产登记机构是法务局及其派出所。日本有专门的《不动产登记法》,它属于民法的特别法,是一部关于民事权利义务关系的法律,因此,日本不动产登记机构的职责行为仍属于民事司法性质的行为。瑞士的不动产登记机构为各州的地方法院,该国认为不动产登记直接或间接地决定权利人的实体权利,故应当与司法系统建立直接的关系。

我国现行登记机构侧重于行政管理性,缺乏物权的公示性和司法性。在理论上,依法促使登记制度和行政管理脱钩,由法院作为不动产登记机构应是我国不动产登记管理体制改革的方向。然而,立足于“我国法院机关不能完全独立于行政机关,以及土地公有制决定了土地登记管理属于政府资产管理和资源配置职责范围的法定事务的国情”,①我们不难发现由法院作为我国不动产物权登记机关,并不具有现实可行性。我们认为,在精简现有不动产登记机构的基础上,应通过立法,由政府有关主管部门(如国土资源部门)按一定行政区域统一、独立地专司不动产物权登记。这才是符合我国国情且兼顾效率的制度安排。

① 周林彬:《物权法新论——一种法律经济分析的观点》,北京大学出版社2002年版,第252页。

国有资产法律保护的政治经济学的分析

刘建华*

【摘要】　自2002年以来,国家在鼓励、支持和引导非公有制经济的发展的同时,在巩固和发展公有制经济方面也取得了重要进展,出台了一系列法律法规。其中涉及有关国有资产的权利有:国有财产权、国家所有权(物权的角度)、国有资产所有权,这些称谓是体现国家以生产资料公有制为核心,拟对国有资产实施法律保护的法律用语。国家对国有资产实施法律保护的制度依据是以公有制为主体、多种所有制经济共同发展的基本经济制度;现实要求是防止国有资产流失、实现其保值增值。

【关键词】　国有资产　财产权　物权　国家所有权

一、问题的提出

2002年党的十六大提出“两个不动摇”,首次把“毫不动摇地鼓励、支持和引导非公有制经济的发展”与“毫不动摇地巩固和发展公有制经济”相提并论。此后,在十届人大二次会议(2004年)通过的宪法修正案中,把党的十六大确定的重大理论观点和重大方针政策写入了《宪法》。其中关于非公有制经济有两处重要修改。第一,进一步明确对发展非公有制经济的方针。“国家保护个体经济、私营经济等非公有制经济的合法的权利和利益。国家鼓励、支持和引导非公有制经济的发展,并对非公有制经济依法实行监督和管理。”第二,完善对私有财产保护的规定。“公民的合法的私有财产不受侵犯。”“国家依照法律规定保护公民的私

---

* 刘建华:经济学博士,吉林财经大学经济学院院长。

有财产权和继承权。"这些方针政策和法律规定,在理论和实践上为非公有制经济的进一步发展提供了广阔空间。

本文讨论的是"两个不动摇"的另一个"不动摇",即"毫不动摇地巩固和发展公有制经济"。

自2002年以来,国家在鼓励、支持和引导非公有制经济的发展的同时,在巩固和发展公有制经济方面也取得了重要进展。特别是为发挥国有经济的主导作用,围绕国有企业改革,已将国有资产管理体制改革推到前沿。2003年,国务院公布了《企业国有资产监督管理暂行条例》(以下简称《条例》)。《条例》指出:"为建立适应社会主义市场经济需要的国有资产监督管理体制,进一步搞好国有企业,推动国有经济布局和结构的战略性调整,发展和壮大国有经济,实现国有资产保值增值,制定本条例。"2007年,十届人大五次会议通过了《物权法》。《物权法》规定:"国家、集体、私人的物权和其他权利人的物权受法律保护,任何单位和个人不得侵犯。"2008年,十一届人大五次会议通过了《企业国有资产法》。《企业国有资产法》指出:"为了维护国家基本经济制度,巩固和发展国有经济,加强对国有资产的保护,发挥国有经济在国民经济中的主导作用,促进社会主义市场经济发展,制定本法。"

上述法律都是与《宪法》所规定的"社会主义的公共财产神圣不可侵犯"这一基本法律相一致的经济法律。它们与"两个不动摇"方针一道,共同维护社会主义初级阶段的基本经济制度。

二、国有资产法律保护的相关基本范畴

(一)生产关系(所有制)和财产关系

生产关系是政治经济学的研究对象(广义所有制即生产关系的总和);财产关系则是法律科学研究的问题。马克思认为:"政治经济学不是把财产关系的总和从它们的法律表现上即作为意志关系包括进来,而是从它们的现实形态即作为生产关系包括进来。"[①]"财产关系……只是

① 《马克思恩格斯选集》(第2卷),人民出版社1995年版,第615页。

生产关系的法律用语。”①可见，马克思区分了所有制的法律形态和现实性形态，揭示了财产关系与生产关系的关系，即财产关系的实质是生产关系。

（二）所有制、所有权和财产权

所有制是经济范畴，是关于生产资料归属的经济制度，它在法律上表现为所有权和占有权、支配权、使用权（后“三权”为经营权）。所有制上升到法律层面就是所有权，所有权是所有制的法律形态。所有制与所有权是同一个问题的两个方面，无所有权的所有制同无所有制的所有权一样，都是不存在的。

财产权是法律范畴，是关于财产归属的法律制度，它是生产关系中财产关系的法律表现。也就是说，所有制属于经济基础；所有权、财产权属于上层建筑，从属于一定的生产关系。

马克思指出：“法的关系正像国家的形式一样，既不能从它们本身来理解，也不能从所谓人类精神的一般发展来理解，相反，它们根源于物质的生活关系。”②可以说，在马克思那里，所有权、财产权作为“法的关系”与物质资料生产中的生产资料所有制相联系。生产资料所有制的性质，决定所有权和财产权在一定社会中的性质及其发展变革。“一定所有制关系所特有的法的观念是从这种关系中产生出来的。”③

（三）我国有关国有资产权利的法律规定

保护私有财产的法律，在人类历史上是随着私有制产生而产生的。而保护公有的国有资产的法律，则在社会主义社会产生。这具有空前的社会经济意义和政治意义。

我国历次制定或修改的《宪法》、《民法通则》（1986 年）、《全民所有制工业企业法》（1988 年）、《企业国有资产监督管理暂行条例》（2003 年）、《国有企业财产监督管理条例》（2006 年）、《物权法》（2007 年）、《企业国有资产法》（2008 年）等均毫不例外地规定了有关国有资产权利及其法律保护。

---

① 《马克思恩格斯全集》（第 13 卷），人民出版社 1962 年版，第 8 ~ 9 页。
② 《马克思恩格斯全集》（第 13 卷），人民出版社 1962 年版，第 8 页。
③ 《马克思恩格斯全集》（第 30 卷），人民出版社 1975 年版，第 608 页。

那么,“国有资产权利”究竟有哪些?它们是什么关系?

第一,“国有(财)产权”。2003年,中共中央十六届三中全会明确提出:“产权是所有制的核心和主要内容,包括物权、债权、股权和知识产权等各类财产权。建立归属清晰、权责明确、保护严格、流转顺畅的现代产权制度,有利于维护公有财产权,巩固公有制经济的主体地位……要依法保护各类产权。”显然各类产权包括“国有(财)产权”。①

第二,“国家所有权”。2007年,《物权法》第2条第3款规定:“本法所称物权,是指权利人依法对特定的物享有直接支配和排他的权利,包括所有权、用益物权和担保物权。”在第五章,提出了“国家所有权”,并在第56条规定“国家所有的财产受法律保护,禁止任何单位和个人侵占、哄抢、私分、截留、破坏”(与这里的“国家所有的财产”相对应的权利显然是“国有财产权”)。

第三,“国有资产所有权”。2008年,《企业国有资产法》第3条规定:“国有资产属于国家所有即全民所有。国务院代表国家行使国有资产所有权。”第10条规定:“国有资产受法律保护,任何单位和个人不得侵害。”

这样,综合归纳财产权、物权和所有权的关系就是:财产权包括物权,物权包括所有权,即财产权——物权——所有权。顺理成章,涉及国有资产的权利就是:国有财产权、国家所有权(物权的角度)、国有资产所有权。不管是什么称谓,都是体现国家以生产资料公有制为核心、拟对国有资产实施法律保护的法律用语。

三、国有资产法律保护的制度依据与现实要求

(一)国有资产法律保护的制度依据

我国《宪法》明确规定:社会主义经济制度的基础是生产资料的社会主义公有制。国家在社会主义初级阶段,坚持公有制为主体、多种所有制经济共同发展的基本经济制度。国家根本法的上述规定,决定了国家对公有的国有资产实施法律保护的价值取向。坚持公有制的主体地

① 此处仍用“国有财产权”,与“国有产权”并无区别,只是为了统一全文表述。

位，首先必须坚持社会主义全民所有制在所有制结构中和整个国民经济中的主导地位。由于我国现阶段的全民所有制采取了国家所有制的形式，也就是人们通常说的国有经济，这样，国有经济当然也在所有制结构中和整个国民经济中占据主导地位。按着上述关于所有制、所有权和财产权的范畴关系，可以说，归全民所有的生产资料，其法律上的主体就是国家。这就为相关法律法规中存在国家所有权、国有财产权，从而对国有资产进行法律保护提供了有力的制度依据。同时，在社会主义条件下，国有经济的主导地位，决定了国家所有权、国有财产权的重要性。这不仅由社会性质规定，也由经济发展及生产力水平决定。首先，是巩固社会主义制度的需要。生产资料公有制是社会主义经济制度的基础，是社会主义建设的物质保障，也是实行按劳分配的根本前提。同时，国有经济占主导，也是国家宏观调控得以顺利进行的保证。其次，现阶段有一大批行业，如汽车、化工、宇航等部门，由于技术进步及规模经济要求，生产社会化程度高，集中程度高，财产占有的社会化程度也高，私有产权的设立只会同这些行业生产社会化的趋势相矛盾，因而只能设立公有的国家所有权、国有财产权。再次，现阶段经济发展程度低，必须集中人力物力，有计划地调节资源，而国家所有权、国有财产权有利于从宏观上进行资源的合理配置。最后，公用事业和基础设施等自然垄断部门只能由国家经营，一方面可提高社会福利水平，另一方面也能提高抗风险的能力，有利于基础产业及高新技术发展。显然，与国有经济的主导地位相适应，国家所有权、国家财产权也就有了主导地位。这就要求将其上升到法律的高度来加以规范。为佐证国有资产保护的法律意义，我们还有必要探讨一下国家所有权、国有财产权的特殊地位和作用。国家和国有财产是属于全社会、全体人民的，这种全民所有制经济所赋予的国家和国有财产的人格特征就是集体主义。这一特征决定了国家所有权、国有财产权能够有目的、有条件地吸收、消化、克服其他所有权的消极因素和剥削性质，从而更适应于我国目前生产力的发展水平，适应社会主义生产关系的完善与发展。由于社会主义国家所有权、国有财产权的性质，决定了终极利益的主体是劳动者，劳动者可以以劳动入股，并参与利润的分配，成为真正的有产者、真正意义上的生产资料的主人。这样也可以使得劳动者日益走向与自己能力相对应的"共同富裕",有利于社会主义和谐社会的构建。

(二)国有资产法律保护的现实要求

国有资产法律保护的现实要求是防止国有资产流失、实现其保值增值。在社会主义市场经济条件下,国有企业作为市场主体仍然以追求利润为主要目标,而一个良好的产权结构有利于目标的实现。国有资产的保值与增值也必须在市场中实现。因此,合理的国有资产的产权结构和国有经济内部的激励机制有利于国有资产保值增值。既然与国有经济的主导地位相适应,国家所有权、国家财产权也有主导地位,那么,国家所有权、国家财产权的维护与实现,也即国有资产的保值与增值,关系到全体人民的利益,也是国有经济发展壮大的保证。但在现实生活中,国家所有权、国家财产权曾经一度缺失,主要表现为国有资产的不断流失。国有资产是建立社会主义市场经济的物质基础,国有资产的快速递增,是完善和发展社会主义市场经济的源泉保障。但进入20世纪90年代以来,国有资产曾经大量流失。其原因之一是国家法律规范不足、市场经济法律关系不明,造成有些人钻法律空子,偷税漏税,化公为私或以公谋私,从而造成国有资产严重损失,严重阻碍了国家资产的保值增值,严重阻碍了经营性国有资产在市场展开公平的竞争。为防止国有资产流失,在有关法律中对国家所有权、国有财产权加以规范,有着重要的现实意义:

第一,可使国家所有权、国家财产权人格化,实现国有资产保值增值。在传统经济体制下,国家是生产资料所有者、政权机关和宏观经济管理者。国家的这三种职能合而为一,造成了政企不分、政资不分,同时,在国家所有权的行使上,国家所有权又被各级行政管理部门分割,造成多头负责、条块分割。诚然,我国是社会主义国家,国家是政权的主体,也是国家财产所有权的主体,国家代表人民行使生产资料所有权和管理全民财产。但这种管理最终要落实到各地方政府及国有企业,使其作为最后的权利行使者,从而在实践中,国家作为行政权力主体的角色与作为财产主体的角色会发生冲突,政府以三重角色进入市场,不利于市场经济公平竞争的展开,妨碍统一市场规则的形成,会造成市场机制的不良运转，会严重阻碍社会主义市场经济体制完善的进程。为此，应在坚持国家所有的前提下，充分发挥中央政府和地方政府两个积极性，制定国有资产管理的法律法规，坚持政企分开、政资分开，实现国有资产保值增值。

第二，确定国有资产产权主体，防止国有资产流失。长期以来，国家所有权在实现过程中存在如下问题：在内部由于层层审批制度的存在，加剧了地方条块的分割，造成大量浪费和重复建设，甚至使国有资产成为少数人（特别是掌管国有资产运行的地方官员）的囊中物；在外部由于缺乏严格的规制，官商腐败，造成国有资产任人宰割，被少数不法分子侵吞，国家利益遭严重损害。虽然在国有企业改革过程中，经历了从国家所有权与经营权的分离即“两权分离”，到出资者所有权与企业法人财产权的分离，但是，对企业所享有的权利范围和国家作为出资人享有的权利性质并没有清晰的界定，国家所有权、国有财产权的实现问题没有得到很好的解决。国家作为企业的出资人，国家所有权作为全民所有制经济在法律上的反映，与个人作为股东享有股东权应该是有区别的，其在所有权的取得方法、保护确认、使用经营以及对产权纠纷的解决处理方面都有特殊性，用抽象性的、一般性的所有权规则无法完全适用于国家财产关系。因此，仅通过《公司法》和《企业国有资产法》无法从根本上解决问题，《物权法》、《企业国有资产法》对这些问题做出的明确规定，正是解决国家所有权实现过程中各种矛盾和问题的重要途径。

四、国家所有权与其他所有权的平等性

我国《宪法》不仅保护国家所有权，而且确认和保护其他所有权的地位和权利。平等保护三个所有权是我国法律的中国特色。《物权法》第4条也规定：“国家、集体、私人的物权和其他权利人的物权受法律保护，任何单位和个人不得侵犯。”市场经济的竞争规则要求国家有关法律对国家所有权进行规制。以私法规范形式规定国家所有权主体参与民事活动，其本身就是将国家、集体和个人的所有权同等对待，体现民法的基本原则——平等原则的要求，确保合法财产的一体保护。如果物权立法没有规定国家所有权，现实存在的国有财产的法律调整只有通过行政

法和经济法来完成，这不仅会使国家所有权具有更加浓厚的行政色彩，导致行政机关随意创设和扩大其权力的内容，限制企业应有的财产权利，而且还将使经营性国有财产和公用财产相提并论，计划经济的历史将会重演。因此，《物权法》、《企业国有资产法》等法律规定国家所有权，确认其民事主体地位，不仅有利于实现国家财产的保护和利用，同时也使参与民事活动的那部分国有资产特别是国有经营性财产，充分遵循市场经济的规则，更体现了所有权主体内部结构的平等关系，这有助于推进整个社会主义市场经济的健康发展。

民法的基本原则就是平等原则，《宪法》的原则就是在法律面前人人平等。公有财产要予以保护，私人的合法财产也要予以保护；工薪阶层的财产应当保护，有产者阶层的合法财产也应当保护。《宪法》如果不在强调"社会主义的公共财产神圣不可侵犯"的同时，明确"保护私有财产"，那就不仅意味着宪法没有反映改革开放的重大成果，而且意味着人们努力追求和创造财富的行为失去激励和保护。因此，为了实现小康，有必要从法律上明确保护私有财产。再有，《物权法》将"私人所有权"与"国家所有权和集体所有权"相提并论，进一步体现了国家所有权和其他所有权的平等性。保护广大人民群众的财产，是维护广大人民群众的基本人权，这是广大人民的热切企盼，不等于在中国搞私有化。如果不保护合法的私有财产，不仅导致人们没有创造财富的积极性，而且还会导致财富外流，外商投资减少，滋长社会上及时行乐、奢侈消费的不良风气，这对我国经济和社会的健康发展都是极其有害的。

【参考文献】

吴易风："产权理论：马克思和科斯的比较"，载《中国社会科学》2007 年第 2 期。

杨立新："论'物权法草案'的鲜明中国特色"，载《河南省政法管理干部学院学报》2006 年第 3 期。

海峡两岸动产抵押公示制度之比较

刘淑波* 张 旭**

【摘要】 按照大陆法系国家民法典的规定，只有不动产才能设定抵押，动产不得成为抵押权的标的。但是，随着社会经济的发展，单一的不动产担保渐渐无法满足企业的融资需求，在市场经济高速发展的今天，通过动产抵押来融通资金越来越为人们所接受。引入动产抵押有利于企业将动产资源转化为资金优势，提高动产资源的利用效率，使企业获得发展所需资金，达到资金的优化合理配置。

【关键词】 动产抵押登记 登记对抗主义 公示

受国际金融危机的影响，国内中小企业的生产经营也出现了较大困难，资金短缺已成为影响我国中小企业发展的最大瓶颈。目前由于我国动产抵押配套制度尚不健全，影响了动产抵押在促进中小企业融资方面的应有作用。因此，解决动产抵押问题已经成为解决中小企业贷款难的当务之急，完善动产抵押制度特别是公示制度，对于缓解中小企业融资难的问题具有非常重要的意义。

一、中国大陆关于动产抵押公示制度之立法

我国大陆于1986年颁布的《民法通则》仅规定了保证、抵押权、留置权和定金四种担保方式，对动产抵押问题没有涉及。1995年制定的《担

* 刘淑波：长春理工大学法学院副院长，教授。

** 张旭：长春理工大学行政法硕士研究生。

保法》不仅区分了抵押与质押,而且确立了动产抵押制度。2007 年出台的《物权法》结合我国国情与市场经济需要,又对动产抵押制度做了进一步的修正与完善,这说明我国动产抵押制度已基本建立。但是关于动产抵押公示制度,目前还存在一些不足,集中体现在登记对抗主义的公示效力不强,且未规定登记对抗力的时间和空间限制。

我国《物权法》颁布以前,《担保法》对船舶、民用航空器、机器、交通运输工具和其他财产等动产抵押权的公示制定做了明确规定。根据《担保法》第 41 条规定,当事人以本法第 42 条规定的财产(包括特定的动产如航空器、船舶、车辆、企业的设备等)抵押的,应当办理抵押物登记,抵押合同自登记之日起生效。第 43 条规定,当事人以其他财产抵押的,可以自愿办理抵押物登记,抵押合同自签订之日起生效,但未办理抵押物登记的,不得对抗第三人。可见,《担保法》对动产抵押部分采取登记生效主义,部分采取登记对抗主义。《物权法》第 188 条、第 189 条规定了动产抵押公示制度,根据第 188 条规定,以生产设备、原材料、半成品、产品,正在建造的船舶、航空器,交通运输工具抵押的,抵押权自抵押合同生效时设立;未经登记,不得对抗善意第三人。第 189 条规定,企业、个体工商户、农业生产经营者以现有的以及将有的生产设备、原材料、半成品、产品抵押的,应当向抵押人住所地的工商行政管理部门办理登记。抵押权自抵押合同生效时设立;未经登记,不得对抗善意第三人。显而易见,我国《物权法》结束了《担保法》为区分不同种类的动产而分别采取登记生效主义和登记对抗主义的立法模式,对动产抵押公示统一采取登记对抗主义。

登记对抗主义,不强迫当事人必须办理登记,不登记只能在当事人之间产生效力,但不能对抗第三人。其优点是赋予了当事人更多的意思自由,当事人可以根据具体情况自主决定是否进行抵押权登记,体现了私法自治的精神,使交易更加便捷,也减轻了登记机关的负担。但是其局限性也是明显的,这种立法例过于注重动产抵押的融资功能,虽然能最大限度地扩大可用于动产抵押的标的物范围,增加主债务人可以获得融资的机会,但却没有考虑到主债权人的利益。未登记的抵押权没有对抗第三人的效力,说明未登记的抵押权没有优先效力和追及力,这将导致未登记的抵押权人得不到清偿的保障,这种设计思路,打破了抵押权人和主债务人之间的利益平衡。不仅如此,登记对抗主义还会造成同一种类的物权在公示效力上的不一致,这也是德国等大陆法系国家民法典不承认动产抵押的一个重要原因。动产抵押以不转移标的物的占有为重要特征,因此动产抵押只能借用抵押登记来进行公示,然而这种缺乏外部表面特征的公示方法效力不强。我国《担保法》和《物权法》都规定动产抵押以登记为公示方式,但却没有采取补强措施来弥补动产抵押公示的不足。

动产具有流动性的特点,因此国外一般通过设立有效的时间和空间制度来对动产抵押登记的对抗力加以限制。而我国《物权法》依担保物权的从属性,不承认担保物权的有效期间,抵押权登记的效力随抵押权消灭而消灭。我国现行法律未明确规定登记对抗力的空间效力问题,只是规定了登记机关的管辖权范围。我国《动产抵押登记办法》第2条规定,企业、个体工商户、农业生产经营者以现有的以及将有的生产设备、原材料、半成品、产品抵押的,应当向抵押人住所地的县级工商行政管理部门办理登记。在解释上认为我国动产抵押登记在全国范围内有效。未明确规定登记对抗力的空间效力无疑会增加第三人的风险,不利于交易安全。由于动产容易移动,如没有债务人的配合,则无法确定应在何地登记机关查阅动产抵押登记的情况。因此,如恶意抵押人隐瞒抵押情况而进行任意处分,则第三人在不知情的状态下无法避免遭受不测。

二、我国台湾地区关于动产抵押公示制度之立法

在我国台湾地区,现行动产抵押有三种,且皆为特别法所规定,即“海商法”规定的船舶抵押、“民用航空法”规定的航空器抵押和“动产担保交易法”规定的动产抵押。[①] 1963年,我国台湾地区以美国的《统一动产抵押法》、《统一附条件买卖法》和《统一信托收据法》为蓝本,制定了“动产担保交易法”,规定了动产抵押、附条件买卖和信托占有三种动产担保形式。其中,动产抵押是为了工商企业和农民向银行贷款;附条件

① 陶百川、王泽鉴编:《最新综合六法》,台湾三民书局1990年版,第459页。

买卖主要是为了分期付款;买卖信托占有则是针对国际贸易。[1] 我国台湾地区"动产担保交易法"具有以下特征:第一,以登记代替占有作为公示方式。该法第5~11条规定了登记制度,以登记为对抗要件,取代了"占有"这种最原始最基本的公示方法,"这从根本上破除了质权之缺陷"。[2] 第二,几乎全部动产均可设定担保。该法第4条规定:"机器、设备、工具、原料、半制品、成品、车辆、农林渔牧产品、畜牧及未满20吨的动力船或未满50吨的非动力船舶,均可为担保物。"其详细品名授权台湾行政院以命令定之,即"动产担保交易标的物品类表"。[3]

我国台湾地区的动产抵押登记制度采用的登记对抗主义,且伴有补强公示方法。我国台湾地区"动产担保交易法"第5条的规定:"动产担保交易,应以书面订立契约。非经登记,不得对抗善意第三人。"解释上亦认为,此项作为对抗要件之登记,不具有公信力。[4] 此外,我国台湾地区"动产担保交易法"为减轻第三人查阅之苦,实行"同一性识别方法"。该法第16条规定:"登记机关应于登记标的物之显著部分烙印或贴标签以资区别。"这既便于第三人识别标的物之权属而不致受害,也可使动产抵押权得到保护。

我国台湾地区动产抵押登记制度还规定了登记对抗力的时间和空间限制。动产极易流动,登记公告后如经相当长的期间,不仅查阅困难,且原登记事项可能已与事实不符。为维持公示效果,对于登记有效期间,应有限制的必要。"动产交易担保法"第9条规定,登记有效期从契约之约定,契约无约定者,自登记之日起有效期为1年,期满前30日内债权人得申请延长时间,其有效期间不得超过1年。如果出现抵押人住所地或主要营业地变更,抵押物被转移到原登记机关管辖区域以外其他地方,在这种情况下,抵押人就原已进行登记的抵押物是否具有对抗第三人的效力?我国台湾地区"动产担保交易法施行细则"第4条规定:

---

① 陈本寒:《担保物权法比较研究》,武汉大学出版社2003年版,第422页。

② 吕荣海、杨盘江:《契约类型——信托行为》,台北蔚理书局1987年版,第20页。

③ 陶百川、王泽鉴编:《最新综合六法》,台湾三民书局1990年版,第512~514页。

④ 王泽鉴:"动产担保交易法上登记之对抗力、公信力与善意取得",载王泽鉴:《民法学说与判例研究》(第1册),中国政法大学出版社1998年版,第249~250页。

"动产担保交易之有效区域,以其登记机关之管辖区域为限。"动产担保交易登记之效力,既以登记机关之管辖区域为限,故不得对抗登记有效区域外之善意第三人。① 由此可见,我国台湾地区的动产抵押登记之效力仅以登记机关的管辖区域为限,不得对抗区域以外的善意第三人。

三、中国大陆对台湾地区动产抵押公示制度之借鉴

如何建立既能保护动产抵押权人的利益,又不侵犯善意第三人合法权益的动产抵押公示制度,这是我国民事立法中一个值得探讨的问题。我们可借鉴我国台湾地区的立法明确登记对抗力的时间和空间限制,以完善我国动产抵押公示方法。

考虑到动产具有的特性,应补充规定动产登记的时间效力。该时间效力应采用约定在先,无约定者从法定之规定。同时赋予当事人有权申请延长效力,即在法定登记时效期满前的一定时间,债权人有权申请延长登记。动产抵押登记的目的主要在于对抗第三人。因此,动产抵押登记的时间效力仅涉及抵押对抗力。即使抵押登记超过了有效期,并不导致动产抵押的消灭,也不会导致抵押权人丧失抵押的请求权,仅丧失登记的对抗力,这一点应在立法中加以明确。②

由于登记的作用在于公示,目的是使人知道某物已设定抵押的事实,而登记机关的管辖区域不同,其公示范围也就不同,因此,将登记对抗力范围限定于登记机关的管辖区域内是合理的。抵押权人如想获得范围更广的对抗力,则应在每个可能的地方进行登记,以避免当抵押人住所地、主要营业地变更或抵押物被转移至登记有效区域之外时丧失登记对抗力的风险。区域的大小应合理确定,区域过小不仅会极大地限制动产转移,而且将使登记得以对抗的善意第三人的范围大为缩小。一旦标的物的移动超出了登记的有效区域,当事人就必须重新办理登记。如果区域过大,又会给第三人查阅登记簿带来极大的困难。因此,我国在将来设定登记有效区域时,应根据交易之便捷、通讯设备之完善、各地经

---

① 王泽鉴:《民法学说与判例研究》(第1册),三民书局1980年版,第264、268页。

② 武泽亮、汪淑华:"动产抵押第三人范围研究",载《政法论坛》2006年第2期。

济条件等因素,综合决断。同时,由于我国地域辽阔,应在省一级设立动产抵押的统一登记机关,登记机关的管辖区域以及登记有效区域为省级行政区域。如动产抵押的标的物移转到外省,而抵押权人未向当地登记机关办理相应登记,则该动产抵押权人不得向当地善意第三人行使追及权。

动产抵押由于其客体的流动性和可替代性,其在抵押权实现时最大的难点就在于如何防止债务人将已经抵押的动产进行替代。因此,为了强化动产抵押登记公示效力,我国可以借鉴台湾地区的经验增设打刻抵押标记、粘贴抵押标签及"同一性识别方法"等辅助公示方法。对于某些动产在标的物的显著位置上打刻标记或者粘贴标签,来表明该动产上设有动产抵押权,可使得就该标的物进行交易的第三人能够知道该标的物上存在抵押权的负担,从而降低交易的风险。

【参考文献】

高圣平:《动产担保交易制度比较研究》,中国人民大学出版社 2008 年版。

梁 冰:《动产担保与登记》,群言出版社 2007 年版。

高圣平:《动产抵押制度研究》,中国工商出版社 2007 年版。

涛编译:《最新日本民法》,法律出版社 2006 年版。

[日]近江幸治:《担保物权法》,祝娅、王卫军、房兆融译,法律出版社 2001 年版。

王利明:"试论动产抵押",载《法学》2007 年第 1 期。

论网络虚拟财产的权利保护

姜 曦*

【摘要】 网络虚拟财产需要法律保护。关于虚拟财产权的权利属性有物权和债权之争,双方各有正当理由,解决问题的关键在于不囿于传统的物权债权理论,而着眼于权利的实际保护。网络虚拟财产权利保护的重点,首先在于处理服务运营商与服务用户之间的关系,其次在于处理服务用户彼此之间的关系。虚拟财产中凝结有网络用户(游戏玩家)的劳动,有其自身人格的体现,具有人格独特性,因此不能认为运营商对虚拟财产拥有所有权。应该明确网络虚拟财产的所有权以及使用权均归属网络用户所有。如果网络虚拟财产权利保护的重点在于处理运营商与用户之间的关系,那么就要优先关注完善两者之间的合同。

【关键词】 虚拟财产 物权 债权 合同

近年来随着互联网的日益普及,网络生活逐渐成为越来越多的人的日常生活的一部分,网络生活日渐具有现实性。正如人在现实中需要真实的物品以维系生存,在网络生活中,人也需要网络中的物品以维系在网络中的生存。由此,相应于现实生活中的财产,网络生活中的财产应时而生,网络生活中的财产保护问题也成了一个法学问题,相关的论文日渐增多。

网络虚拟财产一般是指网络游戏玩家通过网络游戏积累或直接向网络游戏运营商购买的网络游戏币、游戏装备等虚拟的财产。曾有观点

* 姜曦,吉林财经大学法学院讲师。

认为,网络虚拟财产不需要法律保护,因为虚拟财产主要存在于网络游戏中,而游戏总是不必当真的。我们认为虚拟财产需要法律保护。这一方面是因为虚拟财产的日渐普遍。中国互联网络信息中心(CNNIC)最新发布的报告显示,截至2009年6月30日,中国互联网的普及率达25.5%,网民总人数达到3.38亿人,较2008年年底增长了13.4%,居世界第一位。显然,其中的多数人拥有虚拟财产,而在不远的将来,会有更多的人成为网络虚拟财产的所有人。另一方面,有关网络虚拟财产的纠纷日渐增多,网络虚拟财产被侵犯的现象越来越普遍。相关的纠纷大致有如下情形:其一,网络虚拟财产被盗引发的玩家与盗窃者之间、玩家与运营商之间的纠纷;其二,网络虚拟财产交易中欺诈行为引起的纠纷;其三,因运营商停止运营引发的网络虚拟财产纠纷;其四,游戏数据丢失损害到网络虚拟财产而引起的纠纷;其五,因运营商误以为玩家使用外挂账号被封引起的网络虚拟财产纠纷。法律的本质在于调节社会关系,解决人们之间的纠纷。虚拟财产的保护显然已经成为一个法律问题。

与这种保护的要求相对,有关虚拟财产的权利保护的立法却非常困难。困难的原因在于虚拟财产的权利属性难以界定。现在学界大致有以下几种观点:物权说、债权说、知识产权说以及新型权利说。[①] 持物权说的学者认为,网络虚拟财产是一种特殊的物,具有法律上的排他性、可管理性,可以交易,因此应适用现有法律对物权的有关规定。例如,我国台湾地区的立法机关曾规定:网络游戏中的虚拟财物和账户(身份)都属存在于服务器的"电磁记录",可看做是"动产",是私人财产的一部分。知识产权说又可以分为两种:一部分学者认为,虚拟财产是网络用户(游戏玩家)的智力成果,具有新颖性、创造性、可复制性,并需要一定载体,因此可视为一种知识产权。另一部分学者认为,虚拟财产的所有权应归属于网络游戏运营商,玩家拥有的只是使用权。持债权说的学者认为,虚拟财产是一种债权,网络游戏运营商(ISP)是服务的提供者,而游戏玩家是消费者,根据双方同意的合同,运营商有义务提供所约定的服务。关于新型权利说,由于篇幅所限,在此不加论述,详细观点参见刘

① 刘惠荣:《虚拟财产法律保护体系的构建》,法律出版社2008年版,第83页。

惠荣著的《虚拟财产法律保护体系的构建》一书。

经过许多学者的讨论,知识产权说在今天基本已不被人们承认。下面我们重点讨论物权说和债权说。石杰、吴双全在“论网络虚拟财产的法律属性”一文中对物权说提出了值得注意的批评。这些批评包括物权法定原则、权利主体问题、虚拟财产的相对支配性、虚拟财产具有期限以及物权公示问题。该文认为,物权的义务主体是不特定的,任何人都不得干涉权利主体所享有的物权,物权义务主体的义务是消极的不作为的义务。而在虚拟财产中,义务主体是运营商,而且运营商的义务不是不作为,而是积极的作为,即提供不同的等级、物品等。物权的支配应该是直接的,而虚拟财产的支配需要运营商的配合,即用户发出计算机指令,而运营商根据此指令在服务器中做相应的操作。物权所有权应该是无限期的,而虚拟财产是有期限性的,一旦运营商无论因为何种原因停止经营,则对应的虚拟财产将消失。①

林旭霞在“财产权的新挑战:网络游戏中虚拟财产的法律定位”一文中捍卫了虚拟财产的物权说。该作者认为,虚拟财产的权利主体只能是游戏玩家。因为虚拟财产中体现了玩家的努力,是玩家智慧与劳动的结晶,其权利应由玩家享有。虚拟财产权的客体是以数据形式存在并具有一定价值,因此应为物权法保护。物权的客体不应只是有形物,应从实体化走向价值化,物的有形与无形已经不能或不应当成为决定物权法是否能对其加以保护的标准。无形财产成为物权的客体,可以看做是民法以及物权法的进步。关于物权中的支配性问题,虽然游戏玩家对虚拟财产的支配控制依赖于运营商所提供的程序平台,但游戏玩家的意志却有着决定作用。权利产生的原因与权利本身是不同的概念,必须加以区分。运营商与玩家的协议本身并不规范玩家所能拥有的具体虚拟财产。因此,虚拟财产权具有债权属性的说法并不正确。②

下面我们对上述观点纷争做一些分析。首先应该明确玩家的虚拟财产应该得到保护。人不能只有工作,没有休闲。古希腊哲学家曾有名

---

① 石杰、吴双全:“论网络虚拟财产的法律属性”,载《政法论丛》2005 年第 4 期。

② 林旭霞、张冬梅:“论网络游戏中虚拟财产权利的法律属性”,载《中国法学》2005 年第 2 期。

言，一个不知道怎样利用闲暇的民族不是一个文明的民族。与闲暇有关的游戏在人们孩提时就伴随着教育活动，在成年后不仅作为休息之所，同样也是智慧训练之所。身体需要锻炼，需要健身，同样大脑也需要锻炼，需要健脑。因此，应该承认游戏的存在意义，承认游戏中虚拟财产的正当权益。从传统的物权观点看，尤其是从罗马法中的物权规定看，显然网络虚拟财产并不是完全的物。但根据新技术条件下物的存在形式所发生的变化，以及相应的社会关系所发生的变化，有必要发展传统的物权理论，当然也要发展传统的债权理论。更确切地说，关键不在于名义上的纠缠，而在于权利实际上的保护。虽然石杰、吴双全在"论网络虚拟财产的法律属性"一文中认为虚拟财产权从本质上看是物权，但他们也指出，根据《合同法》的规定，债权人转让权利的，应当通知债务人，否则，该转让对债务人不发生效力。但网络虚拟财产却可以自由转让，无须通知债务人——运营商。虚拟财产作为债权债务关系的凭证，在某种程度上类似于无记名有价证券。有价证券所代表的权利本质上是请求权，即债权，但有价证券的流通却依据物权法的规则，因此，有价证券又具有物权的基本特征。在这里，所有权与债权融为一体。而在网络虚拟财产这里，同样有债权向物权的渗透。这是现代社会债权物权化的又一例证。同时应该注意，虚拟财产不是债权的凭证。如果一定要在物权债权说之间做选择，那么可以认为玩家对虚拟财产享有物权，同时根据合同对游戏运营商享有债权。

虚拟财产中凝结有网络用户（游戏玩家）的劳动，有其自身人格的体现，具有人格独特性，因此不能认为运营商对虚拟财产拥有所有权。必须将一个游戏玩家的账号（人物名称）、等级、所有装备等看做是一个整体，这个整体具有不可复制性，尽管任何一个单一的装备可以复制。游戏运营商虽然可能无法继续经营，但除非有意地删除数据记录，否则玩家的虚拟财产仍然继续存在，只是玩家暂时不能利用这些财产罢了，玩家完全可以选择保留这些数据记录，并委托新的运营商对这些虚拟财产加以保管。网络虚拟财产权利保护的重点，首先在于处理服务运营商与服务用户之间的关系，其次在于处理服务用户彼此之间的关系。网络游戏私服、外挂的问题不属于网络虚拟财产保护之列。应该明确网络虚拟财产的所有权以及使用权均归属于网络用户。必须明晰产权,网络虚拟财产的产权不清将会成为网络游戏产业健康发展的严重阻碍。必须防止出现类似于残酷资本家的网络服务运营商,防止运营商把玩家只当做包身工,把自己当做创造一切的上帝。运营商的角色应该类似于中央银行,负责发行货币(游戏中的装备等物品),调节经济的运行,保障其健康发展,避免通货膨胀和通货紧缩。一个网络游戏应该看做是运营商与用户之间合作的成果,属于双方共有,理想的情况应该类似于有限股份公司。游戏运营商不是玩家虚拟财产的所有者,而只是保管者。运营商只是提供空间、舞台,真正的主演和艺术家是游戏玩家;只是提供材料,真正的建造者和工程师也是游戏玩家。如果网络虚拟财产权利保护的重点在于处理运营商与用户之间的关系,那么就要优先关注完善两者之间的合同。北京大学法学院教授钱明星在“网络虚拟财产民法问题探析”之文中对此加以了探讨。该文提出,对虚拟财产的保护首先是在合同法范围内的保护。运营商所制定的格式条款不应免除自己的责任。运营商可以在合法范围内解除与用户玩家的合同,这包括停止玩家账户的使用。但在解除合同前,运营商有义务提前告知用户,如果玩家对此有异议,可以在一定期限内向法院或仲裁机构提出抗议,在玩家异议期间,运营商不能解除合同。①

国家应该允许在虚拟财产与现实财产之间建立合法的转换渠道,保护虚拟财产的线下交易,允许运营商保证、提高虚拟财产价值的行为。虚拟财产的拥有者与运营商的交往最为密切,而运营商对虚拟财产的价值评估也最为准确,因此,如果虚拟财产的价值能得到运营商的保证,并可以在运营商处转换为现实财产(实物),那么,用户与运营商之间的相互信任就会增加,用户对于运营商的忠诚度就会提高,对于虚拟财产的爱护与经营就会更加用心,从而促进运营商的经营发展,实现双方的良性互动。有人担心,允许运营商用现金或实物回收玩家的虚拟财产,其中可能会出现洗钱、逃税等行为。应该承认这样的担心有一定道理,但通过一定的限制规则就完全可以在虚拟财产回收中避免此类行为,如规

① 钱明星:“网络虚拟财产民法问题探析”,载《福建师范大学学报》2008年第5期。

定每日每人的回收额度。网络服务的运营商是虚拟财产的保管人,一旦这个虚拟财产的仓库关闭,那么虚拟财产的所有者就无法正常地利用自己的财产,因此,运营商不能随意停止运营。运营商的变更要优先考虑和保护网络用户的权益。由暴雪娱乐公司开发的"魔兽世界"游戏数年来得到众多人的喜爱,从2005年开始这款游戏的中国运营由九城公司负责,在2009年4月16日,暴雪公司把此游戏在中国大陆的独家运营权交给了网易旗下公司。根据《互联网文化管理暂行规定》,进口游戏变更运营权后批号需要重新由文化部审批。而自6月7日开始停服的魔兽世界,因为行政审批的缘故至今尚未开服,这使得大量玩家用户无法利用自己的虚拟财产,由此引发了一场网络游戏领域的大规模维权活动。因为没有相关的法律法规,在这个事件中,玩家的利益难以得到保护,处于求诉无门的困境。玩家找九城公司,但人家声称自己的代理已经于6月7日结束,找网易,但人家因为没有行政审批还没有实际运营。玩家似乎只能起诉文化部了,但同样没有合法依据。进口游戏"变更运营权后批号需重新审批"这个规定在2003年就已经公布,在此次事件之前,显然如果运营商和开发商如果能真正地把玩家的利益放在心头,就完全可以避免这一事件的发生,而如果有相关的法律规定此类情况玩家所拥有的索赔权,相信上述经营者也不会如此粗心大意,而游戏玩家的正当权益也不会如此难以得到保护。

【参考文献】

石杰、吴双全:"论网络虚拟财产的法律属性",载《政法论丛》2005年第4期。

林旭霞、张冬梅:"论网络游戏中虚拟财产权利的法律属性",载《中国法学》2005年第2期。

钱明星:"网络虚拟财产民法问题探析",载《福建师范大学学报》2008年第5期。

刘惠荣:《虚拟财产法律保护体系的构建》,法律出版社2008年版。

江平:《民法学》,中国政法大学出版社2000年版。

齐爱民、刘颖主编:《网络法研究》,法律出版社2003年版。

论经济发展与现代不动产物权登记制度

付亚辰* 朱 琳**

【摘要】 物权法是我国市场经济法律体系不可或缺的组成部分，它涉及公民生活的方方面面，而不动产登记制度则是物权法的基本制度，目前我国虽然初步建立了不动产登记制度，但是，仍旧不能称为完善，其间还存在许多缺陷。

【关键词】 不动产 不动产登记制度 立法完善

经济发展对于立法有着不可忽视的作用，在探索经济固有因素的同时，我们仍旧有必要关注经济发展的变迁对于不动产登记制度的深刻影响。在经济不断飞速发展的今天，出现了各种新的交易关系，在这种情况下，法律必须对此做出恰如其分的回应。因此，在论证我国物权法时，"物权与债权的交错已成各国民法无法阻挡的趋势"，①物权债权化以及债权物权化的现象屡见不鲜，比比皆是。

物权法上的私法自治与预告登记制度的出现都能充分地体现出物权与债权的分界线在逐步弱化，二者相互转化的趋势愈发明显。这也能说明经济发展对于不动产登记制度的影响在不断深化，经济的发展也推动了不动产登记制度的不断完善。

---

* 付亚辰，吉林财经大学金融学院院长，教授。

** 朱琳，吉林财经大学学生。

① 苏永钦：《民事财产法在新世纪面临的挑战》，中国政法大学出版社2003年版。

一、不动产登记制度

(一)不动产

不动产对于一个国家和社会来说,是不可或缺的经济资源,同时也是人们生存和发展的基础,无论是在大陆法系还是在英美法系,它都处于不可替代的地位。在我国,立法界和学者们对于不动产的重要性以及其含义的界定基本上是能够达成一致的。

依学理上的一般解释,判断物是否能够移动并且是否因移动而损坏其价值来区分动产与不动产,不动产是指不能移动或者若移动则损害其价值或用途的物。而在民事立法中,习惯采取列举和排除的方法来区分,即动产之外的财产就是不动产。

(二)不动产登记

不动产登记是物权法的一项重要的概念,也可以称之为不动产物权登记。历史上,不动产登记是伴随着抵押制度的发展而发展起来的,后来,不动产的登记范围渐渐扩展到所有的不动产物权。并且通过不动产登记,不动产物权的基本情况可以便于公民查阅,及时了解不动产的变动情况。关于不动产登记的概念,学者们的表述不尽相同,大致有以下几种说法:第一,"不动产登记是经权利人申请,国家有关登记部门将申请的不动产物权事项记载于不动产登记簿的事实"。① 第二,"不动产登记是指登记申请人对不动产物权的设定、转移在专门的登记机关依法定程序进行登记"。② 第三,"不动产登记是指将土地及地上定着物之所有权和他项权利的取得、丧失与变更,依法定程序记载于专职机关掌管的专门簿册上"。③ 以上几种说法虽然在表述上有所不同,但他们的基本观点可以概括为不动产物权登记的概念包含了以下几点要素:

1. 是需要记载于国家专门机关的专门簿册上的事实

不动产应由国家专门机关进行登记,并将其记载在专门簿册上的事

---

① 孙宪忠:《论物权法》,法律出版社 2001 年版,第 439 页。

② 王利明主编:《中国物权法草案建议稿及说明》,中国法制出版社 2001 年版,第 182 页。

③ 梁慧星:《中国物权法研究》,法律出版社 1998 年版,第 199 页。

实,登记完成之后向社会予以公示。

2. 是需要依法进行的登记程序

不动产登记是一项很重要同时也十分复杂的工作,必须严格依照有关法定程序进行登记,否则是不具有不动产登记的法律效力的。

3. 是针对不动产物权的登记

不动产物权登记顾名思义,它登记的对象必须是不动产,登记的内容则必须是关于不动产物权的变动。其他对象和内容的登记即便是国家专门机关登记到专门簿册上的,也不属于不动产物权登记。

二、我国不动产物权登记制度的现状及主要问题

(一)我国不动产物权登记制度的现状

我国曾经在社会主义改造完成以前建立过不动产登记制度,但可惜的是一直没有切实地贯彻下去,直到1987年《民法通则》的正式实行,才使我国的不动产物权登记制度得以逐渐恢复。根据我国现行法,负责不动产登记的机关在性质上属于行政机关。拥有不动产物权登记的行政机关有:国土管理局、房产管理局、矿产管理局、林业管理机关等。因此我国现行不动产物权登记的实体性规定与程序性规定散见于多部法律法规中。主要包括:(1)《土地管理法》第12条规定:"依法改变土地权属和用途的,应当办理土地变更登记手续。"(2)《担保法》第41条规定:"当事人以本法第四十二条规定的财产抵押的,应当办理抵押物登记,抵押合同自登记之日生效。"(3)《土地管理法》第5条第1款规定:"国务院土地行政主管部门统一负责全国土地的管理和监督工作。"(4)《房地产管理法》第7条第1款规定:"国务院建设行政主管部门、土地管理部门依照国务院规定的职权划分,各司其职,密切配合,管理全国房地产工作。"(5)《矿产资源法》第3条第3款规定:"勘察矿产资源必须依法登记。开采矿产资源,必须依法申请取得采矿权。"(6)《草原法》第11条规定:全民所有制单位使用的草原,由县级以上地方人民政府登记造册,核发证书,确认使用权。集体所有的草原和集体长期固定使用的全民所有的草原,由县级人民政府登记造册,核发证书,确认所有权或者使用权。(7)《森林法》第3条规定:全民所有的和集体所有的森林、林木和

林地,个人所有的林木和使用的林地,由县级以上地方人民政府登记造册,核发证书,确认所有权或者使用权。因此,作为政府部门的登记机关,对不动产登记只能以行政法为依据行使管理职能,不能按物权公示原则的要求来服务市场,保证交易秩序和安全。也无法切实保护公民的合法权益,无法公正合理地处置公民的合法财产。

(二)我国现行不动产登记制度存在的主要问题

1. 对于不动产物权登记的性质的认识不正确

我国自恢复登记制度以来,登记仍然只作为行政管理部门的一种工具或手段,这直接导致了不动产物权登记直接违背了物权法中关于不动产物权登记作为不动产物权变动的公示手段的这一基本原理。而我国立法上这种对于不动产物权登记性质的错误定位,也是造成我国不动产物权登记制度的行政色彩过于浓厚、各行政机关各自为政的主要原因。另外,物权立法的薄弱也直接造成了我国交易秩序的混乱。

2. 不动产登记机关过于冗杂,无法达到统一

采取多机关共同管理的情况,其实是有一定的合理性的,但其弊端也是显而易见的。首先,其违背了"效率优先"的司法精神,交易当事人游走于各个登记机关,不利于查阅登记,每个登记机关也无法提供有关交易的全部信息。其次,登记机关冗杂分散,各职能机关权利的交叉重叠,往往会造成对法律诠释的不一致,导致登记权利互不协调,甚至相互对立,使得登记工作无法顺利进行。甚至使不动产物权登记的公示证明力失效。

3. 登记机关缺乏公信力

如前所述,我国多年来的登记制度具有行政化的特点,导致了登记机关采取形式审查方式,使得登记的错误多有发生,而交易当事人也经常因此而遭受损失。① 长此以往,势必导致管理混乱、审查不严并引发腐败,造成登记违法及虚假登记泛滥。最终使公众对登记的信赖度急剧降低。

---

① 王利明主编:《中国物权法草案建议稿及说明》,中国法制出版社 2001 年版,第 188 页。

4. 登记责任机制不健全

我国登记机关在登记出现错登、漏登，甚至遗失登记申请人的登记资料而给相关当事人造成严重损失的时候，往往不承担相应的法律责任。这很明显是不公正的。权利与义务不对等的情况是绝对不正常的。这样登记机关单方面享有收费的权利，而不对自己本身的过失承担责任的情况势必会导致登记机关怠于履行其审查登记义务。

三、《物权法》的出台对不动产物权登记制度的影响

（一）弱化了不动产登记制度的行政色彩

《物权法》出台前，我国不动产登记的具体操作工作主要是由国土管理部门和房产管理部门自行制定的部门规章，但二者只容纳房产登记，而没有容纳最为基础的土地登记。另外，该登记办法只涉及城镇房屋登记，而无法覆盖广大的农村房屋登记。因而，即便就房屋权属登记而言，也是不完整的。[①] 而《物权法》则对不动产登记制度做了专章专节的规定，使得有关不动产登记的立法体系逐渐明确，不动产登记的规则也逐步形成了统一的有机整体。行政色彩在立法完善的基础上得以弱化。

（二）建立了不动产登记信息公开制度

物权登记的公示与公信制度是保障社会交易安全，对交易中的善意相对人予以保护的一项重要制度。而《物权法》中建立不动产信息公开制度对于登记信息的公开化、登记程序的透明化做了法律上的要求与规定，第18条规定："权利人，利害关系人可以申请查询、复制登记资料，登记机构应当提供。"这也减少了登记失误的频繁发生，无疑增强了公民对于登记的信心，同时也切实贯彻了登记的公示公信原则。减少了交易冲突以及不必要的纠纷，使市场交易得以安全顺利进行。

（三）健全了不动产登记的相关赔偿责任制度

《物权法》第19条规定："权利人，利害关系人认为不动产登记簿记载的事项错误的，可以申请更正登记。不动产登记记载的权利人书面同

---

① 孙宪忠：《中国物权法总论》，法律出版社2003年版，第279页。

意更正或者有证据证明登记确有错误的,登记机构应当予以更正。不动产登记簿记载的权利人不同意更正的,利害关系人可以申请异议登记。”此时,当申请人所提出的异议最终不成立时,因此给登记权利人的利益造成损害的应当由异议登记申请人承担赔偿责任。

【参考文献】

王利明主编:《中国物权法草案建议稿及说明》,中国法制出版社2001 年版。

梁慧星:《中国物权法研究》,法律出版社 1998 年版。

沈宗灵:《法学基础理论》,北京大学出版社 1995 年版。

孙宪忠:“论不动产物权登记”,载《中国法学》1996 年第 5 期。

房绍坤、吕杰:“创设预告登记制度的几个问题”,载《法学家》2003年第 4 期。

王洪亮:“不动产物权登记立法研究”,载《法律科学》2000 年第 2期。

浅析绑架罪的目的及认定

徐博强*

【摘要】 就行为的客观表现而言,绑架可以是许多犯罪的手段。在我国刑法中,拐卖妇女儿童罪、抢劫罪和非法拘禁罪都可以采取这种手段。法律将绑架规定为一个独立犯罪,主要在于其不同于其他犯罪的目的,即"勒索财物"和"做人质"。①这样,绑架罪的目的就成为区分绑架罪的罪与非罪、此罪与彼罪的标准。因此正确理解绑架罪的目的,对绑架罪的认定具有十分积极的意义。

【关键词】 绑架罪 犯罪目的 勒索财物

一、犯罪目的在绑架罪犯罪构成中的地位

绑架罪的犯罪目的,即勒索财物或满足其他非法利益,在绑架罪的犯罪构成中具有特殊的地位:一方面,该犯罪目的是《刑法》第239条所要求的成立绑架罪所必备的要件,其主要作用在于限定绑架罪的犯罪构成,缩减绑架罪的适用范围。正是该目的的存在使绑架罪与非法拘禁罪以及以绑架手段实施的拐卖妇女儿童罪区别开来。该犯罪目的的存在与否是认定绑架罪成立与否的重要标准。另一方面,《刑法》第239条的罪状描述使本罪成为间接目的犯,即勒索财物或者提出其他非法要求仅是目的,属于犯罪主观方面。而目的犯中的目的与故意、过失不同:故意、过失本身都要求有与之相对应的客观事实,但目的犯中的目的则是

* 徐博强,吉林财经大学法学院教师。

① 孟庆华:"关于绑架罪的几个问题",载《法学论坛》2000年第1期。

“主观超过要素”,即是超过客观事实范围的内容,或者说客观上不要求存在与目的相对应的事实。由于勒索财物只是目的,故现实的提出非法要求的行为并不是成立本罪的必要条件,绑架他人才是成立本罪必不可少的行为条件。也就是说,勒索目的只须表现在绑架行为上即可认定。一定的目的并不一定必须表现为对应相等的目的行为,与勒索目的对应相等的勒索行为,只是犯罪情节,而非客观方面构成要件的行为。对绑架罪犯罪目的的上述地位与特征的认识,对于确定绑架罪的实行行为的范围以及界定既遂与未遂的标准等方面,都具有重要的导向与定位作用。

正因为此问题如此重要,笔者在此还需要补充几句:立法者在绑架罪立法中更注重对公民人身权利的维护,对财产利益及其他法益的维护相对处于次要地位。因此,尽管绑架罪的犯罪目的仅凭绑架行为是难以实现的,该目的的实现尚须借助目的行为(勒索行为),但基于前述宗旨,立法者规定只要行为人在此目的的支配下实施完该手段行为(法律所明确要求的实行行为),侵犯他人的人身权利,即足以成立该罪并构成既遂。行为人是否实施目的行为或是否实现犯罪目的对犯罪的成立与既遂并无决定作用,只是在量刑时需予以考虑。

二、绑架罪的犯罪目的的内容

根据《刑法》第 239 条的规定,实施绑架的目的是为了勒索财物或其他不法利益。关于这一目的的具体内容,可从两个方面加以把握:

首先,勒索的对象限于第三人。勒索的对象是第三人还是被绑架人,这是绑架罪与以绑架手段抢劫的主要区别。抢劫罪也是为获取财物,但这种获取只限对被抢劫人,而绑架罪获取财物的对象则是第三人。我国有学者从法律字眼上理解,认为法律既然没有对勒索财物的对象进行限制,那么勒索财物的对象就不仅包括第三人,而且也应该包括被绑架人。这种认识不仅容易混淆绑架罪与抢劫罪的区别,而且从社会危害性看,是否向第三人勒索,危害性差别很大。不仅如此,其实质还涉及是否侵犯第三人的自决权问题。从我国刑法对绑架罪所规定的严厉刑罚来看,笔者以为也应将勒索财物的对象限于第三人。事实上,绑架罪之所以受到刑罚严厉惩处，一方面是因为绑架罪严重危及人身安全，主体具有较重的人身危险性、犯罪的预谋性、手段的残忍性、行为的恐怖性；另一方面是因为绑架罪不仅侵害了被绑架人的人身权利，而且它也将侵害第三人的合法权利。绑架罪“以勒索财物为目的”的“指向第三人”性，虽然主观上具有潜在性，但对于绑架罪行为人而言，主观上的潜在性深化了行为人的主观恶性，增加了行为的客观危害或潜在危害。因此，在绑架罪中，“以勒索财物为目的”的勒索财物的对象必须是被绑架人之外的第三人。

其次，意图勒索财物的内容和程度应限定为“重大”。对此，我国学者有不同认识。有学者认为，绑架罪严重危害人身安全，对于绑架罪只要求绑架行为和行为人主观上出于勒索财物的目的，并不要求勒索财物是否重大。不过也有学者认为，我国刑法对绑架罪规定了十分严厉的法定刑，应着眼于绑架罪的法定刑，将绑架罪的意图勒索财物的内容和程度限制在“重大”的范围内，认为“既然我国《刑法》第 239 条对绑架罪规定了异常严厉的法定刑，那么在对绑架罪构成要件的解释上就应当予以考虑，做出与处罚相称的解释。为了与绑架罪的处罚相称，在意图勒索的内容和程度上应当有所限制。也就是说，对于勒索的不法要求应当限制在“重大”的范围内，即以勒索“巨额赎金”或者其他“重大”不法要求为目的。笔者同意后一种认识。在目的犯场合，刑法将具有特定目的的行为规定为犯罪，是因为行为与特定目的相结合，既表现出了行为之严重的社会危害性，又预示着在特定目的引导下有可能造成更大社会危害的可能性，当行为作为常量，特定目的作为变量时，特定目的表现的主观恶性越大；整个行为的社会危害性就越大；特定目的表现的主观恶性越小，整个行为的社会危害性就越小。① 特定目的表现的主观恶性，在这里主要就是“以勒索财物为目的”作为犯罪动机的强烈程度和目的内容。行为人绑架时勒索财物的动机越强烈，其主观恶性也越大。而勒索财物的类型和数量就是动机强烈与否的一个重要标准。但在这里就又产生下列两个问题：首先，“重大”的标准是什么？是以行为人为标准还

① 张忠斌：“有关绑架罪司法认定的三个误区”，载《法律适用》2003 年第 6 期。

是依据社会一般观念为标准？其次，勒索财物达到何种程度才为重大？对于这两个问题，笔者的观点是：关于“重大”的标准，应当依据社会一般观念。被刑法评价为严重刑事犯罪并处以严厉处罚的绑架罪，其行为往往是以勒索巨额赎金或者重大不法要求为目的的。因为勒索的赎金很高，或者其他不法要求很难满足，才使被勒索人处在两难选择的境地：要么蒙受巨大经济损失、做出巨大让步，要么使人质遭受巨大的痛苦甚至丧失生命。如果行为人绑架人质仅仅是索要少量财物或者其他微不足道的不法要求，那么局面则完全改变。一方面，对于被勒索人而言，因为很容易满足其不法要求，就不会成为棘手难办的问题。即使这种要求对于行为人来讲意义重大，但对于被勒索人却没有任何意义，至少是不如被绑架人的安危更重要。另一方面，对于被绑架人而言，其人身安全所蒙受的风险也大大降低了。关于“重大”的程度，有学者认为其数量至少宜为“1 万元以上”，这对实践有一定的指导作用。当然也不能绝对化，“重大”是一个概括性描述，对于“以勒索财物为目的”来说，“重大”主要是体现为财物的数量和类型。在数量上我们可以灵活一些，因为中国各个地方差异很大，而且绑架行为的具体情况也千差万别，有时候数量虽然很小，但根据行为也能反映行为的严重危害性。

三、如何认定绑架罪中勒索财物或获取其他不法利益的目的

绑架罪主观方面是直接故意，具有勒索财物或获取其他不法利益的目的。“以勒索财物（或者其他不法利益）为目的”，是绑架罪的法定的犯罪目的，是“超过的主观要素”（或超过的内心倾向），客观上并不一定有相应的勒索行为与之相对应。[①] 但是，此种目的仍然是成立绑架罪的必要条件，正是此种目的才将绑架罪与非法拘禁罪、拐卖妇女儿童罪区别开来。在司法实践中一定要有相关行为或证据证明该目的的存在，才能认定行为人之行为构成绑架罪。行为人以勒索财物或获取其他不法利益为目的而绑架他人，在不同案件中有不同体现：有在此目的支配下

① 林亚刚、贾宇：“关于绑架及相关犯罪的几点探讨”，载《国家检察官学院学报》1997 年第 4 期。

实施勒索行为并成功勒索到财物的；有在此目的支配下实行勒索行为而实际未获得财物的；也有在此勒索目的支配下仅实施绑架行为，而因为种种原因未实施勒索行为的。在第一种情况下，行为人在实行完毕绑架行为之后向第三人提出不法要求并实际上获得不法利益，在这种情况下，勒索行为以及该要求得到满足后的实害结果充分证明了其犯罪目的的存在。在第二种情况下，行为人在实行完毕绑架行为之后又向第三人提出勒索要求，因为相关人报案，警方在行为人的不法要求获得满足之前及时介入并将其抓获，在这种情况下，行为人绑架他人的犯罪目的已经有了一定的外在客观表现，向第三人提出勒索赎金或其他不法要求的行为证明了其主观上犯罪目的的存在。在第三种情况下，行为人绑架被害人尚未来得及向第三人提出不法要求，即因警方的介入而被抓获的，或因为遭到被害人的激烈反抗或者其他意志以外的原因，行为人未完成绑架行为的。此种情况如果有充分的证据证明行为人的绑架行为是在勒索财物或者获取其他非法利益的目的支配下实施，两者之间存在必然联系，则也可以认定本罪的犯罪目的。由于此种情况之下，勒索财物或者获取非法利益的目的仅表现在绑架行为上，尚没有外化为提出非法要求的行为，通过绑架行为来揭示并证明勒索财物或获取其他非法利益的难度较大。由于绑架罪的法定刑极其严厉，本着谦抑原则和有利于被告人的原则，对此类情况中的犯罪目的的认定较之前两者应从严掌握。要综合犯罪嫌疑人的供述、同案犯或关系人及其他证人的证言、被害人陈述、行为人与被害人之间的个人恩怨以及是否有债权债务关系、是否处于出卖或其他目的、作案工具与手法等情况总体上予以分析并排除其他可能的目的，方可以认定行为人是勒索财物或者获取其他不法利益而绑架人质的犯罪目的。

中日不动产登记制度之比较

郑永哲*

【摘要】 不动产登记制度伴随着私有制的产生而产生，并随着资本主义的发展而不断地完善。它在西方各先进国家中已经形成比较完整和成熟的制度，并与各国的民法典一起构建了一个完整的不动产理论体系。而中国的不动产登记制度，则由于各种历史原因起步较晚，目前只是在城市中存在不动产登记制度，但在广大的农村仍没有一部统一的、完善的不动产登记制度。同时，由于这种不完善的制度，造成中国关于不动产制度的理论研究处于落后或者是空白的状况。而《日本民法典》已经实施了一百多年，它的很多制度经历了由不完善到逐渐完善的漫长的历程。关于不动产的登记制度及其理论，也是一样经历了通过对判例的研究而不断发展和完善的过程。日本的不动产登记机关是国家法务部，实施细则是《不动产登记法》。到目前为止，对于有关登记事项的规定应该说比较细，而且也比较成熟，并于1978年制定了《假定登记担保契约法》，对于以前存在的假定登记担保制度在立法的层面上进行了统一规范。同时，在不动产登记的问题上通过对判例的研究，又演化出了“物权的回归与登记”、“第三人的范围”等理论问题，并且这些理论还在不断地发展和完善。

【关键词】 不动产登记 正当利益人 公信力

关于不动产登记制度，应该说是物权变动的基础，它是能否合法取

* 郑永哲(1959)，吉林财经大学法学院教师，日本早稻田大学法学硕士。

得物权的一个标志，是一个国家如何保障物权的合法转移，更好地保障公民合法权益的一个基石。但在我们国家，现在实行的是对于土地、房产等不动产，由国家不同的部门和机关进行管理和登记，而且在新出台的《物权法》中，只规定了国家对不动产实行统一登记制度，同时，对于统一登记的范围、登记机构和登记办法，则由法律、行政法规另行规定。由于只是笼统的规定，使人们对于我国的登记机关和登记制度，由哪个机构和根据什么法规进行管理和登记产生疑惑，更让人模糊不清。《物权法》第20条规定，"为保障将来实现物权，按照约定可以向登记机构申请预告登记。预告登记后，未经登记的权利人同意，处分该不动产的，不发生物权效力"。另外在该法第187条规定，"抵押权自登记之日起生效"。如果将这两条放在一起，我们就可以清楚地看出，对于抵押权的登记，也是可以进行预告登记的。因此，我们可以说，这是中国在不动产物权、抵押权登记上的一个理论突破，也可以说是一个亮点。但由于我们国家这方面的法律起步较晚，又由于只是这种笼统的规定，所以在实际操作方面会遇到很多问题。同时，关于研究不动产登记的理论，尚处于起步阶段，而且见诸报章的论文则更是少之又少。为此，现介绍一下日本民法中关于不动产登记的相关规定和理论界的一些动向，以期对我国不动产登记制度的今后发展做一个借鉴。

一、关于不动产登记

关于日本不动产物权登记，规定在《民法典》第117条中。登记由日本国家法务部统一管理，并在统一设立的登记簿上进行登记。关于登记的具体手续则根据《民法典》的特别法即《不动产登记法》来进行。具体负责登记事务的是国家法务部的各地分局、支局和它的派出机构。

（一）不动产登记簿

不动产登记簿区分为土地登记簿与建筑物登记簿（《不动产登记法》第14条）。另外，关于树木的还有树木登记簿。同时，采取了一个不动产一张用纸的原则。①

---

① 即一个不动产只能记载在一张纸上，不能使用多张纸记载一个不动产。

登记簿用纸分为表题部、甲区、乙区,表题部是关于土地或建筑物的具体位置、面积等事项,甲区是关于所有权的事项及它的顺位,乙区记载是所有权以外的权利(比如,抵押权、地上权等)的事项和它的顺位。

(二)登记事项

1. 在不动产登记簿上登记的不动产有:土地、建筑物及树木。

2. 可以登记的不动产物权有:所有权、地上权、永佃权、地役权、优先权、质权、抵押权等。另外,还有不动产借贷权、采石权等也可以登记。但是,占有权、留置权、一般优先权、入会权等虽然是不动产物权,但不能登记。

3. 可以登记的不动产物权的变动,是指不动产物权的设定、保存、转移、变更、处分的限制及消灭等。因此,它不仅包括根据意思表示而使物权变动,而且还包括建筑物的新建、继承、时效取得等原因而发生的物权变动的所有事项。对于以上的这些事项,都要进行登记。

(三)登记请求权

1. 在权利登记的申请中,应该由登记权利人和义务人共同进行申请(《不动产登记法》第26条)。登记权利人与义务人,是指由于登记得到利益的人和得到不利益的人,但应该注意实体法上的登记请求权人和协助登记义务人不一定是一致的。作为共同申请的例外,对由于继承的登记、所有权保存登记等,均由登记权利人单独申请即可。

2. 因此,进行物权变动时,经常会有具有登记利益的人(如买主),即使想登记,而对方(如卖主)却对登记采取不与合作的态度,这样一来,会使登记无法顺利进行。为避开这一不当的结果,就需要在法律上承认对卖主要求协助登记的请求权,这个权利被称之为登记请求权。如果登记请求权人经过诉讼,得到了卖方应对登记进行协助的判决,登记请求权人就可据此进行单独登记。

3. 在以下几种情况下,会发生登记请求权:

(1)实体性的权利发生变动的场合。比如,只要双方意思表示一致并达成了协议,则无论是否规定了有关登记的特约,买主对卖主就发生了登记请求权。

(2)与实际的物权关系不一致的登记存在时的场合。比如,所有权转移登记后,卖主由于不履行债务而使契约被解除时,登记名义人的买主对卖主持有抹消登记请求权,反过来卖主对买主也有抹消登记请求权。

(3)当事人之间有特约的场合。比如,中间省略登记(后面要讲到),如果关系人全员同意则认为有效。

(4)A 到 B,再从 B 到 C,相继进行转卖的场合。C 根据债权人的代位权(《民法典》第 423 条),可以代位行使 B 对 A 的登记请求权。

二、假定登记担保①

日本在"二战"前,就存在假定担保制度,但由于当时民法典中没有关于假定登记担保的规定,日本的理论界只能通过判例来对其进行研究。这个担保指的是为了担保而利用假定登记进行的代物清偿预约和买卖预约,因此,将它们统称为假定登记担保。代物清偿预约,是债务人替换了原有的给付而进行其他给付的预约。比如,B 从 A 的手里借款 10 万元,到了清偿期不能清偿本金时,预约将 B 的土地或建筑物等不动产所有权转移给 A 的契约。代物清偿(《民法典》第 482 条),在民法理论中它本身只是债权消灭的一个事由,但由于有了这个"预约",则将债权变成为担保。可以这样说,代物清偿预约起到的是一种担保物权的作用,而买卖预约,是指 B 在向 A 借钱时,预约 B 将自己所拥有的不动产卖给 A,而且所借款项与该不动产价值相当。如果 B 不能按时返还借款,则属于买卖预约的完成,A 取得该不动产所有权。同时,为了担保代物清偿预约和买卖预约,债权人通常需要进行保全所有权转移的假定登记(《不动产登记法》第 2 条),这样的担保即称之为假定登记担保。对这样的假定登记担保,在《假定登记担保契约法》制定之前,由于法无明文规定,在实际的经济生活中,如出现了纠纷则只能通过判例来进行处理,而且形成了一定的判例理论。后来,为了规范假定登记担保制度,使其在社会经济中发挥更大的作用,于是在 1978 年日本制定了《假定登记担保契约法》。这个法律规定,它不能适用于一般的债权担保,而只是限

① 日本称之为假定担保登记,而在中国则称之为预告登记。

定在金钱债务方面的担保,并且规定这类担保必须要在登记簿上进行假定登记(该法第1条)。

假定登记担保制度,在《假定登记担保契约法》制定之前,不只是高利贷业,而且在各中小金融机关或公司、企业之间,为了能够较容易地取得融资,而采取的以不动产担保的方式来获取急需资金的一个非常简便的渠道。这样的担保制度,在"二战"之前就已经存在了。当时,日本的经济快速发展并深受西方契约自由的影响,对于此类案件一般将其视为有效。① 特别是"二战"后,由于经济的高速发展,人们需求的资金越来越多,因此其利用率也是越来越大。为什么会出现这种情况？主要是因为这个制度与一般的抵押权相比,对于债权人来说具有非常有利的一面:

(1)不像抵押权强制执行那么麻烦;

(2)不动产的价格即使超过债权金额的,也可不经清算;

(3)可以排除其他债权人执行该目的物;

(4)在签订假定登记担保契约时,可以回避对债权人不利的内容。

比如说,像前面所说的虽然只是借了10万元,但是债权人却可以轻易地取得高价的不动产。因此,被高利贷业广泛地利用。由于没有法律的规范,可以说该制度在当时为高利贷业攫取高额利润提供了方便之门,在一定程度上助长了社会不公平现象。而且,如果从法律的角度出发,这一类的担保,也有其不合理的地方,即本来存在完备的抵押权制度却不利用,这是为什么？就是因为债权人具有获取暴利的非法意图。因此,在"二战"后,开始以违反公序良俗行为(即暴利行为)为由进行了规制,②一直发展到了1974年,终于出现了新的判例(即该假定登记担保不动产的价格必须要经清算)。③ 假定登记担保,从形式上看属于担保,但它不是限制型物权,而是所有权转移性质的担保物权。虽然在《假定登记担保契约法》中没有明确地说明是否属于物权,但无论怎么说,它的实质应该是与抵押权非常相近的担保物权。

---

① 大审院1920、2、6(大审院民事判决录25、68)。

② 最高判1952、11、20(最高法院民事判例集6、10、1015)。

③ 最高判1974、10、23(最高法院民事判例集28、7、1473)。

三、由于撤销、解除而使物权的回归与登记

(一)撤销

以限制行为能力人的行为或以欺诈、强迫为由而撤销了这个法律行为。比如,如果A与B之间由于买卖被撤销,从卖主A手里向B进行的所有权转移则是具有溯及力的被消灭,那么,所有权就应该从B的手里复归到A手里。但是,如果在撤销前存在从B的手里得到所有权的C,那么A对C,既使A未登记也可以对抗C(判例),①这是因为A不可能在事前要求登记。如果这个法律行为被撤销后,在进行抹消转移登记之前,在这一段时间中,又出现了从B手里得到了所有权的D时,A如果未登记则不能对抗D(判例)。② 这是因为从B向A的所有权回归与B向D的所有权转移,属于二重交付。因此,可以作为对抗问题进行处理。与前面的处理原则不同的原因是,它确实与上面所说的撤销前是完全不同的。因为法律行为被撤销后,A可以在任何时候进行登记,但是A却由于怠慢而未能及时登记,因而丧失了应有的权利,这是完全由于自己的原因而造成的,在法律上不能给予支持,也是情理之中的事情。但是,如果由于欺诈使法律行为被撤销时,如果第三取得人C是善意的,那么A不能以撤销为由来对抗C(《民法典》第96条第3项),但是C是否要具备对抗要件,在这一点上有争议。判例认为,③没有必要使承继取得所有权的人必须具备对抗要件,善意的第三人在撤销前后,无论其是否有对抗要件,都要进行保护。

(二)解除

根据契约的解除(第545条),而使物权回归的场合下,与撤销进行同样的处理。比如,A与B之间的买卖,由于买主B不履行债务,并以此为由,合同被卖主A解除时,解除前从B的手里取得目的物的C应该受到保护。如在解除后从B手里得到所有权的D与A的关系,则按对

---

① 大审院1929、2、20(大审院民事判例集8、59)。

② 大审院1942、9、30(大审院民事判例集21、911)。

③ 最高判1974、9、26(最高法院民事判例集28、6、1213)。

抗问题进行处理(判例)。[①] 但是为了保护解除前的C,需要具备对抗要件,A与C的关系,实质上与A和D的关系相近。同时,根据契约的解除而使物权的回归,由于是根据意思表示而发生的物权变动,在合意解除后,不能认为如果未登记就不能对抗第三人。

四、关于第三人的范围

为了对抗第三人,对于不动产必须要进行登记(第177条),如果不进行登记,则有可能否认其物权的变动。那么第三人应包括的范围是什么?判例最初认为,第三人是物权变动的当事人及他的承继人(包括继承人等)以外的所有人(无限制说)。[②] 后来限定为"对主张登记的欠缺有正当利益的第三人"(限制说)。[③] 学说及判例对此无统一的见解,但由于限制说的结论具有一定的优势,现在成为多数学说。根据限制说,[④]可将第三人分为有正当利益的第三人与没有正当利益的第三人,为了对抗有正当利益的第三人,需要登记的要件;而为了对抗没有正当利益的第三人,即使未登记也能对抗。对于没有正当利益的第三人,他即使以未登记为由也不能否认物权的变动。因此,第三人的范围是比较明确的。

那么,我们重点说一下即使未登记也能对抗的第三人。它是指主张登记的欠缺却没有正当利益的第三人。根据判例及通说应包括:

(1)根据《不动产登记法》第4条、第5条规定的第三人,即用欺诈或强迫的手段对登记申请进行妨害的第三人,不能主张登记的欠缺。

(2)无权利人。虽然没有物权,却成为登记名义人,对此,真正的物权人可以请求抹消登记及要求返还原物。如果从无权利的登记名义人手中善意地得到物权的人也是同样,仍属无权利人。

(3)不法行为人。比如,山林的不法采伐人、不动产的不法占有人、放火人等,对这些不法行为人,如果真正的物权人请求损害赔偿时,没有

---

① 最高判1960、11、29(最高法院民事判例集14、13、2869)。

② [日]梅兼次郎:《民法要义　物权编》(第2卷),有斐阁1910年版,第17页以下。

③ 大审院(连合部)1909、12、15(大审院民事判决录14、313)。

④ [日]鸠山秀夫:《民法研究　物权》(第2卷),岩波书店1930年版,第40页。

必要必须有登记。但是，对没有权利却在他人的土地上建筑了房屋，并将其卖掉，无论其是否有建筑物所有权转移登记，责任的承受人是购买建筑物的人，而不是卖房子的人。①

(4)一般债权人。判例②认为，进行了扣押的债权人属于有正当利益的第三人，同时，与未进行扣押的一般债权人之间不发生对抗问题。

(5)不断进行转移的前主人与后主人。比如，物权从A到B，再从B到C不断地转移时，后主人C对于A、B之间的物权变动，不可能持有将其否定的正当利益，前主人A对B、C之间的物权变动即使进行了否定，A的物权回归的可能性也不存在，都属于主张登记的欠缺而没有正当利益的人。

(6)背信弃义的恶意人。根据判例违反信义规则的恶意者，主张登记的欠缺属于没有正当利益的人。背信的恶意人包括：

①第一物权转移时的周旋人、证人的场合。③

②对第一买主有不当的故意抬高价格意图的场合。④

③对第一买主存有不良用心的场合。

除了前面所说的没有正当利益人以外的人，就是有正当利益的第三人。但是，对得到了不动产，而该不动产却处于租赁状态的场合下，对租房人请求支付房租时，是否需要登记，在学术上有一定的争议。

五、关于登记的效力

(一)有对抗力的登记

为使登记产生对抗力，需要合法的登记与实际的物权关系要一致。由于登记簿是不动产的履历书，应该正确地反映不动产的变动过程。但目前的状况，并不是很理想，判例对此也让了一步，在简略登记或中间省略登记时，即使未表示出实体物权变动的正确过程，只要与现实的物权关系一致，即视为有效，具有对抗力。

---

① 大审院1928、12、2(大审院民事判例集17、2269)。

② 大审院1916、7、12(大审院民事判决录21、1126)。

③ 最高判1968、11、15(最高法院民事判例集22、12、2671)。

④ 最高判1968、8、2(最高法院民事判例集22、6、1571)。

1. 简略登记。比如，实际上是赠与，却在登记簿上写了买卖，应该抹消登记却写成了转移登记，物权变动的事实是存在的，但它的原因、过程、状态等进行了与事实不符的登记。对此，判例也有变化的过程，开始的时候，将其认定为无效，但到了后来则转变为认定其有效。

2. 中间省略登记。比如，A→B→C→D 不断进行转移的场合，进行 A、B 间的转移登记或 B、C 间的转移登记时，直接写成了 A、C 间的转移登记。判例最初认为，在中间省略登记中，如中间人 B 不同意，则认为其无效，但到了最近，判例认为，既使 B 不同意，中间人 B 以外的人不能主张中间省略登记无效，既使中间人 B 同意，如果在缺乏正当利益时，也不能请求抹消登记。

3. 不伴随着实体的物权变动的登记是无效的。无效的登记的留做他用及用此来进行其他的物权变动是不允许的。但到了后来，登记的内容在与物权变动的事实相一致时，登记具有对抗力。以担保为目的进行了假定登记后，如果债务在清偿后，将旧的假定登记拿来，又为别的新债务而使用时，应该怎么看？既有否认其效力的学说，也有承认其有效的判例。①

（二）公信力与推定力

1. 对于登记，一般情况下它的公信力不被承认，但却存在推定力。在登记簿上的物权人，可以推定为真正的物权人，对此如有争议，则必须拿出证据。

2. 因为登记没有公信力，那么即使信赖了不实的登记而购买了物权，如果真正的权利人出现时，那么，这个人则必须返还已得到的物权。但是，如果真正的权利人故意进行不实的登记或者应该及时予以更正，却长期对自己的权利弃之不顾时，那么就应该保护善意的无过失的第三人（《民法典》第 94 条第 2 款）。比如，与他人共谋，物权并未真正地变动，为了不法的目的，将物权进行了转移登记的场合下，虽然是无效的，但却不能对抗善意的第三人。到了最近，通过判例，②又将这个法理进

---

① 最高判 1974、12、24（最高法院民事判例集 28、10、2117）。

② 最高判 1970、7、24（最高法院民事判例集 24、7、1116）。

行了扩张，即在登记名义人不知道的期间，真正的物权人进行了不实的登记或对不实的登记虽然知道却长期放置不管等场合下，类推适用《民法典》第94条第2项的规定，即从登记名义人手里接受了物权的善意的第三人，对于这个第三人，真正的物权人不能主张这个物权转移无效。在虚伪的假定登记的场合下，同样如此。同时，对物权接受人附加了必须是无过失这个条件。①

（三）登记的形式的效力

登记是向第三人进行物权公示的制度，这是为了防止第三人产生误解与混乱。因此，即使是无效的登记，在不进行抹消的情况下，又要进行形式上与之相冲突或即使是根据真实的物权转移而进行登记，也是不被允许的。

以上，只是介绍了日本关于不动产登记制度的最为基本的规则和理论动向，希望能对我国不动产登记制度的正式确立起到一个借鉴作用。

① 最高判1970、11、19（最高法院民事判例集24、12、1916）。

罚金刑易科制度探析

方也媛[*]

【摘要】　我国在罚金刑执行过程中,存在恶意不缴纳罚金或者无力缴纳罚金的情况。为了解决这些问题,可以在我国引入罚金刑易科制度,这是指在不能执行罚金刑时采取其他措施来代替执行罚金刑的制度。并且根据不同情况区分对待:对有能力而故意不缴纳罚金者易科自由刑,对无能力缴纳罚金者易科劳役。

【关键词】　罚金刑　罚金刑易科制度　缴纳罚金

我国《刑法》第53条规定,罚金在判决指定的期限内一次或者分期缴纳。期满不缴纳的,强制缴纳。对于不能全部缴纳罚金的,人民法院在任何时候发现被执行人有可以执行的财产,应当随时追缴。如果由于遭遇不能抗拒的灾祸缴纳确实有困难的,可以酌情减少或者免除。根据这一规定,似乎在什么情况下都能顺利地追缴罚金,但事实上,这种处理方式存在一定的问题。

一、罚金缴纳中存在的问题

根据《刑法》第53条的规定,对于有能力缴纳罚金而故意不缴纳的,法院可以在判决确定的期限届满后随时强制其缴纳;对因遭受不可抗拒的灾祸确实缴纳不能的,可以参酌其具体情况,减少或者免除其罚金。从表面上看,这一规定是合理的,一方面,它使恶意不缴纳罚金的犯罪人

* 方也媛,吉林财经大学法学院教师。

无法摆脱其尚未执行完毕的刑罚,确保了法律的权威;另一方面,对于确有经济困难的人,减免其罚金,体现了刑罚人道化的要求。但是,在具体执行中仍然存在一定的问题。首先 ,尽管从理论上可以对有缴纳能力的人随时追缴,但是,法院不可能时时跟踪追查犯罪人的经济状况,且由于我国罚金刑执行案件激增以及我国公民财产状况比较秘密,①以执法机关有限的人力、物力,根本不可能把所有的精力花费在追缴罚金上,最后的结果只能是虽然法律规定得较为严密,可是因为过高的司法成本使之不可能实现。其次,对于无力缴纳之人,减免其罚金也是不妥的。罚金也是一种刑罚方式,仅仅因为无力承担就减免刑罚,既不能惩罚恶行,又不能发挥刑罚的教育、改善功能。其结果违背了刑罚报应的本质,与罪刑法定的精神不符。而对于这个问题,很多国家采用了罚金刑易科制度作为一种解决方式。我们国家也可以引入罚金刑易科制度。

二、罚金刑易科制度评析

所谓罚金刑易科,是指在不能执行罚金刑时采取其他措施来代替执行罚金刑的制度。② 综观各国立法,这种易科主要包括易科劳役、易科训诫、易科自由刑、易科公益劳动、易科民事拘禁等。罚金刑易科虽然已为很多国家所采用,但在理论界学者们对其褒贬不一,存在两种不同观点。

(一)罚金刑易科制度否定说

否定说的主要理由是:第一,罚金刑易科是“以刑代罚”。罚金刑是以剥夺罪犯的一定数额的金钱为内容的,而自由刑是以剥夺或限制人的自由为内容的,在不能执行罚金刑的场合代之以自由刑的措施,让人觉得是“以刑代罚”或“以钱赎刑”。第二,罚金刑易科有违平等原则。在罚金刑的易科制度下,犯罪人犯了同样的罪行,判处同样的罚金刑,但有钱的人可免去牢狱之苦,而无钱的人则只有坐牢,这太不公平。第三,罚金刑易科自由刑违反了罚金刑的立法原意。罚金刑最初是为了避免短

① 李洁:《罪与刑立法规定模式》,北京大学出版社 2008 年版,第 116 页。

② 李洁:“罚金刑适用若干问题研究”,载《吉林大学社会科学学报》2000 年第 5 期。

期自由刑的弊端而设立的,但罚金刑易科制度使那些不能执行的罚金刑案件中的罪犯又回复到执行自由刑,这有违罚金刑的初衷。第四,罚金刑易科自由刑以外的措施难以实行。例如,易科自由劳动,犯罪人在什么地方劳动?接受劳动的单位应否向国家上交金钱?如何防止犯罪人与接受劳动的单位的非法交易?特别是在失业率较高的国家,如何找到一个单位接受犯罪人的劳动?第五,采用易科制度的国家,在司法实践中极少是通过易科来执行,即使采用了易科,最终也还是以支付罚金来了结的。所以易科没有存在的实际意义。

(二)罚金刑易科制度肯定说

持肯定说的学者们认为,罚金刑易科制度对于扩大罚金刑的适用方面是十分必要的。第一,罚金刑易科的目的不在于监禁犯罪人,而是确保罚金刑的执行或维护罚金必然的原则,它是作为罚金刑的"压力刑"而存在的,旨在使犯罪人在权衡利弊后能主动缴纳罚金。第二,由于犯罪人的贫富差异,在罚金刑易科问题上,对同一刑罚的执行可能会出现不同方式,确实存在不平等的现象,但是应该看到,这种不平等是原本存在的客观事实,是由社会的政治、经济制度及各方面的原因造成的,并不是刑罚本身所产生的。同时,从某种意义上来说,"这种执行上的不平等较之刑罚不执行造成的不平等和负面影响要少得多,二者比较取其轻者是符合公正的"。① 第三,罚金刑和自由刑在刑罚体系中同等重要,都是刑罚的方式,易科并不存在"以刑代罚"。所谓"以刑代罚"的观点本身就犯了轻视罚金刑的错误,自由刑和罚金刑都是刑罚的一种,而并非只有自由刑才是刑罚。第四,对于一些有抗拒心理的被执行人,只有受自由刑的威慑时,才会被迫缴纳罚金,因此,将自由刑作为罚金刑的"压力刑"使用,使罚金刑具有较强威慑力,以保障罚金刑的执行。

(三)应肯定罚金刑易科制度

笔者比较赞成肯定说的观点。否定论者的诸多理由是站不住脚的,所谓"以刑代罚"的说法是由于所持刑罚观的错误而得出的错误结论,"有违平等"的说法也只是看到了一种表象,因为绝对的平等本身是不

① 马登民、徐安柱:《财产刑研究》,中国检察出版社 1999 年版,第 356 页。

存在的，况且这种表面上的不平等并非不可解决，只要在立法和实践中明确易科的条件、标准和方式，例如，对有缴纳能力而不缴纳者实施易科自由刑，对确无缴纳能力者易服公益劳动或实行执行中止，这样就可以避免这种不平等的出现。至于否定论者所说的易科有违罚金刑立法初衷之说也并不是不能解决，例如，可以在易科时考虑犯罪人所判处的主刑不同而采取不同的替代措施，对单处罚金的可易服民事拘禁等，更何况我国刑法中单处罚金的只是极少数，对有主刑和罚金刑并存的判决中，易服自由刑并不会出现所谓的“重蹈”短期自由刑之“覆辙”的弊端。另外，有学者指出，实行易科制度的各国在司法实践中的适用率也并不高，即使适用了，有很多到最后也是以缴纳罚金了结，所以他们认为罚金刑易科也不具有执行可能性。对此，笔者不敢苟同，实践中适用的少并不表示不能适用，以缴纳罚金了结也并不表示易科的失败，相反，这恰恰反映了易科作为一种“压力刑”发挥了应有的效用，因为我们知道，易科的目的是为了保障罚金刑的执行，就像法律一样，不能因为犯罪率低而否认其存在价值。

三、罚金刑易科制度设计

（一）各国罚金刑易科立法现状

当前，世界各国立法中主要采取以下四种罚金刑的易科形式：(1)罚金刑易科训诫，即以训诫代替罚金执行。我国台湾“刑法”第43条规定：“受罚金刑的宣告，而犯罪动机在公益上或道义上显可宽恕者，得易以训诫。”罚金刑易科训诫在司法实践中适用甚少。其实质意义就等同于免刑，并且还比不上缓刑的效果，因此有学者建议将它删除。(2)罚金刑易科劳役。罚金刑易科劳役是指当被判刑人不能缴纳罚金时，易科不剥夺自由的劳动改造以代替罚金的缴纳。罚金刑易科劳役，只对无缴纳能力的人执行。如《日本刑法》第18条第1款规定：“不能完纳罚金者留置于劳役场期间为一日以上二年以下。”又如，我国台湾“刑法”第42条第1款、第2款规定：“罚金应于裁判确定后两个月内完纳。期满而不完纳者，强制执行。期满无力完纳者，易服劳役。易服劳役以一元以上三元以下，折算一日。但劳役期限不得逾六个月。”(3)罚金刑易科自由刑。这是指犯罪人不能缴纳罚金时,以自由刑代替罚金。意大利、希腊、波兰、土耳其、挪威、新西兰、德国、泰国、阿根廷、英国、美国等国刑法中都有罚金刑易科自由刑的规定。例如,《德国刑法》第43条规定:“不能追缴之罚金,以自由刑代之。一单位日金额相当于一日自由刑。代替的自由刑以一日为其最低限度。”在德国司法实践中,罚金刑易科自由刑发挥着重要作用。德国1987年罚金刑总数的6%和不能追收的罚金刑的13%是由自由刑代替的。

(二)我国罚金刑易科制度设计

参考世界各国的立法现状,笔者认为,我国应这样设计罚金刑易科制度:对有能力而故意不缴纳罚金者易科自由刑,对无能力缴纳罚金者易科劳役。有能力缴纳而故意不缴纳罚金者往往通过隐瞒资产、转移收入、抽逃资金等方式逃避惩罚,足见其不但不真诚悔罪,而且有藐视法律,对抗法律的主观恶性,应该在强制缴纳无效的情况下易科自由刑,否则罚金刑判决就不具有威慑作用,就会导致更多的人故意不缴纳罚金。对有能力缴纳而故意不缴纳罚金者易科自由刑应该按照统一的标准确定,这个标准可以参照外国的规定,并结合我国的国情来制定。有了这样一个罚金刑易科自由刑的统一标准,被判处罚金刑的罪犯如果认为罚金刑易科自由刑不能接受,就会积极主动缴纳罚金,自然罚金刑易科自由刑的问题也就得以避免;但是,被判处罚金刑的罪犯如果认为以自由换取罚金可以接受,那么坐牢就应该是他自己的选择,从而就不存在不公平的问题。

但是,无能力缴纳罚金者并无逃避法律惩罚的主观恶性,所以不适合易科自由刑,此时可以易科劳役。罪犯从事劳动,主要的目的还是为了让罪犯在劳动中受到教育,同时,其创造的价值也折抵罚金归国家所有,这样,罚金刑的功能和目的就在一定程度上得以实现。罚金刑由人民法院执行,罚金刑易科的劳役也可由人民法院执行。人民法院可与有关部门联系,安排罪犯进行与其年龄、身体健康、职业技能等相适宜的劳役。对于劳役的时间长短,也由人民法院确定,确定的基本原则是,要根据罪犯被处以的罚金数额及其劳役创造的价值大小来确定,使其所创造的价值大抵相当于罚金数额。如果罪犯在劳役中表现突出,可参照刑罚减刑制度减少其参加劳役的时间，这样可以兼顾刑法的公平性与严肃性，也使所处罚金额较多的罪犯能因其突出表现而较快完成其所承担的刑事责任。

【参考文献】

孙力：《罚金刑研究》，中国人民公安大学出版社1995年版。

李洁："罚金刑适用若干问题研究"，载《吉林大学社会科学学报》2000年第5期。

邱景辉："罚金刑执行与监督若干问题研究"，载《人民检察》2004年第2期。

公司与企业

走出国际金融危机困境　中国出口企业尚需更多自主创新

杨云母*

【摘要】　面对世界经济增长放缓，外部需求减弱，汇率不稳，以及美国次贷危机等诸多不确定、不稳定因素，中国出口企业要想突破重围，行之有效的途径是自主创新。根据经济学原理，中国在国内消费市场、行业发展空间、企业生产成本等方面已具备自主创新的某些优势。只要企业自身进行调整，政府出台政策给予扶持，中国出口企业自主创新将迎来一个新的发展机遇期。

【关键词】　自主创新　中国出口企业　走出困境　途径

由美国金融危机引发的全球经济动荡，以及随之而来的世界经济增长放缓，使中国对外贸易面临严峻考验。中国出口企业欲从根本上摆脱困境，自主创新是必由之路。从理论研究到实证分析得知，中国是发展中大国，虽然整体创新实力不如发达国家，但也存在自身的独特优势。因此，扬长避短，走符合中国特色的自主创新之路，乃是当前出口企业突破重围的有效途径。

---

* 杨云母，经济学博士，吉林财经大学国际经济学院院长、教授。

一、中国出口企业处于择路发展的关键时刻

(一)特殊时期使中国出口企业身陷困境

当前,中国出口企业面临着诸多不确定、不稳定因素。世界经济增长放缓,全球通胀压力加大、外部需求减弱,汇率不稳,以及美国次贷危机等,无不困扰着其生存环境。据报道,很多中国制造商在美国经济放缓的冲击下,经营状况不善,逐渐陷入困境,成了美国次贷危机的受害者。例如,中国生产的家具40%销往海外,其中一半出口到美国。然而,受美国次贷危机的拖累,中国制造商接到的订单越来越少。美国商务部的数据显示,2003~2007年间,美国从中国进口家具和家用产品上升幅度达78%,总额达139.5亿美元,而2008年上半年则比前一年同期缩水5.1%。与此同时,国内经济运行中的一些矛盾也比较突出,影响着出口企业的效益。日益上涨的原材料和能源价格使制造商的利润进一步受到挤压;劳动力成本的快速提升,虽然是件好事,但也意味着要素成本上升,不断压缩着企业的利润空间,从而降低了中国产品在国际市场上的竞争力。

中国出口企业面临的挑战不仅来自于影响生产成本和需求程度的压力,而且也来自于自身市场经济制度的完善和国际市场规则的统一,技术性贸易壁垒就是一种重要的国际认同的市场规则。技术性贸易壁垒是指那些超越公认的不合理和非科学的强制性或非强制性确定商品的某些特性的规定、标准和法规,以及旨在检验商品是否符合这些技术法规和确定商品质量及其适应性能的认证、审批和试验程序所形成的贸易障碍。随着经济全球化的演进,技术性贸易壁垒迅速兴起,逐渐取代传统的贸易壁垒而成为影响世界自由贸易的主要方式。目前,中国已进入贸易摩擦的多发期,这在很大程度上是由技术性贸易壁垒引发的。国家质量总局2007年发布的《中国技术性贸易措施年度报告》显示,2006年我国全年出口贸易因技术性贸易壁垒造成的直接损失是359.20亿美元,占同期出口额的3.71%。对我国出口产品设置技术性贸易壁垒的多为发达国家。

总之,“内忧外患”正日益威胁着中国制造的地位,削弱着中国产品

的出口能力。据统计,2008 年 6 月,中国商品出口比上年同期增长 18%,进口比上年同期增长 31%,此消彼长,6 月中国贸易顺差缩小 1/5 以上,达 213.5 亿美元。有专家指出,面对复杂多变的局面,企业很难准确预判,能做到的只有“苦练内功”。诚然,堪忧的特殊经济环境使中国出口企业面临困境,但同时也给企业以提升技术创新、创造自主品牌的动力。

(二)自主创新能够帮助中国出口企业走出困境

自主创新是指通过拥有自主知识产权的独特的核心技术以及在此基础上实现新产品的价值的过程。自主创新主要指科学技术领域的创造性活动,大体有三方面内容:一是原始创新,以获取科学发现和技术发明为目的;二是集成创新,将多种相关技术有机融合,形成新产品、新产业;三是引进消化吸收再创新。自主创新的成果,一般体现为新的科学发现以及拥有自主知识产权的技术、产品、品牌等。其中,自主是前提,创新是关键。

自主创新是“十一五”经济发展的主旋律,是落实科学发展观、开创新局面的重大战略举措。增强自主创新能力,建设创新型国家也是两会期间最重要的一个话题。2008 年 3 月 5 日国务院总理温家宝在第十一届全国人民代表大会第一次会议上所做的政府工作报告中指出:“坚持把推进自主创新作为转变发展方式的中心环节……完善和落实支持自主创新的政策,充分发挥企业作为技术创新主体的作用,鼓励、引导企业增加研发投入。推进产学研结合,培育创新型企业。加大政府采购对自主创新产品的支持力度。扩大创业风险投资试点范围。实施知识产权战略。加强国际科技合作。”

改革开放至今,中国出口企业走了 30 年低成本扩张的道路,但表面的繁荣下危机暗藏。中国的出口产品一直靠低价占领全球市场,以日常消费品为主,附加值普遍不高。如今,内外夹击,两头受压,过去那种低成本、薄利润的路子在国际竞争的新形势下已经难以为继。因此,中国出口企业摆脱困境的根本出路就是自主创新。

通过自主创新形成新的竞争优势,是一个关系到中国出口企业中长期竞争力,因而也是关系到中国经济可持续发展的一个重大战略问题。

其一，自主创新可以优化出口企业的产业结构。面对日新月异的科学技术变革，面对日益强化的资源环境约束，面对以创新和技术升级为主要特征的激烈国际竞争，中国出口企业自主创新能力薄弱的问题已经日益成为其发展的制约瓶颈。加快提高自主创新能力，是推动出口企业产业结构优化升级的迫切需要；其二，自主创新有利于出口企业参与国际竞争。出口企业如果掌握了自主创新的核心技术和知识产权，就可以突破发达国家及其跨国公司的技术垄断，从而在国际市场上获得有利的贸易地位；其三，自主创新可以使出口企业降低成本。由于劳动力、土地等生产要素价格在不断上升，我国出口企业持续多年的生产要素低成本优势正在逐步削弱，因而需要培育以技术进步为基础的新的竞争优势。

从发达国家制造业发展的历程看，其每前进一步，都离不开科学技术创新的支持。工业革命时期，起步早的英国是靠纺织等工业产品的大机器生产获得了成功，之后德国则是用化工、电器、光学等新工业产品赢得了市场，“德国制造”也成为了世界市场上“质量和信誉的代名词”。能否保有世界市场经久不衰的垄断地位，成功的秘诀仍在于不断创新。依赖其在传统技术和高新技术领域的雄厚实力，德国机械制造业出口至今仍然占据国际市场的重要位置，并拥有第二大技术出口国、欧洲创新企业密度最高国家等荣誉。在激光、纳米、电子、生物信息通讯等技术领域，都处于国际一流水平。

二、现阶段中国出口企业具备开展自主创新的某些优势

客观地讲，现阶段中国自主创新的能力并不强，自主创新的优势也不普遍体现在出口产业之中。但应该看到，国内潜在的市场优势、某些领域的技术优势以及劳动力低廉的成本优势，甚至有些情况下国外进口需求增大的压力等，都会成为中国出口企业开辟自主创新之路过程中的动力。

（一）国内消费市场优势

经济学家认为，企业的国内发展是参与国际竞争的前提。需求偏好相似论的提出者、瑞典经济学家林德（S. B. Linder）曾用国家之间需求结构相似来解释工业制成品贸易的开展。他指出，工业制成品生产的初期

是满足国内的需求,一旦国内市场大到可以使工业得到规模经济和竞争的单位成本时,才会想到扩大销售范围,将产品推向国际市场。由于该产品是为满足国内喜好和收入水平而生产的,故该产品较多的是出口到那些喜好相似的国家。这些国家的需求结构和需求偏好越相似,其贸易量就越大,如果这些国家的需求结构和需求偏好完全一样,一国可能进出口的商品,也就是另一国可能进出口的商品。因此,一国企业具有国际竞争力的前提是在国内首先发展。国际竞争优势论的提出者、美国经济学家迈克尔·波特(Michael E. Porter)进一步阐述了国内消费市场给出口企业以压力,迫使其改进技术的道理。他认为,需求条件是决定一国是否具有竞争优势的四个基本要素之一。一个公司只有在高度竞争的市场中才能得以生存并不断发展,也只有这样才能取得竞争优势。而且,如果一个国家中国内消费者层次高,需求大,则该国的企业能赢得竞争优势。高层次的和有需求的消费者们迫使当地企业满足产品的高质量标准,生产新颖的产品。例如,日本高阶层的和有知识的人士购买照相机有助于刺激日本照相机行业提高产品质量和引入创新模式。一个类似的例子也可以在手机设备行业中看到,高层次的和有需求的斯堪的纳维亚当地消费者们促使芬兰的诺基亚和瑞典的爱立信投资于手机技术,并在其他发达国家出现手机需求前很久就开始了。结果,诺基亚、爱立信与摩托罗拉一起,成为全球移动电话设备行业的统领者。①

相对于其他国内市场较为狭小的国家,中国某些领域更具备国内市场消费优势。因此,有理由说存在自主创新的预期。以数字技术为例,据波士顿咨询集团最近的一份研究报告称,中国消费者已经成为世界领先的移动通信、计时通讯以及 web2.0 服务的使用者,中国将成为全球数字巨人。他们现在依赖手机看电影和视频、玩游戏、分享音乐;他们不仅用计时通讯技术发送文字信息,而且开始发送视频和音频信息;他们也迎来了 web2.0 时代,撰写和阅读博客的频率远高于美国消费者;他们还参与到网络多人角色扮演游戏中以及其他互动程序中。中国拥有世界

① [美]查尔斯·W.L.希尔:《国际商务》,中国人民大学出版社 2005 年版,第 131 页。

上最多的手机和互联网使用人群。仅在2007年,就有8千万中国人购买了自己的第一部手机,另有近四千万人成为互联网用户。现在中国大约有5亿手机用户和2.1亿网民。中国网民平均每天上网2.7小时。中国全国人口中有一半人能够拥有或接触到手机和互联网。报告还预测,到2015年,中国将有87%的人口能够接触到数字技术。[①] 正是庞大的中国数字市场,才造就出了多家国际上领先的公司,如腾讯、新浪等,这些公司通过扩大投资、本地化服务以及精心选择的商业模式击败了不少全球顶尖竞争对手。

(二)行业发展空间优势

美国经济学家弗农(R. Vernon)把产品创新由内向外发展视为一条规律,进而提出了产品生命周期说。他认为,许多新产品的生命周期经历三个时期:产品创新时期、产品成熟时期和产品标准化时期。在产品创新时期,少数技术上领先、创新国家的创新企业首先开发新产品,在国内投入生产,进而出口,以享有该产品生产和销售方面的垄断权。随着技术的成熟,生产企业不断增加,企业之间的竞争性增强了。对于企业来说,产品的成本和价格变得更加重要。因此,在产品成熟时期和产品标准化时期,企业若想保持和扩大对国外市场的占领,就有可能选择对外直接投资,或技术贸易,以此降低生产成本,增加竞争能力,巩固和扩大市场份额。

中国是发展中国家,高科技发展并不充分,待创建和发展的行业较多,自主创新的潜力巨大。国外技术储备急于获得新市场,为我们发挥后发优势,进行必要的技术引进和主动选择创造了条件,使我国的自主创新有可能站在较高的起点上,并支付较低的成本。从这个意义上说,创新企业的示范效应及中国行业发展的空间优势,可以帮助中国企业更快地实现自主创新。以飞机制造为例,中国大型飞机研制专项论证报告已于2007年2月底获国务院常务会议原则通过,这标志着我国大飞机自主研制迈出了实质性的步伐。英国《卫报》最近报道称,中国计划在2020年前制造出属于自己的大型商用客机,最主要的原因是中国经济

① 王晓雄:“中国正成为全球数字巨人”,载《环球时报》2008年7月30日。

增长带来的需求。根据中外飞机制造商的预测,今后20年,中国至少还需要增加1500架干线客机,采购这些客机需要1000亿美元。可以说,这是中国决定自主研制大型飞机的产业背景。实行跨国采购、全球配置,是大型飞机研制的通行模式。据悉,在自主研发的基础上,中国的大飞机也将在全球范围内配置部件。相信,有中国庞大的市场需求和国际技术合作,中国大飞机制造实现自主创新,创造自主品牌的计划只是个时间问题。

(三)企业创新成本优势

传统国际贸易理论一般是把供给条件作为国际分工和贸易获得优势的基础。古典贸易学的主要奠基人亚当·斯密在其绝对成本理论中强调,每个国家应发展它最具实力的部门,从事专业化生产,实现国际间的地域分工,通过对外贸易可以增加更多的财富。在此基础上,另一位古典派经济学家大卫·李嘉图提出了著名的比较成本理论。20世纪初,瑞典经济学家赫克歇尔、俄林的要素禀赋论进一步发展了古典派自由贸易学说,认为国际贸易产生的根本原因是由于各国所拥有的生产要素禀赋不同。对于生产要素在国际贸易中的作用,迈克尔·波特又有新发展:尽管这些要素条件是决定贸易的重要前提,但是它并非像传统的贸易理论所描述的那样,是决定竞争力的决定因素。对于波特来说,最重要的是一个国家如何不断创新、发展并利用自己的生产要素。因此,他把生产因素分为一般因素和推进因素。前者指一国先天拥有的因素;后者指通过投资和发展而创造的因素。相比之下,后者更为重要。

中国是发展中大国,劳动力供给相对充足。跟发达国家相比,中国制造业最大的优势仍是劳动力成本低廉。有外电也称,中国制造对美国制造在价格上的优势至少还会维持10年。美国《商业周刊》援引波士顿咨询集团资深合伙人瑟金的话,3年前,在中国的一个工厂生产15吨重的压缩机要比美国便宜38%,现在就算把中国劳工成本的增加、人民币升值以及更高的运输成本都计算在内,在中国生产压缩机仍比美国便宜30%。在自主创新上,劳动力优势如果利用好,会发挥积极的作用,使创新成本大为降低。但如果没有自主品牌,只靠低工资占有市场,就不会形成强有力的竞争优势。像服装、鞋帽等制造业,中国劳动力优势非常明显,出口所占份额也较大,但并没有赚到很多的钱,原因就是我们多数情况下是为国外加工,品牌设计和销售环节掌握在跨国公司手中,人家拿了大头。如果我们有自己的名牌去生产,情况就会发生不同的变化。

三、实现中国出口企业自主创新的对策建议

(一)企业应采取的对策

在经济全球化的今天,国与国之间的竞争,具体表现为企业之间的竞争。企业是自主创新的主体。为此,中国出口企业应着力从以下几个环节入手:

第一,理顺各方关系。当前,中国出口企业在自主创新方面面临的主要困难之一,是如何摆正自主创新和利用外资、引进技术的关系。有专家指出,如果完全靠自主开发,一切从头做起,形成自主知识产权的出口能力和出口品牌,需要很大的资金、技术和人才的投入。其中,人才又是重中之重,短期内难以得到。但如果只是依靠外资,靠高价购买国外专利,同样需要投入资金,而且技术掌握在人家手里,更不能形成自主开发能力。因此,中国出口企业应该走自主创新与利用外国资金、引进技术相结合的道路。由于引进技术的目的是为了更好地发展自身,所以应通过模仿、吸收和消化外国的先进技术,进行二次创新和自主开发,不断积累自主创新的能力,以为企业在更大程度上实现自主创新奠定基础。

第二,争创自主品牌。对于出口企业来讲,如果不创造世界性的知名品牌,在高端市场占有一席之地,企业的持续发展就难以为继。可见,随着中国经济市场化和国际化程度的不断加强,加快培育和发展自主品牌已经成为提高出口企业国际竞争力的重要一环。目前,我国很多出口企业尚没有掌握自主开发的核心技术,自主品牌也不多见,出口的多是翻牌或贴牌产品,即使有自有品牌,附加值也不高,没有太大的国际知名度,且缺乏国际化经营能力。要改变这种局面,企业应该做到的是:推动加工贸易转型升级,使其由贴牌生产向自主品牌转变;提高研发能力和国际营销能力,形成有世界知名度的自主品牌。

第三,提倡创新管理。在日本,人们把产品制造精神视为经济的基点、未来的产业先导、参与世界竞争最重要的和有效的战略手段。而近

二十年来,丰田生产方式一直是全球制造企业的楷模。那么,这个企业的生产方式精髓何在？当记者问起这个问题时,丰田社长张富士夫答道:丰田生产方式是提高企业生命力的一整套概念和方法的体系。宝马集团被评为德国“最具创新能力公司”,它的“创新管理”内容包括三步:首先,由全球雇员包括供应商、大学和研究机构一起确定前瞻性的创新计划。其次,分析所提出革新计划或建议的适用性。最后,应用创新成果形成规模生产并制造出产品。上述实例对我们的启示是,企业从事自主创新同样要有一套科学的管理方法,要找准创新品种,充分挖掘企业的现有优势,善于培养和使用创新人才,以收到事半功倍的效果。

(二)政府应采取的对策

政府的协调和指导作用对于中国出口企业自主创新至关重要。为此,建议采取如下对策:

第一,制定相应政策。有学者认为,从最早的英国制造、美国制造,到后来的日本制造、中国制造,是一个由经济发达国家向次发达国家梯度转移的过程。因此,中国政府在制定政策时,要遵循客观发展规律,把握好中国所处的发展阶段及环境,适时推出相应的政策。德国是发达国家,“德国制造”的统治地位已经确立。为了使“制造科技”持续发展,德国政府又制定了三大发展目标,即“绿色制造”、“信息技术”和“极端制造”。面对日益严峻的资源和环境约束,德国推出了以保护环境为主题的“绿色制造计划”;一项以纳米微电子技术、软件系统、通讯技术及互联网基础与服务研发为支柱,旨在实现制造技术与信息技术有机结合的“2006 信息技术研究”计划在德国得到了推行;此外,在极端条件下,制造极端尺度或极高功能的器件和功能系统的“极端制造”也成为德国提升制造业竞争能力的重要手段。当前,我们需要做的是,结合中国出口企业自身的发展条件,利用“中国制造”市场优势、技术优势和成本优势,全面提升出口产品的科技含量和附加值,坚持把产业结构从劳动密集型向资本密集型、知识密集型转化,把一个简单的加工中心转变为一个制造业的许多领域具有完整的供应链和现代化技术的生产系统。

第二,培育优势产业。我们知道,传统的国际贸易理论把贸易看做是国家之间从彼此的差异中互利的一种方法,反映的是各国独有的优势产品之间的交换。而现在,国家的基本特征仍然主要决定国际贸易的基本模式,但贸易似乎反映的是来源于规模经济和在激烈的技术竞争中暂时取得领先地位而形成的没有规律的或暂时的优势。因而,需要政策上的扶持。正是基于对国际贸易的新思考,20 世纪 80 年代克鲁格曼(P. Krugman)等经济学家提出了战略性贸易政策理论,即通过政府的干预政策改变或鼓励企业既定的战略性行为,发展本国产品的出口和相应产业的竞争优势。[①] 可见,培育新兴产业乃是我国自主创新的重中之重。我们要借鉴西方国家战略性贸易政策理论,努力挖掘和培育能够很好地实现自主创新的优势产业。当然,在我国的企业实力尚不足以挑战欧美发达国家的情况下,培育经济增长点时,需要扬长避短。在这方面,机电行业有较好的经验。当发达国家热衷于科技电子产品大战时,我们乘机形成了一批技术含量较高,有一定规模,相对稳定的出口优势产品系列,如音箱、彩电、电话机和 VCD/DVD 等。然后,又适时选择发展计算机、通讯设备、集成电路及微电子组件等,一举获得成功。近来,电子计算机、通讯类以及电子技术类高新技术产品出口已在我国高新技术产品出口总额中占据主导地位。

第三,提升传统产业。由于近一两年全球经济发展放缓,人民币汇率(升值)等一些成本的影响,在 2008 年上半年出口结构中,有一些产业,尤其是以纺织品、服装为代表的劳动密集型产业出口经营遇到困难。应该说,传统行业出口下降不仅是一个经济问题,而且是关系到保证国内就业和保持社会稳定的政治问题。为此,最近政府出台了诸如提高纺织品出口退税等一系列保持出口稳定增长的政策。但从长远的眼光看,还必须采取政策,充分挖掘潜力,改造和提升传统产业。正如迈克尔·波特所说,贸易盈余或贸易平衡并不代表一个国家有竞争力。“一个国家如果以低工资和货币贬值扩张出口,同时又依赖进口精密高档产品,纵使创造贸易顺差或贸易平衡,也可能损及国民生活水准。竞争力并不等于创造就业机会。决定经济繁荣的因素,并非以低工资创造就业机

---

① [美]保罗·罗克鲁格曼:《战略性贸易政策和新国际经济学》,中国人民大学出版社、北京大学出版社 2000 年版,第 27 页。

会,而是取决于工作的类别”。[①] 传统行业同样存在自主创新的机遇和潜力。在谈到企业如何在国际市场制胜时,迈克尔·波特指出,“它们在各种领域,包括新科技与新的做事方式中发展创新、察觉新的竞争基础,或从旧的方法中找出更好的竞争方法。创新可以放在新的产品设计、新的生产流程、新的营销方法,或是一种新的训练方式中。许多创新是平凡观点的积累,靠的是微些的领先与洞察力的积累,而非单一、重大的科技突破”。[②] 对此,政府应该认真加以研究。

① [美]迈克尔·波特:《竞争论》,中信出版社2003年版,第17页。
② [美]迈克尔·波特:《竞争论》,中信出版社2003年版,第23页。

国有企业改制的法律思考

齐 㝉* 柴 森**

【摘要】 国有企业改制是一个重新调整参与改制的国有企业及与其有利害关系的企业之间的权利义务的过程。根据《宪法》规定政府要对社会承担福利保障义务,国企改制必须注意职工的利益保护。依据债的移转担保理论,我们要加强债权人保护。由于国企改制涉及行政法律关系、民商事法律关系等,我们必须采用分类综合立法模式,明确公私法人性质,弥补有关法律漏洞。

【关键词】 国有企业改制 职工利益保护 债权人保护

一、国有企业改制的法律分析

近一个时期以来,我国由南向北、由沿海向内陆,掀起了新一轮的国退民进浪潮,各地中小国有企业改制的一个基本方向就是民营化。原国有中小企业经营管理层、私营企业主、外资企业,包括一些投资公司对国有中小企业纷纷进行收购或合并。我国经济体制中的产权结构正发生一系列的改变。可是由于我国产权交易市场不成熟,企业改制法律法规条文笼统,可操作性差,法规之间、法规与政策之间缺乏整体和层次上的协调和衔接,更加上实务操作中的违规与随意,各地在实施国有企业改制中"大胆尝试",改制政策五花八门,在法律上带来了许多问题。因此,有必要对国有企业改制进行法律层面的剖析。

---

* 齐㝉,吉林财经大学法学院副教授。

** 柴森,吉林财经大学 2009 级经济法专业硕士研究生。

（一）国有企业改制的法学界定

在我国，国有企业改制主要指国有企业自身进行的转换企业经营机制和建立现代企业制度的，以适应当今商品经济和市场经济为目的的社会系统工程。从法律层面来说，国有企业改制实际上是一个重新调整参与改制的国有企业及与其有利害关系的企业之间的权利义务关系的过程。从实质内容上来说，国有企业改制是在原国有企业现有的利益格局（这种利益格局由企业、国家出资人、企业职工、企业的债权债务人等民事主体之间的相互权利、义务关系与利益关系交织构成）的基础上，对企业的出资结构、债权、债务、经营业务、治理机构、人员、收益分配等所做的全面调整和重组，这种利益格局的调整变化在法治化的改制模式下就表现为国家、其他出资人、企业、企业债权债务人、企业员工等主体之间的民事权利、义务的变化与调整。从目标上来说，国有企业改制是为了适应市场经济体制与经济增长方式两个根本性转变和扩大对外开放的要求，基本完成战略性调整和改组，形成比较合理的国有经济布局和结构，建立比较完善的现代企业制度，经济效益明显提高，科技开发能力、市场竞争能力和抗御风险能力明显增强，使国有经济在国民经济中更好地发挥主导作用。①

（二）国有企业改制的法理分析

从法理上看，国有企业改制实质上是对国有企业体系中各主体之间权利义务关系调整的过程。这个过程主要包括客体主体化和主体客体化两个层面。客体主体化主要是指国有企业从政府附属物这个权利客体转变为拥有独立自主地位的市场竞争主体。而主体客体化是指国有企业作为一个主体而不仅仅是它的产品成为交易的对象，也就是说它的主体地位就是交易客体。

1. 从法律性质上看，国有企业改制是国有企业由政府权利客体转型为市场竞争主体的过程，即客体的主体化。在传统体制下，国有企业是政策工具和社会单位。政府扮演着主导的角色，控制所有的国有企

---

① “国有企业改制中法律问题初探”，载 www. syue. con/Paper/Legal/Theory/2009/0630/386404 - 5. ntml，2009 年 12 月 2 日访问。

业。它是国有企业的所有权主体,二者是一种两权分离的委托代理关系。国有企业并不以单纯地追求利润最大化为终极目标,它同时代替政府向职工提供福利供给。宪法规定,向社会提供社会保障是政府的主要义务。然而,旧体制下的政府只仅仅间接地提供这个义务,往往委托国有企业代理履行职工的养老保险、医疗保险、就业保障的要求。而且,外部人如银行等还要受到政府行政命令的约束,双方只能在这个扭曲的交易市场下交易。在改制后,国有企业从政府的附属物这个角色中摆脱出来,成为一个独立自主的市场竞争主体。国资委分担了国有企业的政府经济计划负担,而且直接对国有企业负责,保证了管理的职能化、专业化。政府也重新履行本身应该负担的为社会提供社会福利保障的义务。国企也不再是“铁饭碗”了,它与职工的权利义务关系直接按照劳动合同和劳动法的相关规定来处理。国企与银行的关系也转变为平等主体之间的合同关系。国有企业正在逐渐适应市场主体这个角色。

2. 从法律方法上看,国有企业改制是将国有企业作为一个可交易的客体进行操作处理的过程,即主体的客体化。从民商事法律关系来看,国企改制实际上是把企业本身作为商法上一种特殊流转客体。这是现代国企改制的重要法律特征,而不仅仅局限于以前只作为企业产品的所有者承担的权利义务关系。企业具有法律上的双重属性,一方面,作为一种社会组织,它是民事权利和民事义务的享有者和承担者,是企业法和商法上的主体,是法律人格的载体;另一方面,作为物的要素和人的要素所构成的经济单位,它又是人们赖以进行生产经营活动的手段,是具有价值和使用价值的特殊商品,是可以转让、交换的综合性财产,因而也就成为民事行为和商事行为的客体。企业作为主体或客体的地位取决于其所依存的法律关系,相对于企业自身的行为及其所拥有的权利和义务,企业是法律的关系的主体;而相对于企业的投资者和所有者而言,企业是所有权的客体和交易对象,并且企业的投资者或企业的所有者也不限于自然人,而更多的情况下可能是其他企业或者社会组织,例如,母公司对子公司的拥有,正是企业拥有企业的典型代表。①

(三)国有企业改制的法律关系分析

国有企业改制行为的法律性质,有的是法律行为,有的是事实行为;从改制行为的结果来说,有的行为是债权行为,不发生物权变动的效力,有的行为属于引起物权发生变动的行为。总体来看,一个典型的国有企业改制过程的完成至少涉及两方面的基本法律关系和几个主要的法律问题。第一,行政法律关系,主要是政府与国有企业的关系及政府与外部人(银行等)的法律关系问题。第二,民商事法律关系,主要是国有企业与职工之间的劳动用人关系以及国有企业与改制前的债权人的债权债务关系问题。本文也主要讨论民商事法律问题。

二、国有企业改制中有关职工利益保护的法律分析

(一)国有企业改制对职工利益引起的问题

从法律上看,企业改制是企业法人人格的终止、变更和创立,但应该有新的法人来继承改制前的企业的权利义务。例如,根据《民法通则》第44条第2款的规定,企业法人分立、合并,它的权利和义务由变更后的法人享有和承担。但是,企业改制后企业产权关系、企业组织形式、经营方式和管理方式等都要发生变化,这势必会对已经确立的劳动关系带来多方面的影响。随着国有企业的公司化改造和公有制实现形式的多样化,企业与劳动者之间的权利义务关系必将日益明确和具体,企业和劳动者之间的利益关系也将随之发生较大的变化,不同的利益需求会在劳动关系上反映出来,而这些利益关系的调整势必会产生大量的劳动纠纷。企业进行改制后,为适应新的运行机制,需要引进先进的管理方式和用人制度,往往需要对原有的劳动合同进行规范或者重新签订,这也必然会引起大量的劳动问题。这主要体现在职工合法权益保护不充分,职工持股制度发展不规范。第一,对职工的经济补偿太少而且违背职工自愿入股原则。一般认为,国企职工对企业和国家是有贡献的,因此企

① 钱卫清:"新一轮国企改制中的法律服务问题",载《南方》2006年第12期,第27页。

业改制时理应获得补偿。很多地区都将“量化”或优惠受让国有资产作为对职工的补偿。但无论是“量化”还是优惠转让,都严格按照职工在企业中的职位高低进行分配,而且实行经营者持大股甚至控股,这样就在经营者和普通职工之间产生了差距,大的可达几百倍,小的也有十几倍、几十倍:这种做法固然体现了对经营者贡献的承认,但也不尽合理。因为如果说职工因为有贡献而需要补偿,那么工龄越长的职工获得的补偿应该越多。然而从各地的实践看,工龄较长的提前退休的职工只能享受基本的生活保障,不能获得经济补偿,也不能优惠购买国有股而成为股东。显然,每月十分有限的基本生活保障不足以构成对职工几十年“贡献”的补偿。对于买断工龄需要补偿的职工,有的给予1年工龄1个月基本工资的补偿,并规定最高不超过12个月。有的地区按月平均工资600元计算,补偿12个月也就7200元,实在少得很。但无论哪一种都很难说体现了对国企职工几十年“贡献”的补偿。虽然买断工龄的职工获得的经济补偿金十分有限,但大多还拿不到现金,而是被直接转为企业股份;或者职工获得的补偿就是优惠购股,不入股就相当于放弃补偿,也只得入股。虽然有些地区或企业给了职工自愿入股的权利,但实际上由于职工在企业中的弱势地位,出于对就业岗位的担心而不得不入股,职工这种无奈的“自愿”其实根源也是因为政策环境没有给予自由选择的职工以足够有力的支持。第二,《公司法》没有对职工持股做出规定,部委与地方政府规章规定得过于简略。制度的不规范致使实践中出现了很多问题。(1)由于没有流通限制,职工持股的目的不是关心企业的未来发展,而是企图通过股票上市套现牟利。职工股降低了证券市场的效率,这对广大的市场股东来说是非常不公平的。(2)许多公司的管理层利用内部职工进行寻租。“大庆联谊”等股票案件就是“权利股”的冰山一角。(3)如果说短期套现降低了职工参与公司治理的积极性,那么职工持股比例太低则使改进公司治理变成空话。由于职工股权的作用微乎其微,又反过来促进了职工的套利动机。(4)在一股独大的情况下,没有相应的制度保障,持股职工的合法权益遭到侵犯就难以避免。①

(二)对国有企业改制引起的职工利益问题的解决措施

既然国企改制补偿职工是生存公有性质的,就应轻补偿重安置,应就失业、养老、医疗和住房等以保险方式补偿未来,而且补偿基数应为一个,但不应低于当地最低生活标准,也不得高于当地月平均工资。这应是对工龄补偿和对失业者安置办法规定。为了保护职工的生存权,尽量建立一个专门的保障基金来解决职工的突发性问题。要完善产权交易和职工持股制度,尽可能实行公开竞价转让,改制切忌"一刀切"。其实,政府担心公开转让会产生的那些问题许多是可以避免的,关键是转让的条件和价格,比如说,将对职工的经济补偿和限制裁员作为转让的条件,公开转上可能产生的大的不利后果就基本上可以避免。要给民间资本营造一个放心大胆地参与国企改制的政策与法律环境也是至关重要的。现实中,由于政策与法律没有给民间资本参与国企改制提供有力的支持,或者由于信息的不公开、操作的不规范和企业内部人的从中作梗与操作而使参与国企改制的民间资本陷入困境,从而使民间资本失去参与国企改制的信心和兴趣的现象较为普遍。要改进和完善有关法规,鼓励支持民间资本大胆地进入产权交易市场。而且,给职工一些特殊股权,以保障他们的合法权利行使和增强他们监督企业合理运营的积极性。从宏观上说,政府应该加强宏观调控,适当减少行政干预。行政干预虽然因为市场的固定缺陷而显得必不可少,但过多的行政干预会导致权力泛滥,进而可能出现国有资产流失、官员腐败和企业职工利益受损的问题。在经济法方面,我们要坚持以经济手段和法律手段为主、行政手段为辅的原则。

三、国有企业改制的债权人保护

(一)国有企业改制的债权人保护现状

国有企业改制一定会引起原来债权债务关系的变更。负担债务的国有企业随着改制后原法人地位的变更与消灭,必然会影响债权人的权

---

① 魏建、周林彬:《法经济学》,中国人民大学出版社2008年版,第328页。

利,这就会涉及债权人的保护问题。另外,债权人基于债权保护会提起财产保全等事项,从而影响改制的财产流转,降低改制的效率。在二十多年的实践中,我们一直是在探索改制的法律理论。国企改制中债权人保护的理论研究不够系统,可操作性不强,在实践中运用存在一定的难度,国有企业逃债现象层出不穷。

(二)国有企业改制中债权人保护的相关法学分析

在国有企业改制中的债权人保护方面,有关的法学理论比较多,如债的保全、债的移转、债的担保以及法人否定理论等。由于篇幅有限,本文只论及最常出现争议的债的担保和债的移转问题。第一,债的担保分为一般担保和特殊担保。债的一般担保理论对国企改制的债权人保护作用主要体现在两个方面:一方面,在企业逃债后运用一般担保理论进行债务追偿。国有企业改制中,改制的企业以各种方式将原企业的资产处分后,却将债务留在原企业(此时企业已成空壳),或将原企业改头换面,令债主讨债无门。如果正确运用债的一般担保原理,按照债随资产走的原则追偿,无论逃债形式如何变化,债权人只要追踪企业财产去向,要求原企业的"责任财产"对原企业债务承担责任,债权就会有所保障。另一方面,运用债的一般担保理论,制定国企改制中债权人保护方面的相关法律或司法解释,使债权人保护有法可依。最高人民法院颁布的《关于审理与企业改制相关民事纠纷若干问题的规定》(以下简称《规定》),通篇内容运用了债的一般担保原则。尽管我国目前还没有企业改制方面系统的法律,但在将来的法律制定中,债的一般担保理论将会起到指导立法的作用。债的特定担保在国企改制中运用最多的是物保。因为大多数国有企业的主要资产集中在土地、房产、机器设备、商标、专利以及对外投资形成的股份或股票上,尤其是困境国有企业重组中,实际上优良资产只有土地、房屋和设备。对于享有担保物权的债权人的保护,应当充分运用担保物权理论,实现债权人的优先受偿权。[1] 第二,债的移转理论在国有企业改制中表现为:一方面,界定债的移转的效力问题。在债的移转上,有约定的从约定,没约定的依照法律规定;约定和法

① 王爱:"国企改制中债权人保护之法理研究",载《南方》2007年第21期,第27页。

律规定都不明确的,不允许债的移转。另一方面,合理设计债权人保护程序。债的移转如果要达到保护债权人利益的目的,必须满足两个条件:实质要件是为债权人的债权保护提供相应的物质保障;形式要件是必须征得债权人的同意或符合法律规定。

四、国有企业改制的立法模式及未来立法趋势

国有企业改制是一个兼具私法行为和公法行为的复合式法律过程,它既有公法性质的行政法律关系,又有私法性质的民商事法律关系。在公法上,国有企业改制主要涉及行政法和宪法方面;在私法上,它主要体现于民法通则、物权法、合同法和公司法等。另外,还有一些相关法律规定散见于劳动法、税法等经济法法律上。因此,想从一种"统一"的立法模式把这些关于国企改制的法律法规全部会聚在一起的可操作性比较低。笔者认为应该采用"分立"的立法模式,在明确各种法律关系的基础上对具体的相关事项进行针对性整合,弥补当前的法律空缺,理清重合的法律规定。总之,笔者认为采用分类综合的立法模式才真正能解决当前的国企改制问题,而不是所谓的大一统的"国有企业改制法"。我们应该充分利用现有的法律规范而不是大动干戈地重新起草一部法律并且废止很多现行法律法规。对于一些现在亟待解决的法律问题,我们可以先进行一些补充式规定暂时解决。

结合我国当前国情和外国立法经验,笔者认为国有企业改制的未来立法趋势应该分为两个方面:第一,对一些关系国民经济命脉的国有企业,国家直接进行行政干预,明确它的公法人性质,使其整合成国有独资或国有控股企业。因此,对这些涉及自然垄断和国家安全的国企立法,我们可以直接改造企业法或单独制定国有企业法,以便与未来的公司法区分。第二,对其他行业的国有企业,我们完全可以把它转变为完全独立的市场主体,赋予民商事主体地位。

论我国有限责任公司的现状及调整对策

张洪飞* 杨雪松**

【摘要】 随着我国改革开放步伐的加快，我国有限责任公司在发展过程中显现出诸多问题，针对其展开的研究应受到应有的重视。在修改有限公司法时，应把握历史与现状，正确理解有限责任公司的基本性质；保护利害关系人合法权益，凸显有限公司资合性本质，同时应关注其和谐的人合性色彩，尊重股东自由意志，从而推动中小企业迅速发展。

【关键词】 有限责任公司 中小企业 资合性 中小企业

“扬汤止沸，不如去薪；溃痈虽痛，胜于养毒”，有了问题我们就要从根本上把其解决。对于我国有限责任公司现状中存在的问题，也不例外。众所周知，自1892年德国法首创有限责任公司制度以来，由于其兼具设立简便、组织管理灵活等人合性特征与股东出资为设立基础、有限责任等资合性特征，遂成为各国法普遍承认的一种主要的商法主体，并受到投资者的青睐，在各国的法律生活与经济生活中扮演着相当重要的角色。但在有限责任公司的实务运作中，伴随前述优势的往往是公示性不强、监控不力、被股东滥用及易滋生纠纷等弊病，所以各国立法者及学者对有限责任公司也表现出极为复杂的态度。我国台湾地区在1980年修正“公司法”时，就曾存在以台湾地区“最高法院”为代表的主张废除有限责任公司制度的建议。反观我国大陆，对有限责任公司制度的存废

* 张洪飞，吉林财经大学法学院教授。

** 杨雪松，吉林财经大学民商法硕士研究生。

及具体制度安排等问题，理论界似乎并不存在多大争议，但这绝非意味着我国的有限责任公司制度已经达到完善的地步，而恰恰是因为学者的关注点集中于股份有限公司。笔者认为，学者这种关注点的倾斜与有限责任公司在我国经济生活中所起的重要作用是不相符的，也是我国经济生活中有限责任公司纠纷纷起、违法违规现象泛滥的根源之一。在我国加入世贸组织、将作为平等的一员以更加积极的姿态投身于世界经济一体化运转的情况下，借着《公司法》修改已纳入我国立法计划的时机，对有限责任公司的性质及其立法趋向展开全面的研究，对促进我国公司法制的完善，加快我国中小企业的成长，并最终推动我国经济的发展，无疑具有极其重要的意义。

一、有限责任公司的本质特征

有限责任公司与其他公司企业种类的最大不同点，就在于它并不是企业组织自然演进的必然产物，其本身并没有如其他公司种类般的深层历史经验或文化传统底蕴。在我国的经济发展过程中有限责任公司存在以下几点问题。

1. 从我国的情况看，三资企业组织机构简单，企业机制灵活，有助于提高企业效率。反观内资公司，权力机构、决策机构和监督机构设置复杂，形式虽美，但效率欠佳，成本较高。就此而言，公司法修改草案尚未优越于现行三资企业法，更无法取代三资企业法的功效。

2. 随着社会实践的不断发展，有限责任公司的实务运作中出现了许多新问题与新情况，这也要求具体法律制度的安排做出相应调整。一人投资者也希望享受有限责任的好处，实践中大量出现一人公司，包括形式上的一人公司尤其是实质上的一人公司，以及有限责任公司经营过程中因各种原因使股份全部集中于一人的客观事实，迫使越来越多的国家承认一人公司；有限责任公司股东间的特殊关系使得他们更可能也有必要通过自由意志及相互协商自主安排相互间权利义务和公司事务，这就要求法律承认并给予他们更多的自治权；而有限责任公司股东拥有较多自治权，往往造成大股东欺压小股东及股东滥用公司有限责任制度，利用公司规避个人责任坑害债权人的事实，又要求法律通过具体制度安排，强化其资合性，限制大股东权利，防止有限责任之滥用，并对滥用者追究相应的法律责任。

3. 公司立法以国有企业为主要规制对象，抹杀了有限责任公司与股份有限公司应然意义上因规制对象不同而导致的具体规定上的不同，使得我国《公司法》对有限责任公司的规定与股份有限公司颇多相同。这种漠视甚至背离有限责任公司应以中小企业为规制对象的做法，无疑不利于促进我国中小企业的发展，甚至会起到阻碍其发展的反面作用。

二、有限责任公司制度之未来设计

（一）促进中小企业的发展

我国《公司法》关于设立有限责任公司所需最低注册资本是全世界最高的之一，这一方面因为《公司法》以国有企业为主要规制对象，而国有企业一般根本没有资金紧张、注册资本不足的问题，另一方面又因为《公司法》制定当时社会上“皮包公司”泛滥、社会信用低下、交易安全无法保障情况严重。不可否认，《公司法》规定较高的注册资本，对确保公司偿债能力、维护交易安全、提高社会信用度起到了一定的作用。但必须看到，靠提高公司设立所需最低注册资本来确保公司偿债能力的想法是幼稚的、不切实际的，因为公司成立后的财务状况处于不断变动之中，公司的赢利或亏损及偿债能力与注册资本无必然联系，很高的注册资本并不一定意味着很强的偿债能力，而较低的注册资本也并不必然代表很弱的偿债能力。同时，规定很高的注册资本，又可能带来诸多弊端。一方面，投资者有很强的投资经营、赚取利润的欲望，这往往可能迫使其铤而走险，虚假出资或抽逃出资。我国实践中也确实如此，有学者根据公司登记机关工作人员的估计指出，在我国股东出资不到位包括虚假出资、抽逃出资等现象，在江苏省大约占已登记公司总数的60%，全国有些地方可能高达90%。这无疑更加不利于交易安全的保障。另一方面，很高的注册资本也不利于人们以平等的身份自由地参与市场竞争，对有能力但无资力的人尤为不利。我国是一个相对落后贫穷的发展中国家，设立一个有限责任公司的最低注册资本是10万元，要求人们凑足这10万元并非总是易事。有学者在微软公司只有500美元时指出，如果按照这样一种法定资本的话,就会扼杀一场对整个人类的生活发生重大改变的技术革命,由于技术革命所带来成千上万亿的财产,带来的无数的就业机会,给我们生活的改变,给一个国家竞争实力的提升,就不复存在了。可见,关于有限责任公司注册资本的规定,必须正视中小企业规模较小的现实,既要不同于股份有限公司的规定,也要根据我国的具体国情。换句话讲,对我国目前《公司法》关于有限责任公司注册资本的规定,或者予以降低,或者引进授权资本制,以真正促进中小企业的发展。

(二)正确理解有限责任公司的性质

理解有限责任公司的性质,首先必须溯源至有限责任公司的产生。它完全是德国法学界颇具匠心地在人合性强调股东信用的无限公司与资合性的股份有限公司之间,将两种公司形态的优点熔于一炉而创设的一种崭新的公司形态,为人们提供一种更便利、更有效的投资工具,以配合当时日益发达的中小企业的发展需求。这种人为设计,从有限责任公司产生之初,就为其做好了角色定位,即从普通合伙到隐名合伙,再到无限公司、两合公司,最后到有限责任公司、股份有限公司这一序列的一个中间环节。而这一中间环节的角色定位,也就初步确定了有限责任公司的基本特征。首先,有限责任公司必须具备资合性公司的本质特征,如公司的设立以股东的出资为基础;公司必须设置一定的组织机构,如股东会、董事(会)、监事(会)等;公司的经营管理要求按照一定的程序进行,如公司的决策按照股东的出资比例为标准做出等。尤其是由股东出资及经营所得构成的公司资产是公司承担法律责任的基础,股东仅以其出资为限负有限责任,更是有限责任公司区别于传统人合性企业组织的一个根本特点,也是有限责任公司吸引投资者的一个根本原因。有学者正是基于资合公司与人合公司的区分基础就在于股东是否对公司债务负直接无限清偿责任的认识,而得出有限责任公司本质上应为资合公司的结论。资合性公司的前述特点的最完美表达就在于股份有限公司,而有限责任公司的人为设计,无疑在相当大程度上参照了股份有限公司这个范本。正是在此意义上,我国有学者指出,有限责任公司在一定程度上脱胎于股份有限公司,也正是因为这个原因,我国清末公司立法中将有限责任公司视为特种股份有限公司。其次,有限责任公司也具有很强的人合性企业组织的色彩。有限责任公司最初的设计,就是立足于合伙等人合性企业组织,纳入资合性公司有限责任的优点,以克服以往人合性企业组织成员责任过重的弊端。合伙等人合性企业组织作为中小企业,其天生即具有成员人数较少,规模一般较小;企业组织的设立以成员间的信任为基础,成员的变动对企业组织影响颇大;企业组织的机构设置和经营管理相对比较灵活等特点。所以,在有限责任公司的具体制度设计上,或者沿袭人合性企业组织的一些特点而有某些特殊制度安排,例如,股东人数有上限规定、股东转让股份须经过一定的严格程序等;或者相对于资合性公司有某些缓和性制度规定,例如,有限责任公司的公示性规定不如股份有限公司的有关规定严格、有限责任公司的机构设置也相对灵活,可不设董事会或监事会,而仅设董事或监事,甚至在有的立法中股东会也不是必设机构。另外,值得一提的是,传统观点立足于中小企业,纳入资合性公司有限责任制度,将有限责任公司视为从合伙到股份有限公司序列中处于中间位置的一个环节,注定了有限责任公司法属于社团法的范畴。因此,各国法一般都对有限责任公司的股东人数做了一定的限制,既不能太多,否则与其建立在股东相互信任基础上的人合性不符,也不能太少,否则有违其人合性,且极易造成资合性有限责任之滥用。故其上限一般为 50 人,下限一般为 2 人或 5 人。由此导致的后果是,各国法一般不承认只有一个股东的有限责任公司。有限责任公司成立时,不能仅有一个股东,即使有效成立的有限责任公司在经营过程中因某种原因仅剩一个股东,依各国法规定,或立即解散公司,或限期吸纳新股东予以纠正,否则仍须解散。

(三)凸显资合性本质,保护利害关系人合法权益

如前所述,有限责任公司具有资合性公司的本质特征,但其前提是有限责任公司的人格及运营须独立于包括其股东在内的任何人,公司的组织管理及经营活动须一定程度上予以公开并接受监督,更不能成为股东滥用公司形式及有限责任制度以逃避个人责任的工具。因此有限责任公司立法必须设置诸多具体规定来实现上述目标。

【参考文献】

赖源河:“闭锁性公司之法制度”,转引自赵东济:“论大陆公司法上有关有限[1]责任公司之概念与特性”,载《东吴大学法律学报》2002 年第 2 期。

林国全:“有限公司法制应修正方向之探讨”,载《月旦法学杂志》2004 年第 4 期。

叶林:《中国公司法》,中国审计出版社 1999 年版。

[美]R. W. 汉密尔顿:《公司法概要》,李存捧译,中国社会科学出版社 1999 年版。

① 吉林财经大学法学院教授:张洪飞、杨雪松。

商法视野下的企业社会责任

郭　琰*

【摘要】　企业的社会责任这一理论问题早已引起了学者们的广泛关注,企业社会责任的内涵乃在于企业利润最大化与企业利益相关者利益最大化的协调一致,是企业在谋取自身及其股东最大经济利益的同时,从促进国民经济和社会发展的目标出发,为其他利害关系人履行某方面的社会义务。虽然新公司法的出台为商事主体承担社会责任奠定了法律基础,但在新的时代背景下,如用工和公益事业等问题凸显,现有法律不能很好地解决这一问题。实现企业社会责任首先要紧扣企业的守法责任,以落实社会对公司的最低或基本的要求。如何将理论研究的成果深入到实践当中,这一切的解决任重而道远!

【关键词】　商法视野　企业社会责任　经济人

所谓商法视野下的社会责任,其主要指作为商事主体的企业公司的社会责任。我国2005年修订的《公司法》规定:"公司从事经营活动,必须遵守法律、行政法规,遵守社会公德、商业道德,诚实守信,接受政府和社会公众的监督,承担社会责任。"这一规定为商事主体承担社会责任奠定了法律基础并提供了相关依据,然而在法律实践中的落实却不尽如人意。

* 郭琰,女,吉林财经大学法学院副教授。

一、企业社会责任存在的必要性

由于对计划经济时代“企业办社会”的弊端记忆犹新，不少人认为，由于市场经济不发达，在中国现阶段要求企业履行社会责任不合时宜，现在的关键是鼓励竞争、强调效率而不是强化企业社会责任。但改革开放30年来，我们在经济发展取得巨大成就的同时，也付出了较大的社会成本，企业单纯追求经济效率导致了大量社会问题的产生。这些现象的出现严重阻碍了我国构建和谐社会的步伐，不利于国家的发展。所以笔者认为，当今社会强调企业社会责任十分必要。

（一）企业自身发展的内在需要

世界上的任何事物都是相互联系的，不存在完全孤立的事物，自然也不会存在完全独立的企业利润。任何企业如果想获得长久的利润，必然要付出相应的成本。对企业这种营利性组织而言，从成本—收益的角度分析，只有当收益超过成本，承担社会责任才是企业值得选择的策略。企业承担社会责任意味着企业要将一部分资源用于不以营利为目的的活动中，这无疑会增加企业的运营成本。在短期内，企业承担社会责任与赚取利润是相矛盾的。如果没有“收益 > 成本”的结果，作为“经济人”的企业很难会主动长期承担社会责任。但从长期发展过程看，一个企业只有履行自己的社会责任，才能获得社会的认可，树立企业形象；相反，一旦企业出现不负责任的经营行为，以牺牲社会责任去降低成本，往往导致消费者抵制、失去订单、新闻媒体负面报道等，直接影响企业产品和服务价值的实现，企业将遭受巨大损失，最终不能获得持续的发展，取得稳固的长期利润，甚至失去整个市场。总之，如果企业缺失社会责任感，不仅影响社会的和谐发展，也必然会影响企业自身的持续快速发展；企业践行社会责任，将大有利于企业把握发展机遇和主动权。从这个意义上说，企业承担一定的社会责任也是实现经济收益所必须付出的成本。企业社会责任体现了企业间从以成本为主的低层次竞争向包含社会责任因素在内的高层次竞争的转变。

（二）社会发展的外在强制力

企业是经济活动中最活跃的一个要素，国家和民族的发展离不开企业的发展壮大,同时企业也离不开社会的支持。一个企业不是生活在理论的真空中,而是镶嵌于一个更广大的社会之中,它必须在与政府、社会以及其他公司的互动、竞争中,多少有点无奈地决定自己的行为,不能单纯地只考虑自身的利益。公司作为市场经济活动的主体,追求利益最大化固然是它的宗旨所在,然而不得不考虑的一个重要问题是:没有社会为其提供自然资源、人力资源和生产环境,公司将如何提供产品和服务?如果没有中间商、社区、消费者,公司提供的产品和服务又该如何实现,企业的利润从何而来?在这个循环链条中,社会发挥着巨大的作用。如果企业一味索取,而不思回报,那么社会岂会给它容身之地?企业不仅具有营利性,也具有社会性。既然企业具有社会属性,就不能让企业仅仅考虑股东利益,而是应适当地考虑社会公众的利益,这就迫使企业不得不承担社会责任。

二、当今社会企业社会责任的相关探讨

在上文中笔者已经提到企业的社会责任具有时代性,那么当今社会背景下企业的社会责任具体是什么?又有哪些问题值得我们关注呢?

(一)企业的用工问题

企业是社会劳动力最主要的吸纳器,是解决社会就业问题的根本渠道。2008 年初,中国劳动和社会保障部部长田成平在一次新闻发布会上称,目前中国的城镇失业率高达 9.6%。失业已经是我国一个非常严重的社会问题。面对金融危机,一些以对外出口为主要业务的小型企业逐渐倒闭,这就造成了更多职工下岗,职工的下岗阻碍了消费,需求减少,进而影响了尚存企业的生产。如果尚存企业想继续通过裁员来缓解企业的经济困境,那么我国的经济将会进入一个无限期的恶性循环。所以,面对金融危机,用工便成为了企业当前最大的社会责任。虽然新公司法的出台,在一定程度上保障了职工的权益,但面对金融危机,新的侵害职工权益的行为正在产生,例如,一些企业假借金融危机的借口,在没有为职工办理失业保险、医疗保险等相关保障的同时,违法违规裁员;企业的高层管理人员,在面对企业危机的时候,不降低自己的工资,却想尽办法减少职工的工资;公司虽然没有降低职工的工资,却降低了职工本

应享有的福利待遇等。这种只顾及眼前不顾及长远的做法是不正确的,也是不人道的,应该受到法律的规制。一个企业若想在金融危机中生存或者是崛起,不能仅依赖于政府政策和压榨员工,企业应利用好危机中的机遇,通过转变投资方向、开辟新兴市场、加大企业转型和产品结构调整力度、提高自身经营管理水平等措施在危机中增强和积蓄企业发展潜力,从而在经济复苏时能够比别人更好更快地发展。笔者认为,聪明的企业应当在维持现有职工不裁员的基础上,尽自己最大的努力去吸纳一些下岗职工,从而带动国家经济的增长,承担起自己的社会责任。企业也只有承担起用工的社会责任,才能吸引更多的千里马,促进企业长远发展。所以商法对企业用工中的不当行为加以规制是合理的,有利于企业自身的建设,更有利于社会的和谐!

(二)慈善捐助引发的思考

我国近几年自然灾害频发,严重影响了灾区人民的生活与生产。对于灾后的重建工作,政府应承担主要的社会责任,企业作为社会中有经济实力的一方成员,也应承担起它们的社会责任。但应承担多少社会责任和怎样承担社会责任是值得我们探讨的,这个问题也是笔者着重论述和分析的内容。

首先,面对百年不遇的汶川大地震,有能力的企业都应该尽一份自己的力量,进行慈善捐助等,这是企业义不容辞的责任!虽然商法讲求意思自治,但对于一些已经做出捐款承诺的企业,事后善款却迟迟没有到位的,法律应该强制其履行相应的义务。针对是否应当强制企业捐款这件事上,笔者认为,我们国家还处于社会主义初级阶段,还不能将企业视为公益性组织,只有当国家遇到大型战争等危机国家生存的情况下,才可以强制企业履行捐款义务,其他情况下应尊重企业的意思自治。

其次,不能片面地将企业的社会责任理解为社会捐助这简单的一项义务,用企业捐款的多少来衡量企业是否承担了社会责任。关于什么是企业社会责任,明确的一点是,与企业办社会不一样,后者只受益于本企业的职工,而企业社会责任强调是所有利益相关者的利益。世界经济论坛认为,作为企业公民最重要的社会责任就是好的公司治理和道德标准。作为公司治理核心的董事会在进行决策时,除了要考虑股东和职工的利益,还要关注与公司有利益关系的所有利益相关者的利益,在公司治理中二者得到统一。因此,企业社会责任可以包括下几个方面:企业遵纪守法,不偷税漏税等,这是企业社会责任的底线。企业对股东的责任能够给股东带来回报,对应的关系称为投资者关系;企业对顾客的责任是不能提供危害产品,对应的关系称为客户关系;对其他利益相关者负责,如政府社区等,对灾区的支援便属于这一方面的内容。由此可以看出,捐款并不是企业履行社会责任的唯一标准。虽然当前对于灾后重建来说,捐款是一个最直观的企业履行社会责任的方式,但我们应该从社会责任的多维度来展开,而不能简单地把为慈善事业捐了多少款当做评价企业社会责任感的标准。一个提供了假的产品甚至给顾客带来生命危险的产品违反了相关的法律法规,这样的企业即使是捐款过亿也不能说它是履行社会责任的。这是因为我们不能打破企业社会责任的底线。我们要理性化对待企业社会责任。把企业社会责任等同于慈善捐助甚至是看做唯一标准,认为企业社会责任只是高利润公司的事,是一种奢侈品,或者拿企业社会责任来宣传或者"做秀"等想法或做法都是不理性的。如果这样,无疑会使得本身起步就较晚的中国企业社会责任陷入歧径。

三、确保社会责任实现的法律及相关制度

目前,企业社会责任的缺失在我国已经产生了严重的负面影响。从国家长治久安的角度看,企业社会责任不能单单注重经济效益,而是需要企业履行社会责任,保护利益相关者的合法权益,促进和谐社会的建立。

(一)完善与企业社会责任相关的法律法规

企业的社会责任包括法律意义上的社会责任和道德意义上的社会责任,加强立法建设,通过法律机制规定企业对于社会的责任义务,是具有强制性的行为规范,发挥政府的市场监管者作用,引导企业转变观念,朝着积极履行社会责任的方向发展。在中国,实现企业社会责任首先要紧扣企业的守法责任,以落实社会对公司的最低或基本的要求。这就需要完善与企业社会责任相关的法律法规。首先,应进一步完善我国《公

司法》及其实施细则，在分则中设计一套强化企业社会责任的具体可行的制度安排，将新《公司法》第5条的立法精神具体化，赋予其确切的可操作的内容，在实践中得以贯彻和落实。例如，新《公司法》虽然规定了职工参与企业的治理，但债权人等其他非股东利益相关者仍然不能介入公司内部治理，他们的利益仍然无法在企业的经营决策中得到体现。因而，仍可借鉴成熟市场经济国家的成功经验，在企业治理结构中引入其他相关制度。例如，欧洲的"共同决定"模式、日本的"经理协调"模式、美国的"利益相关者论"等模式，通过"共同治理"、"协调治理"等企业治理结构安排，使企业经营者在经营决策过程中对非股东利益相关者予以关注，督促企业履行社会责任，使《公司法》彻底摆脱片面强调股东利益最大化的企业理念及相应制度安排的羁绊。其次，以《公司法》为核心，构建一个逻辑严密、互为补充的强制性法律规范体系。通过完善《公司法》，将分散于诸多商事法律法规中的企业社会责任规范形成一个统一完整的体系。在保护员工利益方面，除在公司治理结构中让员工参与公司监控以外，社会保障立法、劳动立法的规范也十分必要；在保护债权人利益方面，通过《公司法》"人格否认"、《破产法》、《担保法》及《合同法》的相互配合，可以有效防止股东滥用权利侵害债权人利益的行为；在环境保护方面，环境保护立法规定的强制性法律措施显然比公司监管和自我约束更为有力。另外，通过《产品质量法》、《消费者权益保护法》、《合同法》等与《公司法》的具体制度相结合，可以较好地从不同方面约束企业的行为，保障企业社会责任的落实。

（二）在执法层面建立健全企业社会责任的监督机制

建立健全企业社会责任的监督机制则是落实企业社会责任的重要保障。企业社会责任的外部监督由国家监督和社会监督两方面构成。在当前，企业社会责任的外部监督主要依靠国家机关的监督，尤其要强化政府各职能部门对企业社会责任的监督。政府是社会公共利益的总代表，应该在促进企业履行社会责任中发挥重要作用，工商、税务、环保以及质监等部门负有维护社会公共利益、对企业行为进行监管和引导的法定义务和职责，政府部门不作为或监管不力也要承担相应的法律责任。同时，国家应通过制订相关政策，鼓励企业自觉履行社会责任。企业社会责任是道德责任和法律责任的统一体，且不同的企业在不同的发展阶段应承担的社会责任是不同的。这就要求国家通过制定相关统一政策引导和鼓励企业自觉履行法律层面和道德层面的社会责任。例如，完善奖惩机制，对于积极履行社会责任的企业实行产业政策倾斜等。

税收与政府管制

修订《税收征管法》的若干法律问题

张 松*

【摘要】《税收征管法》及其实施细则都没有规定税务机关实施扣押、查封后拍卖的期限,可能会造成税务机关拖延拍卖,被扣货物、财产市场价值下降,不足抵扣税款,给纳税人增加税外损失的后果。

【关键词】 税收 征管 修订

自1986年制定《税收征管条例》开始,关于税收征收管理的立法,至今已经有26个年头。其间经历了1993年设立《税收征管法》和2001年对该法的大规模修订,一般立法周期大体上在6到8年之间。而自2001年起,又是7年过去了,税收征管实践中积累的问题越来越多,新一轮《税收征管法》的修订,已经迫在眉睫,相关部门的立法准备工作已经启动。那么,在新的背景之下修订《税收征管法》要解决哪些问题呢?

一、《税收征管法》的定位

《税收征管法》自然要以解决税收征管的法律依据为基点。不过,在税法体系尚不完善的前提下,是否需要其功能有所延伸,承担某些原本不是《税收征管法》分内的工作,值得研究。

1.《税收征管法》与《税收基本法》(或称《税法通则》)的关系。按照立法规划,全国人大常委会正在推动《税收基本法》的立法,设想形成

* 张松,经济学博士,吉林财经大学税务学院院长。

以《税收基本法》为核心，功能较为齐备的税法体系。那么，有《税收基本法》和没有《税收基本法》的《税收征管法》显然是不同的，前者所需要的《税收征管法》是单纯意义上的提供税收征管法律依据的税收法律，而后者所需要的《税收征管法》则不那么简单，它还需要承担某些基本税法的职能。这种跨度有多大？又是一个必须深入研究的问题。笔者认为，设立《税收基本法》是从完善整个税法体系的大视角所做的长远考虑，围绕该法设计其他各单行税法的分工是符合逻辑的。不过按照这一立法思路，需要解决的难点问题较多，所以尽管对《税收基本法》立法的研究，在学界引起热烈响应，并受到相关部门的关注，但是至少在本届全国人大的立法周期内难以实现其立法目标。这样，可行的方案是从解决税收征管实践中的棘手问题入手，对《税收征管法》做中等程度的修订。对原本属于基本税法范畴，但是急于为税收行政执法提供法律依据的事项，在不违背宪法和相关法律规范的前提下，可以先纳入《税收征管法》，以后条件成熟，再重新归入《税收基本法》不迟。这个思路尽管有些实用主义的味道，考虑得不够长远，却是现实可行的。

2. 税收征管与保护纳税人权利的平衡。按照传统的定位，《税收征管法》是管理纳税人的法，只能是为税收征收管理服务。但是随着依法治税的推进，政府职能由管理型向服务型转变，税务管理为纳税人服务，保护纳税人权利的诉求不断高涨，这些诉求需要在税法中有更多的体现才是与时俱进，才能满足时代进步对税收工作提出的新要求。目前，这一责任只能由《税收征管法》承担。这样，《税收征管法》既是税收征管之法，也是保护纳税人合法权利，保证为其提供良好服务之法。笔者认为，新的《税收征管法》在此方面的完善，一是要进一步明确纳税人应当享有的合法权利；二是要充分有效地落实保障纳税人法定权利实现的具体制度；三是要落实为纳税人服务的程序规则；四是要对守法纳税人有更多的鼓励。例如，对纳税信誉等级高的纳税人可以允许增加所得税前扣除，对违法情节较轻，有悔改表现以及其他法定情形的，可以减轻或免除处罚等。

3. 税收程序法的性质应当得到更多的体现。《税收征管法》属于程序性税法，相关程序性规则应当得到完善与强化，包括从征收管理角度设置的税务登记、纳税申报、税款征收与报缴程序;从税务行政执法角度对税务机关行使税收保全、行政强制执行、行政处罚、税务检查、代位权与撤销权等权力制约的程序等。笔者认为,应当从整个税收征管和保护纳税人合法权益的双重需求上重新设计程序规则系统,力求使之完整、协调、规范、时效合理、明确,可操作性强。这些程序规则应当直接在《税收征管法》中而不是在其实施细则中加以规范。

二、相关内容的充实、完善

2001 年对《税收征管法》的修订,使该法的水准提升了一大步,达到了预期的修订目标。但是随着时间的推移,税收实践中遇到的大量问题需要该法提供新的依据与解释。这些问题可以从征收管理与行政执法两个方面进行梳理,从行政执法的角度,《税收征管法》修订的内容可以归为需要增添的新内容和需要细化、完善的内容两大类。

(一)需要增添的内容

1. 为了防止自由裁量权的滥用,应当明确其原则,即税务机关依法行使自由裁量权必须出于正当的动机,遵循公正、适当的原则,不得显失公正或畸轻畸重。

2. 明确程序性规则,应强调:税务机关实施税收行政执法行为,必须严格按照法定程序,以书面的形式做出,法律另有规定的除外。

3. 我国税法针对溯及力问题的准则应当明确,参照各国的做法,“从旧兼从轻”原则应当为我们所遵循,但法律另有规定的除外。

4. 针对税法的行政解释过多、过滥的情况,需要对税务机关的行政解释有所约束,应当规定“税法的行政解释必须依法进行,税务机关可以在法定权限内对税法做出符合其立法意图的解释,但是不得通过解释创设税法,不得为一个已经实施的具体行政行为寻求法律依据的目的而对税法做出解释,对税法的行政解释不具有溯及力”。

5. 在《税收征管法》中对纳税评估进行规范,增设相关条款,可以包含其法律地位、执法主体、执法程序、法律责任等,为该项工作提供基本的法律依据。

6. 对证据形式、取证的权限、范围(不能仅限于调查税收违法案件,税务机关依法应当获得证据时，都可以取证)、环节以及税务机关在行政执法过程中取证的程序性规则予以明确，可以考虑将《税务行政复议规则(试行)》中取自于三大诉讼法的基本证据规则加以修订补充后纳入新的《税收征管法》。

7. 针对企业利用变更或者注销税务登记逃避纳税责任的问题，应当增设"接受逃避纳税义务之纳税人投资或捐赠的企、事业单位、社会团体和个人承担连带纳税责任，纳税责任不因变更或注销税务登记而消灭"的条款。

8. 为了防止税款流失，应当规定，税务机关作为债权人，对资产不足以弥补所欠税款的纳税人，有权申请对该企业进行破产清算。

9. 将漏税行为设定为单独的违法行为进行规范。

(二)需要细化、完善的内容

1.《税收征管法》的适用范围应当修订为"税务机关依法征收或代征的税费"，这样使税务机关征收教育费附加，代征社会保障费名正言顺。

2. 商业秘密的内涵与范围应当直接援引刑法的界定，为纳税人保密的例外可以明确为：(1)法律文明规定；(2)当事人同意；(3)迫切的公共利益需要；(4)故意伪造的当事人数据与资料。此外，还应当说明税务机关掌握的纳税人秘密在哪些条件下可以向哪些行政机关提供。

3. 行政协助的范围，哪些情况下相关单位可以不承担行政协助责任。

4. 从税收征管实际出发，对滞纳金的下限应当做出规范，笔者认为，每笔税款的滞纳金如果低于人民币10元，即可以免予征收；同时，考虑到滞纳金属于税金利息的性质，其比例明显高于银行利息不够合理，应当考虑适当降低。

5. 承担连带纳税义务的对象还应当加上合伙企业、共有财产的纳税人，同时需要进一步明确连带责任包括对滞纳金、罚款的课征，对连带责任人可以实施行政强制执行、税收保全。

6. 根据目前税收征管中的实际情况，委托代征的范围要扩大，其性质应当明确为行政委托而非民事委托，委托代征的审批权应当给予省一级税务机关,对委托代征双方的权利、义务、责任应当做出明确规定。

7. 关于税收保全与行政强制执行涉及的问题:一是将第 38 条第 2 款修订为“书面通知纳税人开户银行或者其他金融机构冻结纳税人金额不高于应纳税款的存款;扣押、查封纳税人现值不高于应纳税款 105% 的商品、货物或者其他财产;二是应当将第 40 条第 2 款修改为“书面通知其开户银行或者其他金融机构从其存款中扣缴税款,或冻结其相应存款账户,直至实现对该税款的征收”;三是明确豪宅的含义、范围,明确禁止扣押财产的价格指现价而非原价;四是税收保全的范围应当扩大到所有纳税人,但对医院、学校等公益性单位和行政机关不得实施税收保全与行政强制执行,或者表述为“扣押可能危害到公共利益或者公共安全的,禁止扣押”。

8. 关于纳税担保,应当将纳税担保人和纳税担保物的设定进一步细化,《纳税担保试行办法》中关于纳税担保人和担保物的基本规定应当提升到《税收征管法》中来,关于担保物,“未设置或未全部设置担保物权的财产”的提法应当修订为“未设置或设置担保物权及纳税担保不超过该财产现值的 80%”,应当明确担保人一旦承担担保责任,即同纳税人一样,可以对其依法课征滞纳金,实施税收保全、行政强制执行,处以行政处罚。

9. 对逃偷税行为的界定方式应当由列举改为概括,并且与《刑法》对逃税罪的修订相协调。

10. 送达作为多数执法程序都必须涉及的环节,是告之的有效形式,应当在《税收征管法》中直接规定,为了提高送达的效率,应当允许税务机关对除公告送达外的其他送达方式自行选择,故此实施细则第 104 条应当取消,在直接送达中,应当明确受送达人所在地基层政府作为见证人的法律责任。

三、应当注意的几个问题

(一)提高操作性

对于税收法律应当主要体现原则性还是操作性,在立法指导思想上一直存在较大争议。强调原则性可以使法律的适用面较宽,降低立法难度，方便执法；但是由此税法进入操作层面必须依靠大量较低级别的法律文件才能解决，有违法定性原则，使整个税法层次下降，权威性不足，行政性解释偏离税法愿意，执法混乱等一系列问题不断积累，发展到极致，是国家税务总局的文件而不是《税收征管法》在起作用，法律本身的功能几近丧失。2001年修订《税收征管法》时，将许多本应在该法中规范的内容放到其实施细则中，希望通过大量的实施办法来解决操作性问题，是一大退步。事实证明，大量税收征管中的矛盾，与此有直接的关系，所以这一思路是不可取的。笔者认为，在原则性与操作性的平衡上，修订《税收征管法》至少应当把握两点：一是基本的程序规定应当在该法中直接规定，而不是在法律中只是提出问题，而在实施细则或者更低级别的税法中规范其操作程序；二是实施细则及更低级别的税法，只能是对税收法律原有内涵进行解释，严格控制扩大解释，更不能创制法律。

（二）更加鲜明地体现立法意图

准确把握立法精神，是正确理解法律规范，公正执法的重要保证。因此在立法中，应当为人们体会立法意图创造条件，最好的办法就是将不同规范的立法精神予以明示。不过我们学习现行《税收征管法》，注意到其立法意图的表达有时比较隐晦。例如，现行《税收征管法》赋予税务机关很多权力，如实施税收保全、行政强制执行、代位权与撤销权等，其目的何在？我们不断揣摩相关条款的含义，才能在字里行间体会出其真实的立法意图，确信这是以保证税务机关有能力征收到税款为底线的，不过并没有可以借此惩罚纳税人的意思，也要避免或者尽量减少因此给纳税人造成税外损失。但实际上许多税务人员并没有认识到这一点，在税收执法实践中因对相关条款立法精神理解错误而滥用税务机关权力的情况较为常见。这就提示我们必须注意在税收立法中明确展示每一条款立法意图对指导行政执法的重要性。

（三）注意与其他法律的协调一致

《税收征管法》是整个法律体系的组成部分，因此必须注意与其他法律的关系，以减少法律间的冲突，增强整个法律体系的协调性。注意《税收征管法》与其他法律的协调，一是要注意与其他税法的协调、配合。这是由其作为税收征管的基本法律依据与其特定时期在一定程度上、一定方面充当基本税法的地位决定的。例如,转移定价问题就应当在该法中集中规范,而不需在其他税法中重复。二是要注意与其他相关法律的协调。由于税收征管的覆盖面越来越大,因此《税收征管法》与相关法律的牵涉也越来越多,例如,与金融、工商管理、行政处罚、破产、继承、担保、合同、治安管理等一系列民事、行政、刑事法律规范都有关联,必须对此高度重视。此外,在处理税法与其他法律的关系上,应当充分利用已有的法律。如果税法需要做出规范的内容其他法律已经有了相关规定,税法也不需要修改其含义,那么直接表述为相关内容适用某某法、某某条款的规定就可以了,没有必要将需要规范的内容重新描述一遍。

(四)努力提高立法技术水平

提高立法技术水平涉及很多问题,但是在我国目前的税收立法中,突出的矛盾是如何进一步提高法律语言使用水准。使用法律语言的基本要求是明确、具体、严谨、简明、易懂。按此标准衡量,我国现行《税收征管法》存在的问题较多。一是不够明确。例如,《税收征管法》第 37 条、第 38 条、第 40 条、第 68 条对相关当事人的描述,让读者很难分清其间的界限。二是不够严谨。例如,《税收征管法》中多处使用的“立即”一词,过于随意,其时间概念模糊,根本就不是法律语言。根据该法第 38 条,其实施细则对“立即”所做 24 小时的扩大解释更是离谱,反映出立法者用词的不够严谨。三是不够精炼。例如,关于禁止扣押的规定在《税收征管法》第 38 条、第 40 条、第 42 条反复提及;再如,只要将第 38 条中的“立即”替换成“在 24 小时内”就将立法意图准确表达出来了,而且言简意赅,放到细则中再做解释,反而罗嗦。在法律语言的斟酌上耗时、琐碎、复杂而且不易看到成绩,但是轻视其作用对整个法律修订的负面影响有时又是致命的,所以在下一步修订《税收征管法》时,应当对此予以足够的重视。

(五)强化时限规则

法律是通过设定权利义务的形式实现其既定功能的,而多数权利义务都有时间的限制。时限不确定,对纳税人权利的保障,税务机关行使权力的合法性,对违法纳税人法律责任的追究都难以确定。时限上的要求，在程序性规则方面更为突出。现行《税收征管法》及其实施细则时限规定存在问题的地方较多，例如，该法实施细则第八章文书送达根本就没有时限上的规定。

东北老工业基地企业集团运用税收优惠政策的纳税筹划研究

卢相君 *

【摘要】 企业集团税收筹划是从集团的发展全局出发，为减轻集团总体税收负担，增加集团的税后利润而做出的一种战略性的筹划活动，具有超前性和全局性的特点。

【关键词】 企业集团　纳税　政策

目前，企业集团税收筹划的方式主要限于集团内部的转让定价、转移利息支出、管理费用特许权使用费和弱化资本等消极避税方式。2004年9月，东北地区增值税转型的正式启动以及所得税政策调整，为企业集团运用税收优惠政策开辟了更广的纳税筹划空间。本文拟从企业集团的角度对其运用税收优惠政策（包括增值税转型前已有的税收优惠政策）进行纳税筹划问题加以探讨。

一、分立或合并成员企业，突出主营业务，获取抵扣资格的临界点

根据财税〔2004〕153号文件，适用于东北地区扩大增值税抵扣范围的一般纳税人，生产销售装备制造业、石油化工业、冶金业、船舶制造业、汽车制造业、农产品加工业产品年销售额应占全部销售额50%（含50%）。集团公司及成员企业要想享有固定资产进项税额的抵扣资格，

* 卢相君，吉林财经大学会计学院院长、教授。

必须关注把握这个50%的临界点。

从企业集团角度看,如果有的成员企业含有六大行业的生产,但由于规模大导致这种生产不占主导地位,则可将这部分生产直接分立组建新的成员企业,重新进行工商和税务登记。分立后的新成员企业突出了主营业务,产品年销售额应占全部销售额很容易达到50%以上,自然获得了固定资产进项税额的抵扣优惠。同理,如果企业集团有几个成员企业含有六大行业的生产,但这种生产规模小导致其在企业中不占主导地位,则可将几个成员企业生产六大行业中同一产品的生产分厂分离出来合并组成新的成员企业以获得税收抵扣优惠。

二、扩大固定资产投资和更新改造规模

增强产品竞争力并享受税收抵免增值税转型后,固定资产投资成本降低,节约了现金流量;同时,各期折旧费用相应减少。利润总额将增加,所得税费用也会增加。总体上看,净利润增加。

假设某固定资产的不含税价格为V,增值税税率为17%,折旧率为r,所得税税率为33%。假定其他条件不变,则转型后与比转型与转型前相比,主要数据如下表:

项目	金额
现金流量节约数(固定资产原值减少数)	V×17%
年折旧额减少数	V×r×17%
利润总额增加数	V×r×17%
所得税费用增加数	V×r×17% ×33%
净利润增加数(总费用减少数)	V×r×17% ×(1-33%)=0.1139×V×r

可见,东北部分企业率先取得固定资产进项税额的抵扣资格后,与其他地区、其他企业相比,在现金流量的节约和降低成本、增强盈利能力方面获得了时间优势。符合抵扣条件的东北企业集团应充分认识到这

种时间优势的重要性，统一筹划。在消费型增值税推向全国以前，扩大固定资产投资和更新改造规模，利用成本降低优势提高同类产品在全国的竞争力。不考虑其他条件，可以看出，固定资产投资规模越大，集团公司或成员企业的成本优势就越明显。

另外，扩大固定资产投资和更新改造规模还可以使集团公司或成员企业获得投资抵免的好处，降低企业集团的整体税负。根据财政部、国家税务总局下发的《技术改造国产设备投资抵免企业所得税暂行办法》(财税〔1999〕290 号)，凡在我国境内投资于符合国家产业政策的技术改造项目的企业，其项目所需国产设备投资的 40% 可从企业技术改造项目设备购置当年比前一年新增的企业所得税中抵免。企业每一年度投资抵免的企业所得税税额，不得超过该企业当年比设备购置前一年新增的企业所得税税额。如果当年新增的企业所得税税额不足抵免时，未予抵免的投资额，可用以后年度企业比设备购置前一年新增的企业所得税税额延续抵免，但抵免的期限最长不得超过 5 年。

投资抵免政策特别适合于急需加大技改投入、扩大再生产的东北企业集团。根据"新增税款 = 抵免年度实现的所得税—设备购置前一年度的所得税"这个公式，如果抵免年度实现的所得税额大，或者设备购置前一年度(基期)的所得税额小，那么"新增税款"就多。因此集团公司或成员企业可以通过递延基期利润以增加未来 5 年的新增税款的办法，充分享受税收抵免的利益。递延基期利润的办法有推迟销售时间的方式、赊销或分期收款方式销售产品、增加基期成本和费用等。

三、调整企业集团内部折旧政策，充分享受加速折旧的好处

此次出台的旨在振兴东北老工业基地的一系列税收优惠政策，不仅有扩大增值税抵扣范围的增值税政策，还有所得税优惠方面的政策(财税〔2004〕153 号)，内容包括：东北地区工业企业的固定资产(房屋、建筑物除外)，可在现行规定折旧年限的基础上，按不高于 40% 的比例缩短折旧年限；东北地区企业的计税工资税前扣除标准提高到每月人均 1200 元；东北地区工业企业受让或投资的无形资产，可在现行规定摊销年限的基础上，按不高于 40% 的比例缩短摊销年限。但协议或合同约定有

使用年限的无形资产,应按协议或合同约定的使用年限进行摊销。

因此,企业集团不应仅把注意力放在增值税政策上,企业所得税优惠政策对某些企业来说优惠力度更大。而且企业所得税优惠政策不局限于增值税认定范围内的企业,所有工业企业可以享受加速折旧、缩短无形资产摊销年限的政策。

折旧的核算是一个成本分摊过程,其目的在于将固定资产的成本按合理而系统的方式,在它的估计有效使用期内进行摊销。不同折旧方法使每期摊销额不同,从而影响企业的应税所得和所得税税负。缩短折旧年限有利于加速成本收回,可以使后期成本费用前移,从而使前期会计利润发生后移。在税率稳定的情况下,所得税的递延缴纳,相当于向国家取得了一笔无息贷款。因此,集团公司应抓住这一解决技术改造落后、设备陈旧这一痼疾的良机,调整原来的集团内部折旧政策,在有条件的成员企业中采用缩短折旧年限的加速折旧政策,享受加速折旧的好处。

这里有一个有待探讨的问题。目前,许多集团公司控股的子公司是上市公司。对于上市公司来讲,采用加速折旧政策减少利润会影响股票价格,不能仅考虑税收上的得失。本书认为,可以采用会计与税法分离的做法,在会计核算上继续用现行的折旧年限计提折旧,不影响利润;在税务处理,按缩短后的折旧年限计算折旧。对由于会计折旧年限与税法折旧年限不同而产生的时间性差异,在纳税时予以调整,计算应纳税所得额。这样,上市公司就可以在不减少会计利润的同时享受加速折旧的好处。

另外需要注意的是,如果成员企业正处于企业所得税减免税期,加速折旧、缩短无形资产摊销年限对企业不利,减少了企业从优惠政策中获得的减税利益。

论吉林省的资源税改革

徐　伟*　牛保忠**

【摘要】 现行资源税政策在当下吉林省经济转型中凸显出不少问题:征税范围窄小,实际税负偏低,资源稀缺性体现不足;税率水平偏低,计税依据不合理,对资源节约与环境保护的作用缺位;税收收入低,产权配置模糊。资源税改革应以扩大征收范围、提高税负、调整计征方法、统筹税费关系、协调相关利益关系为中心,以提高资源综合利用率、发展循环经济、调整经济结构、转变经济发展方式为导向,以矫正资源开采的不合理性,推动吉林省经济发展的又好又快转型。

【关键词】 资源税改革　经济转型　可持续发展

一、吉林省经济转型中的现行资源税政策及其现状

资源税是对在我国境内从事资源开采的单位和个人课征的一种税,属于对自然资源占用课税的范畴。现行资源税制度采取从量定额的办法征收,实施"普遍征收、级差调节"的原则。而征税范围仅限于原油、天然气、煤炭、其他非金属矿原矿、黑色金属矿原矿、有色金属矿原矿、盐等7个税目。现行的资源税是以调节级差收入、促进企业平等竞争和保护自然资源为主要目的而设置的一个税种。

近些年来,由于我国东北地区的部分矿山和油田已进入衰竭期和低丰度阶段,为了减轻相关企业的负担,实现振兴东北老工业基地的整体

---

* 徐伟,吉林财经大学法学院教授。

** 牛保忠,吉林财经大学经济法硕士研究生。

目标，2004年7月1日，国家正式下发了《关于调整东北老工业基地部分矿产、油田企业资源税税额的通知》。其中指出，辽宁、吉林、黑龙江省相关部门可根据当地有关矿山、油田的实际情况和财政承受能力，可以在不超过30%的幅度内对衰竭期矿山和低丰度油田降低资源税适用税额标准；对因降低资源税税额标准而减少的收入，由地方自行消化解决。2004年，国家还陆续调整了煤炭、原油、天然气、锰矿石等部分税目的资源税税额标准；2006年，财政部、国家税务总局又取消了对有色金属矿产资源税减征30%的优惠政策，恢复全额征收；调整了对铁矿石资源税的减征政策；2007年，国家税务总局又调高了焦煤资源税税额，并对盐资源税税收政策进行了调整。

吉林省作为一个矿山资源、水资源、森林资源、土地资源等资源存量相对比较丰富的地区，但由于开发和利用体系上的原因，资源优势没能充分转化为经济优势和财政优势。不仅如此，随着近些年吉林省经济的快速增长，资源的无序开采、低效利用和资源短缺的矛盾越来越突出，这一现状在一定程度上限制了当下吉林省的经济转型。因此，深刻分析当下吉林省经济转型当中的这一现实矛盾和问题并探索科学有效的、符合吉林省实际情况的资源税制度，对于缓解吉林省当前资源紧张这一结构性矛盾，转变吉林省经济发展方式，调整经济结构，构建资源节约型和环境友好型社会，保持社会经济的可持续发展，具有长远的战略性意义。

二、现行资源税政策在吉林省经济转型中存在的主要问题

（一）征税范围窄小，实际税负偏低，资源稀缺性体现不足

从征收范围来讲，目前只是对原油、天然气、煤炭、其他非金属矿原矿、黑色金属矿原矿、有色金属矿原矿、盐和矿泉水等8种资源征收资源税，而草原资源、森林资源、水资源等许多种资源都没有纳入征收范围。这显然没有真正体现"普遍征收"的原则。由于征收范围过窄，无法有效地体现资源开采外部成本的内部化，不利于经济社会的可持续发展。对于吉林省这一具有较为丰富的森林资源、土地资源、水资源的地区而言，地方资源税收入就会大大减少，更不利于发挥资源税对经济的杠杆调节作用。反而，由于税负偏低，资源的稀缺性体现不足，致使资源的滥

采和浪费现象突出,进而会对经济的发展产生负面影响。

(二)税率水平偏低,计税依据不合理,对资源节约与环境保护的作用缺位

根据资源税的相关规定,原油的税额为8～30元/吨;天然气的税额为2～15元/千立方米;煤炭的税额为0.3～8元/吨等。现行资源税税率偏低和计税依据不合理,现行资源税执行的"从量计征"方式就是对产品实行从量定额计征,依据资源产品开采量征收税金。而近年来随着资源产品的价格不断飙升,现有的从量计征方式已经脱离实际,资源税收入不能随市场供求状况及价格的变化而变化,也不能随资源产品价格和资源企业收益的增长而增长,结果必然会导致财政收入的相对减少和税收调控作用的失灵,对资源节约与环境保护的作用缺位。其实,2004年和2005年,国家先后调高了部分地区煤炭、原油、天然气的资源税税率,但调整幅度与煤炭、石油等资源产品的价格涨幅相比,根本不成比例。资源开采企业廉价占有资源,几乎是无偿开发,致使资源垄断性企业获得了高额利润。而过低的单位税额,不足以影响纳税人的经济行为,更进一步加剧了资源的无序开采和资源浪费。

(三)税收收入低,产权配置模糊

现行资源税是以产量和销量为基础计征的。资源开采企业只为开采出来的资源缴税,而不必为整个矿藏负责,由此可见,产权配置是模糊的。尤其在当下市场经济的时代背景下,资源开采企业追求的是盈利最大化、利润最大化,企业的短期行为尤为突出。这时,节约资源、保护环境,尤其保护稀有资源统统都会成为一句空话。一方面,资源产权制度不完善、资源税制改革滞后等问题在一定程度上都会影响当地的经济发展,甚至也会影响全国的经济增长;另一方面,由于资源税收入低,地方政府入不敷出,也很难以承担因开发不可再生资源给当地带来的资源枯竭、环境污染、地面塌陷、安全事故频发等一系列的治理费用。这些问题都不利于社会经济的可持续发展。

(四)税费混杂,"费大税小"问题突出

目前,资源税外的各项收费名目繁多、规模庞大,在客观上挤占了资源税的税源。据不完全统计,全国煤炭企业经过批准合法的收费就达

92项，其中属于行政事业性收费的40项，属于经营性收费的6项，铁路运输杂费等46项，再加上其他乱收费、乱摊派、乱集资，实际收费项目在100项以上。当前资源类税费主要包括资源税、矿产资源补偿费、矿区使用费和石油特别收益金等。此外，矿业企业还要缴纳一系列的行政性收费。而这些资源税外的各种收费和各种税收都是由资源开采企业来承担，这必然会影响到资源开采企业的获利程度和投资方向，进而影响社会经济的良性发展。

三、推进资源税改革，实现吉林省经济转型的战略对策

（一）扩大征收范围，提高税负水平

扩大现行资源税的征收范围，将水资源、森林资源、土地资源、草场资源等重要资源纳入其中。对各类水资源课征资源税可以通过价格杠杆促使公众节约用水、减少水污染，以缓解水资源紧张、缺水日益严重的现实状况；对森林资源和草场资源课征资源税可以保护生态环境，防止生态破坏。在征税广度上，进一步扩大征税范围，提高税负水平，真正体现对资源的“普遍征收”原则，同时也可以增加地方政府的财政收入，促进经济发展。这样一来，吉林省就可以充分发挥其丰富的资源优势，并转变为经济优势和财政优势，推动产业结构的优化升级与经济发展方式的转变。

（二）提高税率，调整计征方法

在征税广度上，在提高资源税总体税负水平的基础上进一步拉开税率档次，通过科学地设计资源税税率，凸显对资源“级差收入”的调控力度。提高税率，将现行资源税采取的“从量计征”方式改为“从价计征”方式，促使地方的资源税收入随着资源价格的高涨而“水涨船高”。同时也可以考虑初期按销售收入定率计征，待资源储量等技术指标管理完善后，逐步实现按资源可采储量征收，将税率与资源回采率、环保等挂钩。这样一来，就可以增加吉林省的经济收入，更为重要的是有利于提高资源的利用率，生态环境的保护和资源能源的节约。资源税税负向上调整的具体措施可考虑提高吉林省中部石油不可再生能源、吉林省东部矿山资源税的从量定额征税标准，同时也适当加大从价定率征收力度，

在有条件的地区,还可考虑实行与探明储量适当挂钩的征税方案,从而更加有效地保护自然资源。

(三)统筹税费关系,促使资源税制合理化、规范化

面对税费混杂,费大税小的问题,一方面,应取消违规、越权的收费项目,加强相关资源收费基金的管理水平,以逐步理顺税费关系;另一方面,在合并税费、减少税费或取消税费的时候,需要认真地进行调查研究,决定取舍,可以把促使资源税制合理化、规范化作为标准。大量具有资源占用性质的收费属于主管部门行为且多头向企业和个人收取,收费额度随意性大,造成税费关系严重失调,以费挤税、税软费硬的现象普遍存在。从国家的角度看,由于资源税税负过轻,导致资源税收入增长不能同经济增长相适应,资源税保护国家资源、调节收入分配的作用得不到充分发挥。因此,国家应当克服现在重费轻税的倾向,合理调配税费的比重,做到有的放矢。

(四)协调相关利益关系,妥善处理资源税改革涉及的矛盾

资源税改革是一个多方利益博弈的过程。目前,一方面,在开发、生产、销售环节企业被征收的收费基金项目较多,而推进资源改革,就要统筹税费关系,深化资源性产品价格和相关税费改革,这就必然要触犯相关部门的切身利益;另一方面,地方政府虽想通过资源税改革增加财政收入,缓解收支压力,但要考虑到企业的承受能力,要防止资源开采企业发生停工现象甚至影响下游企业的正常经营。资源税改革不仅仅是一个技术方法问题,在资源税改革之后产生的利益分配上,有必要遵循一个原则,即在剥离了一定的政府管理费用之后,其主要收益要切实地"用之于民",比如,划拨给社保,便是一种公开透明、取信于民的途径。不仅如此,资源税改革绝不能让低收入群体的基本生活受到影响。资源税改革过程中不但要赋予地方政府根据其实际情况享有一定幅度的税率调整权,还应从有利于调动中央与地方共同保护资源、发展经济的积极性出发,合理划分中央与地方的资源税分配权益,确保资源税改革的顺利进行和担当起"调结构、惠民生、促转变"的重任,加快社会经济的平稳快速健康发展。

论政府经济工作的执行力

胡岳岷*

【摘要】 在政府行政实践中,执行是政府的一项十分重要的工作和职责,提高党和政府的执政能力,必须重视政府的执政能力建设,提高政府的执行力。

【关键词】 政府 公共权力 执行力

自从国家和政府产生以来,执行就被定义为政府的主要职责,也是政府产生的根本原因。美国政治学家古德诺指出,执行是政府行政的主要内容和主要形式,而政府的行政活动都是执行活动。政府行政活动主要是政府对有关政策和决策的执行活动。提高政府执行力是一个备受关注的话题,是一个国家核心竞争力的体现,已成为评价现代政府绩效的重要尺度。在现代市场经济条件下,经济工作已成为了各级政府的首要工作。做好政府工作,实现经济社会又好又快发展,必须努力提高政府的执行力。

一、公共权力要用来为公共利益服务

政府的执行力具体体现为公权力的具体运用。公权力是否能够用来为公共利益服务,是否能够顺应民意,是否能够有效地接受人民群众的监督,是衡量政府执行力效率的根本标准。政府的权力乃公权力。公权力来源于人民。也就是说,政府的权力是人民所赋予的,一切属于人

* 胡岳岷,吉林财经大学公共管理学院院长。

民，一切为了人民，一切依靠人民，一切归功于人民。18 世纪法国思想家卢梭在其著作《社会契约论》中指出："政府只不过是主权者的执行人。""政府就是在臣民与主权者之间新建立的一个中间体，以便两者得以互相适合，它负责执行法律并维护社会的以及政治的自由"。[①] 这就要求权力行使主体要明确自身代理人的身份来处理公共领域问题，在政治共同体之内确保公共权力运用的合法性与合理性，最大限度地增进公共福利，维护公共利益。公共权力的公共性体现的是在人民和政府之间权能委托的基础之上，政府与公民在权利和义务方面的双向依存关系。也就是政府必须执行国家意志和人民意志，执行法律法规、执行立法部门及领导者制定的各项方针政策和决定决议，执行战略计划，等等。毛泽东同志曾一针见血地指出："政策是革命政党一切实际行动的出发点，并且表现于行动的过程和归宿。一个革命政党的任何行动都是实行政策。"[②]在"中国特色"下，政府是党委领导下的一个具体执政机关。政府的执行力就是贯彻落实党中央的各项方针政策、决策部署并实现既定目标的能力。在这个意义上，政府执行力就是党的意志和主张能否实现的关键性要素。改革、发展和稳定的所有大事，都是关系社稷和民生的。老百姓看执政党首先是看我们的政府所做的事，政府工作做得怎么样？老百姓的态度就是检验标准。天地有杆秤，功过问百姓。举大事者必以民为本。所以，自以毛泽东同志为代表的中国共产党人领导中国各族人民建立起新中国以来，我们党的历代领导集体都高度重视人民群众对党和政府工作的满意程度。邓小平同志就曾经多次讲过，我们的路线、方针、政策对头不对头，我们的工作做得好不好，就是看人民群众满意不满意、赞成不赞成。

二、政府执行力要顺应民意

民意是公民之生计诉求的表达形式，民生的改善才是民意的归宿。民声、民意不在书本上，不在官衙里，而在群众中。要赢得民心，必须倾

① ［法］卢梭：《社会契约论》，商务印书馆 1980 年版，第 76 页。

② 《毛泽东选集》（第 4 卷），人民出版社 1991 年版，第 1286 页。

听民声，了解民意，问计于民，问需于民，问政于民，把最广大人民群众的愿望和要求作为政府决策的根本依据，是提高政府经济工作执行力的根本途径。胡锦涛总书记在党的十七大报告中为十几亿中国人民描绘了一幅美好的民生蓝图：努力使全体人民学有所教、劳有所得、病有所医、老有所养、住有所居，推动建设和谐社会。社会建设与人民幸福安康息息相关。教育是民生之基，就业是民生之本，健康是民生之需，社保是民生之后，住所是民生之居。各级政府必须在经济发展的基础上，更加注重社会建设，着力扩大公共服务，努力保障和改善民生，促进社会公平正义。

正确的方针政策制定出来之后，执行就是关键。立党为公，执政为民，落实方针政策必须坚持全心全意为人民服务的理念，要有事业大如天、责任重如山、人民的利益高于一切的意识。政策执行要落在民意民生上。顺应民意，改善民生，增进人民福祉，是提高政府执政能力的出发点和落脚点。常言道，安邦之要在于治民，治国之道在于安民，治国之策在于恤民，从政之道在于爱民。人民群众是共产党执政的基础和根本所在。邓小平同志和许多老一辈无产阶级革命家曾多次讲过，淮海战役的胜利是老百姓用小车推出来的，没有人民就不可能有我们的今天。没有人民万岁，就没有祖国万岁，也就没有执政党的万岁。执政党的兴衰存亡取决于人民群众的支持。要做到权为民所用，情为民所系，利为民所谋，事为民所做，就要求各级人民政府及其工作人员时刻关注民生，仔细倾听民声，用心服务众生。一切为了人民，做受人民敬爱的人民公仆。公共服务型政府就是以人民为中心的政府。政府是人民的政府，人民政府就要为人民服务，因而政府在为公共利益撑船掌舵的时候，必须听从人民的意见，以人民的需求为第一执政要务；以保障人民权利，促进人民权利的实现为政府的基本职能；政府公务员的工作状态要像服务员。真正做到以民为本，主权在民，人民至上，政务公开，执政为民。

三、公共权力要接受人民的监督

制度的生命力在于执行力。强化监督是提升执行力的关键。监督没有任何借口。马克思曾经说过:“领导者必须是人民的公仆。”[①]并且建议,对不称职的人员随时可以撤换、罢免、监督,防止国家和国家机关由社会的公仆变为社会的主人。1945 年 7 月初,黄炎培先生访问延安,他看到延安一派生机勃勃的景象,但也担心共产党得了天下之后能否持续下去,当毛泽东主席问他访问延安的感想时,他不无忧虑地说:“我生六十多年,耳闻的不说,所亲眼看到的,真所谓‘其兴也勃焉’,‘其亡也忽焉’,一人,一家,一团体,一地方,乃至一国,不少单位都没有能跳出这周期率的支配力……中共诸君从过去到现在,我略略了解的了。就是希望找出一条新路,来跳出这周期率的支配。”对此,毛主席回答道:“我们已经找到新路,我们能跳出这周期率。这条新路,就是民主。只有让人民来监督政府,政府才不敢松懈。只有人人起来负责,才不会人亡政息。”为此,在革命胜利前夕的党的七届二中全会上,毛泽东同志就十分郑重地告诫全党:“中国的革命是伟大的,但革命以后的路更长,工作更伟大,更艰苦。这一点现在就必须向党内讲明白,务必使同志们继续地保持谦虚、谨慎、不骄、不躁的作风,务必使同志们继续地保持艰苦奋斗的作风。”[②]《尚书》上讲:“民惟邦本。”(《尚书·五子之歌》)“本”者,根基,主体也。在器用的意义上,“本”为不可离却的基础、来源或凭持;在本体的意义上,“本”指事物的内核、主体。由此可见,“民惟邦本”,不仅是讲民为国之根基、源泉或凭持,而且是讲民为国之主体。邦本的主体不是君主,不是君主以民为本,而是以民为主体,民为本,君为末。这就是说,国家的根基是人民,人民是政权的主体。现代政治的基本特征是民主,民主政治的基本要求是公开。因此,人民政权必须置于人民的监督之下,政府要在人民的监督之下依法行政,让政府的公共行政在阳光下运行。提高政府执行力,必须规范政策执行的制度规则,优化执行运作程序,建立靠制度管人管事、靠制度激励约束的长效机制。要以建立行政首长问责制为重点,健全行政责任体系,强化行政问责和责任追究,严格兑现奖惩。建立完善科学的政府绩效评估体系和机制,对政府机关

① 《马克思恩格斯选集》(第 2 卷),人民出版社 1995 年版,第 376 页。

② 《毛泽东选集》(第 4 卷),人民出版社 1991 年版,第 1228~1229 页。

和公务员的执行过程进行全面、科学、动态的考评制度。强化人民代表大会的监督制度，完善社会监督制度，健全投诉举报制度和民主评议制度，优化行政系统内部的监督机制，使监督经常化、制度化、科学化、民主化，从而使政府的执行力更具战斗力、竞争力和创造力，进一步促进经济社会又好又快发展。

四、提高政府经济工作执行力要真抓实干

一心一意谋发展，聚精会神搞建设，是党中央对各级政府经济工作提出的明确要求。提高政府执行力，执行没有任何借口。说一尺不如行一寸，不真抓实干，连半点马克思主义也没有，恩格斯讲过，一次实际行动胜过一打纲领。所有的“吹、拉、弹、唱”，都不如一次有效的实际行动。邓小平同志多次强调，各级领导干部要“少讲空话，多干实事”。历史反复告诉我们，空谈误国，实干兴邦。但是，在一些地方和单位的领导干部中，讲空话，图形式，“踢假球”，做表面文章，甚至弄虚作假的坏作风还严重地存在；开大会，开长会；议而不决；决心在嘴上，行动在会上，落实在纸上，决而不行的现象也不可谓不普遍；“让群众跑来跑去，领导批来批去，部门转来转去，最后是问题哪里来哪里去”的相互推诿扯皮现象在有的地方和部门还依然存在；这些制约和妨碍政府执政力的突出问题，严重地影响政府的公信力，影响政府的形象，进而影响中国共产党的执政地位。对于这一点，我们的各级党委和政府必须保持头脑清醒。各级领导干部要着力为多数人谋利益，办多数人受益的事；要时刻把群众的疾苦挂在心上，办群众最急需的事；要胸中装着全局，办起长远作用的事。一切工作都要真抓实干，落实在实处。

五、提高政府经济工作执行力要善思力行

思想是行动的先导。政府经济工作经常面临新形势、新情况、新问题、新任务，领导经济工作必须在善思与力行上下工夫，慎用手中握有的公权力，做到每举一子必思前想后，每走一步必瞻前顾后，始终胸怀全局，立意高远，多做打基础利长远、固根本利发展的实事；必须从解放思想入手，不断改造主观世界，努力转变不适应不符合科学发展观要求的

思想观念，不断研究新情况、新问题，探索新途径、新方法，立足本职，与时俱进，革故鼎新，锐意进取，以创新思维破解发展难题。提高经济工作执行力，必须把心思放在发展上，要牢牢把握发展的主动脉，时时牵住发展的“牛鼻子”，切忌盲目发展、片面发展；必须深入到群众中去，听科学发展之呼声，摸科学发展之实情，求科学发展之良策，勤政为民，求真务实。求真是出发点，务实是落脚点。古人云：“知政者在草野，知屋漏者在宇下。”温家宝总理说：“用耳听者，学到皮肤；用心听者，学到灵魂。”各级政府领导人都应向温总理那样，用心倾听人民群众的呼声，要用心用脑、求真务实地为人民群众办好事、办实事。要实现和谐发展、协调发展、科学发展、创新发展，就必须有在“冬天”里创造“春天”的创新思维。世界银行的一位经济学家对我讲，我国东北的一些干部大包米意识太重，制约了我们的创新发展。因此，振兴吉林，领导干部必须少一些“乡村意识”，多一些“芯片思维”；少一些“乡村步伐”，多一些“网络速度”。经济世界里，没有真理，只有道理。眼界决定思维，思维决定格局，格局决定未来。远见卓识的领导者应以明天的视角做今天的选择。发展不能满足于把发展规划写在纸上，挂在墙上，说在嘴上，而要以提高政府经济工作执行力为抓手，把发展大计落在行动上。

消费升级与服务业的法律制度保障问题研究

韩 博* 李金荣** 李丽娜***

【摘要】 随着我国社会经济的发展,我国的消费结构和消费水平不断提高,推动整个第一、二、三产业的发展,消费升级尤其是对第三产业的发展有巨大的带动作用。而服务业的法律制度保障问题关系到整个第三产业的发展。

【关键词】 消费升级 消费水平 服务营销 法律制度保障

近年来,在扩大内需、调整经济结构、深化经济体制改革的基础上,我国经济已经摆脱了持续回落的状态,进入了全面回升的阶段。以改善住、行条件为代表的新一轮消费结构升级开始启动;由消费升级带动的高成长产业成为产业升级和经济增长的主要动力。从某种程度上讲,当前经济回升的拉动力量与居民消费结构的升级有很大关系。它拓宽了产业发展的空间,也扩大了市场化投资的空间,进而支撑了我国新一轮经济的快速增长。目前,我国居民的消费结构已进入了加快升级阶段,新的消费热点开始启动。未来我国居民的消费活动将进一步活跃,消费增长率将稳步提高,消费总量将持续高速增长。居民消费的升级转

* 韩博,男,吉林财经大学工商学院07级研究生。

** 李金荣,女,教授,吉林财经大学工商学院旅游管理教研室主任,硕士研究生导师。主要研究方向:市场营销学理论及实践,旅游酒店市场营销。

*** 李丽娜,女,吉林财经大学工商学院06级研究生。

型将促进经济增长,形成新的一轮国内市场空间和经济发展空间。把握消费升级的契机,建立健全法律制度,消除消费梗阻,不仅有利于形成新的国内市场空间和经济发展空间,也有利于经济的持续快速协调发展。

一、我国居民消费升级的过程与特点

我国居民消费升级历经了从传统的基本生活消费,逐步向发展型和享受型消费转移的过程,居民消费能力随之不断升级,从十几年前的“拾元级”、“百元级”、“千元级”到近几年的“万元级”、“拾万元级”,消费品的档次越来越高,消费周期越来越短,折旧越来越快。居民消费升级主要经历了三个时期:

(一)以基本生活消费为主的初级阶段

主要追求“三转一响”的“老四件”,即自行车、缝纫机、手表和收音机。这一时期(1978 年改革开放前)的消费重点主要是满足基本的生活需求。

(二)以普及家用电器为主的购置生活必需品阶段

始于 80 年代中期的城镇居民消费从千元级向万元级,农村居民从百元级向千元级、万元级消费发展,形成了以家用电器普及为代表的耐用消费品热潮。这一时期大约延续了十年,其主要标志是:在城市,以排浪式消费方式普及家电商品。经历了以家用电器普及为主要内容的第一次消费结构剧变期;以彩电、洗衣机、电冰箱和录音机等为主要代表的“新四件”成为集中的消费热点,并迅速普及。“新四件”基本普及后,消费升级转型也有了明显加快,居民在消费选择上愿意花更多的钱添置和更新以家电为代表的高档耐用消费品,电话、空调器、家用电脑等新的消费品又逐渐进入城镇居民家庭,拥有量显著增加。

(三)以住房、汽车、旅游等为主要消费品的发展型和享受型消费阶段

家电普及后,以住房、汽车、旅游为主的新的消费热潮又扑面而来,其增势出人意料。进入新世纪后,居民消费不断升温,2000 ~ 2001 年我国住房、电子通讯产品消费快速增长,增幅达 40% 以上。

二、消费升级对经济发展的影响

(一)消费结构升级推动了我国产业结构升级

从经济运行轨迹看,居民消费结构的升级转型,对经济的发展起到助推器的作用:第一次是消费结构出现粮食消费下降、轻工产品消费上升的趋势,这一转变对我国轻工、纺织产品的生产产生了强烈的拉动,带动了第一轮经济的增长。第二次是家用电器消费的快速增加,耐用消费品向高档化方向发展,大屏幕高清晰度彩电、大容量多开门冰箱、空调器、微波炉、影碟机、摄像机成为城镇居民的消费热点,普及率进一步提高。这一转变对电子、钢铁、机械制造等行业产生了强大的驱动力,带动了第二轮经济增长高潮。

目前,正在进行的第三次升级转型正驱动着相关产业的增长。在目前消费结构转变中,增长最快的是教育、娱乐、文化、交通、通讯、医疗保健、住宅、旅游等与之相联系的消费,尤其是IT产业相联系的消费在一定时期内增长将最为迅速。住房、汽车的消费带动了众多相关产业的高速发展。据有关资料表明,汽车业能带动钢铁、机械、电子、橡胶、玻璃、石化、建筑、服务等156个相关产业的发展,住宅业能带动45个相关产业的发展。可见,汽车、住房消费的拉动作用范围大、层次多,与社会生产和人民生活关系密切,可以真正产生突破一点、收获一片的效果。在消费增长很快的产业中,正是我国法律薄弱的环节,如何制定相应法律来保证消费者的利益是当前促进服务业顺利发展的重中之重。

(二)消费升级促进了第三产业的发展

目前人们的消费观念、方式、内容以及消费品市场供求关系,都发生了重大变化。居民消费总体从重视生活水平的提高向重视生活质量的提高转变,从追求物质消费向追求精神消费和服务消费转变,从满足基本生存需求向追求人的全面发展转变。城镇居民对服务性消费(服务性消费指居民家庭用于支付社会提供的各种文化和生活方面的非商品性服务支出)需求不断上升,居民消费支出逐步向服务性消费领域分流,家庭服务社会化趋势更加明显。2002年,居民人均服务性消费支出为1650元,比上年增长25.3%,远远高于消费支出的增长幅度,占消费性支出的比重由上年的24.8%升为27.4%，提高2.6个百分点。据测算，“九五”期间，经济每增长1个百分点，居民消费水平大约增加0.8个百分点，居民的旅游支出增加2.2个百分点。生活方式的变化，个性化的时尚生活带来了第三产业的层级变革。新兴的文化休闲产业，也对我国第三产业的发展起到积极的推动作用。在第三产业法律缺失的情况下，怎么保障消费者的利益问题提到日程上来，比如，家政服务业与消费者息息相关，出现问题无法可依。

（三）热点商品消费对相关产业的发展起着重要的促进作用

从经济运行看，消费需求的升级变动一般首先对建筑材料、交通运输设备制造、电子通讯设备等制造业形成较强的需求拉动作用，而后通过产业传动的效应带动了建材、机械、石化等行业的发展，成为保持这些行业平稳运行和快速增长的重要力量。另外，消费结构的升级还体现主导居民在环保、健康等新型的消费观念和消费行为，使得环保设备、新型材料能源、医药生物制品等行业逐渐兴起，并展现了勃勃生机。从目前消费市场看，消费结构的升级最为明显的是，住房与汽车两大消费

（四）消费升级对投资产生巨大的导向作用

消费是投资的前提。经济增长如果长期过度依赖投资，结果会造成生产能力放空，银行呆坏账增多等问题。因此，必须有意识地更新思想观念、改善宏观调控，更多地让消费拉动发挥作用，使投资需求的扩大同第三产业发展，改善人民生活，促进消费结合起来，使消费逐步成为社会投资的“引路人”和经济增长的“火车头”。从投资与消费看，一方面意味着投资增加所形成的供给，可以为居民消费需求的增长所消化，即投资提供的产出可以顺利地实现其价值，不存在产品积压和资源的浪费；另一方面则意味着居民消费需求的增长和消费结构的升级，可以为企业新增投资所提供的供给所满足，即不存在被动储蓄。如此一来，社会生产和再生产就能顺畅进行，国民经济就会实现良性循环。在这种模式下，投资的粗放型扩张因消费需求的约束而受到抑制；而消费需求所引导的市场竞争的作用，将使资源得到更有效率和更为集约的使用。

三、消费升级推动服务业的发展需要法律保护

在目前消费结构的转变中，增长最快的是教育、娱乐、文化、交通、通

讯、医疗保健、住宅、旅游等与之相联系的消费,尤其是IT产业相联系的消费在一定时期内增长将最为迅速。汽车和旅游等的消费带动了众多相关产业的高速发展。

国务院和国家工商行政管理局虽然每年都发布关于加快发展服务业的若干意见,但是有很多新兴消费项目都存在法律不健全的问题。比如,在上述诸消费项目中就存在此类问题。我们可以举出服务业中几个行业存在的一些法律缺失:

(一)家政服务关系不属于我国《劳动法》的调整范围

根据最高人民法院《关于审理劳动争议案件适用法律若干问题的解释》第4条的规定,家庭或者个人与家政服务人员之间的纠纷,不符合《劳动法》第2条规定的用工主体因服务或者提供劳务发生的纠纷,应当按照雇佣关系处理。该条规定是针对家政服务员与客户之间的关系而言的,客户无论是家庭还是个人,都不属于用人单位,因而不属于《劳动法》的调整范围。由于家政服务业本身的特殊性,如工作时间、法定节假日的休息、劳动保障、福利待遇等,都无法用《劳动法》来调整,由此决定了家政服务被排除在《劳动法》的适用范围之外,劳动部《关于贯彻执行〈中华人民共和国劳动法〉若干问题的意见》第4条明确规定,农村劳动者(乡镇企业职工和进城务工、经商的农民除外)、现役军人和家庭保姆等不适用《劳动法》。到目前为止,我国尚没有一部调整家政服务业的全国性法律或法规,因此也决定了家政服务业的非正规就业地位,由此限制了家政服务业的发展。

(二)汽车维修服务业存在法律风险及其有关的法律缺失

汽车消费进入家庭,消费者购买汽车后肯定要涉及维修保养等一系列的问题,由于相关法律不健全,致使产生很多纠纷,阻碍该行业的发展。汽车维修服务业法律风险既包括企业家个人的法律风险,也包括企业本身的法律风险。而企业家与企业的法律风险往往根源于同一事件,也即某一事件的发生会使企业家和企业面临共同的法律风险。例如,根据《刑法》的规定,单位犯罪不仅要对企业处以罚金,直接责任人(法定代表人、总经理)亦往往难逃刑事责任。按不同的标准与角度,法律风险可以有不同的分类。而法律风险的最终归宿是法律责任。所以,我们从法律风险所引发的法律责任的角度将法律风险分为刑事、行政、民事法律风险。发生维修服务纠纷后无法可依或适用何法律的混乱状况时有发生。

(三)保健食品行业缺乏有效法规监管,市场潜伏危机

在众多的行业中,保健食品行业无疑令人刮目相看,其发展速度十分迅猛。截至2007年底,我国已审批保健食品8900多种,共有保健食品生产企业1640多家,年产值达到1000多亿元。保健食品行业迅速崛起的原因,主要在于人们生活水平不断提高,保健消费需求不断加大,从而大大拉动了该行业前行。然而,炙手可热的保健食品市场也潜伏着不可忽视的危机:质量良莠不齐、行业信誉度差、管理相对滞后。

(四)旅游行业法律不健全

20世纪中叶以来,旅游几乎在世界各地都取得了巨大的发展。旅游业已成为世界上发展势头最强劲的产业,被誉为21世纪的经济巨人。旅游消费升级,旅游的发展速度之快、旅游消费额之大、旅游业发展前景之光明,使得世界各国,特别是发展中国家,都在积极支持发展自己的旅游业。而消费者在旅游消费过程中时常被侵权,在行业内有很多潜规则,由于旅游法律不健全,消费者维权问题成为阻止旅游业顺利发展的障碍。

【参考文献】

雷江升:“旅游服务营销管理目标模型研究”,载《商业时代》2006年第31期。

张慧、袁岳:“服务业的五大趋势和一点思考”,载《中国统计》2007年第11期。

郭鲁芳:“中国休闲消费结构:实证分析与优化对策”,载《浙江大学学报》(人文社会科学版)2006年第5期。

郭鹏:“我国消费结构升级的相关问题研究”,载《江西社会科学》2007年第11期。

喻玲:“我国旅游市场营销现状及发展趋势分析”,载《商场现代化》2007年第1期。

范宁:“我国旅游市场营销中存在的问题及对策分析”,载《集团经济研究》2007年第6期。

黄桂林:“我国居民消费结构升级的制约因素及其策略”,载《研究科技与管理》2005年第5期。

仇立华:“旅游市场营销探讨”,载《企业经济》2004年第7期。

旅游开发中文化遗产保护的法律研究

李玉玲*　朱丽蕊**　孔健飞***

【摘要】　随着市场经济的深度发展，有些旅游资源遭到破坏，保护文化遗产就成为旅游可持续发展的关键。因此，本文针对这一问题，提出了制定相关的法律与法规切实推动旅游文化遗产保护的建设性的观点，从而实现社会经济效益与旅游开发的协调发展。

【关键词】　旅游开发　文化遗产保护　完善立法

一、旅游开发中文化遗产保护的法律意义

随着市场经济的不断发展，在城市大开发热潮的涌动下，一些地方只注重追求文化遗产的经济效益，以牺牲文化遗产为代价，对文化遗产进行掠夺性的旅游开发利用，杀鸡取卵、竭泽而渔，使文化遗产遭到重大破坏。因此，探讨旅游开发中的文化遗产保护有重大的现实意义和深远的历史意义。

保护文化遗产是旅游开发利用的基石，旅游开发利用是保护文化遗产的保障，两者相辅相成。众所周知，文化遗产具有重大的历史意义，传承着文明且具有不可再生性和唯一性，其一旦被破坏，损失就永远无法挽回。所以，我们要重视对文化遗产的保护。我们进行旅游开发的前提是对文化遗产进行及时的抢救和保护。如果不能充分保护文化遗产，对

* 李玉玲，女，讲师，吉林财经大学工商管理系，研究方向为企业管理。

** 朱丽蕊，女，吉林财经大学工商学院 08 级企业管理研究生。

*** 孔健飞，男，吉林财经大学工商学院 08 级 MBA 研究生。

其进行旅游开发也会成为“无源之水,无本之木”。例如,周庄是苏州的一颗明珠,也是一棵摇钱树。作为著名的历史文化名镇,现在却成为了过度旅游开发导致建设性的破坏的反面典型。如果文化遗产损失严重丧失了其本身的独特魅力,就不会吸引四面八方的游客前来观赏。等文化遗产受到严重破坏后再进行保护,无疑会增加保护成本,代价巨大。例如,沈阳在“申遗”过程中,开始整治北陵周边环境,一个月的时间就将违章建筑全部拆除,投资数额高达3700万元。发达国家的经验和严酷的历史教训告诉我们:保护好文化遗产是旅游开发利用的前提和基础。同时,对文化遗产进行保护并不意味着将其封闭,而应将其开放,使其成为世界各国人民了解中华民族历史和文化的窗口。保护文化遗产并不排斥对其进行旅游开发利用。利用文化遗产资源的优势进行旅游开发利用是实现遗产地经济良性增长,与环境冲突最小的有效方式。对文化遗产进行合理的旅游开发利用,能广泛地传播遗产的价值文化,提高全社会的文化遗产保护意识,为文化遗产保护提供急需资金,形成良性循环,实现社会效益和经济效益的双赢。

自1985年我国成为世界遗产缔约国以来,世界遗产品牌的商业价值不断涌现。申报世界文化遗产是为了更好地保护遗产,使保护文化遗产的意识深入人心。我国近几年掀起了“申遗”的热潮,其中不乏急功近利的心态。旅游业作为“无烟工业”,日益被政府和开发商看好。为了追求经济效益,为了政绩的需要,为了实现眼前利益,一些地方想方设法、千方百计地要“申遗”。他们申遗的目的无非是在世界遗产名录上争得一席之地,拿到世界遗产的招牌,进行大量旅游开发,利用世界遗产赚取更多的经济利益。他们关注的不是世界遗产的保护传承,而是经济利益。在这种指导思想下进行旅游开发,后果可想而知。在文化遗产的旅游开发利用中,存在“重开发、轻保护”的倾向。遗产地政府和管理机构把文化遗产当成“摇钱树”,不惜以破坏文化遗产为代价,大搞商业、娱乐设施建设,进行房地产开发等,使文化遗产满目疮痍、伤痕累累。几年前,同安苏颂洗墨池被填,建了一个商业楼,把苏颂的海外子孙气跑了,几个亿的投资移到他地,便是一个深刻的教训。

二、破坏文化遗产的集中表现

为了追求经济利益，一些地方对文化遗产过度开发，对遗产本身或遗产地造成了相当程度的破坏。主要表现在以下几个方面：

第一，在文化遗产的保护范围内大兴土木，建宾馆别墅、开发度假村。

第二，在文化古迹上架缆车、索道。

第三，在旧城改造和城市化建设中忽视了对文化遗产的保护，随意拆毁有价值的文物建筑和历史街区。

第四，一些地区热衷于在文化遗产地、文物保护的范围内进行缺乏历史根据的复建和新建，忽视了"整旧如旧，以存当真"的原则。

第五，旅游接待能力和旅游发展的不均衡。随着人民生活水平的提高，外出旅游的人日益增多。这就产生了游览面积小而游人多的矛盾，在节假日就体现得更明显。尽管游客的增多给旅游地带来了一定的经济效益，但同时也产生了严重的旅游公害。例如，游客在文化遗产上随意刻画，呼出大量二氧化碳造成文化遗产周边环境的改变，产生了大量旅游垃圾、水体污染、噪音污染等一系列问题。

三、文化遗产的保护措施及应做好的工作

从法律上看，为了保护文化遗产，新中国成立以来，我国制定了一系列涉及保护文化遗产的法律法规。这些法律法规是保护文化遗产应遵守的基本准则。它既是执法者的执法准绳，也是守法者的守法依据。对文化遗产的保护在我国《宪法》、《文物保护法》等法律法规中都有所体现。但在一些地方却出现了"钱能买法，权能压法"的现象，甚至部分决策者肆无忌惮地毁坏文化遗产而未被追究法律责任。这充分暴露了文化遗产法律法规不完善，也是执法不严、缺乏有效的监督制约机制的产物。目前，我国对文化遗产保护的立法工作还处在探索阶段。各地从实际出发，制定了一些地方性法规和规章。这些地方性法规和规章发挥了一定作用，但它们毕竟效力低、差别大、衔接难。

为有效保护文化遗产，笔者认为，应做好如下几个方面工作：

1. 树立“保护为主，兼顾利用，可持续发展”的理念。因为，“文化遗产具有脆弱性、不可再生性和唯一性，一旦破坏，就永远无法挽回”。在保护中应该坚持“预防性保护为主，被动性保护为辅”的原则。任何对文化遗产进行旅游开发利用的行为都应以不危及文化遗产和原生环境为原则，坚决杜绝对文化遗产进行掠夺式开发和利用。在保护的同时，也要兼顾利用。只保护，不开发利用，当地经济发展会陷于困境，文化遗产保护的大量经费也无法保证。要积极拓展旅游开发利用文化遗产的方式和渠道，充分发挥文化遗产在经济建设中的重要作用，克服“只保不用”的消极现象。同时在保护文化遗产时，一定要树立“可持续发展”的理念，把“保护”放到第一位，旅游开发放到第二位；把社会效益放在首位，追求社会效益和经济效益的和谐统一，绝不能片面地追求经济利益，将“遗产”变成“遗憾”。正如李岚清同志在全国文物工作电视电话会议中所说，“在文物工作中，我们要防止和纠正片面强调经济效益而忽视社会效益的倾向……在处理文物保护和旅游开发利用的关系上，我们必须确立可持续发展的思想，即要以保护为主，旅游开发利用为次”。

2. 完善文化遗产保护的立法。有必要由国家最高权力机关（全国人民代表大会）针对特定现象—文化遗产，制定全国统一适用的“文化遗产保护法”。通过立法，确立文化遗产保护的基本原则，建立管理体制、资金保障、展览利用、奖励制度、法律责任等。文化遗产的法律法规制定一定要规范、严谨、具体，具有可操作性，不能太抽象笼统，不能赋予执法者很大的自由裁量权；要加大法律的处罚力度；明确文化遗产管理者、经营者和监督者的权利、义务和责任。

3. 建立高效的执法队伍和完善的监督机制。“徒法不足以自行”，我们要建立一个严格高效的执法队伍，对执法队伍进行定期考核。同时，由于文化遗产保护工作投资大，见效慢，必须要建立文化遗产的监督机制。明确监管部门的监督机制，明确各相关部门的职责，使其各司其职、各负其责，签订责任状，实行年度目标考核制，建立事先惩罚和事后监督相结合的监控机制，动员全社会的力量，加强对文化遗产的社会监督管理，鼓励大众传媒对损坏文化遗产的行为进行曝光，加强舆论监督。

4. 建立公益诉讼制度。因文化遗产是全体国民的共同遗产，借鉴国外公益诉讼制度，在我国文化遗产保护制度中引进公益诉讼制度。在文化遗产受侵害后，公众都希望其他人来与不法行为做斗争，自己搭便车，坐享其成，“事不关已，高高挂起”。在公众都忍气吞声、无人起诉的情况下，文化遗产就很难受到更好的保护，所以，建立公益诉讼制度很有必要。公益诉讼是指任何组织和个人都可以根据法律授权，对违反法律、侵犯国家利益、社会公共利益的行为向法院起诉，由法院追究违法者法律责任的制度。它是相对于私益诉讼而言的，起源于罗马法，在当时与维护公共利益的不足相联系，由于国家机关和工作人员不足以维护公共利益，因此授权市民起诉违法行为。相对于传统的民事、行政等以维护私人利益为目的的私益诉讼而言，公益诉讼的最大特点是对传统诉讼中的原告适合理论进行拓展，赋予与所诉事项无直接利害关系的私人组织以起诉资格，从而维护社会公共利益。

【参考文献】

李宇宏:《景观生态旅游规划》,中国林业出版社 2003 年版。

杨桂芳、丁文婕、葛绍德:《世界文化遗产——丽江古城旅游环境研究》,民族出版社 1998 年版。

[奥]韦弗:《生态旅游》,杨桂华译,南开大学出版 2004 年版。

王金锡:《长江中上游防护林体系生态效益监测与评价》,四川科技出版社 2006 年版。

俞辉:“21 世纪中国旅游业发展战略研究”,载《旅游学刊》2001 年第 16 期。

倪强:“近年来国内生态旅游研究综述”,载《旅游学刊》1999 年第 14 期。

印开蒲:《生态旅游与可持续发展》,四川大学出版社 2003 年版。

我国旅游立法刍议

孟祥君[*] 王洪桥[**] 李洪林[***]

【摘要】 随着我国旅游业的深度发展，旅游活动中形成的社会关系越来越复杂，利益冲突也日益尖锐。特别是入世后，我国旅游立法相对滞后，立法层次低，执行不彻底等问题凸显。本文从分析我国旅游法律构建现状出发，提出我国旅游立法的框架，并对我国旅游业中需要完善的制度提出建议。

【关键词】 旅游立法 旅游法规 旅游基本法

旅游兼有经济和文化的双重属性，是一项以精神、文化需要为基础，涉及经济、政治、文化、宗教、社会和国际交流等内容的综合性大众活动。近年来，我国旅游业获得了快速、深度发展，成为国民经济的重要组成部分。与此同时，由于参与的人数越来越多，产生的社会关系越来越复杂，利益冲突日益显现。而同旅游业蓬勃发展的趋势相比，我国旅游立法还显得非常滞后，对旅游关系的调整主要还是适用《民法》、《消费者权益保护法》、《合同法》等相关法律。到目前为止，综合调整旅游行业法律关系的旅游基本法尚未出台，没有一部法律法规从旅游产品构成入手，对旅游"六要素"进行全面协调，而且现有的法律法规缺乏操作性，一定程度上损害了旅游企业和旅游者的合法权益，影响了旅游业的健康发

* 孟祥君，男，讲师，吉林财经大学工商管理系。

** 王洪桥，女，助教，吉林农业大学旅游管理系。

*** 李洪林，男，吉林财经大学 MBA 研究生。

展。特别是入世后,我国旅游基本法缺位和旅游单行法空白,现行法律法规呈分散、低位阶状态,且缺乏透明度等问题愈发显现。因此,完善旅游立法、出台旅游基本法等已迫在眉睫。

一、旅游立法内涵及作用

(一)旅游立法的概念

旅游立法是国家为了加强对旅游事业的管理,由立法机关制定、修改、废止旅游法律法规的活动。从广义上讲,旅游立法是制定调整旅游社会关系的一系列法律和法规,而不单指旅游基本法的制定,还包括对原有法律法规进行修改和废除,以及在调整旅游社会关系的法律法规发展到较为完善程度时进行法典编纂。

(二)旅游立法的作用

旅游立法在旅游业的发展中起着至关重要的作用。旅游法律的健全从一个侧面反映了一个国家或地区旅游的发展水平,其作用表现在以下几个方面:

1. 调整因旅游活动产生的各种社会关系。以立法手段调整旅游社会关系就是规定旅游活动和旅游业务各主体的权利义务,引导旅游活动和旅游业务主体在旅游允许的范围内行事。对合法、有效的行为不加干涉,而对违法行为给予制裁,达到调整社会关系的目的。

2. 对旅游业经营实行宏观调控。在旅游业的投资、企业设立、经营管理、信贷、税收等方面制定必要的法律、法规,形成有机的旅游法网。引导、约束、监督旅游业经营的健康有序进行,从而达到宏观调控的目的。

3. 为对外旅游交往创造良好的法律环境。健全的旅游立法,可以完善旅游法律体系,为本国与其他国家的旅游交往创设良好的法律环境。

二、旅游业发达国家的旅游立法启示

旅游业发达国家一般说来就是服务业发达的国家,主要有欧美和日本。日本是旅游立法较早的国家,日本的旅游基本法称做“旅游业法”,是所有旅游法规的依据。旅游业法规定了日本旅游业发展的基本方针、旅游基础设施建设和旅游业发展所采取的措施，以及旅游资源的开发与保护的重大原则等。早在第一次世界大战前后，日本为了保护旅游资源就制定了一系列专门针对旅游资源保护方面的法律，如《历史古迹名胜天然纪念保护法》、《国宝保护法》、《国立公园保护法》、《重要美术品保护法》等，这些单行的法律对保护日本旅游资源起到了重要作用。而随着旅游业深入发展，在旅游过程中，欺诈游客，损害旅游经营者的合法权益等事件时有发生。为此日本制定了《旅游联络法》。同时日本还逐步完善和制定了一些单行的旅游法规，如《出入境管理法》、《进入国内管理法》、《自然公园法》、《保护古都历史风土特别措施法》、《外国游客招徕法》等。这些单行法规、法案的制定和完善使日本的旅游法规基本上形成了一个法律体系。但是其仍然处于低层次的分散状态，缺乏有机统一，为了促进法律统一，健康发展旅游业，日本1971年制定了旅游基本法《旅游业法》，用以统摄整个旅游法律体系。

美国的旅游法律相对更加健全，除了各种旅游单行法规、法案外，与旅游相关的行业，也有相应的单行法规，如《运输法》、《商业法》等，从不同的角度保证旅游事业的发展。鉴于各单行法规没有形成统一整体，1979年5月美国制定了综合性法律《全国旅游政策法》。它是规定美国旅游政策总则的法律，目的是要在联邦政府、州和地方政府以及其他有关公众和私人组织之间建立合作，采用一切切实可行的方法和措施，包括财政和技术援助，来执行全国的旅游政策。

三、我国旅游立法中存在的问题

健全的旅游法律制度是开发旅游资源和发展旅游业的法制前提和保障，而我国目前旅游立法、执法存在很多问题，还未构建起完整的旅游法律制度。

（一）入世承诺兑现方面的立法问题

我国旅游立法与入世承诺基本一致，然而也有不完善之处。在未承诺之处具体体现在关于“服务贸易”谈判中的“水平承诺”和“部门承诺”两方面。

1. 关于“服务贸易”谈判中的“水平承诺”

“水平承诺”方面，我国仍有部分内容没有相应的立法规范，主要表现在：第一，我国在“商业存在”方面承诺了“股权式合作企业的外资比例不得少于该合资企业注册资本的25%”，而我国目前的法规对外商投资企业所占股份额没有明确的规定，在《旅行社管理条例》第28条第2款中只有笼统的规定：“中外合资旅行社各方投资者的出资比例，由国务院旅游行政主管部门会同国务院对外经贸主管部门按照有关规定确定。”第二，中华人民共和国的土地归国家所有，外商设立旅行社、饭店、餐馆等使用土地需遵守40年的最长限制，然而我国现有法律法规中找不到相应的规定。第三，我国现有的旅游法律找不到有关外商设立的旅行社、饭店、餐馆的经理、高级管理人员和专家等高级雇员，在我国境内首期停留或居留的期限规定。

2. 关于“服务贸易”谈判中的“部门承诺”

关于旅行社和旅游经营者，我国承诺在入世后6年，将允许设立外资独资子公司，将取消地域限制；将取消对合资旅行社和旅游经营者设立分支机构的限制，且对于外资旅行社和旅游经营者的注册资本要求将与国内旅行社和旅游经营者的要求相同。这些承诺还没有兑现。

（二）部分旅游法规缺乏足够的权威

从法律渊源看，宪法、法律、法规、规章的效力依次递减，相对许多其他行业而言，旅游行业的法规的效力低，其权威性受到质疑，在维护旅游者合法权益时，经常是捉襟见肘。例如，《旅行社质量保证金赔偿试行标准》（以下简称《标准》）是由国家旅游局发布，于1997年实施。《标准》的法律效力尚不及部门规章，属于规范性文件。约束力弱，对旅行社的强制力十分有限。而各级法院对规章的采信也十分有限，甚至置之不理，转而直接引用《民法通则》、《合同法》等法律对旅游纠纷进行裁决。再如，我国履行入世承诺后，为了保障客人和和旅游饭店的合法权益，维护旅游饭店经营管理的正常秩序，促进其健康发展，中国旅游饭店业协会依据国家有关法律、法规，特制定了《中国旅游饭店行业规范》（以下简称《规范》）。可以看出这个《规范》只能属于行业内部运作规范这个层次，不具有太强的法律效力，对饭店不具有法律约束力。笔者认为，作为旅游业三大支柱产业之一的饭店业,急需一部权威性的行政法规,来约束和指导饭店业健康发展。

(三)旅游基本法缺位,单行法空白

从理论上讲,旅游法律体系应当是以《旅游基本法》为主导,由《旅行社法》、《旅游饭店法》、《导游法》、《旅游者权益保护法》等组成的法律体系。从目前来看,我国仍没有一部旅游基本法。究其原因:(1)旅游业覆盖领域广,行业界定模糊,难于规范;(2)有关部门管理只能交叉,利益有冲突,相关法律衔接复杂。

四、我国旅游立法的模式构建

我国应当构建何种模式的旅游法律制度才能更有利于旅游业的发展,是一个值得研究和探讨的问题。笔者认为,根据我国发展旅游业的战略与现有管理体制,以及我国法律体系的现状,应当构建以《旅游基本法》为龙头、旅游单行法和地方法配套、相关法律做补充的旅游法律制度体系。

(一)制定规范旅游行业的"宪法性"法律——《旅游基本法》

《旅游基本法》既能有效调整旅游活动中产生的行政关系、民事关系、刑事关系、社会关系,其外延又应涵盖民法、经济法、刑事诉讼、行政复议、资源保护等诸多问题,以求对旅游活动中所发生的各类问题进行规范,还应为旅游单行法、旅游行政法规和地方性法规提供立法依据和指导。其内容应包括:(1)规定国家发展旅游业的根本宗旨和原则;(2)规定旅游主管机构的法律地位和职能;(3)规定旅游资源的开发、利用和保护原则;(4)规定各类旅游企业的行为准则;(5)规定对旅游者合法权益的保护;(6)规定国际旅游原则;(7)规定一系列行业管理制度;(8)规定法律责任。

(二)完善旅游专项立法

我国现有的旅游法规主要涉及旅行社、导游、出入境方面,还有一些是涉及税收、旅客运输、损害赔偿等方面的行政法规,这些法规不是专为发展旅游业而颁布的,在法律适用上也有一定的局限性,甚至有的行政法规间很不协调,需要进一步修订和完善。因此我国应尽快制定和颁布

《旅行社法》、《饭店法》、《导游法》、《旅游者权益保护法》、《旅游合同法》、《旅游资源开发与保护法》、《旅游安全与旅游保险法》、《景区景点管理法》等单行法。现以旅游合同立法的必要性加以说明。在新颁布的《合同法》中,旅游合同未能写入合同法分则中,而是将其归于无名合同中。在司法实践中,关于无名合同的订立、履行以及纠纷的解决一般做法是“参照与该合同类似的有名合同,没有类似的有名合同可以参照的,则应根据民事法律行为和合同的一般规定办理”。可见,现有的立法和实践对旅游者和经营者的合法权益给予的保护是不够的。

（三）修改旧的旅游法律法规以促进旅游业的发展

1. 逐步修订和完善旅游大环境的法律。旅游业的发展离不开这些各项法律法规提供的宏观法律环境。涉及的法律有《公司法》、《反不正当竞争法》、《价格法》、《保险法》、《食品卫生与安全法》等。例如,在《反不正当竞争法》中应规定一些制止旅游业不正当竞争的条款。

2. 进一步清理、补充、修改部门规章和规范性文件。部门规章是由国家旅游局单独制定或与国务院其他部门联合制定的各种调整特定旅游关系的行业性规范。部门规章已有近二十多件,其中由国家旅游局颁布的有十多件。这些部门规章是目前我国旅游行业中遵循的比较多的规范,包括一些具体规定和技术标准,是调整全国旅游工作的主要规范。这些规范中有一部分已不适应旅游业的发展,应予以清理、补充、修改。

（四）完善我国旅游执法力度

执法和立法是法制化的两个不可缺少的环节且密切相关。加强旅游执法是旅游法律实施的重要方式之一,是旅游业得以健康有序发展的基本保障。加强旅游执法工作,提高旅游执法水平,应加强的措施为:(1)健全旅游执法机构;(2)健全和完善多形式的执法渠道;(3)加强执法人员的执法水平和社会监督。

【参考文献】

刘劲柳:《旅游合同》,法律出版社 2004 年版。

黄恢月:《旅游合同纠纷实务解析》,中国旅游出版社 2004 年版。

刘敢生:《WTO 与旅游服务贸易的法律问题》,广东旅游出版社

2000 年版。

王健著:《旅游法概论》,南开大学出版社 2002 年版。

日本总理府编:《日本旅游白皮书》,郑堡垒译,中国旅游出版社 2002 年版。

姚晓玲:《旅游法规与实务》,旅游教育出版社 2002 年版。

王大悟、魏小安主编:《旅游经济学》,上海人民出版社 2000 年版。

金融

发展东北区域性资本市场的必要性及可行性

张　立*　李　苗**

【摘要】 全国性的资本市场为大型企业融资服务；二板市场"门槛"标准低于全国性市场，在二板市场中可同时设计出几套不同标准，以便不同规模的企业进行上市融资时加以选择。多层次的资本市场体系的同在，有利于公平竞争和提高市场效率，而东北区域性资本市场可定位在地方性资本市场，为地方极具成长性的高科技和中小企业服务，以促进东北区域经济的创新与增长。

【关键词】 区域　资本市场　融资

一、发展东北区域性资本市场的必要性

（一）可以提高东北区域经济的市场化程度

东北老工业基地受计划经济体制影响时间较长、程度较深，其面临的首要问题，是市场化程度低，经济发展活力和动力不足，政府更多地运用计划经济的手段，相信行政的力量。换言之，地方政府还不习惯或不善于运用市场经济的手段和市场机制的作用来发展东北区域经济。然而，振兴东北必须依靠市场，即依靠市场配置资源和要素，依靠市场取向调整产业结构、培育主导产业。

---

* 张立，吉林财经大学科研处处长、教授。

** 李苗，吉林建工学院教师。

发展东北区域性资本市场，可以使不同层次、不同规模和不同需求的投资人、筹资人、资本市场的组织者和中介服务者，利用东北区域性资本市场进行投资、筹资、组织和服务，并使这些参与者在市场规律与机制的作用下，各取所需，获得生存与发展的机会，也就是说，通过东北区域性资本市场配置资源的过程，也正是提高东北区域经济市场化程度的过程。不仅如此，区域性资本市场还是区域市场经济高度发展的市场，对于介入区域性资本市场的参与者具有综合的约束力。比如，东北区域性资本市场在为地方企业融资服务的过程中，也对其提出要求及约束。具体来讲，一方面，区域性资本市场可为东北地区各类企业提供资金上的支持，扩大其直接融资的比例；另一方面，区域性资本市场在提供资金支持的同时，也在改变着地方企业的所有权结构，通过区域性股票市场和债券市场，进行企业所有权增量与存量的调整。

（二）可以解决东北地区中小企业融资难的问题

中小企业融资难，东北地区中小企业融资就更难。因为，东北地区长期受计划经济体制的影响，国有经济比重过高，国有商业银行往往更重视国有大中型企业对资金的需求，而忽略了对中小企业融资的关注，中小企业由于达不到取得信贷资金的资质要求和条件保障，因而很难从银行取得信贷资金。中小企业融资问题是一个世界性的难题，欧洲央行不久前（2004 年 3 月）公布的一份报告显示，尽管大多数欧洲公司信用有所改善，但欧洲银行却为中小企业贷款设立了更高的“门槛”。另据德国国家发展银行公布的数字，2003 年约有 45% 的德国中小企业抱怨贷款难。为此，东北三省在各自的振兴规划纲要中，都明确提出解决中小企业融资的举措。比如，振兴吉林老工业基地规划纲要的主要措施中明确提出，加快设立中小企业投资公司，以解决中小企业融资难的问题。显然，中小企业融资难限制了其发展，对区域经济乃至整个国民经济和资源配置都产生了不利的影响。所以，在着力解决这一难题时，应多管齐下、多方入手，其中，发展东北区域性资本市场则不失为一种良策。东北区域性资本市场可为中小企业创造多元的融资渠道，在区域性资本市场中，可以适当降低极具成长性的中小企业融资的“门槛”，为其融资提供便利，鼓励其快速、稳定、健康的发展。因为，中小企业的发展，可提高区域经济乃至中国经济持续增长的潜力。

（三）可以促进东北区域经济的结构优化并实现整体协调可持续发展

正如研究东北振兴的有关专家所指出的那样："东北地区的经济地位重要，主要体现在两量上：一是含量，二是未来发展总量。"东北地区目前的GDP总量不大，但其主要含量是重化工业产品，这是体现大国综合国力的重要标志；未来发展的总量，有望成为我国继珠三角、长三角和环京津地区之后的第四个增长极。通过建立和发展东北区域性资本市场，可以加深东北区域性资本市场参与者之间的联系与合作，发挥其所代表的东三省各自的比较优势，增加产业互补性，避免产业趋同性，从区域经济的全局着眼，从区域经济的分工及协作入手，同时设计出几套不同的"门槛"标准，体现出限制什么，鼓励什么，引导不同产业、不同规模的企业，选择适合自己的标准上市融资，以保证东北区域经济的结构优化，推动东北区域经济的整体协调和可持续发展。

（四）可以增加广大投资者选择投资方式及投资回报的机会

发展东北区域性资本市场可为广大投资者提供选择投资方式及投资回报的机会，不同的投资者其投资偏好不同、投资目的各异。有的倾向于高风险、高回报；而有的则选择低风险、低回报；有的更为重视投资价值，相反，有的则更倾向于投机价值。无论何种投资偏好和投资目的都需要区域性资本市场这一投资平台。因为，具有良好流动性的资产及资产组合，有利于投资者增加投资回报并规避风险。东北区域性资本市场的建立与发展将有利于投资者财富的增长。

（五）可以促进我国多层次资本市场体系的形成

我国是一个经济发展规模及发展水平不平衡的国家，各地区经济发展规模不同，发展水平各异，同时，各经济区域企业发展具有多样性，这一经济发展的特点，从根本上决定了我国资本市场应当是多层次的，而不应当是目前行政管制下的单一模式。因为，区域经济的发展是分阶段、分层次的，即使是同一企业在不同发展阶段，其筹资和投资的要求也是极为不同的，这在客观上必然要求建立多层次资本市场体系与之适应，满足其不同阶段的发展要求。东北区域性资本市场的建立，一方面迎合了这种需要，并随之应运而生；另一方面，又推动了我国多层次资本市场体系的形成,并成为我国多层次资本市场体系的重要组成部分。

二、以长春为中心发展东北区域性资本市场的可行性

(一)长春本身及其周边地区的经济总量足以支撑其成为东北区域性资本市场的中心

一般而言,一个城市能否成为国际性资本市场的中心,要看其自身及周边是否具有足够大的经济总量的支持;据此,一个城市能否成为一国的区域性资本市场的中心,同样也需要看其本身和周边是否具有足够大的经济总量的支持。据统计,2003 年,东北三省的经济总量分别实现各自历史上的最高水平:吉林省全年实现 GDP 2521.8 亿元;辽宁省全年实现 GDP 6002 亿元;黑龙江省全年实现 GDP 4433 亿元。尤其值得一提的是,2002 年,长春市 GDP 实现 1150 亿元,占全省的 51.3%,占东北三省的 9.9%;东北三省共实现 GDP 11,603 亿元,占全国 GDP 的 10.8%。长春市规模以上工业总产值 1235.7 亿元,占全省的 60.6%,在东北四城市中居第一位。同时,长春的周边城市,哈尔滨、沈阳及大连的经济总量足以支持其成为东北区域性资本市场的中心。

(二)长春北接哈尔滨、南达沈阳和大连,拥有东北中心城市的区位优势

辽宁省位于中国东北地区的南部,黑龙江省地处我国东北地区的北部,吉林省恰好位于两者之间,北与黑龙江接壤,南与辽宁连通。长春作为中国北方区域性中心城市之一,北接哈尔滨、南达沈阳和大连,具有东北中心城市的地理位置和地缘优势,为其成为东北区域性资本市场的中心提供了区位条件。不仅如此,长春还拥有良好的产业基础、明显的科技优势、巨大的市场潜力、完备的基础设施和良好的生态环境,为东北区域性资本市场中心的建立,准备了较为优越的社会环境和生态环境。

(三)长春拥有研究东北区域性资本市场的人才资源

长春现有独立的科研技术开发机构 101 个,全市共有普通高等学校 27 所,各类专业技术人员达 47 万人。吉林大学、东北师范大学和长春税务学院是我省各种类、各层次高级财经人才的培养基地,这种雄厚的人

才资源和智力支持，为长春成为东北区域性资本市场的中心，提供了人才与智力保障。

（四）吉林省委、省政府领导十分关注东北区域性资本市场的建立与发展

省委书记王云坤在吉林省委八届四次全会上的讲话中指出："培育资本市场，是解决我省货币资金短缺的根本出路。"省长洪虎在全国召开两会期间曾表示，可组织有关专家论证长春能否成为东北地区的资本市场中心？在振兴吉林老工业基地规划纲要的主要措施中也明确提出："面向国际、国内资本市场，创新投融资观念和方式，更多地运用市场机制，鼓励社会资本和外资参与老工业基地的调整和改造……加快设立中小企业投资公司，建立和完善创业投资机制。"由此不难看出，吉林省委和省政府对区域性资本市场建立与发展的重视。

（五）美、英两国区域性资本市场为我们提供的启示

在美、英这两个经济总量较大的国家中，都建立了多层次的资本市场体系。美国拥有庞大的资本市场体系，其功能齐全、层次多样，既具有统一集中的全国资本市场（诸如，纽约证券交易所、美国证券交易所等），其主要为上市公司提供融资场所；又具有小型区域性的资本市场（例如，太平洋交易所、波士顿交易所和费城交易所等），其主要交易区域性的企业证券，同时也包括一些本区域在全国上市的公司股票。资本市场所具有的不同层次性，为不同规模、不同需求的企业，利用资本市场融资提供了便利。

英国拥有完备多层次的资本市场体系，全国性的资本市场是伦敦证券交易所，其是吸收欧洲资金的主渠道。区域性资本市场包括伯明翰、曼彻斯特以及其他的地方交易市场，其交易地方股票，也可以交易主板市场上的股票。全国性的二板市场 AIM（可选择投资市场），为英国及海外初创高成长性公司所提供的一个全国性市场 AIM 必须接受伦敦证券交易所的监管，并由其经营。OFEX（场外交易市场），其与 AIM 相同之处表现在，都是为中小型高成长企业进行股权融资服务的市场，但 OFEX 与 AIM 不同的是，OFEX 市场准入"门槛"更低、层次更初级。

【参考文献】

樊纲:《发展的道理》,三联书店 2002 年版。
张维迎:《产权、政府与信誉》,三联书店 2001 年版。

论我国证券投资者保护基金制度的立法完善

李光宇[*]　王　典[**]

2004 年 3 月，通过与相关部门的协调，证监会开始起草相关规定，着手建立保护基金。2005 年 1 月，证监会、财政部与人民银行向国务院报送《关于设立证券投资者风险补偿保护基金的请示》并获批准。2005 年 2 月 21 日，证监会、财政部联合发布《关于在股票、可转债等证券发行中申购冻结资金利息处理问题的通知》，规定有关利息划入将来成立的保护基金。2005 年 4 月，《证券法》（修改草案）中增设了“证券投资者保护基金”的规定。2005 年 7 月 1 日，证监会、财政部、人民银行联合发布施行《证券投资者保护基金管理办法》，规定了保护基金的设立、运作，保护基金公司的组织结构和职责等内容。2005 年 8 月 31 日，中国证券投资者保护基金有限公司注册成立，注册资本 63 亿元来自官方拨款，于 9 月 29 日正式开业。2005 年 10 月 27 日，修订通过的《证券法》第 134 条规定：“国家设立证券投资者保护基金。证券投资者保护基金由证券公司缴纳的资金及其他依法筹集的资金组成，其筹集、管理和使用的具体办法由国务院规定。”这样，历经两年的各方努力，中国证券投资者保护基金在万众瞩目中逐步登上了资本市场的舞台。

* 李光宇，法学博士，吉林财经大学法学院副院长。
** 王典，法学硕士，长春市民生银行职员。

一、我国证券投资者保护基金的法律框架及特点

(一)主要内容及框架分析

1. 我国证券投资者保护基金公司的性质分析

我国证券投资者保护基金采用公司制形式成立。2005 年 8 月 30 日,保护基金公司在国家工商总局注册成立,由国务院出资,财政部一次性拨付注册资金 63 亿元。《证券投资者保护基金管理办法》第 2 条明确规定,保护基金为国有独资有限责任公司。监管方面,证监会负责基金的筹集、管理和使用等日常业务监管,财政部监管国有资产和财产,人民银行监管再贷款资金的合规使用。可见,保护基金采取证监会业务监管为主、财政部与人民银行联合监管的方式,其目的在于处理证券公司风险暴发后对证券投资者的补偿。

公司主要职责包括筹集、管理和运作证券投资者保护基金;监测证券公司风险,参与证券公司风险处置工作;证券公司被撤销、关闭和破产或被证监会采取行政接管、托管经营等强制性监管措施时,按照国家有关政策规定对债权人予以偿付;组织、参与被撤销、关闭或破产证券公司的清算工作;管理和处分受偿资产,维护基金权益;发现证券公司经营管理中出现可能危及投资者利益和证券市场安全的重大风险时,向证监会提出监管、处置建议;对证券公司运营中存在的风险隐患会同有关部门建立纠正机制。

2. 组织机构

根据《证券投资者保护基金管理办法》,中国证券投资者保护基金公司设立董事会,董事会成员由 9 人组成:证监会 5 人、联合财政部 2 人和中国人民银行 2 人。董事长由证监会推荐,报国务院批准。目前,公司还处于初始阶段,公司董事会由 8 位董事组成,全部来自官方。董事会为基金公司的决策机构,负责制定基本管理制度,决定内部管理机构设置,任免高级管理人员,对基金的筹集、管理和使用等重大事项做出决定,并行使基金公司章程规定的其他职权。基金公司虽然没有行政级别,但实际是比照正局级单位的设置,董事长人选由证监会推荐,国务院批准决定。

3. 资金来源及储备

根据《证券投资者保护基金管理办法》，我国证券投资者保护基金资金主要有以下几个来源：

(1)上海、深圳证券交易所在风险基金分别达到规定的上限后，交易经手费的20%纳入基金；

(2)所有在中国境内注册的证券公司，按其营业收入的0.5%～5%缴纳基金；

(3)发行股票、可转债等证券时，申购冻结资金的利息收入；

(4)依法向有关责任方追偿所得和从证券公司破产清算中受偿收入；

(5)国内外机构、组织及个人的捐赠。

目前，公司注册资本是63亿元，由财政部将专户储存的历年认购新股冻结资金利差余额63亿元一次性划入保护基金公司；央行安排发放专项再贷款617亿元，用以垫付保护基金的初始资金，使我国保护基金总体规模达到680亿元。

我国保护基金的筹集方式既与国际通行做法有相似之处，又有个性色彩。《证券投资者保护基金管理办法》规定，公司注册资本金63亿元，源于财政部专用账户历年认购新股冻结资金的资金利差余额。另外，该办法还规定了交易所风险基金、证券公司缴纳营业收入0.5%～5%、IPO(首次公开发行股票)时申购资金的利息收入、追偿所得和破产清算收入、社会捐赠等资金筹措方式。除此之外，央行还安排发放专项再贷款617亿元，用以垫付基金的初始资金。必要时，经国务院批准，保护基金公司可以通过发行债券等方式获得特别融资。由此看来，我国保护基金的规模较之发达国家毫不逊色。基金公司保值增值的渠道包括银行存款，购买国债、中央银行债券(包括中央银行票据)和中央级金融机构发行的金融债券，以及国务院批准的其他形式。但是，由于我国的证券投资者保护基金制度初建模型，在资金来源和运用方面还有很多地方需要改革和进步。

首先，要适度储备，保证充足。证券投资者保护基金是不是越多越好呢？很显然，储备和运用应该有一个合适的比例。证券投资者保护基金首先应当保持充足，这样才能给予投资者适度的保护，但是，如果资金过多，也会造成资金的浪费。保护基金的来源有一部分是财政支出，还有一部分是会员公司的会费，储备资金量过多，不但增加了财政负担，还会对会员公司的日常业务运作造成影响。所以，笔者认为，如果一段时间内，基金公司如果资金储备丰厚，在监管当局批准的情况下，会员机构可以减少或者停止缴纳会费，而在资金紧张时，也可以适度增加财政补贴和基金会员的会费。事实上，一些国家（地区）的经验表明，投资者赔偿计划的资金需求并不大。例如，我国台湾地区证券投资者保护基金成立以来，几乎没有动用过。

其次，储备资金要灵活运用。金融市场的波动是难以避免的，按照经济周期理论来讲，也是这样的，我们很难非常精确地预测证券投资者保护基金的资金需求。因此，建立灵活的备用融资机制是非常必要的。以当下的金融危机为例，美国的次贷危机引发了全球的金融动荡，一些中小证券交易所在这次危机中由于种种原因倒闭，其中不乏有违规操作的现象。证券投资者保护基金通过固定或浮动的年度会费等正常筹资方式来应对正常的投资者赔偿，但当出现较为严重的金融机构倒闭或者金融危机时，证券投资者保护基金一般都可以向会员征收额外会费，自行或者在相关监管部门同意后，从银行或者其他金融机构借款，以保证证券投资人的利益。

4. 赔付规定及存在的问题

（1）赔付规定

各国（地区）使用保护基金赔偿所涉及的范围，一般涵盖下列几方面：①赔偿对象及金额；②所涉及的投资工具；③不包括在赔偿范围的例外。而这其中，最受投资者关注的便是赔偿的对象和金额问题。在赔偿对象方面，所有证券公司强制成为会员，会员投资者都可以从证券投资者保护基金中按一定比例进行支付，对于这种投资者的定义，本报告在前面也已经阐述了，在此，我们主要分析赔偿金额的界定问题。

每个国家（地区）基本上都规定了一个赔偿限额，其金额根据各国（地区）情况而定。影响该限额水平的因素包括：本国（地区）经济与金融市场发展水平；合理保护与减少“道德风险”；个人投资者平均投资金额;不影响金融市场的效率和维持一个成本尽可能低的赔偿计划;赔偿基金的负担能力;历史上的赔偿记录等。我们国家的证券投资者保护基金制度处于起步阶段,无论是《证券投资者保护基金管理办法》还是《证券法》,对此规定都不很明确,甚至有意采取回避态度。目前我们只能参照人民银行2004年11月份联合财政部、证监会和银监会共同出台的《个人债权及客户证券交易资金收购意见》的赔付标准可知,"限额内全额补偿,限额外90%比例补偿",已经成了监管部门处置金融风险的基本思路。也就是说,10万人民币以内的,全额补偿,超过10万的数额9折补偿。采取适当比例的做法教育了投资者的风险意识,让证券投资者明白,证券投者保护基金只承担投资者的部分损失而不是全部,而且该损失只限于系统损失而不包括自己决策失误带来的损失。为此,投资者在证券投资中,应加强风险意识,并因风险意识而自觉采取防范措施,例如,在选择券商时,应选择那些能力强、信誉好、运作规范的券商,以尽量避免损失的发生。

(2)存在的问题

首先,我国证券投资者保护基金的赔付范围过于宽泛。现行的《证券投资者保护基金管理办法》中并未就保护基金的赔付对象要求做出进一步的规范。而将被撤销、关闭和破产或者被证监会实施行政接管、托管经营等强制性监管措施的证券公司的债权人,一概都列入保护基金的赔付范围,这样做,无疑扩张了保护基金的概念和内涵,增加了基金赔付的负担。我们应当明确规定,被撤销、关闭和破产或被证监会实施行政接管、托管经营等强制性监管措施的证券公司的董事、高级管理人员以及相关内幕人、关联人不属于可以获得偿付的债权人。法谚有云:"人不能从自己的错误中获益。"这些人对公司的清算、破产负有责任,法律不能让他们从中受益。并且,这也是国际通行的规定,合乎法律的一般原则,应予明确规定。

其次,我们应当明确规定可获赔偿的损失范围。只有因为证券公司违规经营,因而挤占、挪用、诈骗客户财产,从而给客户造成损失且无力偿还时才能动用该基金偿还。而对于客户自身交易的损失则不在偿付之列,即不包括证券价格变动和不当投资等引起的账户资产损失。从各国立法来看，证券投资者保护基金并不是保护投资者全部的利益，主要是为证券机构破产等系统性风险提供担保，对因此而导致的投资者权益损失进行赔偿。而对客户自身判断或市场涨跌形成的非系统风险不予偿付。我国《证券投资者保护基金管理办法》第4条规定："投资者在证券投资活动中因证券市场波动或投资产品或投资产品价值本身发生变化所导致的损失，由投资者自行负担。"这条规定还不够全面，还应当从正面明确属于债权人可获偿付的范围。

另外，对于证券投资者保护基金的赔偿限额和比例方面，在美国的证券投资者保护基金中，我们可以看到，预付的金额限制在每个客户50万美元，其中基于现金的请求权限于10万美元。我国台湾地区的投资者保护基金对每个投资者的补偿限于100万新台币，对单个公司的所有投资者的赔偿不高于1亿新台币。建立赔偿限额的意义在于：一方面，这样能够确保基金的充盈，避免在某一事件中过多动用基金而影响长远发展；另一方面，也可以确保基金确实用于保护中小投资者。所以，笔者建议，在今后对《证券投资者保护基金管理办法》进行修订或制定细则时，能够考虑在中国的证券投资者保护基金中设立赔偿限额。

（二）我国证券投资者保护基金的管理模式与运作模式

世界各国（地区）的投资者保护基金都成立了专门的机构负责基金的运作与赔偿事宜，这样可以更有效地发挥保护投资者的作用，也便于投资者保护基金开展投资者教育、咨询、仲裁等其他有效保护投资者的活动，以加强对证券经营机构的风险监控。但目前，由于发达国家（地区）证券投资者赔偿制度的差异，不同的立法框架导致了其管理模式和运作模式也不尽相同。

1. 管理模式

（1）独立模式

美国的证券投资者保护公司（SIPC）是独立模式的典型。证券投资者保护公司在1970年《证券投资者保护法》基础上，于1970年12月10日成立，是一个非营利的会员制公司，其会员为所有符合美国1934年《证券交易法》第15（b）条的证券经纪商和自营商。截至2003年12月31日，SIPC共有6466名成员。该公司的董事会由7位董事构成，其中5

位董事经参议院批准由美国总统委任,在这5位董事中,3位来自证券行业,2位来自社会公众,另外2位董事分别由美国财政部长及联邦储备委员会指派,董事会的主席和副主席由总统从社会公众中任命。SIPC共有员工28位,担负了所有与会员清算、邀请受托人及其律师和会计师、检查索赔要求、审计财产分配等相关事宜。

(2)附属模式

我国香港特别行政区是较为典型的附属模式,赔偿基金附属于香港联合交易所。1973年股灾后,香港于1974年颁布《证券条例》,放弃了不干预模式,实施集中监管并强调行业自律。

(3)我国证券投资者保护基金管理模式的选择

《证券投资者保护基金管理办法》第22条规定,"证监会负责基金公司的业务监管,监督基金的筹集、管理与使用。财政部负责基金公司的国有资产管理和财务监督。中国人民银行负责对基金公司向其借用再贷款资金的合规使用情况进行检查监督"。可见,我国采取的是由证券监管当局认可并监管的监管模式。这种监管模式的选择是由以下几个方面决定的:首先,我国集中统一的证券监管体制。1998年国务院机构改革后,撤销了证券委,确定中国证监会作为国务院直属机构,成为中国证券市场最高监管部门。中国人民银行的证券监管职能全部移交给中国证监会。同时,目前我国证券交易所和证券业协会的专业性和权威性不强,在监管方面只起到辅助证监会的作用。这一监管传统和制度安排决定了中国证券市场具有弱自律性和高度集权性,缺乏交易所或自律组织监管传统。其次,我国证券市场中小投资者保护基金公司的运作组织结构。目前我国保护基金采用独立模式,即建立独立的保护基金公司。保护基金公司的董事会主要成员来自证监会、财政部和央行。再次,保护基金公司的初始资本构成。目前我国证券投资者保护基金的规模共计680亿元,包括财政部一次性拨付的63亿元注册资本金,以及人民银行提供的617亿元贷款额。因此,财政部和央行作为基金公司建立初始的主要出资方,承担了对基金公司资金使用的监管责任。应当说,我国保护基金的资本金来自政府,安排政府监管并无不当,但是考虑到,随着证券业的不断发展,今后证交所和券商缴纳会费所占比例有可能大幅度提高,保护基金的监管模式有转变为证交所或自律机构监管的可能。虽然我国的保护基金制度是参照美国模式建立的,但是对比美国的保护基金制度,在监管方面还是存在一定区别。例如,SIPC 规定,SIPC 不是联邦政府的部门或机构,SIPC 依照法律规定自主决定是否动用以及如何使用保护基金;证券交易委员会(SEC)只是监督 SIPC 的运作,不能直接干预公司的具体运作,同时还要为 SIPC 向财政申请贷款提供支持。这种制度设计的目的是保证 SIPA 在运作上的独立性。但是基于我国目前证券业自律水平和证券监管水平都有待提高的现状,目前证监会主导的监管模式还是适应中国证券市场现状的。

2. 运作模式

(1)基金的投资管理

证券投资者保护基金应本着自求平衡、及时补充、高度流动性和非营利性的原则进行管理。暂时处于限制状态的部分应以投资方式重新注入经济领域,支持经济发展,实现价值增值。

证券投资者保护基金的运用一般限于银行存款和风险很低的投资工具,如政府债券,保护基金赔偿多发生在股市低迷时期,或者是金融危机、经济震荡时期,此时抛售股票变现对基金不利,所以保护基金一般不投资股票。美国的证券投资者保护基金被用于投资于美国政府债券,投资收益作为自己的一部分。我国香港特别行政区《证券及期货条例》第 241 条规定,投资者赔偿公司可将组成赔偿基金而又不需要及时用做赔偿用途的资金存款放于认可金融机构做定期存款,或投资于信托受托人或者法律授权而可将其信托资金所投资于证券,由此获得的收益利润,需要拨入赔偿基金内。

证券投资者保护基金的管理可以参照《保险保障基金管理办法》。我国 2004 年底出台的《保险保障基金管理办法》第 12 条明确规定:“保险保障基金的资金运用应当保值增值。保险保障基金的资金运用,限于银行存款、买卖政府债券和中国保监会规定的其他资金运用方式。保险保障基金不得用于股权投资、房地产投资和其他各类事业投资。”考虑到我国的现实情况,可以说上述运作原则和渠道也完全适用于证券投资者保护基金。除了存款利息和投资收益外,证券投资者保护基金因对证券公司客户预先赔付而取得对证券公司的代位求偿权,因此在证券公司破产清算过程中分配到的清算财产也应归入基金。证券投资者保护基金必须积极行使代位求偿权,以减少基金损耗。

《证券投资者保护基金管理办法》中规定,投资者保护基金公司应依法合规运作,按照安全、稳健的原则履行对基金的管理职责,保证基金的安全。基金的资金运用限于银行存款、购买国债、中央银行债权(包括中央银行票据)和中央级别金融机构发行的金融债券以及国务院批准的其他资金运用形式。基金的运作由三部委联合监督:证监会负责投资者保护公司的业务监管,监督基金的筹集、管理与使用;财政部负责投资者保护公司的国有资产管理和财务监督;中国人民银行负责对投资者保护公司向其借用再贷款资金的合规使用情况进行监督检查。

(2)资金的赔付管理

保护基金的目的在于及时有效地保护中小投资者的利益,对比SIPC的赔偿原则和其他国家赔偿基金的规定,笔者建议,在监管当局和基金公司对于赔付机制细化过程中,应当遵循以下几个原则:

首先,及时、有效、方便原则。券商出现撤销、关闭和破产的情况时,采取冻结券商资产等有效措施,及时维护投资者利益是海外保护基金采取的首要措施。美国的SIPC规定,当出现券商破产的情况下,SIPC应请求联邦法院指派托管人清算破产券商并保护投资者利益,如果是小规模券商破产,有的情况下SIPC甚至可以直接处理。①

笔者认为,为了保护中小投资者利益,首先,为了避免"问题券商"转移资产,在公布对券商被撤销、关闭和破产或被证监会实施行政接管、托管经营等强制性监管措施的同时,监管当局和基金公司应当及时介入,并邀请中介组织(注册会计师、律师事务所)对违规券商财务状况予以监督,将面临破产的券商所代理的顾客账户转移到监管当局设立的特别清算账户中,以确保券商资产及保证金不被挪用,资产能得到保护。

① When a brokerage firm fails owing customer's cash and securities that are missing from customer accounts, SIPC usually asks a federal court to appoint a trustee to liquidate the firm and protect its customers. With smaller brokerage firm failures, SIPC sometimes deals directly with customers. SIPC. Brochure 2005[DB/OL]. www. SIPC. org.

同时对于投资者赔偿过程中每个环节所需的时间，应有强制性时间要求，防止官僚主义作风影响基金公司的工作效率。① 保护基金的本质在于补偿中小投资者的利益。我国幅员辽阔，中小投资者有人数众多、分布区域广、存在信息不灵敏的特点，因此，基金公司和监管当局应当通过报刊、网络、电视等有效的媒介手段，公布违规券商的清算、处理决定，同时给予中小投资者一定长度的申报时间，允许其通过网络、电话、邮件等多种方式进行申报，以确保补偿到位。

其次，有限赔付原则。海外证券投资者保护基金只是提供了有限的保护，其他损失的部分仍然由投资者承担。这种设计的初衷是通过对投资限额的规定确定了赔偿的程度。有限赔付原则，一方面可以引导投资者辨别证券机构的经营经理水平和风险状况；另一方面也促使证券机构努力改善其经营管理，从而有效地解决了证券投资基金保护和市场机制作用的关系。我国《证券投资者保护基金管理办法》尚没有细化的操作准则，基金公司也尚未出台运作标准。但参照我国2004年出台的《个人债权及客户证券交易资金收购意见》赔付标准可知，"限额内全额补偿，限额外90%比例补偿"，打折收购个人债务已经成了监管部门处置金融风险的基本思路。因此，证券投资者保护基金虽然其设立有其特殊性，但由于金融监管的同源性和提高投资者风险意识目的的一致性，基金运作也应当采取确定最高赔偿限额和比例的方法。

（三）我国证券投资者保护基金制度的特点

1. 券商的处置机构的角色转换

2005年11月，中国证监会对广东证券做出了取消业务许可并责令关闭的行政处罚，广东证券成为首次由基金公司托管清算的券商，开启了对券商托管清算的大门，标志着对券商的处置机构已经从幕后走向前台。

2. 证券公司市场化退出的模式

证券投资者保护基金虽然具有保护投资者之功效，但毕竟是以证券机构顺利退出为代价的，基金只是对合格投资者所受损失进行有限赔

① 傅洁："证券投资者赔偿制度国际比较研究"，载《证券市场导报》2002年第1期。

付。保护与其说是赔偿基金,不如说是实现证券机构平稳退出的风险处置基金。证券投资者保护基金的设立迎合了证券公司市场化推出模式的现实需要,其意义不亚于证券公司原有行政退出模式上的革命,有利于将人民银行和证监会从当前不甚合理的券商行政清算模式中“解放”出来,此番以证券及专门立法形式设立的证券投资者保护基金,也是市场化应对风险的制度安排。可以预见,稳定证券市场,建立防范处置券商风险的长效机制仍然是该基金的核心任务。因此,投资者保护基金主要是一次证券公司推出机制的创新,而不是证券投资者保护制度的创新。

3. 基金保护范围的斟酌

保护基金保护范围有限,具有适度补偿性而非全部补偿的特点。首先,投资者的非正常风险,不仅仅是券商破产,更多是因为二级市场上市公司的违规操作所致,对此类损失赔偿基金无能为力。其次,赔偿基金不是保险公司。根据海外成熟市场设立基金的做法,各国(地区)都对基金的最高赔偿金额或者赔偿比例有所规定。投资者适度承担券商经营不善的风险已经成为国际惯例,因而似乎像是“精神鼓励大于实际意义”。过去我国对此类情况一律由政府全部埋单,以保护基金设立为契机,奠定了填补部分损失、不补偿全部损失的法律基础。从 2004 年闽发证券开了 9 折补偿之先河看,今后保护基金的补偿性将更为明显。

4. 证券投资者保护基金的事后救济

证券投资者保护基金机制没有预防功能,是一种事后救济机制。实践中,投资者面临的主要风险更多地来源于内幕交易、虚假陈述、欺诈客户、操纵市场等违法违规行为,证券投资者保护基金没有反欺诈的职责和能力,不可能包罗万象。对于证券机构因为违法违规经营失败导致的客户投资损失,可以通过《证券法》新增的民事赔偿责任来救济。对于避免券商破产或者引导券商有序破产而言,监管当局应该尽可能地将事后防范的缺陷通过多重设置向前延伸。证券投资者保护基金本身不能取代证监会对券商的其他监管制度的建设。两者要相辅相成,才能避免保护基金保护的滞后性。

5. 缺乏可操作性的理赔程序和理赔预期

"无救济则无权利"。尽管《证券投资者保护基金管理办法》规定了证券投资者保护基金的筹集、运作和管理,但是对于赔付程序只字未提。新《证券法》第134条也只是重申了《证券投资者保护基金管理办法》明确的资金来源和制定具体办法的机构——国务院。对比国外证券投资者保护基金制度,在此方面都做了非常细致的理赔程序的规定,所以,在这方面,我国的保护基金制度有很大欠缺。

二、完善证券投资者保护基金制度及其配套体制的建议

(一)投资者保护基金公司治理结构有待完善

证券投资者保护基金公司作为中国人民银行、财政部、证监会联合监管的国有独资非营利公司,其董事长由证监会推荐内部人士担任而非社会公众代表担任,其妥当性值得研究。基金公司董事会由8人组成,容易产生票数相同,议而不决的情况,如果按照票数一致董事长可以多投一票的做法,显然违背了新《公司法》关于董事每人一票的议事规则。因此,笔者认为,应该按照我国《公司法》的规定,董事会成员在3~13人中取一奇数。另外,笔者认为目前,我国证券投资者保护基金董事会全部由政府官员组成,就出现了两个缺失:一是董事会缺少证券业界的代表;二是董事会缺少公众代表。这种状况与我国《公司法》关于董事会的构成要求不符,与国际上官员在董事会所占比例极低的国际通行做法不相符。从资本决定话语权的角度看,由于保护基金资本金完全出自政府,这种董事会结构并无不妥。但这样董事会至少容易滋生以下三个问题:第一,容易造成滥赔的情况;第二,我国证券投资者保护基金的运作丧失独立性,完全听命于政府,可能导致运作效率低下;第三,极容易忽视投资者的利益,破坏投资者的信心,导致无法真正实现成立证券投资者保护基金的初衷,稳定证券市场,同时也无法调动证券从业机构的积极性,导致我国证券投资者保护基金的会费收取、风险监控等工作难以开展。基金公司成立初始的启动资金是带有政府色彩的,但是随着政府出资比例逐渐为会员和社会资金稀释,需要专业人士增强社会公众利益的话语权。因此,笔者认为,应该逐步增加我国证券投资者保护基金董

事会的业界代表和公众代表,我国新《公司法》第68条规定,国有独资公司设立董事会,董事会成员中应当有职工代表。所以,我国证券投资者保护基金董事会应逐步增加两个代表性:一是证券业界的代表性,随着以后会员缴费所占比例越来越高,应有越来越多的证券业界董事加入董事会;二是公众利益的代表性,证券投资者保护基金公司董事会应该吸收投资者代表、律师等代表公众利益的人士,从而便于有效发挥各方面的积极性,以更好保证投资者,特别是中小投资者的利益。

(二)降低"道德风险"

道德风险是金融主体在从事经济活动时为了实现自身利益的最大化而不惜损害他人利益时产生的风险。一方面,证券投资者保护基金制度成立后,在目前国内法律不健全的情况下,不排除一些证券公司管理层因违规而导致公司被关闭、清偿,这样的公司可能会得到证券投资者保护基金的补偿,而那些经营好的公司反而得不到补偿的好处。要通过其他制度建设对证券公司管理层予以约束,以防止上述情况的发生。另一方面,证券公司成为证券投资者保护基金公司的会员之后,由于证券公司知道损失会得到足额赔偿,因此可能会承诺给投资者更高的回报,而对于投资者来说,投资者知道无论其投资放在哪一家证券公司都不会因为其倒闭导致血本无归,因而选择证券公司的时候,可能会不谨慎。

避免投资者"道德风险"问题的方法是实行比例赔偿制度,即在证券公司破产清算时只给投资者部分赔偿。这样投资者担心证券公司由于经营不善会市场化地破产清算,其在选择证券公司时会更加谨慎。我们需要科学地确定一个赔付上限,一旦证券公司破产,限额内的客户资金,由证券投资者保护基金赔付,限额以上的存款则要等到证券公司清算之后再进行偿付。这不但是证券投资者保护基金制度保护中小投资者宗旨的体现,也是由我国现阶段实际情况所决定的。我国股市投资现状是大部分投资掌握在小部分人手中,只有实行限额赔付,才能有效激发大额投资者监督证券公司的积极性。同时,大量的投资者都是小额投资者,保护了小额投资,就是保护了最大范围内公众的利益,所以限额赔付对我国金融稳定乃至社会稳定意义重大。有学者认为,避免证券公司的"道德风险",可以通过实行与风险相联系的差别费率的方法,对于保险费率的确定，必须与入会证券公司的风险状况密切联系。低风险的证券公司只需要定期向证券投资者保护基金缴纳小额的会费，而高风险的证券公司则需要缴纳较高额的会费。这样做可以增加证券公司从事高风险投资的成本，从而抑制其冒险的投机动机。但是，笔者认为，这种方法在现实中的顺利实施，有赖于一个科学的风险评级体系及其他配套制度的建立，我国的证券行业起步较晚，证券公司的发展也是良莠不齐，很难硬性规定出一个标准，来把会费标准的缴纳分等级。所以，对于避免证券公司“道德风险”的方法，笔者提出以下建议。

1. 加大行业协会和交易所的监管力度

在赋予证券投资者保护基金公司一定的监管权利的同时，也要加大行业协会和交易所的监管力度。随着我国市场经济的不断发展，在政府宏观调控方面，国家越来越重视把“揽权”转为“还权”，对证券市场的监管，也要善于运用市场化手段解决风险。证券投资者保护基金制度的构建不是孤立的，一定是要结合金融监管体制、市场发育程度、财政收入状况、证券市场景气度、券商抗风险能力、投资者结构等因素，所以对于监管方面，也要形成一个系统的监管体系，相互配合。

2. 资本要求

原则上具备更好资本情况的证券公司较少倾向于风险战略，因为它们在破产的时候会损失得更多，这一观点意味着更严格的资本要求可以降低风险承担的动机。但是有必要在那些主动保持一个高资本水平的证券公司与那些只在监管者要求下才持有一个更高资本水平的证券公司之间进行区分，因为风险厌恶可能不会受到增加资本要求的显著影响。实际上一些模型表明更紧的资本约束可以降低风险资产组合的整体规模，但是同时也提高了资产组合在风险资产上的投资比例。

（三）给予证券投资者保护基金公司更多的监管权

证券投资者保护基金公司应该有一定的监管权。无论是逆向选择还是道德风险，都是由于信息不对称引起的，因此最根本的解决办法是使证券投资者保护基金公司对会员拥有更多的信息。目前政府对于证券投资者保护基金的管理运作还有很多的管制。《证券投资者保护基金管理办法》规定董事长由证监会推荐，国务院任命，而未对其他董事的组成情况、选择标准和任命方式等做出规定。因此,证券投资者保护基金公司及董事会的独立性和代表性不免令人生疑。笔者这里指出的赋予证券投资者保护基金公司更多的监管权,不是在现存的状况上直接地赋予,那样只会造成政府直接监管和干预过多,不适应现代金融体制发展的要求。我们应该在完善证券投资者保护基金公司结构的基础上,赋予其监管权,把监管推向市场。

(四)在金融市场下,形成综合性的投资者保护基金体系

在更为广阔的视野中,涵盖综合金融市场投资者保护基金制度的建立和完善,是世界各国保护金融市场参与者计划的重要组成部分。与证券市场投资者保护基金制度相并列的还有存款保险制度、保险购买人制度、基金市场投资者保护制度、期货市场投资者保护制度等。2001 年 2 月,英国就将证券投资保护制度、存款保险制度、保险购买人制度这三种性质相同的制度统一为新设立的“金融服务赔偿计划”(FSCS)。这一体系的建立,一方面可以充实基金资本,促进资金规模化运作,实现对中小投资人更为及时有效的保护;另一方面有利于化解整个金融市场的风险,规范金融市场的法制建设,促进金融市场健康有序发展。

我国目前各类金融市场投资者保护基金体系正在构建中。《保险保障基金管理办法》已经 2004 年 12 月 29 日中国保险监督管理委员会主席办公会审议通过,自 2005 年 1 月 1 日起施行。期货市场的保障基金制度也正在起草中。证券市场投资者风险补偿基金的建立为中国金融市场投资者保护体系的建立更推进了一步。但是,鉴于我国目前各类金融市场监管技术和法律配套情况,在法制层面上,建立一个涵盖证券、期货、银行存款等多种类别的投资者保护基金体系,还不太现实。同时,现实情况下,各类金融市场的风险程度不同,盲目整合各类金融市场的保护基金,容易导致优质金融投资市场为劣质金融投资市场损失埋单的情况。因此,在今后我国金融市场全面发展,金融法律体系建立完善的情况下,金融监管部门也可以考虑逐步使证券、银行、期货、基金市场这四个金融市场投资者保护基金全方位整合起来,以实现对中小投资者更有力的保护。

【参考文献】

[美]莱瑞·D. 索德奎斯特(Larry D. Soderquist):《美国证券法解》,胡轩之、张云辉译,法律出版社2004年版。

[美]托马斯·李·哈森(Thomas Lee Hazen):《证券法》,张学安等译,中国政法大学出版社2003年版。

杜煊君:《中国证券市场:监管与投资者保护》,上海财经大学出版社2002年版。

曾欣:《中国证券市场道德风险研究》,西南财经大学出版社2003年版。

赵雪芹:《中国证券市场结构优化与制度创新》,上海三联书店2004年版。

庞介民:《证券公司风险监控研究》,中国财政经济出版社2005年版。

论保险法告知义务

——兼评新《保险法》的修订

陈佳美*

【摘要】 保险告知义务是保险合同诚实信用原则的重要体现，我国《保险法》也以法律条文的形式加以明确规定，但存在法律漏洞与不足，因此在刚刚通过的修订案中对其进行了补充与完善。本文在此次修订的基础上，对保险告知义务做一全面的阐述，同时对此次修订做一简要的评析。

【关键词】 告知义务 告知主体 告知内容 义务免除 解除权

保险合同是典型的射幸合同。在保险期限内，如果保险事故发生，被保险人或受益人将得到合同约定的保险金额，保险人却要支付数额较大的保险赔偿金；而如果保险事故尚未发生，保险人不仅不承担给付保险赔偿金的义务，反而取得了投保人因支付保险费而带来的巨大经济利益。可见，保险事故的发生与否，对保险人的利益影响尤为重大，而保险事故的发生概率，往往取决于保险标的本身的有关风险，而被保险人的财产或人身所面临的危险往往具有不确定性，所以保险人依保险合同承担的保险责任是一种不确定的风险责任。那么，保险人如何估计保险标的危险发生的程度？如何计算保险费率的高低？其只能以相对方的真实陈述与如实告知为基础，并运用相关的计算方法进行估算，从而以收取保险费为对价承担相应的保险责任。

* 陈佳美，吉林财经大学法学院讲师。

因此，各国《保险法》均基于诚实信用原则的要求，以法条的形式明确规定了如实告知义务，我国现行《保险法》也不例外，该法第 17 条是这一制度的具体体现。然而随着保险实务的发展，我们认识到这些法律规定存在明显的漏洞，特别是在违反该义务的法律规制上，往往致使保险人与相对人之间的权利义务配置处于不平衡的状态。于是在 2009 年 2 月 28 日第十一届全国人民代表大会常务委员会第七次会议上，通过了现行《保险法》的第二次修订，其中就对告知义务进行了补充与完善。可见，该制度对保险业的有序发展具有重要意义，本文就围绕该制度的相关内容和此次修订展开论述与探讨。

一、告知义务的含义

关于告知义务的含义，目前有广义说和狭义说之分。

狭义的告知义务是指保险合同缔结之前，投保方有义务将对保险人危险估计有重要影响之事实告知保险人，投保方违反该义务的，保险人有权解除合同。

广义的告知义务是指除狭义的告知义务之外，投保方在保险风险增加、保险事故发生之时通知保险人的义务。① 也就是说，在合同的有效期内，投保方对已知或应知的与标的风险有关的重要事实也要向保险方做出口头或书面的申请；而保险方也应将和投保方利益相关的重要事实通告投保方。

两种学说的分歧在于，保险合同成立后，在其有效期内出现的各种重要事实是否也应该被纳入告知义务的范畴之内。大多数国家或地区立法采用的是狭义的告知义务，即告知仅为保险合同缔结之前的信息披露；而对于保险风险增加和保险事故发生时的信息披露，多数立法将其称之为“通知义务”。

将保险合同缔结之前的信息披露与保险风险增加及保险事故发生时的信息披露统括为告知义务，其目的均是为了缓解双方的信息不对称。上述情形下，投保方均享有信息上的优势，为了降低交易成本、增加

① 肖和保：《保险法诚实信用原则研究》，法律出版社 2007 年版，第 104 页。

交易的安全,法律要求投保方向保险人提供有关信息。但对其深入研究后,我们发现两者尚有一定的区别。

首先,缔结合同时的告知的目的在于保险人能够获取足够的信息以决定是否承保或者以何种条件承保。而保险风险增加时的信息披露在于使保险人知悉风险的变化而采取有效的应对之策。至于保险事故发生时,投保方之信息提供在于使保险人确定其责任。①

其次,缔结合同之前的告知履行的是先合同义务,违反该义务承担的是缔约过失责任。而合同成立后的通知义务属于合同义务,违反该义务承担的是违约责任。如果告知义务包含后者的话,违反该义务既要承担缔约过失责任,同时也要承担违约责任,而这两种责任不可能同时并存。因为"缔约上的过失责任发生在合同订立阶段和合同被宣告无效阶段,它主要适用在当事人无合同关系的情况下,因一方过失而造成另一方信赖利益损失的场合。所以,缔约上的过失并非以合同为基础,因此也就不应包含在合同责任的范畴内。因合同无效而产生的损害赔偿,应按缔约上过失而不应以合同责任处理"。② 所以,先合同义务和缔约过失责任,合同义务和违约责任,是各自独立且紧密相连的,不能加以混淆。

通过上述分析,笔者也同意采纳狭义说的观点。保险法上的告知义务仅指缔结合同之前重要事项的告知,而合同一旦成立,与保险标的风险有关等事项的告知则属于通知义务。

二、告知义务的主体

履行告知义务的主体原则上是投保人,因为他是订立保险合同时与保险人相对应的一方当事人,所以现行《保险法》和新《保险法》均明确规定投保人负有如实告知的义务。对这一点我们没有任何异议。

但在理论研究上,学者们认为告知义务的主体不应仅仅局限于投保

---

① 吴鸿章:《保险契约告知义务制度研究》,台湾商务印书馆 1974 年版,第 5 页。

② 崔健远:《合同责任研究》,吉林人民出版社 1992 年版,第 27 页。

人，而且还应该包括被保险人。① 对此各国法律也没有统一的规定，有的国家规定仅为投保人，如德国、意大利、越南、俄罗斯等；有的国家按不同的险种分别加以规定，如日本；有的国家认为必须包含被保险人，如韩国和瑞士。

对于这个问题，笔者认为，被保险人应否承担告知义务不能一概而论，要具体情况具体分析。

在财产保险中，一般情况下，投保人和被保险人为同一人，自然不发生被保险人是否承担告知义务的问题。但是当投保人和被保险人不为同一人时，如果被保险人知悉合同订立和保险标的的具体情况，其显然负有告知义务，况且被保险人是实际掌握和控制保险标的的人，对保险标的的危险情况最为了解。所以，以其为告知义务人的理由十分充分，更能实现告知义务的立法目的。另外，如果被保险人故意不实告知，则保险人是否有权解除合同？如果不享有解除权，则违背保险宗旨；如果享有解除权，则无实证法根据。所以被保险人应当履行如实告知义务。但如果被保险人并不知悉合同订立和保险标的的具体情况，法令尚课加被保险人告知义务则过于严苛，因此在这种情形下，其不负告知义务。

在人身保险中，若投保人为他人投保，则自然产生被保险人是否负有告知义务的问题。此时只有被保险人最清楚自己的健康状况及其他信息，也只有被保险人才能判断以自己的生命或身体为保险标的对自己的利害关系，故《保险法》应当规定被保险人也是告知义务的主体，否则，保险人将无法做出正确判断，告知制度也就失去了其根本作用。

综上所述，保险法告知义务的承担主体应当依不同险种而分别做出具体规定。反观我国新修订的《保险法》，其沿用了现行法律的规定，只承认投保人为该义务的承担者，却将被保险人排除在外，这样容易给实践中的裁判带来困难。尽管在现实中可以采用法律的“目的解释”或者从保险法整个体系中类推得出被保险人在知悉的情况下也负有告知义务，但法律解释毕竟是在法律本身规定不明确时，以文义、体系、法意、比

① 周玉华：《保险合同法总论》，中国检察出版社2000年版，第210页；温世扬：“保险合同告知制度研究”，载《法学评论》2002年第3期。

较、目的或合宪等解释方法，探究法律之规范意旨。[①] 因此，一劳永逸的解决方法是在法律条文中增加“被保险人”为告知义务人，并规定“但被保险人不知悉保险合同订立和保险标的的具体情况的除外”。

三、告知义务的履行方式

纵观世界各国《保险法》关于告知义务的履行方式，其可划分为两种立法例，即无限告知主义和询问回答告知主义。所谓无限告知主义，是指与保险标的的危险状况有关的任何事实，义务人都有义务告知，而不论保险人是否询问，因此这对投保人的要求就比较高。目前法国、比利时以及英美法系国家的保险立法采用这种形式。而依询问回答告知主义，义务人只须就保险人所询问的事项如实回答，对询问以外的问题则无须回答。目前大多数国家以及我国台湾地区的保险立法采用这种形式。询问回答告知主义的优点在于它将投保人和被保险人的告知义务限定在保险人所询问的事项内，有利于保护告知义务人的利益。

从我国现行《保险法》和修订后的《保险法》来看，均可认为我国采纳的是询问回答告知主义。实践中通常采用书面询问回答方式，即由保险人在投保书中附加询问表，由投保人逐项据实填写，投保人除依表上所问如实告知外，不负其他声明义务。笔者认为，这样的规定与我国保险业的现状和国情是相适应的，值得肯定，其理由如下：其一，我国正处于保险业的初级发展阶段，社会大众对保险的认知程度不高，难以做到知无不言，言无不尽，无限的告知义务对于义务人来说未免过于苛刻；其二，保险人作为从事保险业的专业人士，拥有强大的知识优势，其凭借专业水平足以能够判断是否承保以及评估保险费率的高低，由其制定询问表的方式既可以减少社会成本，同时也可以避免保险纠纷，避免司法审判过程中的举证困难。

四、告知义务的内容

从我国新《保险法》的法律条文来看，尚未明确指出告知义务的具

① 杨仁寿：《法学方法论》，中国政法大学出版社 1999 年版，第 98 页。

体内容,但从其第16条我们可以看到,告知的内容是“保险标的或被保险人的有关情况”,且这些情况属于“足以影响保险人决定是否同意承保或者提高保险费率的”,因此在学理上我们将告知义务的内容界定为“重要事项”。“一般而言,投保人应当如实告知保险人的重要事项,将直接影响保险费率的确定和危险发生的程度,以保险人在投保书中列明的或者在订立保险合同时询问的事项为限。保险人已经知道或应当知道的情况,保险人没有询问的,投保人无须告知。除此以外,保险人或其代理人已经申明无须投保人告知的事实,投保人没有义务告知保险人”。①

可见,何为“重要事项”极其关键,但在我国现行法和新修订的法律条文中,同样没有关于重要事项的判断标准。在保险实务中一般是以保险人书面列明为准,即只要是保险人在书面上列明了的事项均视为重要事项,投保人都有义务如实告知。除此之外,投保人所告知的事项,是其投保时应当知道或所能知道的,并且其负有举证责任,这样能够促进投保人谨慎地履行告知义务。

五、告知义务的免除

关于告知义务的免除制度,我国保险立法尚未确立,不过,许多国家的保险立法已经开始倾向于由保险人自身承担因过失而放弃或不知本应知道的事实的责任。从保障投保人和被保险人的角度出发,我国法律也应适当增加告知义务免除制度的相关规定。因为对于保险人询问的事项,投保人并不负担无限告知的义务,对于某些义务人确实不知但又被询问过的事项而言,保险人不得以告知义务人没有如实告知为由行使合同解除权。

六、告知义务的违反及其法律后果

告知义务的违反通常有两种情形:一种是告知不实,即误告或错告;另一种是应告知而不告知,即隐瞒和遗漏。在这两种情形中,违反告知

① 王保树:《中国商事法》,法律出版社1996年版,第515页。

义务的构成要件均可分为主观要件和客观要件。主观要件是指投保人在主观心理上的一种可归责性，即为故意或过失；而客观要件是指告知不实的事实或未告知的事实符合什么样的条件才构成告知义务的违反。

我国现行《保险法》第 17 条第 2 款规定："投保人故意隐瞒事实，不履行如实告知义务的，或者因过失未履行如实告知义务，足以影响保险人决定是否同意承保或者提高保险费率的，保险人有权解除保险合同。"第 3 款规定："投保人故意不履行如实告知义务的，保险人对于保险合同解除前发生的保险事故，不承担赔偿或者给付保险金的责任，并不退还保险费。"第 4 款规定："投保人因过失未履行如实告知义务的，对保险事故的发生有重要影响的，保险人对于保险合同解除前发生的保险事故，不承担赔偿或者给付保险金的责任，但可以退还保险费。"

可见，告知义务人违反告知义务的主观要件是故意或过失，这体现了保险合同的最大诚实信用原则，如果在当事人主观无过错的情况下仍然要求其承担违反告知义务的法律后果的话，将不利于保险业的健康发展；而客观要件是告知义务人不告知有关重要事项或对重要事项做不实说明。同时，我国立法根据义务人的主观心理状态和违反告知义务的程度不同而做了不同的处理：

第一，投保人故意隐瞒事实，不履行如实告知义务的，或者因过失未履行如实告知义务，足以影响保险人决定是否同意承保或者提高保险费率的，保险人在保险事故发生前可以解除保险合同。

第二，投保人故意不履行如实告知义务，且未告知的事项为重要事项，保险人在保险事故发生前没有解除保险合同的，在保险事故发生后仍有权解除合同，并且对于保险合同解除前发生的保险事故，既不承担赔偿责任，也不退还保险费。

第三，投保人因过失未履行如实告知义务，且符合两个条件：一是该事项为重要事项；二是未告知的事项对保险事故的发生有重要影响的，发生保险事故后保险人仍有权解除合同，并且对于保险合同解除前发生的保险事故，不承担赔偿责任，但可以退还保险费。

根据以上条款的规定，实务中经常出现理赔纠纷问题，保险人常常以投保人在告知义务方面的瑕疵而主张合同解除权，从而严重损害了投保人和被保险人的利益。对此新修订的《保险法》进行了完善，加大了对投保人和被保险人的保护，特别是在告知义务制度中增加了"不可抗辩条款"，这充分体现了立法的进步意义，同时对于指导保险实务和司法实践具有不可忽视的作用，所以笔者将就此进行深入探讨和分析。

按照我国现行法律的规定，当投保人故意隐瞒事实，不履行如实告知义务，或者因过失而未履行如实告知义务的，保险人便可在保险事故发生前解除合同，同时对于前者来说，即便发生保险事故，保险人同样可以解除合同，并且对此保险事故既不承担赔偿责任，也不退还任何保险费。而这种解除权的行使不受订立合同时间的限制，因此在实务中，保险人常常存心挑剔投保人的告知事实，以"不曾完全揭露实情"为由，拒绝赔付，并不予以返还保险费，这大大打击了投保人参保的积极性。况且，合同在订立一段时间后，对投保人订立合同时是否履行了如实告知的义务很难查实，特别是如果被保险人死亡，受益人更是无从了解订立合同时的各种状况，也无法举证投保人是否履行了如实告知的义务。所以面对这种情况，不少国家和地区的《保险法》就规定，保险人只能在1～2年内可以以"投保人告知不实"为由行使解除权，这个期间被称为可抗辩期间。

所谓可抗辩期间就是我们所说的除斥期间，是指保险人可以对保险合同的有效性提出异议或对赔偿请求进行抗辩的期限。在保险合同中设有合同解除权，但对该权利的行使如果不加以限制，则很可能导致保险人即使在缔约之初明知投保人有违反告知义务的情形，但仍然收取保险费，待保险事故发生后，便行使解除权，导致保险人收取保险费却不承担危险的情形发生，这显然违背了保险法的最大诚实信用原则。因此，各国《保险法》均规定了保险人行使解除权的期限，超过这个期限保险人不得再主张解除合同，即便发生保险事故，保险人仍须承担保险责任。至于可抗辩期间，各国或地区的法律有不同的规定，例如，我国台湾地区"保险法"①规定，保险人因投保人未履行如实告知义务的解除权，自保险人知有解除原因后经过1个月不行使而消灭，或合同订立经过2年

① 我国台湾地区"保险法"第64条。

后，即使有可解除之原因，亦不得解除合同。再如，《德国保险契约法》①规定："保险人在合同订立后经过10年，即便发现要保人在订立合同时有违反其应尽的告知义务，也不可以解除合同，但要保人恶意违法者，不在此限。"而反观我国现行《保险法》，对于保险人除斥期间的规定只适用于投保人对被保险人年龄上的误告或错告，而未涉及健康等状况方面的告知义务，因此在此次的修订过程中，对该问题进行了完善，具体体现为：

新《保险法》第16条第2款规定，投保人故意或者因重大过失未履行前款规定的如实告知义务，足以影响保险人决定是否同意承保或者提高保险费率的，保险人有权解除合同。同时新增第3款：前款规定的合同解除权，自保险人知道有解除事由之日起，超过30日不行使而消灭。自合同成立之日起超过2年的，保险人不得解除合同；发生保险事故的，保险人应当承担赔偿或者给付保险金责任。这里的"30日"、"2年"就是可抗辩期间，在此期间内可行使解除权，否则即便告知不实，保险人同样要承担赔偿责任。另外，还新增第6款：保险人在合同订立时已经知道投保人未如实告知情况的，保险人不得解除合同。这是借鉴了英美法上的禁止反言制度。

以上完善是此次《保险法》修订的最大亮点之一，不仅加强了对投保人和被保险人的保护，更有利于保险实务的开展与保险业的发展。

---

① 《德国契约保险法》第163条。

金穗惠农卡现存问题及对策分析
——以中国农业银行吉林省分行调查为例

李光宇* 张潇续**

【摘要】 金穗惠农卡是中国农业银行发行的面向农民的一款综合性银行卡产品。自2008年4月正式启动以来,金穗惠农卡和农户小额贷款已经成为农业银行服务"三农"的标志性工程。金穗惠农卡的发行是中国农业银行全面贯彻落实党和国家面向"三农"市场定位的重大举措,对支持社会主义新农村建设、推进农行股份制建设进程、加快经营战略转型、开拓新兴银行卡"蓝海"市场等具有重要意义。在某种程度上说,是农业银行服务于农民生产、生活方面的一次技术革命。

【关键词】 惠农卡 金融服务

一、金穗惠农卡使用背景——吉林省"三农"市场与吉林分行县域业务分析

(一)吉林省农业和农村经济格局

吉林省是农业大省。农村人口1455万人,占全省人口的53.3%,农户372万户。随着农村改革开放的不断深入,吉林省农业和农村发生了深刻变化,粮食商品率、人均占有量、粮食调出量、玉米出口量一直居全国首位。2008年,粮食产量568亿斤,是全国唯一人均占有吨粮的省份;肉类产量76.8亿斤,人均占有量连续11年居全国首位;农民人均收入

* 李光宇,法法博士,吉林财经大学法学院副院长。

** 张潇续:吉林财经大学经济法专业硕士研究生。

4930 元,比全国平均水平高 169 元;新农合覆盖面达到 85% 以上;农产品加工业实现销售收入 1860 亿元,是全省经济三大支柱之一。目前,吉林省确立了建设粮食大省、牧业大省、林业大省、北方特产大省、农产品加工大省,进而实现农村经济强省的发展目标;全面启动实施增产百亿斤商品粮能力建设工程,提出到 2012 年肉类总产量达到 100 亿斤的畜牧业发展目标。全省 30 亩以上的种粮大户 39.8 万户;较大规模的农业产业化经营组织 3280 个,其中省级以上重点农业产业化龙头企业 269 个;产业化企业种植基地 3500 万亩,带动农户 248 万户;28 个产粮大县共有农户 200.9 万户,占全省农户总数的 54%;专业合作社 2200 多个,社员 12 万多户;畜禽养殖小区 2754 个,规模养殖场(户)82 万个;县域企业实现产值 950 亿元。

(二)农业银行吉林分行县域业务分析

1. 农行吉林分行县域网点和人员状况。县域支行 43 个,营业网点 372 个,其中乡镇网点 166 个,占全省乡镇总数 26.7%。客户经理 1944 人,其中乡镇客户经理 1078 人。在县域及以下布放 ATM 145 台、POS 405 台、转账电话 2213 台,其中县以下布放 ATM 72 台、POS 103 台、转账电话 1540 台。

2. 惠农卡发行和农户小额贷款发放状况。截止到 2008 年 12 月 21 日,全行发行惠农卡 60 万张,对全省农户覆盖面已达到 16.1%;激活 46.9 万张,激活率 78.1%;农户小额贷款授信 37,484 户,金额 10 亿元,实际用信 32,228 户,贷款余额 8.3 亿元,累放额 8.5 亿元。惠农卡存款 1.43 亿元。

二、金穗惠农卡本体分析

(一)金穗惠农卡概念

金穗惠农卡是中国农业银行面向农户发行的银联标准借记卡产品,它除了具有金穗借记卡存取现金、转账结算、消费、理财等各项金融功能外,还向持卡人提供农户小额贷款载体、财政补贴代理等特色服务功能,并提供一定的金融服务收费减免优惠。[①] 金穗惠农卡是服务全体农户的综合性银行卡产品，并针对农户“贷款难”问题，专门开发了自助可循环农户小额贷款功能，办理了惠农卡的农户符合条件可以获得小额贷款，手续简便。农业银行根据不同地区发展水平和生产经营特点，对持卡农户一次性核定3000～30,000元不等的贷款额度，用于农户生产、生活等各种融资需求。

（二）金穗惠农卡功能

金穗惠农卡除金穗借记卡产品的全部功能及特点外，还可向农户提供以下特色功能及服务：

1. 农户小额贷款自助功能。农户在核定的额度和期限内，可以通过农行网点、ATM柜员机、电话或网上银行等途径，自助办理农户小额贷款的放款、还款。

2. 农户小额贷款循环使用功能。农户可以在核定的额度内循环使用贷款，随借随还，方便灵活，不误农时。

3. 生产、消费“二合一”功能。惠农卡设置了贷款专用子账户，农户可以在不影响持卡消费的情况下及时申请获得各种专项贷款。

4. 资金汇兑功能。持卡农户不仅可以通过遍布全国的农行网点和自助设备，方便、安全、快捷地办理存款、汇款业务，还可以到指定的农村信用社办理取款和查询业务。

5. 电子化缴费功能。农户家庭开支的水电费、电话费等，可以通过惠农卡支付，为农民生产生活带来了极大便利。

6. 国家各乡财政支农补贴资金委托、划拨、兑付功能。通过惠农卡可以将国家财政支农直补资金从中央金库直接发放到每个农户账户中，实现资金委托、划拨、兑付的一步到位，公开、透明、方便快捷。

三、我国惠农卡服务中存在的法律问题

（一）立法层次低

《中国农业银行金穗惠农卡管理暂行规定》（以下简称《暂行规定》）

---

① 参见《中国农业银行金穗惠农卡管理暂行规定》第1章第2条。

及《中国农业银行农户小额贷款管理办法》的法律依据是《商业银行法》、《银行卡业务管理办法》、《贷款通则》、《中国农业银行金穗借记卡章程》、《金穗借记卡业务管理办法》、《中国农业银行“三农信贷业务基本规程”》(以下简称《基本规程》)等法律、法规,其制度设计或直接依据是《小额贷款管理办法》和《基本规程》等。这几个文件除了《商业银行法》之外,有中国人民银行制定、发布的,有银监会制定、发布的,还有中国农业银行总行制定、发布的,充其量只能算是部门规章,这样低层次的法律规定,约束力自然就差,也很难成为人民法院解决借贷双方纠纷的法律依据。

(二)制度保障力度不够

惠农卡的主要特色功能是能够发放小额贷款,这是党和国家惠农政策的体现,有着强烈的政治性和政策性,但是也存在较大风险。一是自然风险。惠农卡小额贷款的承贷主体是以农业生产收入为主要来源的农户,农业生产效益是农户偿债能力的重要保证。但农业是弱势产业,一旦遇到较大的自然灾害,农业生产会受到很大影响,这必然使一部分信贷资金产生风险。二是市场风险。惠农卡在支持农村产业结构调整,增加农民收入方面起了很大作用,但众多农户集中从事某一种生产经营项目,在市场供需变化时,会形成系统性的市场风险。三是管理风险。由于惠农卡涉及千家万户,工作量大,而农行的人手和精力有限,难以全面地对惠农卡及其产生风险的环节进行有效控制和监督,出现某些管理真空,从而造成潜在的风险。相对而言,惠农卡的风险主要来源于农业的自然风险和市场风险,尤其是农业的自然风险,而这种风险正是农村信贷管理中无法控制的。这样,惠农卡支农的政策效能与农行的经济效益目标产生了一定的矛盾,这就迫切需要国家有相关政策的扶持。目前,国家虽然鼓励农行发放农村小额贷款,但还没有出台相应的财政、税收、资金支持等配套扶持政策和建立风险分担机制,这使得农行持续推行惠农卡的发展势头在某些地方受到制约。

(三)非法手段造成贷款流失

惠农卡小额贷款的风险除了一些自然风险、市场风险的客观条件外,由于信贷人员把关不严所引发的非法行为,也是造成贷款流失的重要原因。这些非法手段主要集中在“四保”上。一是互保。主要表现为几个借款人互相联保。这是联保贷款形成不良的最主要的原因之一。几个借款人集中从事某一种生产经营项目,由于经营不善而破产,一损俱损,联保形同虚设,风险自然难以避免。二是自保。主要表现为借款人骗用多户农户身份证,“自我”办理联保贷款,并私自替担保户签名,致使担保失效;或是借款人要家庭成员和与自己有利益关系的农户为其担保,形成事实上的自己人担保。两种自保形式的后果都是难以从担保人处讨回贷款的。三是假保。个别借款人胆大妄为,不提供身份证原件,而是利用复印技术造假身份证,或是将已失效的身份证通过复印技术伪造有效等。四是凑保。有的借款人为凑足规定的联保户数,拉拢非自愿、心术不正、品行不佳、资信能力差的人组成联保小组,借联保贷款之名,套取资金。

四、惠农卡存在法律问题的成因分析

(一)宏观经济层面

惠农卡的贷款发放是根据国家宏观调控政策和特定的产业政策、区域政策,面向广大农民发放的小额贷款,受经济运行的周期波段性和国家宏观调控政策的调整变化。由于农业是弱势产业,周期长、效益低,在经济扩张期,行业的赢利水平较高使总体违约率降低,风险降低。在经济紧缩期,行业的赢利水平下降,甚至会出现行业亏损,财务状况总体恶化,借款人因各种原因不能及时足额还款的可能性增加,风险攀升;此外,还有由于各级政府扶持政策不完善、不配套,而导致的信贷风险没有相应的补偿政策,或者政策执行不到位等原因,而造成损失。

(二)银行外部成因

借款人因经营管理、市场变化、灾害和道德因素等原因的影响,不能或不愿意按照事先达成的协议履行其义务,出现不能按期归还贷款本息的风险。

1. 市场风险。由于市场剧烈波动导致生产经营出现异常,惠农卡的贷款对象主要集中在农村中小企业、农业龙头企业、农户经营实体、小额涉农贷款,企业初创或规模小对优质客户竞争抗风险能力弱,因而,面临着较大的市场风险。

2. 信用环境因素。我国对包括中小企业在内的全社会信用体系和征信管理尚未形成，多层次的信用担保机制尚未建立，企业经营风险极易转化为银行信用风险。

3. 贷款对象存在较大的道德风险。主要是有相当一部分农村中小企业缺乏现代企业机制，实行家族经营，企业家个人行为完全主导企业走向，存在较大的道德风险。

4. 企业经营因素。由于中小企业客户融资渠道单一，融资难度大，资金运行的风险较大，企业资金链断裂引起经营困难，现金流不足，第一还款来源出现问题，有效担保能力不足，贷款到期不能归还，等等。

（三）银行内部成因

1. 管理方式粗放。金穗惠农卡及小额消费贷款的信贷业务具有一定的特殊性，由于“三农”客户多为中小企业或者个体农户，银行对其信用评级及授信管理长期依靠传统做法，信贷人员在授信调查、审查、信用发放、贷后管理等环节的操作与现代商业银行管理的要求结合的还不够，管理比较粗放，容易形成信用风险。

2. 信贷政策修订执行滞后。在国家出台重大法律法规以及宏观调控力度和频次不断加大的背景下，如果农行的信贷政策不及时调整跟进或不及时贯彻落实到位，办理信贷业务将产生法律风险，进而产生风险。例如，国家出台实施《物权法》后，对抵押担保的效力问题有新的法律含义，在执行中把握不好，将产生信贷抵押业务的法律风险。

五、解决方案

（一）提高立法层次

目前，指导和规范惠农卡的规范性文件仅处于部门规章的层次上，甚至带有明显的政策性，法律效力不高，约束力不强，很难适应惠农卡的发展需要。特别是作为《小额贷款管理办法》和《暂行规定》依据的法律、法规层次太低，法律效力太弱，不利于起到规范与指导作用。在适当的时机在《银行卡管理办法》中可加进惠农卡的有关内容，同时政府部门对银行卡产业的发展目标尚须明确，有关的物价、税务等部门并在此基础上制定关于惠农卡的行政法规和地方性法规，从而建立健全惠农卡的法律制度，为惠农卡的进一步完善提供更充足的法律供给。

（二）建立风险补偿机制

农业的弱势和基础产业的双重属性，决定了对农户联保贷款的投入政策性较强，风险较大。为不断提升农户贷款的效能，必须尽快建立并落实政策扶持机制。为此，一要探索建立农户联保贷款的风险补偿机制。一方面，对农村信用社因承担救灾、扶贫等政策性支农任务形成的不良贷款，予以剥离；另一方面，可以由地方政府牵头试点建立风险补偿基金，用以弥补因自然灾害等不可抗力因素造成的农户联保贷款损失。二要实行优惠的税收政策。建议税务部门和工商部门对农业贷款和非农业贷款实行差别税率政策，对农户联保贷款营业税予以减或免，从利益上对农村信用社支农、惠农资金的运用进行鼓励、引导和调节。三要建立农业贷款项目保险制度。可以设立不以营利为目的的政策性保险机构，为“三农”提供互助性的保险，为支农贷款提供保险业务，切实增强农业和农户的抗风险能力。

（三）加快信用体系建设

充分利用银行信贷系统，建立统一、规范的综合信用评估体系，对失信单位和个人建立相应的惩罚制度，使信用不良者在今后的业务开展中都被拒之门外。而对于通过非法手段骗取或套取贷款的人，要予以严厉惩罚，构成犯罪的，应通报有关部门给予处罚，为惠农卡更好地服务“三农”创造一个良好的法治环境。

【参考文献】

王念哲：“农户联保贷款的法律思考”，载《东北农业大学学报》2009年第2期。

丁业振：“农村小额信贷分析及其防范”，载《农村经济》2006年第12期。

金融危机下中国金融法制理念的重塑

周 毅*

【摘要】 随着经济金融化和全球金融一体化程度的加深,金融业市场的失灵会导致极为严重的后果。金融危机的爆发对我国金融法制建设提供了反面的经验参照。我国现行金融法制尚属于处在转型过程中的过渡性的金融法制;我国金融业在向前发展的过程中,应当吸取美国金融危机的教训,坚持审慎规制和监管,确定功能监管的理念和模式。为此,金融法制建设面临的任务艰巨而复杂,但归结起来,可概括为如何实现金融法制理念的重构,即摒弃现有的具有较强计划经济色彩的金融法制理念,致力于塑造适应金融市场化、全球化要求的全新的金融法制理念。

【关键词】 金融法制理念 金融自由 金融效率

发起于美国、席卷全球的金融危机对各国金融业发展所产生的负面影响迄今仍未消失。此次金融危机的发生主要原因在于不良的宏观经济环境和不健全的金融监管。信贷机构的非审慎经营与监管部门的非审慎规制和监管是美国金融危机的源头,而以美联储的货币政策为代表的一系列宏观经济政策的不当适用则为美国的金融风险埋下了祸根。就我国的情况来看,这些年来,我们一直在强调审慎经营与审慎规制和监管,出台了一系列有关银行等金融机构的审慎经营管理的法律、法规、规章等,这也是我国在此次金融危机中没有受到金融重创的主要原因之

* 周毅,法学博士,吉林财经大学法学院副院长。

一。美国金融业远比我国金融业发达,其金融业的发展比我们起步早、走得远。虽然发达的美国金融业暴露出的有些问题在我国还不具备发生的条件,但我国金融业终究要走向远方,因而美国金融危机在金融法制上留下的教训为我国金融业的发展和金融法制建设提供了宝贵的前车之鉴,值得认真总结和汲取。我们必须看到,金融制度改革、金融法制建设任重而道远:一方面,金融法制要致力于充分发挥金融的资源配置功能,支持社会经济的可持续发展,又要从保障国家经济安全的角度出发致力于维护金融秩序的稳定;另一方面,金融法制要完成立足本土有效规范我国金融活动的使命,又要虑及加入世贸组织后与发达国家金融制度接轨的问题。此外,金融市场准入,分业与混业经营、金融监管、投资者权益保护等具体但十分重要的问题均需要有及时、有针对性的金融法制的跟进。毫无疑问,金融法制建设的任务是艰巨复杂的,但这些纷繁复杂的问题和任务的背后隐含的主题归结起来就是如何实现金融法制理念的重塑,即致力于塑造优化监管效率、提高金融活动市场化程度的金融法制理念。

一、金融法制建设应落实金融自由与金融管制相协调的理念

金融法制建设的核心问题是金融自由和金融管制的关系问题。金融自由体现了以金融市场参与主体的权利为本位,以给予市场参与者更多的自由竞争机会为着眼点,以建立金融活动市场化机制为诉求的价值取向;而金融管制则体现了以国家的经济安全为出发点,以作为管理者的政府为主体,以解决市场经济体系中的市场失灵和金融体系的内在不稳定性为核心目标的价值诉求。回顾我国的金融法制发展历程,我们可以发现,其在立法取向上过于强调金融市场整体的安全和秩序,尤其是维护国有财产的安全,忽视了金融市场主体的自身利益要求及价值目标。应该看到,在改革开放初期,我国金融市场仅处在起步阶段,而且我国又处在一个长期封闭的经济体系中,无论是公众还是金融主体的金融意识距成熟还有相当差距,在此情况下单凭市场自身力量来获取发展空间是不大可能的事情。因此,采取依靠政府的力量,以政府管制为主导的金融市场计划发展手段成为明智之举。但是,这样以政府为主体推进

金融改革深化的模式也带来了它的负面效应，即政府成为金融运行的真正意义上的主角，而理应作为金融市场主导力量的金融主体则长期处于依附地位。相应地，其市场行为的主动选择势必受到影响，其追求利润最大化的机会受到限制，其金融创新的热情受到明显的抑制。延至今天，我国金融市场已摆脱了初期发展阶段，此时面临着日益扩大的市场规模以及繁杂多变的市场信息，以政府来主导金融运行的模式暴露出明显的不适应性：政府主管部门的信息获取及处理滞后于市场变化，政府部门设计金融产品的能力远不能满足市场的客观要求，而且它还存在成本过高的弊端。还要看到，我国金融法制立法取向上重金融管制、轻金融自由的倾向与WTO法律制度的要求不协调。WTO法律制度追求各贸易领域自由化是其基本目标，尽管其在金融领域给自由化以相对的保留，但自由化仍然作为金融服务协议的基本目标而存在。为此，我国的金融法制建设首先应致力于实现基本价值取向的调整，具体言之，即应以金融自由为金融法制的价值原点，而金融管制则以促进金融自由为宗旨。表现在金融立法环节，就是要求法律应充分赋予金融机构的主体地位，确认金融主体根据市场需求从事金融创新、自主设计、开发、推介、营销金融产品的权利、认可金融主体在金融从业过程中相互间进行自由竞争的权利。法律应当赋予金融主体以自由，法律塑造的金融市场运行规则必须是保障充分竞争。自由竞争是金融市场的根本驱力。金融自由是金融活动的恒久追求，只有以自由为内核的金融活动才会有可持续发展的金融市场，而金融立法只有以自由作为基本价值取向才会成为符合金融法制化要求的“良法”。当然，肯定金融自由并非排斥金融管制，只是表明在金融自由与金融管制的价值排序方面，金融自由优位于金融管制，金融管制应以促进金融自由为目标。这意味着，金融管制应建立在尊重金融市场运行规律和金融主体自主权的基础上，其运作机理是将政府主管部门定位为善意介入者而非直接参与者，银行、保险公司、证券公司等金融主体才是金融市场的真正主角，政府的职能即为金融主体充分自由的竞争创造良好的制度环境。相应地，金融管制的手段主要是通过法律手段，以市场为基础，充分运用市场机制引导和规范金融活动。

二、金融法制的建设应突出金融效益理念

新制度经济学派的代表人物科斯指出:"合法权利的初始界定会对经济制度运行的效率产生影响。权利的一种安排会比其他安排产生更多的价值。"可见,权利作为最重要的法律资源,经由法律合理的设计和安排可以达致降低交易费用,提高交易效率的效果。在我国经济体制改革和金融体制改革的大背景下,我国目前的金融法制尚属于处在转型过程中的过渡性的金融法制。在转型过程中,金融法制虽有适应市场变化的积极进展,但同时也在相当大的程度上延续了计划经济条件下的惯性。其中,较为突出的表现就是金融法制驻足于简单的金融安全和表面的有序,金融效益理念则处于被边缘化的位置。具体地说,现行金融法制效益缺乏的弊端主要表现在以下几个方面:第一,缺乏稳定性和可预见性的金融制度导致交易成本过高。当前,金融交易与金融管制由于已有的金融法律(如《人民银行法》、《商业银行法》等)原则性宣示成分多、操作性和程序性差,因而更多依据行政法规、部门规章进行。但问题在于,金融规章行政化,政策化色彩十分浓厚,而且它们通常缺乏透明度,加之各金融规章相互之间有大量重叠甚至冲突的条款,因此,各金融主体的金融活动难以获得稳定的制度环境,从而交易实现困难,利益获得殊为不易。第二,金融主体既缺乏金融产品创新的内在动力,又缺乏金融创新的制度支持。以国有商业银行为例,由于产权关系模糊化,经营方式亦仍有机关化痕迹,同时仍受国家政策性业务约束(例如,依循政府指令发放"安定团结贷款"),而且以当前情况看,金融产品创新的权限仍操控在政府主管部门手中,因此银行经营行为扭曲、银行的非利润化倾向十分突出。金融法制的滞后不仅已成为中国金融功能迟滞的重要原因,而且已经严重影响了实体经济的发展。第三,政府对金融业的严格管制降低了金融市场的运行效率。由于我国的金融体系尚缺乏市场化的、间接性的监督手段,更由于金融发展的稳定与安全是经济健康发展的必要前提,因此我国为防患于未然,借鉴他国的经验,制定出一系列规章制度审核金融主体的资格,限制市场参与者的活动领域,以建立严格的市场准入制度,达到加强管制、控制风险的目的。但不容回避的是,

政府的严格准入制度同时带有很大的负面效应，表现为金融市场创新氛围难以活跃，市场运行效率大为降低。

应该看到，金融法制建设绝不能停留在简单的安全和表面的有序上，而应追求动态的、发展的有序、安全和高效率。因此，金融法制这一总体制度框架须以效率为优先价值来决定权利，权利等法律资源的社会配置，通过立法以法律权利的形式赋予金融主体以自由，从而实现充分自立、自主的各金融主体之间的自由竞争机制和借此给社会带来的降低社会交易成本的效果。在金融管制方面的制度安排，则应改变以往重审批、轻管理；重事前监督、轻事后监管的做法，致力于建立有效动态、全面监管的体制。换言之，政府主管部门应以市场的自由发展为主导思想，基本上对市场的自然运行过程不加以特别的干预，不对市场制定特别的准入规则，而当金融主体行为明显违背有关法律法规时，才在事后加以严惩。这种举措无疑会提高市场活跃程度，激励金融创新，促进金融资源的优化配置。

三、金融法制建设应体现公平理念

法律不仅要有效率地配置权利资源，同时也应该公平地配置权利资源。金融法制建设的一个极为根本的任务即在于确立金融主体权利本位思想，以明文法律规定监管者的权限，同时，合理公平地为金融主体配置权利，实现各金融主体权利的平等保护。在金融领域，呼吁金融市场主体权利的平等保护，力倡金融公平理念对于完善我国金融法制具有特别重要的意义。就我国金融法制当前的存在发展状况而言，由于金融公平理念的缺失对其健康成长路径造成明显的不利影响，归结起来，主要有以下几种有悖公平理念的取向：第一，金融主体与政府职能部门的权力边界模糊化。由于我国金融法制的创制者大多是由政府职能部门完成，而政府职能部门存在明显的行政目标，因此法律规章中必然会渗透创制者的主体利益色彩，而金融主体合法权益的反映则不充分。对于金融法规的灰色地带，即法律既未明文禁止同时也没有明文允许之处，作为金融主体尚无权基于“法无明文禁止即允许”的法治原则做出有利于己的权利推定，而只能选择等待由管制部门以红头文件的形式给出的

“说法”。第二,金融法制将内资金融主体与外资金融主体区别对待。我国金融法体系在规范市场主体时,比较明显地区分了国内和涉外两大块。此种做法势必会妨碍国内金融主体与外资金融主体之间的公平竞争。一方面,国内金融主体会因缺乏金融产品自主开发权利及限于分业经营的法律规制而难以撼动实力雄厚、经验丰富且具有金融产品创新权能及可混业经营的外资金融主体;另一方面,外资金融主体则会因为其进入中国市场的地域限制及经营业务范围限制而感到不满。第三,国有金融主体与民营金融主体之间法律地位不对等。当前,国有金融主体较之于民营金融主体的竞争优势,不仅体现在其机构数量、资产规模等方面居于垄断地位,而且在法律提供的权利资源及利益保障方面也有明显的优势。在这方面,我国民营银行至今仍处于理论摸索而难于获得市场准入进入实践运作即是一个明显的例子。第四,金融主体与投资者之间权利资源分配的不均衡状态。在现有的金融法制框架下,作为金融主体的银行、保险公司、证券公司不仅凭借格式合同将义务转嫁到处于弱势地位的投资者身上,而且法律对于投资者借以制衡金融主体的知情权等权利项目的保障亦明显缺乏力度。我们必须承认,缺乏公平关照的金融市场并非健全的市场,而背离公平理念的金融法制也绝非符合法治标准的制度安排。因此,金融法制应体现有助于公平的市场机制的形成和发展,而不是为了保护个别市场主体的特殊利益,尤其不应是国有金融主体在市场经济体制下所形成的垄断性利益,或各级政府主管部门的行政目标和利益。鉴于此,我国应在金融法制建设过程中革除有悖公平理念的制度和规则。

四、金融法制建设应突出金融全球化理念

1997年世贸组织成员达成的《全球金融贸易服务协定》是金融国际化的重要里程碑。协议各成员方同意对外开放银行、保险、证券和金融信息市场,协议涉及全球95%的金融服务贸易领域。金融市场的国际化、金融交易规则统一化、金融政策协调的国际化成为当今金融发展的必然趋势。中国作为世贸组织的重要成员,在金融法制建设方面自然应顺应金融国际化的时代潮流。我国应在维护国内金融秩序稳定的前提

下，大胆地为金融法制的国际化创造条件，不能为了短期的特殊利益而延误了改革的良机，徒使改革的成本增大。应该看到，金融活动的规制和监管是一项技术性很强的活动，相应地，金融法制则是技术性、专业性特征突出的法律制度。这种技术性、专业性含量高的法制不同于那些与文化传统因素联系紧密的婚姻、家庭等领域的规则。相比较而言，技术性强的法制其普适性特征更为突出，因而便于借鉴、参照。为此，我们应充分重视在结合国情的基础上借鉴外国立法经验，尤其是那些金融法制建设成效显著国家之经验，并大胆吸纳国际通行的金融规则和制度。显而易见，适应金融国际化的法律制度将会推动中国金融活动的健康稳健发展，帮助中国在世界范围内的金融竞争中确立有利的位置，而以中国国情为借口，以突出中国特色为托词的闭门造车式的金融法制，只会使中国与世界金融发展的主流趋势渐行渐远。因此，为使我国金融制度适应金融全球化、国际化的趋势，我国应以加入世贸组织作为谋求金融法制良性发展的重要契机，在制度设计方面突出金融法制的国际化特质，为实现塑造以金融自由、金融效率、金融公平为基本理念的金融体制这一最终目标而做切实的努力。

【参考文献】

慧聪："金融制度改革与金融法新观念"，载《金融法苑》1999 年第 8 期。

魏加宁："发达国家金融管理体制改革新趋势"，载《金融研究》2000 年第 9 期。

庄序莹："论政府管制与金融创新"，载《社会科学》2003 年第 4 期。

赵洪："亚洲发展中国家的金融制度改革"，载《厦门大学学报》1999 年第 2 期。

徐凡："美国次优抵押贷款危机的回顾与展望"，载《国际金融研究》2007 年第 9 期。

杨惠："机构监管与功能监管的交错：美国 GLB 法案的经验"，载《财经科学》2007 年第 5 期。

我国保险法重复保险适用问题的探悉

任立君*

【摘要】 在我国保险法体系中，按照保险标的的不同将保险合同分为人身保险合同和财产保险合同。我国《保险法》第40条很粗略地规定了重复保险的定义以及适用问题，而完全将人身保险排除在外。但该类保险中存在以填补被保险人因保险事故发生时所受经济上损害（如医疗费用保险）为目的的消极保险，若将该类保险归于人身保险而绝对排除适用重复保险的相关规则，必将影响其填补被保险人实际损害之契约目的。本文将从重复保险适用范围出发，透析我国保险合同分类的弊端以及对策，建议将我国保险合同分为补偿性保险合同和定额性保险合同，以明确重复保险相关规则的适用范围，更好地贯彻"损害补偿"这一保险基本原则。

【关键词】 重复保险补偿保险　定额保险

一、引子

甲与乙保险公司订立一伤害医疗保险契约，并约定被保险人甲于契约有效期间内遭受约定之意外伤害事故发生时，给付实际医疗费用，保险金额为10万元。在契约订立后，甲又向另一保险人丙订立另一实支实付型医疗保险，其保险金额为20万元。嗣后，甲因车祸住院，共需医疗费用5万元。甲即分别向乙、丙两保险人分别请求5万元之保险给付。按照我国目前《保险法》的相关规范，重复保险仅仅适用于财产保

* 任立君，吉林财经大学法学院讲师。

险,即在财产保险的场合,如果存在重复保险且保险金额的总和高于保险价值的,各保险人的赔偿金额的总和不得超过保险价值。由于本案例中的保险属于人身保险的范畴,保险人无法援引《保险法》第40条的规定请求按照比例分担,投保人完全可以利用此一立法漏洞通过重复保险而获取不当利益,此与《保险法》中"损害补偿"(principle of indemnity)原则相冲突,因此我们有必要审视我国现行保险制度中对重复保险的规定,明确其适用范围,防止利用保险获取不当利益的不道德行为。

二、重复保险的立法意旨

按照我国《保险法》第40条对重复保险(double insurance)的定义,其是指投保人对同一保险标的、同一保险利益、同一保险事故分别向两个以上保险人订立保险合同的保险。由于向多个保险人投保,使得保险金额的总和超过保险价值的可能性大大增加,投保人从中获取不当利益的可能性也大大增加,这违背了《保险法》中"损害补偿"这一基本原则。因此从各国的立法来看,虽然没有对重复保险加以禁止,但是均有专门的法律规范进行规制。其立法意旨主要体现为:

(一)利得禁止原则

保险制度之目的,在于以团体之力量,填补个别被保险人于特定危险事故发生时所遭受的损害。保险合同的最大特征在于其以填补投保人之经济损失为目的。因此,保险制度并不允许个人借保险合同而获取超过其所受损害之利益,投保人所受之赔偿应以其所受之损害为上限,此为保险法学上根本原则之一——损害补偿原则。作为对该原则的具体应用,各国《保险法》均设立了超额保险制度,保险代位制度以及重复保险制度,对意图通过保险获取不当利益的行为进行规制。

(二)主观危险防免

在保险合同订立以及履行过程中,投保人都存在潜在的道德危险,"指因保险而引起之'幸灾乐祸'的心理,即有保险契约上之利益或者被保险者,在其内心深处所潜伏期望危险发生或扩大之私愿。"①若允许投

① 桂裕:《保险法论》,台湾三民书局1981年版,第11页。

保人订立数份保险合同,则会使其主观危险增大,在规避超额保险规制的同时,通过重复保险使得保险金额总和超过保险价值而获取不当利益,从而控制道德危险,保障保险制度本身的健康运行。

(三)规范变相的超额保险

各国《保险法》按照"损害补偿"原则均对超额保险进行了严格的规制,投保人为了逃避超额保险的适用,通常会采取化整为零的方式,与多个保险人订立保险合同,使得保险金额的总和超过保险价值,而此种方式难以为超额保险所规范,故需要建立相对独立的重复保险制度对此变相超额保险行为进行规范。

综上所述,重复保险的立法意旨在于防止要保人通过订立数份保险合同而获取不当利益,即通过保险获取大于实际损失的利益。

三、重复保险适用范围之分析

(一)现行立法对重复保险适用范围的规定

所谓重复保险是指投保人以同一标的、同一利益、同一事故分别与两个以上保险人订立保险合同的行为。然而从此定义中我们并不能明确判定其适用范围。对于重复保险的适用范围,学说和实务上都存在很多争论。有学者认为,各种保险均可以适用重复保险制度,包括人身保险和财产保险,而有学者则采两分法,认为财产保险应受重复保险的限制,而人身保险则无重复保险的适用。① 重复保险仅仅适用于以弥补具体损害为目的的财产保险。从德、意、日、韩、中国及中国澳门特别行政区的立法来看,均将复保险制度编著于财产保险章节中,此种立法体例与二分论者的观点相接近。②

正如前所述,重复保险的立法意旨在于防止投保人获取不当利益,贯彻填补损害之基本原则。因此在判断或者界定重复保险适用范围的问题时,关键我们需要明确在何种保险中投保人有可能获取超过实际损失的保险赔偿数额。

---

① 林勋发:《保险法论》,台湾今日书局 1991 年版,第 100 页。

② 温世扬、黄军:"重复保险法律问题研析",载《法商研究》2001 年第 4 期。

我国《保险法》按照保险标的性质的不同将保险合同分为财产保险合同和人身保险合同。前者以填补投保人之财产损失为目的，由于其标的和所遭受的具体损害可以用金钱加以衡量，因此可以判断出投保人通过保险是否获取了不当利益，即在财产保险中投保人有可能获取不当利益。而后者以保护被保险人之生命、身体完整性不受侵害为目的，因为人身保险在本质上无法以金钱估计价值，因此人身保险不能认为是补偿损害保险，而是按保险契约内容的约定所为的定额给付保险，故人身保险不适用损害补偿原则。① 投保人也就不可能通过人身保险获取不当利益，此也为二分法中将人身保险排除适用重复保险的原因所在。而我国明确将重复保险的相关规定置于财产保险一节当中，按照法律规范的解释方法，其也仅仅适用于财产保险。

（二）重复保险适用范围之弊端分析

按照以上分析，我国完全是按照保险标的是否可以用金钱加以衡量来界定重复保险的适用范围的，完全将人身保险排除在外。这样就会在实务中产生一种困境，正如本文在开篇所列举的案例一样。

1. 将人身保险绝对排除在适用范围之外，对其中某些补偿性保险不适用重复保险的理赔规则将会对损害补偿原则造成破坏。随着保险业的发展，人身保险中也发展出了具有损害补偿性质的保险，如医疗费用保险和丧葬费用保险，其既不属于传统损害补偿意义上的财产保险，也非纯为定额给付的人身保险，依其特性实属介于财产保险与人身保险之间的另一形态的保险，学者称为“第三种类之保险”或“第三分类保险契约”。② 按照传统的分类无法涵盖此类保险，投保人可以借助法律漏洞获取不当利益。

2. 从重复保险的立法意图来看是为了贯彻“利得禁止”原则，狭隘地将重复保险的范围限制在财产保险之中，无法准确适用损害补偿原则。财产可以用金钱加以衡量，其适用该原则并无任何异议。通常情况下因为人身无价，投保人与保险人之间通常经过约定而进行一定的定额

① 陈云中：《保险学》，台湾五南图书出版社公司1985年版，第188页。

② ［日］仓泽康一郎：《现代保险法论》，东京一粒社1985年版，第107页。转引自樊启荣：“保险损害补偿原则研究”，载《中国法学》2005年第1期。

给付,故不适用损害补偿原则。但是,“人身保险不适用损害补偿原则”存在语病,逻辑上并不周延,①因为其并不能涵盖人身保险中的所有保险类型,对于其中的损害保险应当加以适用。重复保险是根据损害补偿原则而建立起来的一个制度,如果对该原则适用范围确定不当,必然会产生严重的连锁反应,造成一系列制度适用的错误。

四、重构我国保险合同的分类

(一)从重复保险角度重构保险合同分类

按照我国目前对保险合同的分类,由于忽略其保险给付基础与目的的差异,因此如以此保险种类而加以区分适用重复保险之规范,将产生许多争议。例如,在人身保险中,存在以定额给付为特征的人寿保险和年金保险,但同时也存在以补偿经济上实际损失的医疗费用保险和丧葬费用保险,两者的功能以及保险金的给付方式存在很大的区别,需要使用不同的法律制度加以规范,例如,前者并不适用超额保险、保险代位以及重复保险的规定,而后者则应该通过上述制度来规制投保人的不当得利。采取目前的分类方法,必然将后者归入人身保险从而排除相关制度的规范,使得投保人完全可以利用此法律漏洞获取不当利益,因此笔者主张重构我国保险分类,代之以补偿性保险和定额保险,凡属于填补投保人经济损失的保险均应适用重复保险的相关规定。

(二)从比较法角度重构保险合同分类

德国《保险契约法》第59条关于重复保险之规范并非仅以保险标的之价值为唯一要件,亦以事故发生之损害总额作为适用该条文的另一要件,②而将消极保险同列为受重复保险之规范范围。日本《商法》在改正试案第683条之13即规定如同一被保险人由数伤害保险契约填补其所支付之医疗费用时,被保险人所得请求之保险金仍不得逾越实际支付之费用。英国1906年《海上保险法》第32条第1项也以法律上所允许之

---

① 樊启荣:“保险损害补偿原则研究”,载《中国法学》2005年第1期。

② Bruck - Moeller - Sieg, Anm. 9 - 10zum § 59;引述于叶启洲:“论消极保险”、“人身保险与复保险”,载《月旦法学杂志》2001年第55期。

填补额度作为规范要件而将消极保险等规范于内。①

如何采取比较科学的方式对保险进行分类，使得各种保险制度能够有一个明确并且无遗漏的适用范围？各国现代保险立法对保险进行了不同分类。英美法系国家立法，以英国为代表，所采取标准及其类型分为人寿保险与非人寿保险。前者是指当保险事故发生时给付一定保险金的合同，而后者是一种对保险人实际遭受的损失，按约定条件进行补偿的合同。在大陆法系国家，以德国、日本为代表，从保险给付方式上做区分，而分为“损害补偿保险”与“定额给付保险”。

按照笔者的观点，大陆法系的分类更为科学和完善。规制不当得利最重要的手段就是确定正确的理赔数额，而以给付作为保险划分的根本标准，不仅可以确定保险的类型以及特征，而且对理赔数额的确定也更为明确和简单。此划分方法值得借鉴。

（三）从损害补偿原则角度重构保险合同分类

以上从重复保险制度这一具体规则的角度来论述了重构我国保险合同分类的必要性。但该制度之根源在于损害补偿这一保险之根本原则。追根溯源，我们更应该从该原则出发来探讨保险合同分类问题。

经济补偿是保险的基本职能，也是保险产生和发展的最初目的和最终目标，故保险的损失补偿原则是保险的重要原则。其是指当保险标的发生保险责任范围内的损失时，被保险人有权按照合同的约定，获得保险赔偿，用于弥补被保险人的损失，但被保险人不能因损失而获得额外的利益。② 确定损害补偿原则的适用范围，实际是需要判定哪些保险属于弥补投保人的经济损失。从目前我国学术界的观点来看，由于保险立法例对保险契约采“财产保险”与“人身保险”的“二分法”体制，因此我国保险法之通说认为，损害补偿原则仅适用于财产保险，并不适用于人身保险。③ 然而通过上述分析我们知道，其实所有补偿性保险契约都应当适用损害补偿原则，而不应该根据保险标的性质的不同进行以偏概全的界定。

---

① 汪信君：“重复保险规范范围之再论”，载《月旦民商法》1999 年第 5 期，第 166 页。

② 张洪涛、郑功成：《保险学》，中国人民大学出版社 2000 年版，第 160 页。

③ 秦道夫：《保险法论》，机械工业出版社 2000 年版，第 165 页。

劳动与社会保障

无固定期限劳动合同规范功能分析

董文军*

【摘要】 我国《劳动合同法》中法定成立无固定期限劳动合同的规定从性质上看属于强制性法律规范，但实践中由于社会的经济情况以及自身的制度设计问题，仅仅起到了倡导性规范的功能，这也符合我国目前的实际情况。毕竟我国劳动合同短期化现象严重，立法不可能一蹴而就，瞬间完成劳动合同短期化向不定期化的转变，这种转变是一个渐进的过程。但渐进过程中的倡导并不能取代最终的法律强制。我国可以根据社会经济发展的具体情况，在法律中规定适用无固定期限劳动合同的工作岗位或者是适用固定期限劳动合同的工作岗位，通过合理正当的法律强制实现无固定期限劳动合同常态化的目标。

【关键词】 无固定期限劳动合同　强制性规范　倡导性规范

无固定期限劳动合同是指用人单位与劳动者约定无确定终止时间的劳动合同，只要没有出现法定解除情形或者双方协商一致解除的，劳动合同就需要继续履行。我国在1994年通过的《中华人民共和国劳动法》（以下简称《劳动法》）中就已经对无固定期限的劳动合同做出了规

* 董文军，吉林大学法学院副教授，法学博士。

定。[①] 针对我国劳动关系领域自实行劳动合同制度以来普遍存在的劳动合同短期化现象(实践中用人单位与劳动者一般签订1年的固定期限劳动合同),2007年通过的《中华人民共和国劳动合同法》(以下简称《劳动合同法》)在《劳动法》的基础之上,进一步完善了有关无固定期限劳动合同的相关法律规定。自从《劳动合同法》颁布以来,针对无固定期限劳动合同的相关法律规定,实践中出现了用人单位劝令劳动者集体辞职的事件,[②]也引发了理论界学者们对此问题的探讨。[③]《劳动合同法》中

---

① 《劳动法》第20条规定,劳动合同的期限分为有固定期限、无固定期限和以完成一定的工作为期限。劳动者在同一用人单位连续工作满10年以上,当事人双方同意延续劳动合同的,如果劳动者提出订立无固定期限的劳动合同,应当订立无固定期限的劳动合同。

② 比较典型的、引起社会反响较大的就是华为公司员工辞职事件。据报道,华为公司所有工作满8年的华为员工,在2008年元旦之前,都要先后办理主动辞职手续(即先"主动辞职",再"竞业上岗"),再与公司签订1~3年的劳动合同;废除现行的工号制度,所有工号重新排序。华为官方人士对此不愿过多置评,但认为正在实施的人力资源体系调整相对提高了员工的福利,"员工们都非常满意"。而记者采访华为员工时,他们大都表示对方案表示理解,同时薪金的确有所增加。知情人士表示,华为此举意在规避即将于2008年1月1日起实施的新《劳动合同法》"规范劳动用工以及保持企业的竞争力采取的做法"中对企业未来用人制度带来的挑战。今年6月经全国人大常委会审议通过的新劳动法规定:劳动者在满足"已在用人单位连续工作满10年的"或"连续订立二次固定期限劳动合同"等条件后,便可以与用人单位订立"无固定期限劳动合同",成为永久员工。记者采访深圳外商投资行业协会等机构后得知,新劳动法目前已在很多大公司内部引起较大反应,不少公司已在酝酿和调整自己的人力资源管理政策。"华为应对新《劳动合同法》万名员工自选去留",载 http://tech.sina.com.cn/t/2007-10-27/00181817070.shtml,2007年11月1日访问。

③ 早在《劳动法》颁布实施之时,学者们就已经开始关注无固定期限劳动合同的法律制度设计问题,《劳动合同法》颁布之后,针对经济生活中用人单位劝令劳动者辞职的现象,无固定期限劳动合同的相关法律问题再度吸引了学者们的眼球。相关的论文有董保华:"论我国无固定期限劳动合同",载《法商研究》2007年第6期;熊晖、杨惠:"我国劳动合同期限制度的缺失与重构——兼评《劳动合同法》相关规定",载《西南民族大学学报》(人文社科版)2007年第7期;谢增毅:"对《劳动合同法》若干不足的反思",载《法学杂志》2007年第6期;王全兴、黄昆:"无固定期限劳动合同的是与非",载《法学家》2008年第2期;彭光华、陆占奇:"立法调整劳动关系的九大发展趋势——以社会主义市场经济为视角解析《劳动合同法》",载《中国劳动保障报》2008年1月8日第4版,等等。

无固定期限劳动合同相关规定的规范性质如何？实践中用人单位因何对其进行规避？规避行为何以成为可能？规范功能为何没有得以发挥？针对无固定期限劳动合同的上述问题，本文拟进行初步的探讨，以期对我国《劳动合同法》的实施与完善有所助益。

一、无固定期限劳动合同规范的性质

法律规范作为法治社会中人们行为的准则，依据不同的标准可做不同的分类，从法律规范的强制性程度上来看，可将它分为强制性规范和倡导性规范。强制性规范要求行为主体必须依据规范的内容作为或不作为，通常使用的法律语言为"应当"、"不得"等；而对于倡导性规范，行为人可自己决定是否按规范指定的行为行事，规范只具有指导意义而不具有强制性，通常使用的法律语言为"可以"。那么，《劳动合同法》第 14 条用人单位与劳动者应当订立无固定期限劳动合同规范的性质如何呢？

《劳动合同法》第 14 条明确规定了用人单位与劳动者之间订立无固定期限劳动合同的条件。用人单位与劳动者协商一致，可以订立无固定期限劳动合同。有下列情形之一，劳动者提出或者同意续订、订立劳动合同的，除劳动者提出订立固定期限劳动合同外，应当订立无固定期限劳动合同：(1)劳动者在该用人单位连续工作满 10 年的；(2)用人单位初次实行劳动合同制度或者国有企业改制重新订立劳动合同时，劳动者在该用人单位连续工作满 10 年且距法定退休年龄不足 10 年的；(3)连续订立二次固定期限劳动合同，且劳动者没有本法第 39 条和第 40 条第 1 项、第 2 项规定的情形，续订劳动合同的。用人单位自用工之日起满 1 年不与劳动者订立书面劳动合同的，视为用人单位与劳动者已订立无固定期限劳动合同。

依据当事人意思表示的不同，《劳动合同法》中规定的无固定期限劳动合同的订立可以分为两种情况：协商订立和法定订立。协商订立是基于劳动者和用人单位意思表示一致而订立无固定期限的劳动合同；法定订立是只要满足法律规定的条件，用人单位就需要和劳动者订立无固定期限的劳动合同。其中对于协商订立的规定属于倡导性规范，而对于法定订立的规定则属于强制性规范。协商订立使用了倡导性规范的标志性用语——可以;而法定订立使用了强制性规范的标志性用语——应当。除此之外,《劳动合同法》第82条第2款明确规定了用人单位违反法律规定不与劳动者订立无固定期限劳动合同的法律责任,即"自应当订立无固定期限劳动合同之日起向劳动者每月支付2倍的工资"。此种法律责任的规定也体现出法律对于满足法定条件后成立无固定期限劳动合同的强制性。《劳动合同法实施条例》第11条也明确规定,除劳动者与用人单位协商一致的情形外,劳动者依照《劳动合同法》第14条第2款的规定,提出订立无固定期限劳动合同的,用人单位应当与其订立无固定期限劳动合同。劳动法律制度中,法律的强制主要表现为对用人单位一方的强制,当然基于社会利益的考虑,也存在对劳动关系双方当事人的强制。《劳动合同法》中法定成立无固定期限劳动合同的相关规定是对用人单位的单方强制的体现。

与《劳动法》相比,《劳动合同法》增加了劳动者与用人单位之间订立无固定期限劳动合同的情形,并修改了订立的条件。对于用人单位而言,规范的强制性有所增强。首先,增加了订立无固定期限劳动合同的情形,即除了在同一用人单位连续工作满10年外,还增加规定了两种情形:(1)用人单位初次实行劳动合同制度或者国有企业改制重新订立劳动合同时,劳动者在该用人单位连续工作满10年且距法定退休年龄不足10年的;(2)连续订立二次固定期限劳动合同,并且劳动者不存在因主观过错或客观能力影响劳动合同履行的情况,续订劳动合同的。同时,《劳动合同法》通过增加成立无固定期限劳动合同的法定情形推动用人单位与劳动者签订书面劳动合同,即用人单位自用工之日起满1年不与劳动者订立书面劳动合同的,视为用人单位与劳动者已订立无固定期限劳动合同。其次,修改了《劳动法》中法定无固定期限劳动合同订立的条件。《劳动法》第20条规定,订立无固定期限劳动合同的条件是当事人双方同意续延劳动合同的,如果劳动者提出订立无固定期限的劳动合同,应当订立无固定期限的劳动合同。而《劳动合同法》中则规定,只要劳动者提出或者同意续订、订立劳动合同的,除劳动者提出订立固定期限劳动合同外,应当订立无固定期限劳动合同。由此可见,依据《劳动法》的规定,符合订立无固定期限劳动合同的法定情形后,需要有用人单位和劳动者双方续延劳动合同的合意后,才能依据劳动者的意思表示订立无固定期限的劳动合同。而依据《劳动合同法》的规定,只要符合订立无固定期限劳动合同的法定情形,则完全由劳动者的单方意思表示决定是否订立无固定期限的劳动合同。

二、无固定期限劳动合同规范的功能

实践中,无固定期限劳动合同规范的功能如何呢?用人单位与劳动者之间是否根据法定的无固定期限劳动合同订立的情形签订了劳动合同呢?

通过与劳动者及用人单位的接触,笔者发现情况并非如此。首先,用人单位通过签订并履行11个月的劳动合同来规避"劳动者在同一用人单位连续工作满10年"的规定。也就是说,用人单位每年只与劳动者签订期限为11个月的劳动合同,从而使法律规定的"连续性"得不到满足。其次,对于"连续订立二次固定期限劳动合同,续订劳动合同的,就可以订立无固定期限劳动合同"的法定情形,实践中其适用的结果并非是带来无固定期限劳动合同的签订,其有可能改变劳动合同一年一签的现状,在一定程度上遏制劳动合同的短期化现象。对于社会生活中存在的大量的替代性很强的职业,如送报工,用人单位与其签订一次或两次固定期限劳动合同后,就不会再与其连续签订劳动合同。而对于用人单位和劳动者来讲,如果没有法律的这种规定,二者之间建立相对持续性劳动关系的可能性要大得多。劳动者可以节省重新就业的等待与搜寻成本;用人单位也愿意使用熟练工人,毕竟招用新工人需要增加上岗前培训的成本。从理论上讲,此规定是为了保护劳动者,使其与用人单位之间可以形成长期的固定用工关系。但实质上这样的法律规定恰恰不利于劳动者。此种法律规定的合理性有待探讨。

用人单位为什么要规避《劳动合同法》中有关无固定期限劳动合同订立的法定情形呢?笔者认为原因有三:其一,首要原因当然是利益的驱动,用人单位势必愿意选用正值黄金期的劳动者,提高企业的生产经营效率;其二,用人单位认为无固定期限劳动合同意味着劳动用工关系的"终身制",无固定期限劳动合同一旦成立,将很难解除,因此用人单位视无固定期限劳动合同如洪水猛兽，想尽一切办法规避之；其三，是因为法律无视现实生活中工作岗位的不同特点，规定了统一适用的订立无固定期限劳动合同的条件。不同的工作岗位对于劳动者有不同的需求，有一些工作岗位客观上需要年富力强的劳动者来完成，如理发师、销售人员等，而有的工作岗位可能对经验的要求相对高一些，此时需要劳动者具备一定的工作年限，如某些技术人员、管理人员等。实践中并非所有的行业均可以适用无固定期限的劳动合同。

用人单位主观上具有规避无固定期限劳动合同的意思，客观上劳动力市场的供求状况使用人单位的规避行为成为可能。法律上作为弱势群体的劳动者是一个类概念，但实践中的劳动者是分为不同阶层的。而且随着社会经济生活的发展，劳动者的层级划分日渐明显。《劳动法》制定于20世纪90年代，当时的劳动者主要是指国有企业、外资企业和少量民营企业的劳动者。十多年来这种情况已经发生了很大变化，随着农民进城务工、国有企业员工下岗，劳动者出现了分层。社会学研究表明，当今社会阶层结构呈现出多元化、现代化的发展趋势，已经不是原来的“两个阶级一个阶层”的结构，而是出现10个阶层。这10个阶层主要是由原来的“工人阶级”分化而来的，其中国家与社会管理阶层、经理人阶层、专业技术人员阶层、办事人员阶层、商业服务人员阶层、产业工人阶层等反映了我国劳动者群体的主要构成。[①] 从事技术含量较低、替代性较强的工种的劳动者属于阶层中位阶较低的劳动者，如企业的工勤人员、送报工等；而从事技术含量较高、替代性较弱的工种的劳动者属于阶层中位阶较高的劳动者，如企业的高级管理人员、高级技术人员等。[②] 劳动者中较低层级的劳动力市场处于供过于求的状态，而较高层级劳动

---

① 董保华：“和谐劳动关系的思辨”，载《上海师范大学学报》（哲社版）2007年第2期，第23页。

② 我国的《劳动法》第2条和《劳动合同法》第2条在表述其适用范围时均是从用人单位的性质角度所做的界定，而对劳动者并未做出规定，仅在《劳动法》第15条中对劳动者的年龄做了限制。由此可见，《劳动法》和《劳动合同法》适用于各个层级的劳动者。而且《劳动合同法》第24条第1款关于竞业限制人员的范围的规定以及第47条第2款关于用人单位支付经济补偿金限额的规定，均体现出《劳动合同法》同样适用于高级管理人员等高层级的劳动者。

力市场则往往处于供不应求的状态。在供过于求的劳动力市场中，用人单位选择劳动者的空间极大，其可以频繁地更换劳动者，从而使法律规定的订立无固定期限劳动合同的条件不会成立。在供不应求的劳动力市场中，对于用人单位而言，劳动者是稀缺人才，无须法律的规定，用人单位为了留住人才，自然愿意与劳动者签订无固定期限的劳动合同。由此可见，由于劳动力市场的供求状况导致《劳动合同法》中关于订立无固定期限劳动合同情形的规定仅能适用于较高层级的劳动者，而此种适用并非基于法律的强制性规定，而是在劳动者自身工作能力和工作业绩得到用人单位认可的前提下，用人单位做出的自愿选择。

《劳动合同法》中法定的订立无固定期限劳动合同的规定本是强制性的法律规范，但实践中由于各种原因导致其并未发挥出强制性规范的功能。

三、强制性规范功能缺失引发的思考

虽然《劳动合同法》对用人单位应当订立无固定期限劳动合同的要求比《劳动法》更严格，但通过上文的分析，我们发现实践中用人单位规避《劳动合同法》第 14 条的行为普遍存在。针对用人单位的规避行为，有的学者认为，对于《劳动合同法》中“劳动者在该用人单位连续工作满 10 年”和“连续订立二次固定期限劳动合同”中的“连续”，不能简单地理解为“不间断”，应当做出包括无间隔的连续和有间隔的连续的理解；对有间隔的连续，应当明确规定，只要其间隔不超过一定期间（如 6 个月），就构成“连续”；对前一次劳动合同解除或期满终止后，劳动者继续向同一用人单位提供劳动，直至后一次劳动合同订立的情形，应当认定为无间隔的连续。① 此种解决方案确实能在一定程度上实现对用人单位规避行为的反规避，有助于《劳动合同法》实施过程中推进无固定期限劳动合同的订立。但是由于我国劳动力市场的供求状况，用人单位规避《劳动合同法》中法定订立无固定期限劳动合同情形的行为依然会存

---

① 王全兴、黄昆：“无固定期限劳动合同的是与非”，载《法学家》2008 年第 2 期，第 18 页。

在,从而使无固定期限劳动合同不会成为劳动合同的主体部分。

由此可见,《劳动合同法》中法定成立无固定期限劳动合同规范的强制性功能大大弱化,其仅仅起到了倡导性规范的作用,吹响了国家推进无固定期限劳动合同的冲锋号。从西方市场经济体制发展的历程中,我们发现无固定期限劳动合同是劳动合同的常态。从保障劳动者就业权的角度看,无固定期限劳动合同比固定期限劳动合同更有利于劳动者,防止用人单位在劳动者的黄金期用尽之后抛弃劳动者,符合公平的价值追求。对于用人单位而言,无固定期限劳动合同并非意味着企业用工成本的增加,无固定期限劳动合同有利于增强劳动者对于用人单位的归属感,培养对用人单位的忠诚度和责任心,在此基础上,同样会促进企业经济效率的提高。而和谐稳定劳动关系的建立,是促进社会和谐稳定的重要因素。因此,无固定期限劳动合同同样也应该成为我国经济发展过程中劳动合同的常态。但是,目前我国劳动合同短期化现象严重,立法不可能一蹴而就,瞬间完成劳动合同短期化向不定期化的转变,这种转变是一个渐进的过程。因此,虽然《劳动合同法》中法定订立无固定期限劳动合同的强制性规范并未发挥出强制性规范应有的功能,但其存在也是符合我国目前的实际情况的。

《劳动合同法》中的相关规定由于社会的经济情况以及自身的制度设计问题,仅仅起到了倡导性规范的功能,但这并不是我们最终追求的目标,即无固定期限劳动合同的常态化。虽然劳动关系调整中法律强制的正当性问题已经得到学者们的认可,但是具体法律制度设计上强制的范围、强制的限度、强制的方式却需要我们做进一步的思考,否则将会影响到规范强制功能的发挥。我国《劳动合同法》中无固定期限劳动合同的法定成立条件的规定恰恰反映了这一问题。虽然有的学者指出,目前用人单位规避无固定期限劳动合同的相关规定的行为是对《劳动合同法》的误读,①但同时也折射出该规定在法律强制方面存在不足,毕竟渐进过程中的倡导并不能取代最终的法律强制。因此,笔者认为,从长远

① 相关论述可参见林嘉:"《劳动合同法》的立法价值、制度创新及影响评价",载《法学家》2008 年第 2 期。

看,我国未来成立无固定期限劳动合同的法定条件应该是针对不同的工作岗位做出规定。例如,我国台湾地区规定,临时性、短期性、季节性及特定性工作得为定期契约,有继续性工作应为不定期契约。[①] 法国《劳动法典》规定,劳动合同一般不确定期限,有固定期限的劳动合同是例外情形,只能在法律明确规定的情形下才能订立。法律规定签订定期劳动合同的情形有:替代休病假、产假等劳动合同暂停执行的雇员的工作;企业经营活动变化时,季节性或临时增加的工作岗位;为解决某些人员失业问题而订立的某些特殊的劳动合同,例如,针对青年人和长期失业人员而订立的就业互助性、适用性和获得资格性的劳动合同。[②] 我国可以根据社会经济发展的具体情况,在法律中规定适用无固定期限劳动合同的工作岗位或者是适用固定期限劳动合同的工作岗位,此种规定符合客观经济生活的实际情况,从而可以有效地防止用人单位针对目前《劳动合同法》的规定实施的规避行为。

---

① 黄越钦:《劳动法新论》,中国政法大学出版社 2003 年版,第 88 页。

② 荣婷:“见贤思齐,师夷长技——浅谈法国劳动法对中国的启示”,载《法国研究》2007 年第 1 期,第 35 页。

浅析《劳动合同法》的人力资本激励效应

魏　旭*

【摘要】　市场的不完全性及市场失灵现象的存在，要求政府采取不同的措施进行必要的管理和调控，而法律方式是其中最为强制的调控方式之一。从2008年元旦开始，以调整社会劳资关系为主要任务的《劳动合同法》正式开始实施，这部法律的经济意义主要体现在对社会自由契约的约束上，而这种约束所产生的最直接和最终的结果就是对用人单位人力资本激励效应的影响。本文借助新制度经济学和人力资本激励理论的相关分析方法，从法经济学的视角分析《劳动合同法》对企业人力资本的双向激励效应。

【关键词】　劳动合同法　人力资本　契约选择　博弈决策　激励效应

一、引言

2008年元旦开始实施的《劳动合同法》是2007年引起社会各个阶层关注最大的法律。2006年《劳动合同法》对社会征求修改意见时，一个月就收到了多达十九万条的社会意见。而2007年10月开始，深圳华为公司近万名员工"自愿离职重新上岗"事件则将社会对新法的争论推上了一个新的高度。社会各个领域的精英学者也不断发表自己的看法，分析《劳动合同法》对社会各个方面将会产生怎样的影响。由于《劳动合同法》的立法依据是1994年的《劳动法》，所以在对比这两部法律时，

* 魏旭，经济学博士，吉林财经大学经济学院副院长。

可以清楚地看出新法(下文的叙述将把《劳动合同法》称为新法,将《劳动法》称为旧法)明显体现出对劳动合约政策性规定的四个侧重:无固定期限合同、试用期规定、补偿金计算及劳务派遣。事实上整个社会关注和讨论的重心也正是围绕这四个方面而展开的。单保护、双保护、公平、效率、激励、成本等都是引发的争论焦点。但是,由于法律涉及的调整效果最终都是归属到劳动者身上,所以就得出了本文的核心论题:《劳动合同法》对人力资本的激励效果是怎样的。

本文将以制度经济学中的契约理论以及人力资本理论作为主要分析工具,同时利用博弈论的分析方法,以宏观视角为主,以法律的短期效应为重点,从劳动者的角度出发,对《劳动合同法》的人力资本激励效应做出简要分析。由于劳务派遣并不适用于所有企业,对其分析难以全面,而试用期是劳动合约中的一个过渡期,对其分析将会自动包含在整个过程之中,所以本文的分析对象将是其余的两个侧重点。

二、新"劳动法"的社会争议与立法依据

新法在2007年6月29日得到全国人大的通过后,就立刻在社会上引起了新一轮的争议。在此给出一些社会的主要争议,并阐述立法中的相关依据,以说明新法相关规定在立法和实施中的矛盾,进而说明本文分析的现实出发点和现实意义。

张五常教授从2007年12月11日开始在其博客上连载10篇博文以论述新法的意义,提出了"新法将维护懒人,并会导致工会林立"的观点,理由之一就是"自由合约"的巨大作用。对于企业,新法的"不利"主要体现在企业与员工利益的协调上,例如,2007年12月8日,联想总裁柳传志表达了自己的看法:"太注意照顾现有企业里面员工的利益,实际上对于企业的发展是不利的。"在今年的两会上,全国政协委员张茵、马介璋等都以提案形式建议修改或者缓行新法,理由就是"新法增加企业成本和风险",并导致企业在对人员培训时会"心存顾忌"。马介璋委员还认为,新法"会造成部分年轻人工作不努力,存在懈怠心理,在工作中不求上进,对年青一代的培养也不利"。

新法在立法中坚持"劳动合同不同于经济合同,前者是由属于社会

法的《劳动合同法》调整的，后者是由属于民法的《合同法》调整的”，因此，我们的法律分析角度立足于社会法。从这个角度来看，以旧法为立法依据的新法在法律上势必体现旧法的立法宗旨：对劳动者的单向保护。而这样的立法依据更多的是基于现实中事实上已经不平等的劳资关系而提出的。而“无固定期限合同”的立法意义则是被认为在于解决“在我国现实生活中劳动合同短期化的问题非常突出”这一问题，改变短期合同“不利于建立稳定的劳动关系”这一矛盾，实现新法立法宗旨的要求，所以新法对“无固定期限合同”制度予以非常明确的规定，[①]因为“无固定期限合同”是实现“稳定劳动关系”的主要方式和手段。

我们可以看出，新法实施中出现的对于雇员的担心与立法宗旨是相悖的，而这也是本文分析的现实出发点：从理论上分析出新法对于雇员的激励到底如何。

三、分析的基本理论与框架

在引言中，笔者指出了本文的分析工具是人力资本理论和契约理论，所以首先将给出与本文分析相关的理论内容，建立起本文分析的宏观框架。

（一）人力资本及其收益

自20世纪60年代以来，人力资本理论开始兴起，并成功地解释了经济发展中的众多运用原有经济理论无法解释的问题。人力资本理论将人的健康、知识、能力、技术、学习等因素抽象成一个类似于物资资本的“人力资本”，不仅认为人力资本是经济发展的核心要素之一，而且提出了促进人力资本增值的人力资本激励理论。该理论认为，人力资本的激励效应主要靠人力资本所有者对自有人力资本的释放和提升。而要做好对人力资本的激励则更多的是保障人力资本的产权，或者表述为对人力资本所有者在产权收益上的保护。

---

① 其实旧法对此也有规定（参见第20条），但是内容很简单和笼统，使得实际操作很困难。

人力资本产权特征被归纳成“一方面,人力资本天然属于个人;另一方面,人力资本的产权一旦受损,其资产可以立刻贬值或荡然无存”。因此,基于这样一种特殊产权特征的人力资本,其激励与物资资本将是不同的,最大的不同之处是监督和计量的成本太高。尽管有鞭子、摄像机,有监督人员、巡查人员,但是由于理性人受收益最大化的内在规律的控制(或者说是人存在偷懒的本性),总是会在保证现实收益的前提下尽可能地偷懒,实现自己净收益最大化(净效用最大化)。此时,让员工主动放弃偷懒行为成为人力资本激励的第一步(让员工主动增值自身人力资本是后续目标)。绩效奖金、职位晋升、经理人股权等都是很好的实践措施。而对于社会系统,鼓励与支持原始的创新开发、奖励科学研究等等也是这一方面的表现。

而同样是由于人力资本特殊的产权特征,使得在现实中的人力资本的激励却是需要一定的基础条件。最重要的是人力资本所有者——单个人或者组织——能够自由流动,以使得自己的收益达到最优。这对于人力资本所有者与雇佣者都是非常重要的,双方至少可以在人力资源自由流动的过程中,寻找到一个均衡点,以实现双方利益的最大化,否则,完全可以“另寻高就”或者“另攀高枝”。就这个角度而言,双方的合作可以在合理的解除条件下在任何时间予以解除,这也是社会中人力资本实现最大化效率的保障之一。

但是人力资本自由流动的前提是劳动力市场是均衡的,当劳动力市场供大于求时,处于弱势一方的劳动者的工资底线将发生变化,由自身的人力资本含量决定工资底线变化为由国家规定最低工资来确定工资底线(第20条),新法这样的规定也就将劳动市场的合约签订方式予以了一定程度的改变,即完全的自由合约谈判制度转变为限制性的合约谈判制度。

(二)不同的合约方式及其选择的制度体系

新制度经济学在合约方式的选择上有两个主要内容:自由契约与强制契约。自由契约是契约当事人依据自身利益最大化原则,在双方博弈的基础上达成的契约模式,其最大的特点莫过于双方基于各自最大满意度上的“自愿”二字。而后者则是按照事先设定的程序、格式、内容、条件、分配等契约内容进行签订,没有选择的余地,或者余地不大,或者至少有一些东西是不可以协商的。当然,后者还包括这样一种模式:契约的订立与解除的时间、方式等要素和内容的不可协商或者不可预知。

更多的经济学家认为,自由契约对于经济的发展和市场的完善相对于强制性契约而言在长期的时间内是更有效的。“市场合约的可选择就是资源所有者有权出错和纠错……也是市场经济保证资源有效配置最基本的机制”,这句话其实就是这种观点标本式的阐述之一。除此之外,科斯定理也认为,自由契约在特定条件下(交易成本为零)将可以调节经济生活的全部。对于强制契约,更多的看法是它的作用会因为它特定的实施环境、方式方法等的不同而不同。例如,林毅夫教授分析中国在1959~1961年中国的农业灾难时,就认为其中最重要的原因就是“退出公社自由”被限制甚至是禁止。

但是在普遍意义上而言,由于强制性契约的实施通常伴随的是强制性制度变迁,因此,有很大的可能性会使契约双方(或者一方)缺乏利益最大化的谈判机会,从而造成契约双方并不会因为契约而使得双方的效用总和达到最大化,这样就会造成社会的无谓损失,因此强制契约的效率性相比自由契约就差了很多。

实现交易成本的最小化是经济学的一个目标,而契约执行成本就是最重要的交易成本之一。自由契约由于完全出于自我效用最大化的原则,执行成本仅仅指履行合约的履约成本。与之相对应的是在强制契约下的契约双方由于并不一定可以达到这样的状态,就存在履约成本之外的额外成本,例如,毁约、中途终止履约、履约质量不达标准等,而另一方也会相应地支付额外的监督成本。在劳务合同中,如果雇员以“他并不满意的价格”被强制雇用,那么他就更趋向于减少劳动,而雇主则要以加倍的监督来促使他的工作。雇员的偷懒和雇主的监督就成为了“不理想价格”的交易成本,也是社会的额外损失。而如果双方以自由合约来实现合约的订立,那么这部分的交易成本将会被避免,至少会减少很多。

四、《劳动合同法》人力资本激励效应的经济学分析

我们将在上文叙述的分析框架下,分析出新法中本文关注的两大侧

重点对人力资本的激励效果。

(一)试用期中的信息博弈

人力资本在被雇佣后,其所有者会与其雇佣者订立雇佣合约,即劳动合同,双方从此按合同的规定进行履约,共同实现人力资本商品化和增值化的过程(这个过程也就是实现新价值创造与工资收入的过程)。劳动合同的核心内容之一是价格即工资。从经济学的角度看,工资的高低应该与人力资本的质量一致,但是关键之处在于人力资本的真正质量又只有其所有者知道,这是由其产权特征所决定的,即"人力资本天然属于个人"。但是由于雇主和雇员之间存在信息的不完全和不对称,结果导致了试用期的出现。在试用期内,人力资本雇佣者将考察对方人力资本的真正质量;而所有者则也会尽力考察雇佣者的承诺履行程度以及整个工作环境等。试用期完后,双方如果满意对方,则可以继续和完善这样的雇佣关系,实现各自效用最大化。否则,双方将停止合作,各自寻找各自的合约对象,实现社会资源配置上的"帕累托改进"。而无论是哪个结果,对于社会整体而言都是有效率的。

由此推广开,任何一个劳动契约的签约过程其实都是人力资本所有者与雇佣者双方的信息博弈过程,博弈的核心就是雇员真正的人力资本含量与质量以及雇主的真实价格底线。哪方对另一方信息的掌握更充分、完整,那么这方就能在博弈中占有先导权,从而使最后可能达成的合约更有利于自己。

但是对于个人而言,其人力资本却在每时每刻发生着变化,或增或减,而他自己会比其他人更明确这样的变化。当一个人的人力资本处于绝对上升时期时,那么他将会更倾向于签订短期合约,从而在下期签约时提高自己人力资本产权的收益。与之相反,则可能倾向于签订长期合约,以在成功实现"签订当前合约"的博弈后,获得超出自己人力资本真实含质量之外的收益。这样,我们就从信息博弈的角度证明了在长期劳动合约中,人力资本的发挥相对而言是更弱化的,因为一个人力资本处于上升阶段的所有者是不愿签订长期合约的。当然,个人会有这样的选择是基于他对生活的不满足和对实际利益的不断追求,对于因为人的性格爱好原因而进行的例外选择(比如,个人因为严重厌恶风险以至于放弃对更高职位的追求),本文认为应做例外讨论。

(二)"无固定期限合约"的经济学分析

"无固定期限合约"制度虽然并不是完全意义上的"终身雇佣制",但是由于在解除此类合同时,契约双方(主要是雇主)会受到一些有形或者无形的限制,例如,在员工没有出现法定解除合约事项的情况下,在员工不同意时,企业是不能解除劳动合同的。这样使得"无固定期限合约"制度成为了一项带有强制性合约色彩和特点的限制性合约制度。

在自由合约制度下,契约双方因为要不断进行合约的谈判和签订,所以要进行长期化的重复博弈。每次博弈都是一次简化的"试用期"过程:实现暂时效用的最大化(签约)或者实现人力资本的更好流动(不签约)。但是对于社会整体而言,无论是哪种结果都是最有效率的选择:如果双方签约,则可以实现双方效用最大化;如果不能签约,那么双方对于"合作者"的继续寻找可以使得社会的人力资本实现"帕累托改进"。在这种情况下,只能不断地使自己的人力资本含量或质量不断地增加,至少不能使原有数量随时间而贬值,这样才能在每次博弈时得到不少于上次的收益。否则,要么只能接受比上次签约时更低的价格,要么离职而去。但是离职同样存在巨大的自我损失,这包括重新寻找工作的成本,这段时间的机会成本,而且就算求职成功也不过是在另外一个地方重复上述的博弈行为罢了。而人力资本所有者此时可否运用"欺骗"(这里的"欺骗"是博弈的策略之一)方式来赢得后续博弈呢?答案是否定的,因为有了以前的合作,信息不对称与不完全问题已经在不断地弱化之中了。

但是在"无固定期限合约"制度之下,人力资本所有者的选择却不是这样的。在达到"无固定期限合约"规定的年限或者签约次数之前,人力资本所有者会采取"欺骗战略",使得自己的表现超过自己的收入,如长期无偿的加班。当"无固定期限合约"签订之后,他将在保证自己收益的前提下偷懒了,因为作为理性人,雇员总会实现自我效用的最大化,所以雇员在签订"无固定期限合约"后,当他认为他的收益趋于固定时,他选择偷懒也正是标准的经济学理性选择。此时,雇主若辞退员工将会面临巨额补偿(第47条、第87条),而保留他将会使得总的效率下降。而这两种损失同样都是作为社会净损失存在的。当然如果工资和职位有可能晋升,他还会不断地努力,因为他的“收益”还存在不确定性,而且他又无法控制这种不确定性。虽然雇主可以在试用期后选择辞退员工,但是由于新法对试用期内的工资支付予以了明确和较高的规定(第20条),这样就会导致雇主更倾向于减少用工或者更相信熟人的推荐,人力资本的自由流动就会受限制,社会人力资本的配置就无法达到最优。另外由于员工不可能愿意永远处于“试用期”状态,所以他总会选择在某一次实习期内采用“欺骗”以达到签订“无固定期限合约”的目的。

但是有人会认为雇主可以在试用期内及时发现不符合要求的雇员,并终止与其的继续合约。但是在信息不对等的情况下,发现真实信息是需要时间的,而且雇员会在这段时间内采取“欺骗”的博弈策略。而新法严格规定了不同契约条件下的试用期时间(第19条),同时首次签约一般都是短期契约,因而雇主首次试用期内发现雇员完全信息的可能性并不大。

我们在此综合以上两部分的分析:过度的试用期强制规定和“无固定期限合约”制度会使人力资本所有者采取“欺骗”策略来应对雇主,加重雇佣双方的成本负担,并不利于社会的整体利益和效率的进一步改进。现在我们将论证在长期中,人力资本所有者可能也不会从这样的契约规定中获益。

如图1所示,由于新法加大了雇主的试用期工资支付和经济补偿,在短期内,雇员获得了从雇主方转移来的利益,自身收益有所上升,但是在经过长期的调整后,雇主在企业效益稳定的情况下会选择裁员,这样就会使得社会的劳动需求下降。同样,雇员的供给曲线也会下降,因为他们在其他条件不变的情况下,总成本是下降了,比如,减少了失业的危险。因为需求曲线和供给曲线都下降了,所以社会均衡点从A点变动到了B点,雇员的工资收入由W降为了W′,雇员的现实收益下降了。[①]

---

① 这个模型虽然排除了很多的假设条件,但是却能直接地表达出长期状态下雇员的收益结果。在现实中,雇主的裁员会集中在低层次和低技术的员工部分,这部分人的失业会使社会贫富差距更加扩大,新法的另一个初衷目的——缩小收入差距——会更加难以实现。这也是劳动法学界以董保华教授为代表的“劳资双输论”观点的主要担心之处。

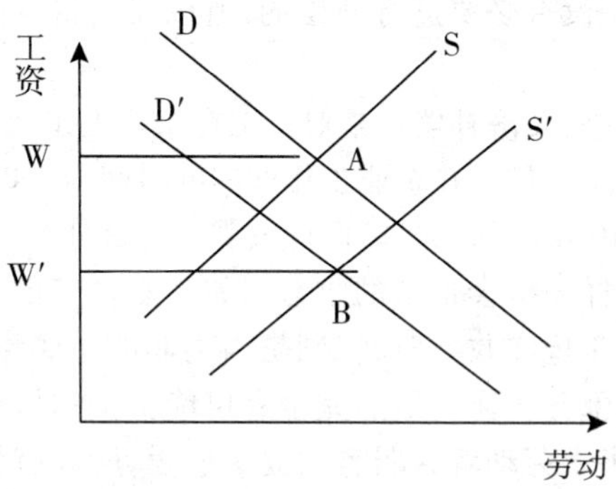

图1

从上面所有的分析我们知道,在强制性契约下,人力资本所有者会采取“欺骗”策略来达到签订“无固定期限合约”的目的。因为签订后,他可以获得一份无忧工作或者巨额补偿中的一个或多个好处。另外他甚至还可以得到“偷懒”的收益。因此人力资本所有者所面临的激励就会是负向激励,同时社会的整体效率也会出现下降,最终也会导致所有者收益的下降。同时我们发现,这种契约模式的一个“推进器”就是新法中规定的经济赔偿制度,但是在下面的分析中将会得出:以“月平均工资”为赔偿计算基数的经济赔偿制度是促进人力资本增值的一项有效措施。

(三)经济补偿的正向激励效应

政治经济学认为,资本家为了再生产,实现价值的完整增值,其核心之一就是要雇佣工人,用货币资本来雇佣劳动力,对于工人而言,这样的货币资本就是工资。当期的劳动付出换来的是当期所获得的工资。对于这点,西方经济学甚至将劳动作为直接生产的要素之一。

但是人力资本的正向激励又是怎样在工资收入条件下来实现的呢?答案是绩效奖金、股份分红、晋级承诺等。多数企业对于那些完成预定工作任务的员工予以重奖(有的奖金甚至远远超过工资),从而激励了员工主动释放自己的工作能力,并不断地提升工作技能,企业因此达到激励人力资本释放与增值的目的,自己的整体效益也不断上升。

但是经济补偿的产生似乎是与劳动—工资关系相冲突的,因为按照交换原理,雇主是没有必要进行补偿的,所以我们将首先给出经济补偿的经济学来源。

笔者的理解是,经济补偿就是对员工在企业工作期间机会成本和现实收益差额的补偿。员工在企业工作期间的时间内(如果要获得超额补偿,至少应该有10年时间),也就因此放弃了在其他行业、其他岗位获得工作的机会。这样的机会带来的收益损失就是员工的机会成本。当员工的机会成本大于现实收益时,特别是当离职的主要责任在于企业时,企业就得补偿这部分差额。虽然完全有可能员工的机会成本小于现实收益,但是新法出于劳动者为弱者的立法假设,所以就假设为机会成本大于现实收益。这样的立法假设由立法宗旨控制,本文不做探讨。

新法改变了旧法原有的经济补偿标准,大幅提高了补偿标准(最高可以达到3倍基准,双倍补偿)。最重要的是计算赔偿的基数是契约终止前12个月的平均工资,这个平均工资就是促进人力资本正向激励的关键。

一个理性的人会选择不断地提高自己的人力资本含量与质量,不仅可以在当期获得更多的收入,而且可以提高自己的“月平均工资”。这样当自己与雇佣者的契约关系终结时(特别是在被雇主辞退时),可以获得更多的赔偿。而人力资本所有者为了获得更多的赔偿而不断提高自己人力资本含量与质量的过程,恰恰也是他增加自己机会成本的过程:劳动者在其他岗位上不断地努力,提升自我,也可以实现自身实际收入的不断上升。总结而言,人们会在新法已经确定的补偿方式下,提升自己的人力资本含量与质量。因为经济补偿的计算方式提供了人力资本自我提升的可能。

我们的基础分析到此结束,但是新的问题是:同一部法律中存在不同的激励效果,那么对于整部法律而言,人力资本的激励效应是怎样的呢?这个问题存在不同的答案,原因是在具体实施中,当事人会根据自己的需要选择不同的法律侧重点,从而使得人力资本的激励会出现不同的效果(这可以归纳为“上有政策,下有对策”)。这样的不同体现在不同雇主、不同雇员在不同的时间、不同的合约阶段,会存在各自不同的选择,使得法律的实施不是全面和均衡的。[①] 但就普遍意义而言,由于收入和职位不可能永远都处于上升状态,所以"无固定期限合约"的"诱惑"是相对恒久和强势的,换言之,新法的人力资本负向激励效应应该会更多一些。

结语

本文从经济学的角度来分析《劳动合同法》对社会人力资源配置效率和人力资本激励的影响。文章的分析抽象掉了社会伦理、社会道德、政治统治、阶级斗争等非经济学因素,同时也抽象掉了立法过程中的立法伦理等因素。分析的目标是实现社会整体效率的最大化、社会资源配置的"帕累托改进",关注的核心是人力资本在《劳动合同法》的法律规范下有怎样的激励表现。结论是:"无固定期限合约"制度对人力资本激励起负向作用;过度的试用期规定起负向激励作用;以月工资为计算基准的经济补偿起正向激励作用;总体而言,《劳动合同法》的负向激励会更多一些。

【参考文献】

全国人大法律委员会关于《中华人民共和国劳动合同法(草案三次审议稿)》审议结果的报告,2007 年 6 月 24 日。

全国人大法律委员会关于《中华人民共和国劳动合同法(草案)》修改情况的汇报,2006 年 12 月 24 日。

《中华人民共和国劳动合同法》,中国法制出版社 2007 年版。

周其仁:《产权与制度变迁 中国改革的经验研究》(增订本),北京大学出版社 2004 年版。

考特、尤伦:《法和经济学》,上海财经大学出版社 2002 年版。

林毅夫:《制度、技术与中国农业发展》,上海人民出版社 1994 年版。

钱弘道:《法律的经济分析》,清华大学出版社 2006 年版。

---

① 其实这个问题是很突出的,新法实施的前后都有众多的公司、企业通过不同的方式方法来规避新法,裁员、以补偿来清零工龄、处理临时工等,都是这样的表现。而这样的表现不仅使得新法的实施大打折扣,还会导致对新法的不同程度的误读,而且从反面证明了新法的确可能存在一些问题。

关于社会救助工作的思考

李光宇* 白 林**

【摘要】 社会救助是一项基本的和重要的社会保障工作，也是一项重要的社会工作。在我国从传统社会向现代社会、从农业社会向工业社会、从封闭性社会向开放性社会的快速转型过程中，传统的社会救助工作遇到了前所未有的挑战，其价值取向、政策规范、救助方式、管理手段等，已越来越不适应社会发展的需要。笔者认为，要在社会转型的现代背景下，审视社会转型对社会救助工作带来的影响，以此改革创新社会救助工作，更好地发挥其在保障社会弱势群体基本生活权益、稳定社会秩序等方面的重要作用。

【关键词】 社会救助 社会分层 社会保障

一、社会转型对社会救助工作的主要影响

社会救助是指公民在不能维持其最低生活水平时，由国家和社会按照法定标准向其提供满足最低生活需求的援助。它以所有特困公民为对象，以保障其基本生活为目的，通过给予现金、实物和提供服务等多种方式实施救助，主要由灾民救助、最低生活保障、社会互助等组成。社会救助是解决群众生活困难最古老的措施，也是现代社会保障体系中最基本的项目，它与社会保险、社会福利等一起，构成现代社会保障制度。社会保障可以暂时没有社会福利，甚至也可以暂时没有社会保险，但是，不

* 李光宇，法学博士，吉林财经大学法学院副院长。

** 白林，吉林省编制办公室工作人员。

能没有社会救助,古今中外概莫如此。学界一般认为,我国社会转型是从1840年鸦片战争开始的,其中1840年到1949年为第一阶段,1949年到1978年为第二阶段,1978年至今为第三阶段,是快速转型期。社会转型既包括经济基础的变革,也包括上层建筑的调整,是社会、经济、政治和文化结构的整体变迁。当前我国社会转型主要表现为:一是在社会生产和生产力层次上,表现为经济增长方式由粗放型向集约型转变;二是在经济体制层次上,表现为由计划经济体制向社会主义市场经济体制转变;三是在上层建筑层次上,表现为由高度集权的传统政治体制向民主政治体制转变;四是在思想文化层次上,表现为反映自然半自然经济和计划经济体制的精神文化向反映社会主义市场经济的现代精神文化转变。笔者认为,社会转型对社会救助工作的影响主要表现在:

(一)从伦理社会向法理社会转型产生的影响

我国社会转型的一个主要特点是,传统与现代共同存在,共同作用,尤其表现在建设法治社会进程中,传统思想观念仍然起重要作用。中华民族历来有扶贫济困、乐善好施的传统美德,对贫困者给予同情、关怀和支持,这是我们做好社会救助工作的社会基础和群众基础,在社会转型期应予发扬光大。改革开放破除了绝对平均主义的观念,社会成员对贫困问题的价值判断发生一些变化,部分人比以前更多地看到了导致贫困的个人责任,认为贫困是由贫困者的"思想保守"、"观念落后"、"不思进取"和"过分依赖"等原因引起的,而忽视了引起贫困的社会因素。因此,在经济发展和平均收入水平提高以后,没有及时重视和协调好先富与共富的关系、效率和公平的关系,导致贫困问题比较突出。社会救助工作由于是对最为贫困的群体进行最为急迫、最为直接的救助,特别需要严密的法规。因此,在国际社会保障理论界,社会救助常常被称为"须经家庭经济情况调查的保障制度"。但是,我国社会救助工作法制建设严重滞后,不仅没有基本的《社会救助法》,而且也没有《赈灾法》,造成社会救助工作在实际工作中无法可依。例如,灾情核报的随意性很大,有的地方为了多要救灾款而夸大灾情,有的地方为了出政绩报喜不报忧。随着民主政治的发展,社会救助对象的民主和法治意识会普遍增强,他们维护自身合法权益的意识也会增强。因此,急需加强社会救助工作的法规建设,在社会全面转型的背景下,妥善解决效率与公平、经济竞争与社会关照等社会问题。

(二)社会政策转型产生的影响

一是改革开放后,我国的社会政策发生了很大变化,特别是在社会保障方面,不再追求高水平的社会保障模式,力图建立"低水平、广覆盖"的社会保障体系,将过去的国家福利和企业福利模式改为社会化的福利模式,在医疗、住房、教育和其他公共服务方面,不再由国家和企业承担全部责任,而是建立多方共同负责、多种机制共同作用的混合福利体系。尽管新的社会政策目标是要建立起适应社会主义市场经济的社会保障体系,但由于在新旧体制的转化中出现了一个制度空缺时期,未能及时地出台新的制度性框架,来防止社会转型过程中出现的失业下岗者和其他特殊困难者陷入贫困,造成社会救助目标弱化,救助平均水平降低,使其难以发挥较好的社会保护功能。二是有些政策难以适应实际工作需要。五保供养是随集体经济产生和发展的,长期以来,是作为以集体经济为基础的社会福利事业。目前,在集体经济十分薄弱、土地保障功能严重弱化的情况下,特别是农村税费改革后,五保供养工作遇到了前所未有的困难。因此,有必要对五保供养工作进行重新认识,不应再将其作为集体福利事业,而应属于农村社会救助的范畴。在此基础上,制定相应的救助政策。三是社会救助资金投入不足。近年来,吉林省国民经济呈现较大幅度增长趋势,但社会救助经费没有能够与国民经济的发展同步增长。当前,吉林省城市低保保障标准较低、保障面较窄的问题比较突出,其主要原因,也主要是由于保障资金投入不足造成的。四是社会支持系统的作用弱化。在计划经济条件下形成的社会救助优惠政策,如救灾粮、油、燃料、建材等物资,随着价格体制和流通体制的改革,能够安排的范围越来越小,价格也与市场价格相差无几。城市低保只能维持低保对象的基本生活,若要解决低保对象在就医、住房、就业、子女上学等方面的困难,需要政府有关部门和社会各界的支持,制定相应的优惠政策。但由于一些部门出于自身利益考虑,不愿出台优惠政策,制定、落实优惠政策的难度较大。

（三）社会分层和社会流动产生的影响

一是社会利益群体与社会阶层进一步分化。改革前，在高度集中的计划经济体制和社会管理体制下，国家是唯一的利益主体，不存在其他形式的利益群体。改革以来，随着资源配置方式的转变，利益主体逐步多元化，个人、组织、群体独立的利益主体地位得到强化，还出现了一些新的利益群体，如私营企业主。过去以身份为依据的社会分层逐步被打破，工人、农民、干部、知识分子等阶层分化加快，他们中的部分人沦为贫困的可能性增大。二是人口流动速度加快。2002 年，全国有九千多万农村劳动力进城务工经商，吉林省作为跨省流动的流出地。由于人口流动存在一定的盲目性和无序性，相应的法律保障和服务措施不健全，进城农民工成为社会的边缘群体，他们的合法权益容易受到侵害，极易沦为贫困群体。大量劳动力流出，对农业发展也产生一定的影响，给农村老年人的生活扶助和精神慰藉带来新的问题，社会救助任务进一步加重。

二、加强和完善吉林省社会救助工作对策

科学构筑吉林省社会救助体系，是解决转型期社会问题、维护社会稳定的迫切需要。这一体系应以自然灾害救助和城乡居民最低生活保障制度为主体，以社会互助为辅助，以临时救济为补充，以优惠政策相配套，以社区组织为依托，以维护和保障困难群众的基本生活权益为根本任务，坚持改革创新和社会化方向，不断提高社会救助水平。

（一）搭建一平台，发挥社区在社会救助工作的作用

随着我国社会转型，原来由国家和单位承担的相关社会功能逐步推到社区，社区的社会功能在迅速扩大。尽管近年来大力开展了社区建设工作，由社区组织来承担政府和单位的一些社会职能。但此项工作仍然处于初期发展阶段，社区掌握的社会资源还很有限，组织体系还不健全，从事社区工作人员的专业化程度还不够高，还不能完全承担起有关的社会职能。因此，要大力进行社区建设，重点突出社会救助的职能，积极建立社区化社会救助体系。目前要重点搞好社区服务组织体系建设，设立社区保障服务中心，为辖区居民提供社会保障事务服务；负责审核居民

享受社会救助的资格;组织社区有劳动能力的救助对象参加义务劳动,消除其“等、靠、要”依赖思想;设立捐赠接收站,搞好社区经常性社会捐助活动,捐赠的物品优先在辖区内贫困群体中调剂,低保对象可以凭救助卡选用捐赠物品;积极支持志愿者组织参与社区服务,从而建立一个以人为本、讲礼仪、重情谊、相互关心爱护的和谐社区。

(二)搞好两个转变,重新认识转型期的社会救助工作

1. 转变社会救助工作的价值取向。一是由恩赐观念向权利观念转变。传统社会救济含有明显的恩赐观念,救助者常常以观世音自居,受救助的群众往往感恩戴德,这种行为是与现代社会救助有着本质区别的。对于国家和社会来说,实施社会救助是其应负的由法律规定的社会责任,而不是自上而下的恩赐;对于公民来说,获得救助是其应享有的受法律保护的基本权利。随着人们思想观念的转变,法律意识的增强,要用具有现代意义的“社会救助”取代传统意义的“社会救济”,以转变传统的恩赐观念。二是以物为本观念向以人为本理念转变。长期以来,在人们的思想和行动上,社会救助工作的主要任务似乎就是分配款物,往往把争取上级的救助资金作为一项中心工作,一旦款物分配完毕,救助过程也就结束,使社会救助工作的重心转向了以物为本。随着经济全球化的发展,要从维护人权的角度认识社会救助工作,弘扬以人为本的现代理念,使救助对象的生存权、发展权得到应有保护。

2. 转变社会救助工作的行为取向。长期以来,我国社会救助的行为取向突出表现为特殊主义,不是按照社会成员的实际困难程度进行救助,而是划分成若干群体,分不同对象实施救助,造成同属国家一员,而在救助待遇上却千差万别。例如,由于城乡二元结构的存在,社会救助也存在严重的城乡差别。改革开放以前,由于城市居民社会福利较高,职工工作、生活都比较有保证,因此,社会救助的重心在农村。近年来,随着国企改革深化,城市下岗失业人员增加,贫困人口增多,城市社会救助工作日益受到重视,而农村社会救助工作则止步不前。再者,城市农民工是社会的边缘群体,城市、农村社会救助都没有把他们列入,属于被人遗忘的群体。因此,社会救助的行为取向要由特殊主义向普遍主义转变,不分种族、身份、职业等,在获得社会救助方面一律平等。

（三）构筑三个体系，促进社会救助工作的全面发展

1. 积极推进依法行政，完善政策法规体系。依法行政是依法治国基本方略的重要组成部分，反映了政府运作方式的基本特征。近年来，城市低保的立法工作取得了重要突破，1999 年国务院颁布了《城市居民最低生活保障条例》，使城市低保工作的法制化建设迈上了一个新台阶。但是，自然灾害救助、农村社会救助还没有相应的法规出台。为此，各级政府社会救助主管部门必须实施依法行政战略，要抓紧制定急需的地方性法规，及时修订不适宜的法规，搞好法规、政策之间的衔接；要严格依法办事，全面提高依法行政的水平；要积极推行政务公开，转变职能，改变管理方式，增强服务意识，提高办事效率；要加强监督，确保法律、法规、规章和其他政策措施得到统一、公正、合理的实施。

2. 科学运作，完善社会救助管理体系。（1）强化政府的主体地位。社会救助对象是社会最为贫困的群体，可以说，没有政府和社会的救助，他们就无法生存。因此，保障他们的基本生存权，是每一个政府义不容辞的责任。目前，政府在五保供养、农村特困户救助等方面的主体作用发挥不够。要强化政府在社会救助组织、管理、监督和财政投入等方面的主体作用，逐步形成政府投入为主、集体补助为辅、社会共同参与的救助机制。（2）探索建立科学的管理机制。可实行普遍性和专门性相统一的社会救助双层体系，将社会救助对象分为两个层次，一是救助对象为城乡所有贫困者，为因各种原因而陷入贫困者提供救助，以涉及面广为特征，具有普遍性特点；二是救助对象为已经完全丧失劳动能力、没有家庭收入和其他收入来源的人，以受益对象的专门性为特征，具有专门性特点。这样划分，既能对所有贫困者进行救助，又能对特困户进行重点救助。（3）建立起规范的社会救助款物管理机制。各级政府要建立社会救助基金，强化财政预算，加大财政投入，增强社会救助的资金保障能力；社会救助资金要实行专户管理，确保资金不被挤占、挪用、贪污等现象发生；在资金的发放上，引入民主决策机制，由群众代表评定困难户，提高资金发放的透明度，解决优亲厚友等问题的发生；进一步探索和完善低保金社会化发放途径，推广由银行、邮局等网点发放低保金的做法；搞好政府有关职能部门、社会舆论和新闻媒体对社会救助资金的监督。

(4)加大社会救助工作的科技含量。建立比较完善的贫困指标监测和评估网络,运用现代技术手段,通过严格的家庭收入调查和计算,准确核实贫困家庭的经济状况和实际生活水平,制定科学的最低生活保障线和救助标准,为准确实施社会救助提供保障。建立灾害管理系统和救灾辅助决策支持系统,制定灾害评估、统计、紧急救援办法,探索灾情科学预报、评估、合理分配救灾款物的新途径,不断提高灾害救助的科学化管理水平。

3. 建立有效的社会支持体系。对处于贫困之中的人员,单靠政府救助解决不了他们的所有困难,必须发动社会力量,开展社会帮扶活动,为他们提供必要的服务。政府在社会救助对象就业、职业培训、自谋职业等方面制定优惠政策;积极引导、鼓励慈善团体等非营利组织参与社会救助工作;组织、提倡开展多种形式的帮扶解困活动,如社区救助服务、志愿者活动、扶贫济困送温暖活动等。发动社会力量,搞好救助对象在医疗、教育、住房、司法援助等方面的专项救助。在教育方面,通过减免学杂费、奖学金、教育贷款和勤工俭学等方式,解决贫困家庭学生的上学问题;在医疗方面,建立起专门服务于贫困群众的医疗补助、费用减免制度,确定医疗救助定点医院,确保他们能够获得最基本的医疗服务;在住房方面,要通过实施"安居工程",为贫困群众提供廉价住房,廉租住房,使其居有住所;在司法救助方面,为贫困群众提供法律服务并免收、减收费用,切实维护其合法权益。

"三农"问题

农民工社会保障权保护的法律思考

王晓红[*] 周 薇[**]

【摘要】 随着我国经济快速发展，社会结构的转型和城镇化进程的不断加快，农民工的社会保障问题逐步凸显。农民工的出现，是农村富余劳动力向非农产业和城镇转移，是工业化和现代化的必然趋势。一方面，农民进城务工就业，促进了其收入的增加，农业和农村经济结构的调整；另一方面，也促进了城镇化的发展，促进了城市经济和社会的繁荣。但是，与农民工为社会经济发展所做出的巨大贡献相比，农民工的社会保障权却没有得到相应的保护，其医疗保障、失业保障、工伤保障基本处于真空状态，这对数以亿计的农民工来说，是极不公平的。本文就如何加强对农民工的社会保障及实现其应有的社会保障权进行了初浅的探讨，以求在法律制度的建设与完善上使广大农民工真正从中受益。

【关键词】 社会保障 社会保障权 农民工 权益

一、农民工社会保障权法律保护的必要性

（一）农民工社会保障权的法律保护是切实保障农民工合法权益的必然需要

我国农民工总量规模十分庞大。在市场经济的大潮推动下，很多农民为改善自己的生活境遇，离开故土来到城镇务工。据统计，在20世纪末期，城乡之间的流动人口已经常年大致为5千万至7千万人之间。社

* 王晓红，吉林财经大学法学院教授。
** 周薇，吉林省国税局工作人员。

会进入21世纪以来，进城打工的农民工约有9400万人，在乡镇企业从业的职工约12,800万人，失地农民约2400万人，将三者统称为农民工这一总数超过2亿人。

在我国计划经济体制下建立起来的二元制城乡经济社会结构至今仍然在很多方面制约着我国社会经济的全面协调发展。广大农民工在这种经济社会结构和严格的户籍制度束缚下合法权益得不到应有保障，时常受到一些不公正的待遇，被一些城市人视为“二等公民”，成了“边缘人”和“被政策遗忘的角落”。他们往往干着城里人不愿干的最脏、最累、最苦、最危险的工作，但却不能和城镇居民一样享受医疗、工伤、养老、失业、住房等各项社会保障待遇，这使他们的权益难以得到应有保障。他们当中的很多人由于缺乏必要的劳动保护措施而成为工伤事故和职业病的受侵害主体，遭遇这样的不幸的农民工由于享受不到国家规定的工伤或医疗保险待遇，不少人不得不将辛苦劳动所得全部花费在治病上，甚至为此导致倾家荡产。从农民工所从事的职业上看，吸纳他们最多的是建筑业，已达到了从业人员的90%，煤矿采掘业达到80%，制造业达到60%。总体上看，这些行业都属于劳动密集型，且职业风险较高。调查显示，有91.6%的工伤者是农民工。除频繁遭遇工伤事故外，农民工同时还面临多种职业病危害。农民工在没有任何防护情况下从事有毒有害作业已成为普遍现象，患职业病和职业中毒的外出务工人员较为常见。2004年5月，卫生部公布了全国乡镇企业、农村个体工商户职业病危害专项整治工作情况。据全国29个省、自治区、直辖市的不完全统计，专项整治共检查用人单位218,356户，检测单位53,460户，其中合格的22,711户，仅占检测总数的42.5%；不合格的30,749户，占检测总数的57.5%。其中，违反《职业病防治法》的统计情况显示，未申报职业病危害项目的62,069家，占检查总数的28.43%；卫生管理制度不健全的54,314家，占检查总数的24.20%；未配备个人防护用品的38,504家，占检查总数的17.63%；未开展卫生培训的45,756家，占检查总数的20.95%。我国职业病发病数仍在增长，2002年全国职业病发病总量较2001年增长13%，其中尘肺发病数占到总量的83%，慢性职业中毒占到9%。近些年，随着我国工业的快速发展，当传统职业病还在肆虐的同时，新职业病种类也在迅速增加，发生中毒的行业也在扩展，如电子、五金电机、制鞋、印刷、宝石加工等行业都出现了职业病，连以前较少发生职业病的制衣业也因为化学品的使用而出现了职业病，而这些行业都是农民工密集行业。

另据调查显示，33%的农民工在城市里有过失业的经历，失业期间，多数人是靠自己过去的积蓄生活，只有14%的农民工会回家务农。72.5%的农民工工资遭到不同程度的拖欠，全国拖欠农民工工资达1000亿左右，有36.4%的农民工生过病，甚至多次生病，他们生病后有59.3%的人没有花钱看病，而是硬挺过来；有40.7%的人花钱看病，但看病支出绝大部分是自费，用人单位为他们支付的费用不足实际看病费的8.3%。因此，为切实保障农民工的切身利益，将他们纳入我国社会保障体系不仅非常必要而且也十分紧迫。

（二）农民工社会保障权的法律保护是维护良好社会秩序和社会稳定的必然需要

随着我国社会主义市场经济体制改革的不断深化，社会成员之间的收入差距不断扩大，社会逐步分化出一些不同的阶层，这是当今的社会现实。而农民工群体大多集中于劳动密集型企业，劳动强度大，工作环境艰苦，缺乏基本的安全保护，工资水平很低又不能及时领取。他们生活贫困，社会地位卑微，在城市里经常会受到排挤和歧视，侵害农民工合法权益的现象屡见不鲜。这个中国最大的弱势群体目前从总体上讲还被置于国家社会保障安全网之外，农民工们只能靠自身和家庭承受着生活中不能承受之重，并且承受着来自社会、心理等方面的巨大压力。这样的弱势群体很容易对生活境遇和社会地位强于他们的其他社会群体产生敌视和仇视心理，当他们对社会感到绝望时，就会对社会治安和社会稳定构成很大威胁，带来严重隐患，使整个社会的安定团结局面受到很大冲击。邓小平同志曾讲，“中国的问题，压倒一切的是稳定。没有稳定的环境，什么都搞不成，已经取得的成果也会失掉”。因此，通过完善社会保障法律制度，为农民工提供必要的工伤、医疗、失业及养老保障，不仅有利于更好地管理这一特殊群体，而且有利于消除安全隐患，维护社会稳定。

(三)农民工社会保障权的法律保护是加快我国城市化进程、推动城乡经济统筹发展的必然需要

为了实现构建社会主义和谐社会的目标,我国在"十一五"期间的主要任务之一就是要进一步加快城市化发展进程,推动城乡经济统筹发展。城市化是衡量一个国家或地区经济发展和社会文明程度的重要标志,其实质是人口从农村向城市转移。我国1990年城市化率达18.96%,2003年中国城市化水平已经达到37%。目前,世界城市化平均水平是47%,发达国家城市化率高达90%。与世界发达国家城市化平均水平相比,我国仍有较大差距。然而,从改革开放后我国城市化发展进程看,其发展势头之猛、推进之快居世界前列。据《2001~2002中国城市发展报告》预测,到2050年中国城市人口将达11亿~12亿,这就意味着今后每年将有1200万农民工转化为城镇居民,其中主要是农民工的转化。

长期以来,由于我国既没有建立起独立的农民工社会保障法律制度,也未能将他们纳入城市社会保障体系之中,因此难以有效解除农民工的后顾之忧,难以让他们真正摆脱对土地保障的最后依赖,难以促进城乡劳动力资源的优化配置和城乡统一劳动力市场的尽快形成。在这种状况之下,我国城市化进展缓慢,城乡差距继续逐步扩大。建立农民工社会保障制度,既能够使农民工在风险事故发生时及时得到一定的经济补偿,同时也能够增强他们在正常生产劳动过程中的安全感,使他们能够安心工作,真正融入城市社会。因此,建立健全农民工社会保障法律制度,有利于转移农村剩余劳动力,推动我国城市化的发展。

(四)农民工社会保障权的法律保护是彰显社会公平、促进经济社会和谐发展的必然需要

胡锦涛总书记在《关于构建社会主义和谐社会的讲话》中指出,只有切实维护和实现社会公平和正义,各方面的社会关系才能协调,人们的积极性、主动性、创造性才能充分发挥出来。和谐社会的主要特征可以概括为"民主法治、公平正义、诚信友爱、充满活力、安定有序和人与自然和谐相处"。可以看出,民主法治、公平正义是和谐社会最重要的两大特征,而在我国当前社会生活中,包括社会保障权利在内的农民工合法权益往往得不到有效保障,从而使社会公平与正义得不到全面体现。

农民工之所以成为一个特殊群体,并且没有被纳入到国家社会保障安全网之中,原因是多方面的。其主要原因是:一方面,从职业来看,他们已不是农民,而是在城市打工的“工人”;另一方面,从身份来看,他们又保留着农村户口,不是真正意义上的城市人,他们介于农民和工人之间。这就使得现有的无论是针对农民的社会保障制度,还是针对城市居民的社会保障制度,都不完全适用于他们这个群体。社会保障属地化管理及城乡社会保障制度的脱节是影响农民工社会保障权益得以维护的重要障碍。然而,根据我国宪法和法律,公民在法律面前一律平等,法律赋予每一个公民的权利都应得到充分的尊重和保护,更何况从农民工的工作性质和环境等方面来看,他们又是特别需要保障的一个群体。建立健全农民工社会保障法律制度,使他们的合法权益得到有效维护,使为我国经济建设与发展做出巨大贡献的农民工也能和其他社会成员一样平等地分享改革开放事业取得的丰硕成果,可以更好地彰显社会公平与正义原则,同时也可以极大地调动他们的劳动生产积极性和创造性,进一步促进我国的社会主义现代化建设。“西方发达国家市场经济的发展实践表明,离开了社会保障体系的润滑与维系,市场经济就可能走向价值规律的极端,竞争终将结下难以下咽的苦果,整个社会经济秩序可能陷入极度混乱之中”。因此,健全的社会保障法律制度尤其是健全的农民工社会保障法律制度,应当是市场经济不可或缺的组成部分,它维系并推动着市场经济的发展。因此,对已经在城镇中就业的农民工给予社会保障是城市政府的责任。给予外来劳动者以当地水平的社会保障,或者给予他们以合理差别为基础的相应水平的社会保障,既是对他们为本城市所做贡献的政治认可,又是促进本城市经济发展的一个动力,更是法律平等保障原则的要求。①

① 就社会保障的经济分析来看,有研究者指出:缺乏对农民工的养老保障将影响劳动密集型制造业的进一步发展。他们认为,目前中国的城乡之间形成了青年劳动密集型制造业与低收入农业的互补机制。务工收入使得民工家庭在农业收入很低、入不敷出的条件下,能够维持家庭生活;而回乡后有地可种又使劳动密集型制造业企业可以无后顾之忧地解雇进入中年的民工。其结果是再生产出新一代民工,使得低收入农业与低成本青年劳动密集型制造业得以维持。

二、农民工社会保障权保护缺失的制度分析

农民工社会保障权益在现实生活中得不到有效的保证和落实,原因是多方面的。从制度的视角分析,主要有以下几个方面:

我国的法律制度也产生形成于二元社会背景之下,在关于农村、农民、农民工的有关立法问题上存在其不可克服的缺陷。这些缺陷和局限性,使法律平等公正大打折扣。具体来说:

(一)立法位阶低,效力等级不高

改革开放以来,我国政府及其部门先后出台了一些有关城镇职工养老、工伤保险、医疗保险、最低生活保障等方面的法规,例如,在养老保险方面,制定出台了:《国务院关于企业职工养老保险制度改革的决定》(1991年6月26日)、《企业职工养老保险基金管理规定》(劳部发117号)、《国务院关于深化企业职工养老保险制度改革的通知》(1995年3月17日)、《国务院关于建立统一的企业职工基本养老保险制度的决定》(1997年7月16日)、《关于完善城镇职工基本养老保险政策有关问题的通知》(劳社部发20号)、《关于非全日制用工若干问题的意见》(劳社部发12号);在工伤保险方面,出台了:《工伤保险条例》(2003年4月16日国务院第5次常务会议通过、2003年4月17日国务院令第375号公布)、《关于农民工参加工伤保险有关问题的通知》(劳社部发18号)、《非法用工单位伤亡人员一次性赔偿办法》(劳社部发19号)、《关于非全日制用工若干问题的意见》(劳社部发12号);在医疗保险方面,颁布了:《国务院关于建立城镇职工基本医疗保险制度的决定》(国发44号)、《关于非全日制用工若干问题的意见》(劳社部发12号)、《关于城镇灵活就业人员参加基本医疗保险的指导意见》(劳社厅发10号),等等。但这些社会保障立法主要是行政法规和部门规章,有的是通知,有的是决定,不仅法律效力等级低,而且其权威性不够。

(二)农民工社会保障立法多是空白,且现有立法操作性不够

我国《宪法》第45条明文规定,中华人民共和国公民在年老、疾病或者丧失劳动能力的情况下,有从国家和社会获得物质帮助的权利。国家发展为公民享有这些权利所需要的社会保险、社会救济和医疗卫生事

业。根据《宪法》规定，农民工作为一个公民应该享有与城镇职工同等的社会保障权利。但目前我国出台的有关社会保障法律法规主要是针对有城镇户口的职工，有关农民或农民工社会保障的法规几乎没有。虽然很多法规规章也都规定各类企业职工都要参加社会保障，但语言模糊，实践中农民工由于没有城镇户口，参加社会保障受到很大限制。即使有的规章，如2004年劳社部发布的第18号文件《关于农民工参加工伤保险有关问题的通知》(以下简称《通知》)对农民工社会保障问题做出了规定，但使用的大都是口号性或号召性的语言或参照或比较原则的规定，操作性不强，同时又由于这些规章效力低，在实践中很难执行。例如，该《通知》第3款规定："用人单位注册地与生产经营地不在同一统筹地区的，原则上在注册地参加工伤保险。未在注册地参加工伤保险的，在生产经营地参加工伤保险。农民工受到事故伤害或患职业病后，在参保地进行工伤认定、劳动能力鉴定，并按参保地的规定依法享受工伤保险待遇。"按此规定，如发生工伤事故，以参保地的规定享受工伤保险待遇低，不能支付其在事故发生地的费用怎么办？对此，该《通知》未做出规定。再者，该《通知》对农民工参加工伤保险的规定主要是针对2004年某些行业的突出问题做出的，那么下一年度或以后年度怎么办？在其他行业务工的农民工又怎么办？对此，该《通知》也未给予明确规定。《通知》针对一些问题如1至4级伤残农民工一次性享受工伤保险长期待遇的具体办法和标准只是原则性规定，由省(自治区、直辖市)劳动保障行政部门制定，报省(自治区、直辖市)人民政府批准，没有规定一个统一的标准。再如，在工资支付方面，对拖欠、克扣工资等行为，只设定了50%到一倍的赔偿金；对企业主拖欠、克扣工资后逃匿等行为没有强制手段。对恣意延长劳动时间、不依法提供劳动保护措施的行为缺乏强硬的处罚措施，如此等等。当然有规章规定总比没有规章好，但类似这些原则性的规定，其作用的发挥十分有限。

(三)有些制度规定缺乏公平性，容易产生新的矛盾和问题

例如，广州要求企业为工龄达到5年的农民工购买"三金"，个人缴费部分在当月工资中扣除。这个规定在一定程度上满足了农民工的权利要求，缓解了农民工与城市社会的矛盾，但这种制度的实施缺乏公平

性。第一,不同的企业、单位保障标准不一,同一企业中也存在不同工种和岗位不同的保障待遇,这就人为地将企业和劳动者划分了等级,从而产生新的问题。第二,一些农民工为了获得保障,牺牲利益驻守同一单位,而一些企业为了逃避责任,在第四年以各种理由与农民工解除签约,造成更大的不公平和社会矛盾。再如,《通知》第4款规定,对跨省流动的农民工,即户籍不在参加工伤保险统筹地区(生产经营地)所在省(自治区、直辖市)的农民工,1至4级伤残长期待遇的支付,可试行一次性方式支付和长期支付两种方式,供农民工选择。一次性享受工伤保险长期待遇的,需由农民工本人提出,与用人单位解除或终止劳动关系,与统筹地区社会保险经办机构签订协议,终止工伤保险关系。由于1至4级伤残农民工一次性享受工伤保险长期待遇的具体办法和标准要由各省(自治区、直辖市)劳动保障行政部门制定,报省(自治区、直辖市)人民政府批准,没有一个统一的标准。这项规定对于一次性支付不能满足参加工伤保险统筹地区所需费用而又想继续务工的农民工来讲显然不公平。这和前一时期一次性买断工龄而将企业职工推向社会类似,与以人为本的理念相悖。

(四)劳保监察执法能力不能适应社会需求,执法效率不高

目前全国各地劳动保障监察专职人员合计为1.7万人,而全国用人单位约2700万户,涉及劳动者近三亿人,平均到每名监察人员身上,是1600户用人单位和17,000名劳动者,社会效果可想而知。另外,劳动争议仲裁缺乏独立的办案机构,加上办案人员编制、经费得不到有力保障,严重影响了办案效率和质量。此外,法制宣传的力度不够,尚未在全社会形成强有力的维护农民工权益的舆论氛围,也影响了执法效果。

(五)有法不依,执法不严现象依然严重

一些用人单位不按国家有关规定要求与农民工建立劳动关系,要么不签合同,要么采取口头约定或者签订“生死合同”等形式来规避法律责任,减轻自己义务。据劳动和社会保障部2004年在全国40个城市的专项调查显示:农民工劳动合同的签订率仅占12.5%;因劳动合同问题引发的上访占全部上访比例的18%。非国有企业单位及其企业主不依法缴纳农民工社会保障费较普遍。目前,企业为打工者办理社会保险的

比例甚低，办了养老保险的仅占3.9%，办了医疗保险的占11.9%，办了工伤保险的占25.4%。1999年1月22日国务院发布的第259号《关于社会保险费征缴暂行条例》规定的基本养老、基本医疗保险、基本失业保险费征缴范围主要是：国有企业、城镇集体企业、外商投资企业、城镇私营企业和其他城镇企业及其职工，实行企业化管理的事业单位及其职工，并明确规定本条例所称缴费单位、缴费个人，是指依照有关法律、行政法规和国务院的规定，应当缴纳社会保障费的单位和个人。该条例没有明确将农民工的社会保障费用征缴规定在内。2004年劳动社会保障部发布的第18号《关于农民工参加工伤保险有关问题的通知》虽然对农民工参保做出规定，但由于这只是一个部门通知，其法律效力远远低于国务院颁布的行政法规。因此，实践中非国有企业单位及其企业主以种种理由不缴或少缴社会保障费用现象屡屡发生，使得农民工在发生工伤事故时，其权益得不到有效保障。

（六）农民工参保的积极性不高，维权意识不强

北京市2001年制定了《北京市农民工养老保险暂行办法》（以下简称《办法》），规定了用人单位必须每月为农民工上缴数额为上年职工月最低标准19%的养老保险金，农民工的缴费为北京市上年职工月工资标准的7%（以后逐步升为8%），社会保险经办机构为农民工按缴费工资基数的11%建立养老保险个人账户。考虑到农民工的流动性，该《办法》对农民工转换工作或者回农村导致的保险关系的变更或终止也做了规定，但多数农民工宁愿多要工资也不愿意缴付养老保险费。其原因主要有：农民工自身缺乏长远社会保障和维权意识；企事业单位消极对待；感觉难以兑现承诺；异地路途遥远、保险费数额较小；企业效益差、工资收入低，缴费比例超出某些企业和农民工能够和愿意承受的程度；国家相关部门与机构管理不完善，相关制度在农民工心中权威和信誉不高；其他地区没有相应的制度与其衔接等。与北京实行类似政策的地方，例如，东莞、深圳也是“有始无终”，每年都有大量的农民工在春节前后办理退保手续。农民工参加社会保障的积极性不高，据劳动和社会保障部调查，全国农民工的参保率不足40%，据有关专家估计，实际的数字还要低5～8个百分点。

三、完善农民工社会保障权法律保护的基本路径

进城务工人员社会保障制度的缺失给社会的发展带来的一系列问题已如上述，这些问题的解决离不开经济发展和法律制度的健全，其中建立进城务工人员的社会保障法律制度是必须采取的措施之一。

(一)借鉴东亚新兴工业化国家和地区的经验

第二次世界大战后初期，东亚新兴工业化国家和地区(包括新加坡、韩国、我国香港特别行政区、我国台湾地区)普遍积贫积弱。为了迅速摆脱困境，实现“赶超型”的现代化，这些国家和地区普遍采取了“高增长，低福利”的发展方略，以使经济发展的成本最低化，经济效率最大化。

在新加坡，20世纪五六十年代，社会保障制度的建立与恢复和发展经济相比，几乎处于微不足道的地位，社会保障制度覆盖面窄，实施程度差。20世纪70年代，是新加坡经济高速发展时期，由于仍然将经济增长置于首要地位，因而整个70年代中央公积金制度没有丝毫发展。20世纪80年代以后，新加坡进入中等发达国家行列，1981年，中央公积金提供家庭保障，1984年提供医疗保障，1987年提供退休保障。

20世纪末，东亚新兴工业化国家和地区的人均收入都已经达到了9656美元这一世界银行制定的高收入国家和地区应当达到的水平。但是，例如，在韩国，虽然经济有了大幅度发展，社会弱者的生活水平却没有得到实质性改善。轻视社会保障制度建设的危害性，在1997年的亚洲金融危机中得到充分的暴露。在这场危机中，数以千万计的工人和管理人员失去了职业，千百万低收入工人和新兴的中产阶级跌落到了社会底层。韩国仅在1998年就有一百多万人口失业。他们平时勤奋工作，拼命攒钱，当危机发生时，他们失去工作，储蓄贬值。东亚奇迹几乎在瞬间化为泡影。在西方福利国家，失业带来的不良后果是生活水平下降和自尊程度降低。而在没有成熟的社会保障制度的东亚国家和地区，失业往往意味着迅速跌入贫困的深渊。这种状况对日后国家发展所产生的负面作用逐渐被有识之士所认识。直到1995年，韩国政府将社会保障范围强制性地覆盖到了农民、渔民和农村自雇人口身上。

从东亚新兴工业化国家和地区的历史经验来看，社会保障制度对于

社会安全和经济发展具有重要作用。而且，世界范围经济发展的历史表明，一个成功的经济成长政策应该是在促进经济增长的同时，建立起一套可以保障劳动力发展的社会福利系统和人民能够安居乐业的社会保障系统。社会保障水平的提高可以维持社会安定，缓解社会冲突，从而降低现代化的社会成本。例如，完善的社会保障可以减少罢工，而罢工通常被认为是丧失经济福利和资本效率的一个重要原因。再如，只有拥有高教育水平的健康的劳动力才能更好地推动经济增长，因此，政府必须保证低收入家庭具有一定的购买能力。由于人不具有先见之明，无法预料将会发生的事情，所以，人们都希望得到尽可能多的保障，以消除对于疾病、伤残、贫困的恐惧感。政府只有将“人的安全”置于重要的地位和实施“以人为本”的发展战略，才能建立完善的社会保障制度，使人们老有所养、病有所医，从根本上消除对未来可能遭遇的厄运的不安全感和恐惧心理。

（二）根据农民工群体的特点分层分类完善相关立法

农民工是一个特殊社会群体，这个群体的构成比较复杂，他们中既有常年在城市务工，收入相对稳定，只是没有城镇户口者；也有虽长期在城市务工，但工作极不稳定，流动性很强者；还有只在农闲时节出来到城市打工者。农民工群体的这一特点决定了我们必须合理制定社会政策，①有针对性地分层分类建立农民工社会保障法律制度。

另外，由于农民工从事职业性质的特殊性以及面临的生活境遇和社会风险的特殊性等，决定了他们急需某些社会保险项目的保护，而我国的经济发展现状和政府财政能力也决定了我们不可能一蹴而就地建立起险种十分完备的农民工社会保障体系。在这种背景下，首先，我们应该建立起农民工工伤保险法律制度，并在实践中强制推行，以有效化解农民工所面临的来自工伤事故和职业病的高风险。其次，我们应该建立农民工医疗保险法律制度，防止因病致贫、因病返贫现象在他们身上发生。在保障了农民工生命和健康权益的前提下，有条件的地区可再相继

① 社会政策，是指以公正为理念依据，以解决社会问题、保证社会安全、改进社会环境、增进社会的整体福利为主要目的，以国家的立法和行政干预为主要途径而制定和实施的一系列行为准则、法令、条例的总称。

建立农民工养老保险等法律制度。

我国对农民工劳动权利保障制度的建构经历了一个从无到有的建设过程，经历了从制定专门的法律而实行区别对待到同样适用《劳动法》保护的过程。当前正进入一个从有差别地对待逐渐向与城镇职工同等对待的阶段。劳动和社会保障部2004年出台《关于农民工参加工伤保险有关问题的通知》后，各地综合本地特点制定了相应的政策措施和实施办法。以北京为例：北京2004年7月出台了《北京市外地农民工参加工伤保险暂行办法》。该办法规定，本市行政区域内的各类企业、有雇工的个体工商户以及在外省市注册、在京从事生产经营活动的企业，用人单位必须为招用外地农民工办理参加本市工伤保险手续。外地农民工参加工伤保险，由用人单位缴纳工伤保险费，农民工个人不缴费。用人单位未给外地农民工缴纳工伤保险费，或者未按规定的标准支付工伤保险待遇的，外地农民工可以向用人单位在本市生产经营地的区县或者市劳动保障行政部门的劳动监察机构举报。由此产生争议的，外地农民工可以向用人单位在本市生产经营地的区县劳动争议仲裁委员会申请仲裁。同时，北京市还出台了《北京市施工人员意外伤害保险办法（试行）》。近年来，北京市把农民工作为该市工伤保险阔面工作的一个重点来大力推进，使农民工在该市务工期间受到事故伤害或患职业病和患大病的问题得到了较为妥善的解决，保护了农民工的合法权益。2004年9月，北京市出台了《北京市外地农民工参加基本医疗保险暂行办法》，规定北京市行政区域内的用人单位和未在注册地为农民工办理相关手续的外地注册用人单位招用外地农民工，应当到所在区县的社会保险经办机构为其办理参加基本医疗保险手续，相关保险费由用人单位缴纳，农民工个人不缴费。

2005年12月，北京市劳动和社会保障局发布了《北京市农村社会养老保险制度建设指导意见的通知》，该通知规定，城乡养老保险可以互相转移，已参加该市城镇企业职工基本养老保险的农民工，达到退休年龄时，可将其参加城镇企业职工养老保险的个人和单位缴费，全部划转到其户口所在区县农村社会养老保险管理机构，建立个人账户，享受按月领取农村社会养老保险金待遇，实现城乡保险的相互衔接。基于各地在养老保险方面的实践经验,2005 年国务院出台了《国务院关于完善企业职工基本养老保险制度的决定》。①

(三)改革现有户籍制度

我国的户籍制度除了证明公民身份、提供人口统计资料,以及为社会安全秩序的管理提供便利以外,它还具有控制人口迁徙,只为具有当地户籍的人口提供福利权益的作用。我国正在进行的户籍制度改革主要针对的就是户籍制度所具有的后两种不适宜当前发展需要的功能。当前户籍制度改革——户籍准入制度改革——的受益者主要不是普通的流动人口,更不是贫困人口,而是各个地方政府所重视的专门技术人才。有学者就指出,人口迁出地与迁入地之间存在结构性的矛盾,即迁入地希望迁入的人口是能够为本城市的发展提供新鲜力量的人,而不是那些毫无技能、只能增添城市公共物品供应负担的劳动力,如那些需要社会救济的贫困人口。而迁出地则希望将那些缺乏生存手段的人口流动出去从而减少自己的社会负担,并尽力阻止本地区有用人才的流出,以免自己的发展受阻。总之,各地方政府总是千方百计地保护和扩展自己的地方利益。

从形式上取消城乡二元化的户口管理制度是容易的,但是,如何在城市财力有限的情况下,将城市居民所享有的各种福利保障普遍性地赋予那些进入城市并在城市里生活的外来人口就是一个比较困难的问题。只有平等地给予他们以平等的劳动和社会保障权益的时候,才能避免重蹈拉美国家城市化过程中的"城市病"覆辙。同时,农村居民自由迁入城市的时候,也应该允许城市人口自由地迁入农村,应该允许城市中的人力、财力等生产要素自由地进入农村土地和农业之中。②

---

① 根据该决定的规定,为与做实个人账户相衔接,从 2006 年 1 月 1 日起,个人账户的规模统一由本人缴费工资的 11% 调整为 8%,全部由个人缴费形成,单位缴费不再划入个人账户。同时,按照新的基本养老金计发办法,《国务院关于建立统一的企业职工基本养老保险制度的决定》(国发〔1997〕26 号)实施后,参加工作、缴费年限累计满 15 年的人员,退休后按月发给基本养老金。

② 这种现象已发生。据报道,浙江部分大学生想成为农民。问题在于农村土地制度如何应对?"北京部分农转非居民失去福利想重当农民",载 http://news.sohu.com/s2007/feizhuannong,2007 年 2 月 13 日访问。

我国当前最重要的不是立即废除户籍制度,从而将农民工全部转化为城市居民,而是应该将重点放在如何完善那些保护农民工利益的政策和法律制度上。按照法律平等原则的要求,尽力设计一个最科学、最可行的衔接机制,逐步地将农村剩余劳动力转移到城市中来。法律制度对当前改革目标的确认必须与现实相协调,而不能从纯粹的权利理论出发来制定理想化的法律目标。

城乡矛盾解决的真正力量不在于户籍制度问题,而在于我国经济的发展和发展进程中的财富分配机制的不公平。这种分配绝不应该通过一次震荡性的改革——通过立法来强制性地立即取消城乡差别和二元管理体制——来达成。因为这种震荡性突变的后果实难预料。以稳健的、渐进性的城市化道路以及农业的产业化道路为路径选择来解决城乡矛盾是一种最为现实的做法。农村剩余劳动力的转移必须是一个逐步的过程,不能指望户籍制度的废除能够产生毕其功于一役的效果。[①] 劳动力转移的速度和数量,受到农业和非农部门相对收入的影响。一方面,提高对农业的支持,将有利于减轻非农部门的就业压力,并使得农村向城市的劳动力流动更加有序;另一方面,非农部门的快速发展,就能更快实现农村劳动力的转移。因此,户籍法律制度的改革必须与政治和政策相协调。在"渐进性"改革进程而非"休克式疗法"中,法律不是改革的先锋,政策才是,否则法律一旦失败,它所导致的严重后果将是难以消除的。

---

① 从世界范围来看也是如此。比如,英国直到1846年《贫民迁移法(修正案)》颁布止,英国对自由迁徙事实上是实行限制的。《贫民迁移法(修正案)》规定,在一个教区居住5年以上而未领取地方救济金的人,不许再被遣送原籍。1865年颁布的《联盟负担法》则进一步扩大了贫民的居住地范围。国务院研究室课题组:《中国农民工调研报告》,中国言实出版社2006年版,第507页。就我国而言,法律上的迁徙自由权和户籍制度的废除不能彻底解决农村剩余劳动力的转移问题。因为农村剩余劳动力能不能实现"市民化",不是一个权利问题,而是与城市的实际承受能力相关。当前一些省份取消农业户口而实行统一的户口登记,又产生了什么实际后果呢?实现了农民的"市民化"吗?小城镇户籍不具有吸引力就鲜明地反映了这样一个问题:城镇户口这一形式不是最重要的,当前最急切的问题在于经济的发展和财富的增长,在于给予实质上的机会平等保障和平等对待。至于在一定范围内的城乡差距,民众在心理上是可以承受的。

(四)加强国际合作,与国际规则接轨

随着经济全球化的发展和不断深化,中国进一步融入国际社会。特别是中国加入WTO后,与国际劳工组织的关系越来越密切,国际劳工标准与国内劳动与社会保障立法的联系也日益加深。与此同时,面临着国际劳工标准与国内社会保障制度的深刻冲突,国际贸易与国际劳工标准的条约也为完善中国社会保障制度提出了新的课题。加强国际合作,不断完善国内法制,是我们解决这一问题的唯一选择。首先,为了切实地保障农民工及其他工人的合法权益,结合中国国情,实现我国劳动与社会保障制度与国际接轨,积极地参与国际劳工组织的事务,深入地研究、借鉴国际经验,充分利用国际资源为我国服务;其次,结合WTO的要求,应采取更积极和务实的态度,在劳动与社会保障问题的国际交流与合作中,既要坚持自己的立场原则,反对劳工标准与国际贸易直接挂钩,特别是以贸易制裁来解决劳工标准问题,又必须调整策略、争取主动。我们必须重视国际劳工标准在国际贸易中的重要作用,不仅使我国的企业规则和贸易制度适应WTO的要求,而且在劳动与社会保障制度上也要逐步与国际劳工标准接轨,更多地借鉴国际经验,以更好地维护包括农民工在内的广大工人的社会保障权益。

论我国农产品市场发展的法律对策研究

宋钦宇[*]　徐坤明[**]

【摘要】 我们应当按照世贸农业协议的要求，加强优势农产品法律保护，依法做大做强龙头企业。

【关键词】 农产品市场　世贸农业协议　龙头企业

一、面临的挑战

就挑战而言，主要包括六个方面：

（一）对现行的政府农业管理体制造成冲击

中国的农业管理体制是在计划经济条件下形成的，农业生产的管理权在农业行政主管部门，农业生产资料供应和农产品流通权在农业行政主管部门，而农产品国际贸易的管理权又在外贸行政主管部门。这种分割的农业管理体制，造成生产与市场脱节，生产与消费脱节，农产品内外贸易脱节，严重影响了政府在农业国际化进程中对农业的宏观调控能力。而且，随着社会主义市场经济体制的确立和不断完善，我们虽然在政府职能的转换上取得了一定进步，但严格说，同市场经济的严格要求还有很大差距。打个比方，市场经济要求政府好比比赛的裁判员，负责比赛的严格监控。而我们现在的政府部门，不仅在扮演着裁判的角色，而且，经常扮演着裁判加运动员的角色。往往出现这样的情况，上一个较大型的项目，从党委到政府到主管厅局的领导，加上陪同人员和工作

---

* 宋钦宇，法学硕士，长春大学教师。

** 徐坤明，长春大学教师。

人员，最后才是企业人员，有时是几人甚至几十人，带着几辆车，外出跑项目。项目尚未进入实质性阶段，前期费用花了一大笔。其中，很多是完全可以节省的。因此总体上讲，中国现行的农业管理体制不适应加入WTO后农产品国际、国内一体化的需要，也不适应农业国际化后对农业进行灵活、有效的宏观调控的要求。

（二）对农业生产造成深刻影响

入世后，农产品开放营销，国际、国内市场融为一体，我国的农产品接受消费者在市场上的严格挑选和检验。随着改革开放的深入，经济的发展，居民收入的增加，人们对农产品消费的需求档次大大提高，我国农产品在产品质量、品种结构上同国外产品相比，不适应市场消费需要的矛盾，已经比较突出地表现出来。比如，从稻米情况看，国外消费者喜欢长粒米，而我国优质稻米粒长平均为6.8毫米，比国际名牌短0.4毫米；千粒重平均为16.37克，比国外名牌大米少0.85克；影响煮熟和口感品质的直链淀粉含量，国外名牌大米平均为20.1%，我国8个优质大米平均为7.5%。又如，据国家农业部估价，我国水果、蔬菜无论在品种结构、品种上，还是产后加工技术与设备方面，与国外相比，都存在10～15年的较大差距。如果我国不能尽快地实现按照市场需求和国际质量标准调整农业生产结构、品种结构，提高产品质量档次，我国的农产品不仅难以打入和占领国际市场，即使是国内市场也必然受到国外产品的冲击。此外，我国受土地资源约束的大宗农产品，在国际市场不具备价格竞争优势，如小麦、玉米、大豆、棉花等国际市场批发价比进口到岸价高10%～30%。入世后，国内市场进一步开放，这些产品的进口可能会有较大的增加，给国内同类农产品生产造成不利影响。玉米、棉花、糖料由于商品率高，产区分布集中，国内外差价较大，非国营贸易所占配额比例较高，面临的进口压力会更突出。这些产品的主产区，如吉林省的玉米、黑龙江的大豆、新疆的棉花、广西的糖料等，都将面临严峻的挑战。这些大宗农产品关系国计民生，涉及主产区大量农民就业，影响当地种植业结构的改变调整，因此，必须引起我们的高度重视和警惕，并及早做出应对之策。

（三）对农产品价格的影响

对于参与国际竞争的农产品而言，价格始终是影响竞争力高低的重要因素。各缔约方要求我们放开农产品价格，实行农产品生产商品化，经营市场化，实现农产品的国内价格和国际价格对接。近十年来，我国粮棉生产成本每年以10%的速度递增，造成粮棉价格也随之增长。目前，我国大米、小麦、玉米、高粱、大豆等农产品的国内价格已高于国际价格的10%～70%，使我国粮棉处于不利地位，逐步失去在国际市场的竞争优势。与我国情况相反，由于农业科技进步和规模经营的作用，国际农产品价格却呈下降趋势。即使在乌拉圭回合后主要农产品生产国减少了农业补贴，世界农产品价格仍然不升反降。这也预示了我国农产品的国际竞争力将面临国际市场低价竞争的严峻形势。目前，我国农产品并非总量过剩，而是结构型过剩。在政府对农业保护机制不完善的情况下，若放开农产品价格，必然会导致农产品价格的剧烈波动。对此，我国面临的最大问题是如何对农产品市场进行有效的宏观调控，以保证农产品供求关系的基本平衡，从而保护生产者和消费者的利益，使我国的农业生产持续稳定发展。

（四）对农民就业和收入的影响

农民收入增长缓慢是我国农业发展新阶段面临的核心问题。在中国大多数传统农业区，农民从种植得到的收入仍然占60%以上。近年来，由于农产品结构调整取得成效和粮食价格有所回升，加之国家实行扩大内需的方针增加了农民打工的非农收入，农民收入实现了恢复性增长。加入WTO后，如果国外农产品进口大量增加，农产品"卖难"矛盾可能加剧。外国优质低价农产品进来以后会打压刚刚有所回升的农产品价格，有可能使我国的农民收入难题更加突出。此外，农村劳动力就业方面，众所周知，我国人口多，主要表现为农村人口多，在全国13亿人口中，农民有9亿。因此，全国农民基本就业，是农民增收、进入小康、保持农村乃至整个社会稳定的基本保证。加入WTO后，我国一些不具有竞争优势的大宗农产品面临进口冲击，必然会影响到相关农产品生产，进而影响一部分农业劳动力就业。如果溢出的劳动力找不到就业出路，不仅农民增收会受到直接影响，而且容易成为社会不稳定的直接导火索。

(五)对现有的农业组织形式和生产方式造成影响

纵观世界农业发展进程,可分为三个阶段,即古代农业、近代农业和现代农业。现代农业的主要标志是集约化、商品化、专业化、基地化实验室。目前,发达国家已经全面进入现代农业,而我国是三种类型并存。从生产方式上说,我国人多地少,劳动生产率偏低,西部地区农村处于自给自足的原始或半原始状态,中部和东部地区的农民多数还是自产自销,农业生产规模短时期内很难得到扩大。从农民的组织化程度上说,我国的近邻日本、韩国和我国的台湾地区均有很强的农民组织,韩国的农协可以代表农民直接与国家政府对话。而我国农户虽然已达2.4亿户,但组织化程度非常低。在统一的国内大市场尚未形成的情况下,亿万农户大部分还是分散的小农经营,往往与市场脱节,以致经常出现“卖果难”、“卖粮难”、“卖菜难”等现象。这样小的生产经营规模,如此落后的农业组织形式,不仅影响着农业的生产率和科技发展水平,而且在我国加入WTO后必然成为我国农产品进军国内市场、参与国际竞争的羁绊。

(六)对我国粮食安全构成一定的威胁

粮食安全问题包括两方面的含义:一方面,一些动植物病虫疫情有可能通过贸易渠道传播到我国,从而对我国农产品生产构成潜在威胁。在《中美农业合作协议》中,我国在涉及小麦、柑橘、肉类进口的动植物检疫方面做了政策调整和让步,尤其是取消了对美国“矮猩黑穗病(TCK)”小麦产区小麦进口的禁令。另一方面,粮食安全问题指一国抵御国际粮食禁运的能力。在国际冲突仍旧是一种现实威胁的情况下,粮食进口需求的扩大,有可能对我国的粮食安全供给构成一定的威胁,其极端情形是少数处于垄断地位的出口大国对我国实行粮食禁运。尽管这种可能性较小,但一旦发生,对我国带来的危害则是巨大的。

二、促进我国农产品市场发展的法律应对措施

通过前面有关WTO规则与我国农业发展的相关性分析,我们已经深切感受到,中国犹如一艘巨轮早已驶进汪洋大海,步入全球经济一体

化已不再是自己可以选择进退的事情，经济全球化伴随而来的是法律全球化，参与国际竞争我们就要与其他国家一样遵守共同的游戏规则。发展我国粮食主产区农业经济正是在这样一个国际环境背景下进入到一个新的历史发展阶段，现实提醒我们，农业经济发展绝不仅仅是经济学自己的事情。过去，我在学习经济学的时候曾认为：经济学家的工作是寻找实现最大效益的方法，至于对效益进行何种分配是最好的或是最公正的，那是社会理论家和法学家的工作，但是现在经过对法学与经济学的反思，笔者逐渐认识到，在国家承担了经济职能，直接参与社会资源的分配和再分配，参与社会生产的总体规划和社会收入总分配的时代，法学家就不仅要考虑法在分配方面的正义性和公平性（如何合理地分配蛋糕），而且还必须考虑法在管理和分配方面的效益（如何使蛋糕能做得又大又好）；经济学家也不得不把法看做从事经济活动的制度环境因素之一，看做制约经济行为的重要因素，考虑法在管理和分配方面的作用如何影响以至决定经济效益。这在客观上为法学与经济学的渗透创造了前提，促进经济学和法学这两个学科结合起来，以便获得对于具有法律重要性的经济问题的深刻理解。

面对入世以来出现的情况，我国农业发展主要应从以下四个方面采取综合对策措施：

（一）加强优势农产品法律保护

国际市场上农产品的竞争实质上是一种优势的竞争。把优势品做大，是提高我国农产品国际竞争力的有效途径。要抓好两项关键工作，一是推进优势农产品区域化布局。经过几年的努力形成一批在国内外、省内外知名的优势农产品集中产区，一批名牌农产品的种植带、养殖带。二是提高农产品质量水平。想方设法改进农产品的品种和品质；加强农产品生产过程和生态环境的监控，特别是畜禽疫病防疫检疫和化肥、农药、饲料等农业投入品有害残留的控制；提高农产品的分级、包装、储藏、保鲜和加工水平。要不断健全我国农产品质量安全标准体系和检验检疫体系，建立一批无规定疫病区和非疫区出口基地。从法律层面来看，通过对农产品及加工业地理标志与商标的保护，促进农产品提高质量，增加附加值，进而增强农产品的市场竞争力是很有发展潜力的。

我国这样一个具有悠久历史的农业大国,有着十分丰富的农副土特产品,而且其中符合地理标志的商品较多,并且声誉卓著,所以注重农产品地理标志的法律保护,是最大限度地实现本土知识产权的潜在价值走向世界,应是国家的法制目标和经济政策之所在。尽管我国的新《商标法》对地理标志的保护做了明确规定,但是其规定还比较原则,而且考虑到我国加入WTO后的情势,还应不断完善相关的立法。这不仅是作为WTO成员所应承担的义务,也有利于我国对地理标志的国际保护。《商标法》第16条规定,地理标志是指标示某商品来源于某地区,且该商品的特定质量、信誉或者其他特征,主要由该地区的自然因素或者人文因素所决定的标志。也就是说,地理标志所标示的产品具有某种与其他地方同类产品不同的特点,这些特点是由生产这些产品的地域所具有的独特的自然因素或者人文因素所决定的。这些产品具有地域不可更换性,离开该地域生产的同类产品将不具有这些特点。我国历史悠久、地域辽阔,有很多地理标志产品,如"涪陵榨菜"、"库尔勒香梨"等。地理标志与产地标记不同。产地标记是指标示某商品生产于某地方的标记,在某地生产的产品与该地的自然因素和人文因素没有必然的联系。如电视机上标注的"北京制造"、"上海制造"等就属于产地标记。法律要求在商品上应标明真实的产地,不得伪造产地,这主要是为了保护消费者的合法权益,而不涉及知识产权的保护问题。地理标志是一特殊种类的商业标志,和商标的区别就在于并不是由其所属的某个经营者独家享有专有权,而是由某一地区内经营者的代表机构进行注册和管理,凡是该地域内的经营者都可以使用。地理标志不仅仅是一个简单的识别标志,同时也是一种质量标准,而《商标法》在管理制度和方法上无法保证产品的质量和信誉。对地理标志的保护一方面是标志的保护,但更重要的是对质量监督和生产过程的控制。我国地大物博,农副土特产品十分丰富,符合地理标志的商品较多,而且声誉卓著,一些传统的工业产品和手工艺品也是实施地理标志保护的重要方面。因此注重地理标志的保护,最大限度地实现本土知识产权的潜在价值,是一个迫在眉睫的任务。在我国,地理标志所使用的产品涉及农产品、食品、中药材、手工艺品、工业品等类多种产品,已注册的地理标志主要有水果、茶叶、大米、蔬菜、家禽、花卉、黄酒、豆瓣、枸杞等商品。2007年以来,国家工商总局商标局和商评委共认定驰名商标427件,国家工商总局依法认定的驰名商标已达1234件。截至2007年年底,我国涉农产品的注册商标数量达到50万件。2007年注册地理标志82件,地理标志注册总数达到301件。2008年1月至5月,公告或初步审定地理标志166件,是自1994年开始受理地理标志注册申请以来15年总量的55%。① 其中包括公众广为知晓的绍兴黄酒、盘锦大米、泰和乌鸡、浏阳花炮等,这些都是2007年获得驰名商标的地理标志产品。国际上保护地理标志的历史可以追溯到1883年签订的《保护工业产权巴黎公约》。世界贸易组织的《与贸易有关的知识产权协定》中采用了地理标志这一术语,要求成员对地理标志予以保护。地理标志保护问题之所以在国际上受到重视,是因为对地理标志的保护,有利于保护自然资源和人文资源,有利于保护生产者和经营者生产特色产品的积极性,有利于满足人们越来越高的物质需求。在我国,对地理标志加强保护还有着特别重要的现实意义。地理标志产品的生产者主要是农民,保护地理标志就是保护农民的利益,有利于促进农民增收。所以农民是地理标志保护的直接受益者,山东"章丘大葱"的情况就很好地说明了这一点。据山东省章丘市人民政府调查,"章丘大葱"作为地理标志获准注册后的两年间,产品单价增加2~5倍,产区10个乡镇农民收入增长了3倍,大葱面积已由不足10万亩扩大到15万亩。产品出口到日本、韩国,同时"促进了产品升级换代","推动了基地发展","带动了运输、餐饮业的发展"。由此可见,保护地理标志,有利于促进农民增收,有利于促进农业产业化、规模化发展,还有助于形成我国农产品在国际市场上的竞争力,保持竞争优势。在目前,积极做好地理标志保护工作,对促进"三农"问题的早日解决具有深远的影响,从法国的实践经验来看,这不仅是一个增加农民收入的问题,同时也是一个保持国民经济中相关产业的持久较高贡献率的大问题。我国尚未建立统一的农产品地理标志注册和保护体系。明确农产品地理标志管理和

① 载http://chanye.finance.sina.com.cn/sm/2008-07-25/355092.shtml,2009年8月27日访问。

保护机制、统一并规范用语、具体明确地理标志构成要素和审批标准、完善地理标志的保护标准是强化农产品地理标志和商标立法迫在眉睫需要解决的问题。

另外,应当积极培育中介组织。在实施粮食订单中,由龙头企业直接与千家万户农民发生关系,不便于生产组织、利益制衡、矛盾化解,对企业、农民都不利。因此要大力发展中介组织,积极培育农民专业合作社或专业协会,发挥其桥梁和纽带作用,使之成为生产的调度器、矛盾的缓冲器和利益的调节器。同时要鼓励农民合作经济组织创办农产品加工企业或农产品营销公司,推动"粮食订单"经营模式由外导型向内生型转变。

(二)加强龙头企业法律保护

加强粮食龙头企业建设。龙头企业具有开拓市场、引导生产、创新科技、深化加工、配套服务等综合功能,其经济实力的大小和牵动能力,决定着粮食订单收购的规模成效,粮食龙头企业是订单收购发展的关键。要把抓好粮食龙头企业作为新阶段粮食工作的重中之重来抓,结合实际,制订具体可行的措施意见,多渠道、多形式地创办龙头企业,引导工商企业投资我国农产品市场开发,不断壮大企业实力。按照扶大、扶优、扶强的原则,实行税费、信贷等优扶政策,切实减轻企业负担,为龙头企业发展创造良好的外部环境。国际农产品的竞争,实际上是大型的、跨国的农产品加工和销售企业之间的竞争。要发展壮大龙头企业,采取"公司十农户"、"订单农业"的方式,走小农户、大基地,小规模、大群体的路子,通过大型加工、贸易企业,促进优势农产品转化增值,把我们的优势农产品和农村劳动力带进国际市场。为此,要鼓励发展各种所有制的农产品加工、销售企业,使之扩大规模,增强实力,提高带动能力。鼓励农产品生产、加工、流通企业与外贸企业联合,组成大型企业集团。要制定相关政策,从投资、税收、信贷等方面支持龙头企业发展,引导龙头企业与农民结成利益共享、风险共担的利益关系,增强带动作用。龙头企业的壮大,有赖于自身功能的加强,而龙头企业的活力又深深蕴涵在良好的法治环境中,龙头真正能在市场当中站起来,离不开国家公权力对龙头企业在市场中私权利的尊重,发展农村的工业化、提高龙头企业的竞争力就是发展农村的市场化，市场经济与法治建设是密不可分、相辅相成的。

（三）加强促进农产品市场发展法律环境建设

一是进一步搞活外贸体制。鼓励各种所有制企业扩大农产品出口，取消对农产品出口计划管理和出口经营权的限制。二是按照国际惯例，采取控制进口、支持出口的政策措施，提高农产品进口调控水平。尽快建立农产品贸易争端解决机制，健全技术标准体系，加强对进口农产品的检验、检疫。加强对农业转基因生物的安全管理。三是改革农产品流通体制，重点是改革粮棉流通体制，建立健全农产品批发市场特别是产地批发市场体系，建设农村市场信息服务体系。四是加快农业投融资体制改革，改革农村信用社管理体制，扭转农村资金外流状况，切实改善农村金融服务，从而促进农业的宏观管理体制适应入世后的新形势，加快改革，建立运转协调、灵活高效、政策透明、管理科学的农产品市场管理体制。加强农产品市场法律环境建设，要按市场规律办事，要有市场意识和法律意识，从政策上、体制上进一步加强管理，必须充分发挥政府的组织引导作用。政府有关部门应尽快完善相应的保护性政策、法规，采取一定措施，规范农产品市场。政府行政管理部门要加强监督管理。工商行政管机关应把为农村种植、养殖业提供生产前、生产中、生产后服务的营利性组织和从事种植、养殖业产品收购、贩运、销售的专业户纳入工商登记注册范围。对那些不具备经营条件的企业营销户要进行清理整顿。司法、工商行政管理部门要把订单农业合同纳入法律化管理，可推行订单合同示范文本、公证、鉴证制度等，阻止违法、无效合同对订单农业的冲击。[①] 加强司法服务职能，公证机关应积极发挥公证职能，强化服务意识。法院在审理涉农案件时，要做到快立、快审、快执行，充分保护订单合同双方当事人的合法权益，制裁民事违法行为，加大司法保护力度。同时通过司法建议、定期走访、调查研究等形式，为当事人提供法律服务，为订单农业发展创造一个良好的法律环境。[②] 搞活管理体制，

---

① 贺卫方："中国司法管理制度的两个问题"，载《中国社会科学》2004 年第 6 期。

② 载 http://www.txpfw.com.cn/lingdao/200562110712.asp，2009 年 6 月 30 日访问。

说到底还是一个法制建设问题。

（四）加强农产品市场法律规范国际化与本土化的链接

这个问题实际是加快建立国家对农产品的支持和保护体系。一是要充分运用 WTO“绿箱”政策，增加政府对农业的投入。WTO 农业协议免除削减的国内支持措施共 12 项，对应起来分析，我国尚有 6 项是空白，其他的支持量也还有限。[①] 要增加对农民的一般性补贴，继续加大对农业基础设施建设、科研教育、技术推广、病虫害防治的投入。对农产品实行无偿检验、检疫，建立农产品信息服务体系等。要研究直接补贴农民的具体办法，向农民提供调整结构、保护生态环境的补贴。二是调整和加大“黄箱”政策支持。入世谈判确定“黄箱”补贴不高于农产品总产值的 8.5%，目前我们的补贴还得不到农产品总产值的 2%。按现在农产品产值和补贴水平测算，大约有近 1500 亿元的补贴空间，而且原有的补贴还可以调整结构，由主要补贴流通环节更多地转向补贴生产环节和农民。主要补贴流通环节更多地转向补贴生产环节和农民。三是建立保险体制，国家给予一定的政策性支持和补贴，帮助农民化解农业生产的自然风险和市场风险。当然，增加政府对农业的支持，也要从国家财力的实际出发。与此同时，还要尽快清理和修改现有法律法规，加紧制定和出台新的法规，建立既适应 WTO 规则，又能有效保护和促进我国农产品市场发展的法律体系，依法支持保护农业。在国际农业贸易立法层面上应当坚持基本的贸易原则和司法主权，促进中国的农业可持续发展。根据我国《宪法》的规定和对外贸易方面的实践，贸易实践是农业发展的延伸和发展，在农业贸易领域，必须坚持以下原则：一是维护国家主权原则，国家主权就是国家独立自主地处理自己的对内和对外事务、管理自己国家的权力。根据这一原则，所有对外贸易活动都必须符合我国法律，并不得损害我国社会公共利益。任何外国经济组织和个人在我国进行经济活动时，都必须尊重我国的政治、经济、社会制度，不得干涉我国的内政。二是平等互利原则。三是遵守国际法和参照国际惯

① 沈宗灵：“评‘法律全球化’理论”，载《人民日报》2003 年 12 月 11 日。

例原则。①

【参考文献】

周一萍、谢式安："我国农产品产业化发展存在的问题及对策思考"，载《农业经济》2007 年第 12 期。

朱桂方："《农业协议》对中国农业的冲击"，载《经济论坛》2004 年第 19 期。

常文娟："乌拉圭回合《农业协议》对发展中国家的影响"，载《当代经济》2002 年第 9 期。

肖万春："WTO 主要成员在运用农业条款方面的经验借鉴"，载《农业经济》2001 年第 5 期。

岳彩申、朱识义："WTO 体制下我国农产品市场法制的改革与完善"，载 http://www.civillaw.com.cn/article/default.asp? id = 23856，2005 年 12 月 20 日访问。

"世界贸易组织与《农业协议》简介"，载《农村财政与财务》2001 年第 11 期。

河砚："农业协议的主要内容"，载《中国供销合作经济》2002 年第 4 期。

李军朋："全面建设小康社会公共需求指标分析"，载《国家行政学院学报》2002 年第 8 期。

李传健、何伦志："农业多功能性与我国的农业补贴"，载《农业经济》2007 年第 5 期。

赵晓："现代产权制度的内在演进力量"，载《南方周末》2007 年 12 月 18 日。

柯柄生："加入 WTO 与我国农业发展"，载《中国农村经济》2002 年第 1 期。

刘继东、管业坤："WTO 与农业（Ⅱ）——《农业协议》主要内容分

① 载 http://www.sxhn.cn/Article_Show.asp? articleid = 4594，2009 年 7 月 5 日访问。

析”,载《江西畜牧兽医杂志》2002 年第 2 期。

柯炳生:《入世以来中国农业发展与新一轮谈判》,中国农业出版社 2005 年版。

刘继东、管业坤、魏国汶:“WTO 与农业(Ⅵ)——入世对农产品贸易政策和农业、农村发展的影响及应对策略”,载《江西畜牧兽医杂志》2002 年第 6 期。

李光宇:《发展我国粮食主产区农业经济法律研究》,吉林大学出版社 2006 年版。

图书在版编目(CIP)数据

法经济学热点问题论集／宋冬林主编．—北京：法律出版社，2010.6
(吉林大学理论法学研究中心学术文库)
ISBN 978-7-5118-0878-3

Ⅰ.①经… Ⅱ.①宋… Ⅲ.①经济法—法的理论—中国—文集 Ⅳ.①D922.290.1-53

中国版本图书馆 CIP 数据核字(2010)第111663号

责任编辑／贾 菲　　**装帧设计**／李 瞻

出版／法律出版社　　**编辑统筹**／学术·对外出版分社
总发行／中国法律图书有限公司　　**经销**／新华书店
印刷／永恒印刷有限公司　　**责任印制**／吕亚莉

开本／A5　　**印张**／12.625　　**字数**／352千
版本／2010年7月第1版　　**印次**／2010年7月第1次印刷

法律出版社／北京市丰台区莲花池西里7号(100073)
电子邮件／info@lawpress.com.cn　　**销售热线**／010-63939792/9779
网址／www.lawpress.com.cn　　**咨询电话**／010-63939796

中国法律图书有限公司／北京市丰台区莲花池西里7号(100073)
全国各地中法图分、子公司电话：
第一法律书店／010-63939781/9782　**西安分公司**／029-85388843　**重庆公司**／023-65382816/2908
上海公司／021-62071010/1636　**北京分公司**／010-62534456　**深圳公司**／0755-83072995

书号：ISBN 978-7-5118-0878-3　　**定价**：30.00元
(如有缺页或倒装，中国法律图书有限公司负责退换)